알리스터 맥그래스의
교리의 기원

THE GENESIS OF DOCTRINE

ⓒ 1990 Alister E. McGrath
Originally published in English as *The Genesis of Doctrine*
Published by William. B. Eerdmans Publishing Co.
Grand Rapids, Michigan, USA

This edition published by arrangement with William B. Eerdmans Publishing Company
through rMaeng2, Seoul, Republic of Korea
All rights reserved.

This Korean Edition Copyright ⓒ 2021 by Word of Life Press, Seoul, Republic of Korea

이 한국어판의 저작권은 알맹2를 통하여
William B. Eerdmans와 독점 계약한 생명의말씀사에 있습니다. 신 저작권법에
의하여 한국 내에서 보호받는 저작물이므로 무단 전재와 무단 복제를 금합니다.

알리스터 맥그래스의
교리의 기원

ⓒ 생명의말씀사 2021

2021년 7월 30일 1판 1쇄 발행

펴낸이 | 김창영
펴낸곳 | 생명의말씀사

등록 | 1962. 1. 10. No.300-1962-1
주소 | 서울시 종로구 경희궁1길 6 (03176)
전화 | 02)738-6555(본사) · 02)3159-7979(영업)
팩스 | 02)739-3824(본사) · 080-022-8585(영업)

기획편집 | 유영란, 구자섭, 김귀옥
디자인 | 조현진
인쇄 | 영진문원
제본 | 다인바인텍

ISBN 978-89-04-02097-3 (03230)

저작권자의 허락없이 이 책의 일부 또는 전체를
무단 복제, 전재, 발췌하면 저작권법에 의해 처벌을 받습니다.

The Genesis of Doctrine

알리스터 맥그래스의
교리의 기원

알리스터 맥그래스 지음 | 류성민 옮김

생명의말씀사

목차

약어표 06
서문 08

1장 교리의 기원 15
교리와 도그마 | 교리와 신학

2장 교리의 본성: 조지 린드벡에 대한 대답 37
인지적 명제 이론 | 경험적-표현주의 이론 | 문화적-언어적 이론 | 린드벡의 분석에 대한 예비적 평가

3장 교리의 본성: 네 개의 논제 73
사회적 경계로써 교리 | 이야기의 해석으로써 교리 | 경험의 해석으로써 교리 | 진리 주장으로써 교리

4장 역사로 운명지어짐   145
과거의 이상함 | 문화적 상대주의의 개념 | 신학과 지식 사회학

5장 현대 기독교 사상에서 과거의 권위   183
르네상스 | 종교개혁(the Reformation) | 독일 계몽주의 | 도그마의 역사가들 | 과거의 권위: 이념의 숨겨진 영향 | 과거의 기억(recollection): 이론적 모델

6장 전통: 정체성을 부여하는 과거에 대한 접근   283
과거의 불가피성 | 전통에 반대하는 계몽주의의 편견 | 과거의 기억 | 공동체 전통의 해석학적 중요성 | 교리의 미래 | 결론

참고 문헌   324

약어표(Abbreviations)

ARG	*Archiv für Reformationsgeschichte*
CD	*Church Dogmatics*
HeyJ	*Heythrop Journal*
JAAR	*Journal of the American Academy of Religion*
JBL	*Journal of Biblical Literature*
JHI	*Journal of the History of Ideas*
JPh	*Journal of Philosophy*
JR	*Journal of Religion*
JThS	*Journal of Theological Studies*
KuD	*Kerygma und Dogma*
LB	*Opera omnia Erasmi Roterodami, ed. J. LeClerc*
MPL	*Patrologiae cursus completus, series Latina, ed. Migne*
MTh	*Modern Theology*

NZSTh	*Neue Zeitschrift für systematische Theologie und Religionsphilosophie*
OC	*Ioannis Calvini opera omnia quae supersunt*
RThAM	*Recherches de théologie ancienne et médiévale*
SJTh	*Scottish Journal of Theology*
STh	*Studia Theologica*
WA	*D. M. Luthers Werke: kritische Gesamtausgabe*
WABr	*D. M. Luthers Werke: Briefwechsel*
Z	*Huldrych Zwinglis sämtliche Werke* (Corpus Reformato rum)
ZKG	*Zeitschrift für Kirchengeschichte*
ZThK	*Zeitschrift für Theologie und Kirche*

서문

   기독교 전통의 교리적 유산에 대한 비평적 재접근은 아마도 이 시대의 신학이 직면한 가장 어려운 숙제 중 하나일 것이다. 다양한 기독교 교리 전통 가운데 현대에 중요하고 살아있는 요소들을 선택하기 위해, 어떤 기준을 적용하여 과거를 평가할 것인가? 과거의 권위는 현재의 기독교 신학을 표현하는데 무슨 의미가 있는가? 이런 질문에 무비판적으로 접근하려는 어떤 경향이 존재한다. 기독교 전통에 대한 무비판적 확언의 유혹은 사실상 과거에 대한 무비판적인 거부로 인한 가치의 부재와 그 주장과 동일한 것이다. 물론 실제로, 모든 기독교 신학자들은 현재를 평가하는 데 있어 과거의 가치를 사용한다. 이것을 의식적이고 분명하게 표현하고 옹호하든 그렇지 않든 말이다. 하지만 이 기준들이란 무엇인가? 그것들은 과거에 무엇이었는가? 어떻게 그것들이 선정되고, 인정되었는가?

   교리 비평(doctrinal criticism) 분야는 기독교 전통의 교리 공식화들이 신뢰할만하고 적절한 것인지를 평가한다. 대표적인 그들의 주장들이 무엇인지 확인하고, 그것들이 생성하게 된 여러 압박과 영향들을 명확히 하며, 역사적, 신학적 기준을 제시하려 한다. 이 기준으로 교리 공식화들을 평가하고, 필요하다면 재진술하려 한다.

이 분야에 대한 나의 개인적 관심은 먼저 서방 기독교 전통 내의 특정 교리(칭의 교리)의 발전 역사에 대한 십여 년간의 지속적인 노력을 통해 생겨났고,[1] 다음으로는 종교개혁의 지적 기원(intellectual origins)에 대한 연구를 통해 생겨났다.[2] 마치 교리 공식화의 역사에 새로운 시대가 열린 것 같았다. 비록 지금은 나의 관심이 이 특정한 교리와 시기를 넘어 상당히 확대되었지만, 초기의 이 연구들은 나로 하여금 교리 비평 자체로 들어가기에 앞서 기독교 교리와 관련된 수많은 질문들이 중요하다는 확신을 갖게 했다.

교리의 발전을 어떻게 설명하며, '후에 통제력을 어떻게 행사하는가?', '순전히 역사적 기준만을 공식화된 교리들의 진위를 평가하는 일에 사용할 수

---

1) McGrath, *Iustitia Dei*, 그 안의 참고문헌에 상세한 일련의 연구들로 보충된다.
2) McGrath, *Luther's Theology of the Cross*; McGrath, *Intellectual Origins of the European Reformation*.

있을까?', '기독교의 정수'와 같은 것은 과연 존재하는가? 만약 그렇다면, 처음에 그것이 어떤 방식으로 인식되었으며, 다음으로 그것이 어떻게 교리적인 반영으로 통합될 수 있었을까? 공식화된 교리들이 생성되는 당시의 사회-정치적 상황을 어느 정도까지 반영하고, 어떤 방식으로 그런 영향이 비판적으로(critically) 받아들여졌는가? 이런 질문들과 씨름하면서, 내 마음을 시원케 할 수만 있다면 지금 준비 중인 이 주제들에 대한 일련의 저작들의 저술 가능성은 나에게 점점 호소력을 갖게 되었다.

하지만 이를 다루기에 앞서, 본 저서의 주요한 문제를 형성하는 세 가지 질문이 있다. '어떤 압력과 요소들이 교리 공식화의 세대를 야기했는가?', '무엇이 도대체 교리인가?' 그리고 '기독교 교리를 돌아볼 때, 어떤 권위가 과거의 유산에 부여될 수 있을까?'이다.

이 주제들이 상호 연관되어 한 작품 안에서 다루어지는 것은 현실적이며 어쩌면 흥미롭기까지 할 것이다. 사실상, 이 분야에 대한 더욱 풍성한 후속적인 노력들을 기대하면서, 본 저서는 교리 비평의 기초에 대한 연구서로써 간주될 지도 모른다. 그러나 본서의 면밀한 탐구가 실험적이며 잠정적인 것으로 밝혀진다 해도, 희망하기는 이 저작이 위에 언급된 것과 같은 질문들에 대한 토론을 자극하기를 바란다.

그런 논의의 자극으로 이미 조지 린드벡(George Lindbeck)의 『교리의 본성』(The Nature of Doctrine, 1984)[3])이 출간되었다. 이 책은 린드벡이 명칭한 '후기-자유주의'(post-liberalism)란 용어를 사용하여 현대 신학적 고찰에 대한 도전들을 강조하였다. 북아메리카의 현재 신학적 분위기에 대한 린드벡의 분석이나 교리의 본성에 대한 우리의 이해와 관련하여 그의 특정한 제안에 꼭 찬성하지 않더라도, 나는 때가 되었다는 그의 제안이 옳다고 확신한다. 만일 너무 늦지

---

3) Lindbeck, *The Nature of Doctrine*.

않았다면, 교리의 본성과 최근의 신학적 고찰 가운데 과거의 역할에 대하여 신중하게 재검토를 할 시기가 되었다. 사실 그런 질문에 대한 진지한 참여가 기독교 교리의 본성과 목적과 미래에 대한 지적인 토론의 필수적인 전제조건이라고 주장하는 것은 불공평해 보이지 않는다.

『교리의 기원』(The Genesis of Doctrine)은 부분적으로 역사적 분석이다. 그리고 교리의 현상이 어떻게 일어났고, 그것이 어떻게 이해되어 왔는지, 어떻게 과거가 특히 근대의 기독교 신학자들에 의해, 재구성되고 재배치되었는지에 대한 연구이다. 이것은 꼭 인정되어야 하는데, 역사적 분석은 기독교 신학이 가장 흥미로운 작업이 아니라, '따분하고, 세심한 그리고 인내심이 필요한 기록물'[4]이라는 인상을 전한다. 그럼에도 불구하고 이 연구는 과거의 흐름에 미리 선택된 패턴을 부여함으로, 과거를 질서 있고 신성한 전통으로 종합하려는 사람들의 세련된 분석을 뒤집는 현대의 비판적인 신학적 고찰과 관련된 가장 중요한 자료 중 하나이다.[5]

이 연구는 살아있는 역사의 권리를 옹호하며, 인위적인 이론적 구성을 뛰어넘고 그것에 반대한다. 추상적인 이론적 분석을 넘어 역사적 현상의 우선성을 주장한다. 역사적인 현상이라고 여겨지는 교리는 그 본성에 대한 환원적 이론들로는 적절하게 담아낼 수 없는 깊이와 풍성함을 가지고 있다.

그럼에도 이 연구는 특성상 순전히 역사적이지 않다. 교리 비평의 분야도 전적으로 역사적 분석에 의존할 수는 없다. 규범적인 개념의 요구는 역사적 상술에 기초해서만 생성될 수 없다. 이 연구에서는 한편으로는 역사적이며 서술적인 것과, 다른 한편으로는 신학적이며 규범적인 것 사이의 창조적인 변증을 담고 있다.

역사적 분석과 신학적 구성 사이의 섬세한 상호작용을 탐구함으로써, 본

---

4) Foucault, *Language, Counter-Memory, Practice*, 139.
5) 이에 대하여 참고하라. Foucault, *The Order of Things*.

저서는 '역사의 역사'(history of history)라는 용어를 받아들이고자 시도한다. 다른 말로 하면, 근대 신학자들 이전의 세대가 그들의 신학적 숙고 가운데 발견해 온 과거의 교리적 유산을 사용하려고 한다. 역사적 기술과 신학적 규범, 또는 역사적이거나 개념적인 것 사이의 변증법에 대한 자세한 분석은 이 저작의 범위를 넘어서는 것이지만, 희망하기는 그럼에도 그 윤곽을 예비적으로 어느 정도 분명하게 할 수 있기를 바란다.

이런 종류의 작품을 저술하면서, 저자는 다른 이들에게 상당한 빚을 지게 되었다. 그들 중 대다수는 확인하기 어려우므로, 다만 용인해주길 바란다. 본 저서를 저술하게 된 자극은 1990년 옥스퍼드 대학의 초대로 뱀튼 강좌(Bampton Lectures)를 개최한 것에서 나오게 되었다. 그 강좌들은 이 저서에서 상당히 수정되고 확장된 형태로 주제의 복잡성에 맞게 표현되었다. 뱀튼 강좌는 전통적으로 상당한 식견을 지닌, 연륜 있는 신학자들에게 의해 개최되어 왔다.

나는 내가 그런 연륜이나 식견을 가졌다고 주장할 수 없다는 것을 분명히 알고 있다. 또한, 고려 중인 주제의 중요성이 저자의 명백한 부족함을 어느 정도 보상해주기 바란다. 나는 준비 과정에서 나를 환대하고, 부러울 만큼 훌륭한 그들의 시설들을 사용하도록 해준 여러 유럽의 도서관들에 감사를 표한다.

플로렌스(Florence)의 메디케아-라우렌치아나 도서관(Biblioteca Medicea-Laurenziana), 국립 도서관(Biblioteca Nazionale), 리카르디아나 도서관(Biblioteca Riccardiana), 문학철학분과 도서관(Biblioteca della facoltà di lettere e Filosofia), 제네바(Geneva)의 공공 대학 도서관(Bibliothèque Publique et Universitaire), 종교개혁 역사 연구소(Institut d'Histoire de la Réformation), 런던(London)의 역사 조사 연구소(Institute of Historical Research), 옥스퍼드(Oxford)의 보들레이언 도서관(Bodleian Library), 파리의 국립 도서관(Bibliothèque Nationale), 상 갈렌(St. Gallen)의 바디아

나 시립도서관(Stadtsbibilothek Vadiana), 빈(Vienna)의 오스트리아 국립 도서관(Österreichische Nationalbibliothek)과 대학 도서관(Universitätsbibliothek), 취리히(Zurich)의 중앙도서관(Zentralbilbiothek), 해석학 연구소(Institut für Hermeneutik), 스위스 종교개혁역사연구소(Institut für schweizerische Reformationsgeschichte)에 감사드린다.

나는 연구를 허락해준 브리티쉬 아카데미(British Academy), 데니어 어워드(the award of the Denyer)와 존슨 트레블링 협회(Johnson Travelling Fellowship)에 대하여 옥스퍼드 대학에 감사한다. 그리고 그 동안 학교의 책임을 면해준 위클리프 홀(Wycliffe Hall)에도 감사한다. 이들이 없었다면 본 저작은 쓰일 수 없었다. 여러 사람들이 이 저작의 초본을 읽었다. 나는 그들이 보여준 친절뿐 아니라, 그들이 해준 지적도 큰 가치가 있음을 알고 있다. 특별히 데이빗 포드(David F. Ford), 존 맥캐리(John Macquarri), 고든 마이클슨(Gordon J. Michalson Jr.), 로버트 모건(Robert Morgan), 로완 윌리엄스(Rowan Williams)에게 감사를 표한다. 나는 또한 조안나 맥그래스(Joanna McGrath), 게르하르트 자우터(Gerhard Sauter), 스티븐 쉬케스(Stephen W. Sykes), 조셉 올무트(Josef Wolmuth)가 해준 고마운 제안에 감사한다. 그럼에도 불구하고, 결국 잘못이 남는다면 그것은 전적으로 나의 책임이다. 마지막으로, 나는 T. S. 엘리엇(T. S. Eliot)의 『Four Quartets』에서 'Dry Salvages'의 두 줄을 인용하도록 허락해준 파버(Faber)와 파버 출판사(Faver Publishers)에 감사한다. 본 저작의 성경 인용은 Holy Bible, New International Version, copyright 1973, 1978, 1984, International Bible Society, published by Hodder and Stoughton Ltd.에서 사용하였다.

1장
교리의 기원

The Genesis of Doctrine

기독교 신앙과 기독교 교리는 티베리우스 황제 시대에 팔레스타인에 나타나, 로마 총독 본디오 빌라도(Pontius Pilate)에 의해 십자가에 못 박힌 예수라는 이름을 가진 한 사람으로 인해 갑자기 생겨났다. 우리는 신약 성경에 보존된 그의 삶과 말씀에 대한 전승(전통, traditions)을 통해서만 그를 알고 있다.[1] 기억을 일치시키려는 공동의 행동으로, 신앙 공동체는 자신을 근본적으로 정당화하는 근거로써 이 역사와 자신을 연결시키기로 선택했다. 나사렛 예수의 역사는 과거에나 지금이나 기독교 교리의 가능성들의 용광로이고, 개념 형성의 잠재력이 있는 패러다임을 지배하는 것이다. 기독교 교리의 최종적인 외부적 근거가 무엇이든, 가장 가까운 외부적 근거는 이 역사다.

이 역사가 나중에 가공되거나 혹은 방어되었을지 모르지만[2], 나사렛 예

---

1) 신약의 외부에 있는 예수 전통(the Jesus tradition)의 성격과 제한에 대한 논의에 대하여, 다음의 논문집을 참고하라. David Wenham (ed.), *The Jesus Tradition outside the Gospels* (Sheffield, 1984). 특히 참고하라. Draper, 'The Jesus Tradition in the Didache'; Harris, 'References to Jesus in Early Classical Authors'. 간략한 설명은 다음에서 참고하라. Kee, *Jesus in History*, 42-53.
2) 비교. Simon, *General Theory of Authority*; Stout, *Flight from Authority*.

수에게 권위 부여는 그것이 단지 과거이기 때문에 과거 사건에 권위를 부여하는 것이 아니다.[3] 오히려 과거의 발생 사건이 현재의 변화와 미래의 건설을 위해 큰 중요성을 가진다고 여겨지기 때문이다. 예수의 삶과 죽음에 대한 기억에 더하여, 신약 성경은 그가 죽음에서 부활한 이후 생겨난 영향들을 전한다.[4] 그리고 이 사건을 밝히는 것으로, 그가 누구이며 얼마나 중요한지를 설명하려는 일련의 시도들을 전한다. 신약 성경은 본질상 기독교 공동체에 형식과 정체성을 부여하는 전승(traditions)의 저장고이다. 특별히 그것이 나사렛 예수 자신에 대한 것이라는 점에서 그렇다.[5] 신약 성경이 모든 전승들을 다 포괄하는 것은 아니다. 오히려 첫 기독교 공동체가 자신의 정체성과 목적을 위해 결정적이라고 인식하여 그래서 보존했던 초기 전승들을 포함한다. 다른 전승들은 물어볼 필요 없이 되돌릴 수 없는 역사적 과정의 불가역성(irreversibility)을 통해 침묵되었고, 사라졌다.

예수는 기독교 신학에서 일차적으로 설명되어야(explicandum) 하는 분이다. 그는 설명될 필요가 있는 어떤 것이자, 어떤 인물이다.[6] 첫 신앙 공동체는 그가 하나님의 심판을 가져오고, 그 결과 회심과 갱신의 가능성을 가져왔다고 인식했다. 기독교 교리가 주로 나사렛 예수에 대한 이해들과 관련된 것은 아

---

3) Robin Horton은 '인지적 전통주의'(cognitive traditionalism)로 정의한 한 입장이 있다. 'Tradition and Modernity Revisited', 239–41. 그러나 그는 '믿음의 항목이 정당화되는 이유는, 단지 우리에게 고대로부터 내려온 것으로 증명되었기 때문이 아니라, 궁극적으로 고대의 믿음이 설명과 예측과 조절의 도구로서 예로부터 그 자치를 증명했기 때문이다.'(240쪽) Skorupski는 (*Symbol and Theory*, 204) 전통주의적 사상가들은 어쩔 수 없이 그들이 전통적으로 넘겨받은 사상들을 거절하는 것으로 특징지어지는 반면, 그것에 기초에서 자신의 사상들에 관련하여 본질적으로 열린 태도를 유지하고 있다고 지적한다. 한 사건의 지나감(pastness)은 그 신뢰성과 권위 둘 다에 불리한 것으로 간주된다는 근대적 개념의 기원은 17세기 중반에까지 추적될 수 있다는 점은 언급될 수 있다.
4) 이 단계에서 부활에 대한 확언에 의해 신약 전통이 무엇을 이해하는가를 명확하게 하려는 시도는 없다. 나는 간단히 그 전통의 모든 수준에서 만연하는 발생하는 것에 대해 언급하는 것이다.
5) 교회에 맡겨진 '신앙의 유산'(deposit of faith)의 해석은 경계되고, 방어되고, 전승되고 있음을 주목하라. (예를 들면, 딤전 6:20; 딤후 1:12–14; 2:2, 4; 4:3; 딛 1:9, 13) 이는 다음에서 발견된다. Torrence, *The Trinitarian Faith*, 30–1; 257–61.
6) 사람들이 사건에 의미를 부여할 필요에 대한 인지적 심리학 내의 강조를 주목하라. 참고. Harvey and Weary, *Perspectives on Attributional Processes*.

니다. 오히려 그와 관련된 신앙 공동체의 이해와 관계되었다. 도대체 어떻게 이 예수가 하나님과 사람이라는 언어의 지도 위에 놓일 수 있었는가? 어떻게 기존의 사고 패턴과 생각하는 스타일이 유대주의를 따르든, 플라톤주의를 따르든, 하나님의 심판과 갱신을 품은 자로서 예수의 중요성을 설명하는데 적용될 수 있었는가? 어떤 방식으로든, 신앙 공동체는 예수에 대하여 권위와 포괄성을 지키는 사고와 표현의 방식을 보존해야 했다.[7] 동시에 이런 측면에서 그를 제한하거나 타협하는 선택들은 부적절한 것으로 여기고 배제시켰다. 신약 성경에는 초기 기독교 공동체가 확고한 고백적 형식들을 채용했다는 분명한 증거가 있다. 이로써 초기 공동체는 나사렛 예수가 그들의 상황과 개인적으로 관련되어 있음을 그들의 이해를 따라 핵심적 틀로 요약하고, 전달하는 수단으로 사용했다. 예를 들면, 신약 성경의 근저에 있는 나사렛 예수를 증거하는 '그리스도'(Christ)라는 용어는 그 자체가 여러 관계성을 가지고 있다. 복합적으로 볼 때, 유대적 기대의 사조와도 관계된다.[8] 아마도 고정된 고백적 형식으로 이루어진 복음 선포(gospel kerygma)의 결과물 중 가장 분명한 예는 고린도전서 15:3-5에서 발견된다. 바울은 전승(tradition)으로 받은 형식을 '복음'(gospel)으로 표현했다.[9]

기독교 교리의 기원은 그런 형식을 가지고 예수의 중요성을 분명하게 하려는 시도에 있다. 초기 기독교 공동체에 대한 충성을 예배 가운데 확인하기 위해, 정해진 어구의 충실하고 무비판인 반복은 편리한 방식이었을 것이다. 그러나 이 방식은 교회의 생성 단계에 있던 순수한 사도적 교회를 넘어서자, 연

---

7) '권위'(authority)라는 용어는 여기에서 복합적 기능들을 포함하는 것으로 이해된다. 다음을 주목하라. Simon, *General Theory of Authority*, 20-2.
8) 이 기대의 복잡성에 대한 문서들에 대해 참고하라. Neusner, et al., *Judaisms and their Messiahs at the Turn of the Christian Era*. 좀 더 일반적인 것에 대해 참고하라. Hahn, *Christologische Hoheitstitel*, 133-225; Vermas, *Jesus the Jew*, 132.
9) 더하여 참고하라. Cullmann, *Die ersten christlichen Glaubensbekenntnisse*; Schlier, 'Die Anfänge der christologischen Credo'.

속성을 보장하는 도구로써는 부적절함이 점차 드러났다. 반복을 통해 전승을 보존하려고 하는 초기 본능은 재진술과 해석을 통해 자신의 역사를 이어갈 필요 인식에 길을 내어주어야 했다. 예수와 관련된 신약 전승들의 역동성은 그런 보존의 작업을 통해 절충되었다. 이 과정은 예전에 살아있던 것을 정적인 형태로 잡아놓는 화석화를 필요로 했다. 마치 화석이 바위에 보존되거나, 파리가 호박 안에 사로잡힌 것처럼 말이다. 이것들은 지나간 것의 상징들이며, 과거 자체의 상징들이다. 예전에는 살아 있었고, 활력이 넘쳤으나 지금은 죽었고, 굳었고, 움직이지 않는 과거가 되었다. 지성의 역사박물관의 이상하고 낯선 전시물처럼, 시대에 뒤진 것처럼 보인다. 과거에 의미한 것을 오늘날 표현하려 한 상징은 과거 자체의 어떤 상징으로 퇴색된다. '이미지를 되살리기' 위한 요구는 교리의 기원의 근저에 있다.[10] 그래서 교리는 복음에서 멀리 떠나는 것이 아니다. 오히려 기독교 공동체 내에서 해석적인 의식이 더욱 진전된 수준으로 발전한 것임이 틀림없다.

더하여 예수에 대한 신약 전승들 자체는 그의 정체성과 중요성에 대한 연속되는 분쟁을 구체적으로 보여준다.[11] 생성되는 기독교 공동체가 예수 그리스도와 관련된 주장들에 있어 이의가 없다는[12] 낭만적 이미지는 예수와 관련된 전승들 내부에 내적 분쟁이 처음부터 존재했다는 사실을 감추었다. 기독교 공동체가 형성되면서 발생한 분쟁들은 신약에 보존된 정경 이전의 전승들 안에 전달되었고, 반영되었다. 나사렛 예수의 죽음과 부활, 그리고 그의 정체성과 중요성을 설명하는 가장 적절한 방식들에 대한 초기 기독교 공동체 내에 지속된 지적인 분투의 발전 사이에는 현저하게 짧은 간격이 있었다. 전승

---

10) Farrer, *A Rebirth of Images*, 14. '[하나님의] 인상들(images)은 모든 세대들을 통해 절대적으로 변함없는 것은 아니다. 그리고 그 변화의 연구보다 더 중요한 역사적 연구는 존재하지 않는다. 그럼 변화는 기독교의 탄생으로 표현된다. 그것은 인상들의 가시적 재탄생이다.'
11) 이 점은 Trocmé, *Jésus de Nazareth*, 141-2에서 드러난다.
12) 참고. Wilken, *Myth of Christian Beginnings*.

은 단지 분쟁을 생성할 뿐 아니라 본질적인 구성 요소로서 분쟁을 전달한다. 초대 교회 내에서 논쟁이 더욱 불붙었을 때, 기독교 전승과 전달된 분쟁들에 대한 신중한 비평적 재작업이 필요할 뿐 아니라 피할 수 없는 것임이 분명해졌다. 신약의 정해진 어구들의 단순한 반복은 좀 더 어렵고, 좀 더 위협적이며 도전적인 것에 자리를 내주어야 했다. 교리의 공식화가 그것이다. 기독교 전승을 형성하면서 제거될 수 없는 갈등들이 교리의 공식화라는 통합을 통해 해결되거나, 창조적 긴장 가운데 유지될 수 있었다.

교리의 공식화에서 분쟁의 기원은 전통적으로 신학적 언어의 성격에 위치한다.[13] 만약 기독교의 이해를 완전하게 표현하려는 시도가 결코 완전하게 만족될 수 없다는 것을 인정한다면, 어떤 시대의 신학자들은 필연적으로 자신의 시대와 세대가 뛰어나다고 생각하는 개념적 자원들의 사용을 자연스럽다고 느낄 것이다. 그래서 기독교 주장의 핵심을 설명할 때 활용되는 철학적 도구들의 차이점 때문에 긴장들이 발생한다. 만약 우리가 초월적인 것이 결코 제한된 언어로 완전하게 표현할 수 없고, 그래서 정확하게 정의하는 것을 피하여 이미지(image)와 모델들(models)을 의지해야 한다면, 어느 정도의 모호성과 긴장은 모델들의 잠정성 때문에 필연적이다. 모델과 이미지는 잘 정의될 수 있다. 그러나 우리가 초월적 실체에 대한 이해를 세우는데 사용하는 이 방식은 (예를 들면, 상호 영향을 주고 서로를 제한함에 있어) 여전히 논쟁이 있는 그대로 남아있다. 기독교 신학은 하나님을 기독론적인 관점으로 제시함으로써, 예수 그리스도에 대한 전승을 신학적 구성 형식을 조절하는 핵심 이미지와 모델로 지목했다. 따라서 예수에 대한 전승 자체가 해석의 갈등을 중재하고 있다는 인식은 교리 공식화와 관련된 문제들에 직면하면서 상당한 어려움들을 더한다.

---

13) 예를 들면, 참고. Mitchell, 'Doctrinal Disagreements'.

다른 점은 성경 자료 자체의 성격과 관련된다. 종교개혁 시대의 어떤 저자들은 성경을 교리적 자료집(기독교 교리 편람, doctrinae Christianae compendium, 멜란히톤)으로 다루었다. 반면 근래에는 성경 자료들의 이야기적 성격을 강조하는 흐름이 대체로 인정되고 있다.[14] 신약은 우리에게 예수 그리스도에 대한 이야기를 가지고 표현하고 있다.[15] 때로, 특별히 바울 서신에서, 이야기는 신학적 고찰을 덧입는다. 그러나 그럴 때에도 이야기적 하부구조는 신학 형성의 분명한 기초로서 받아들여질 수 있다.[16] 나사렛 예수의 중요성에 대해 질문을 하면서, 우리는 어떻게 그에 대한 이야기가 해석될 수 있고, 어떻게 우리의 상황과 연관될 수 있는지를 질문하여 그 이야기를 해명하고, 변환하려고 한다.[17] 해석의 패턴들은 이미 신약에서 찾아 볼 수 있으며, 나사렛 예수에 대한 이야기를 더욱 고찰하도록 초대하고 있다. 그래서 교리는 이야기의 해석과 관계되고, 이 이야기와 함께 이미 공존하던 해석의 양상을 분석하고 확장한다.

첫째, 교리는 느슨하게나마 신학적 고찰의 근거가 되는 성경의 원자료를 통해 전해진 갈등 때문에 필연적으로 발생한다.[18] 둘째, 교리는 성경 자료 자체의 이야기적 성격을 통해 필연적으로 발생한다. 또한 셋째, 교리는 기독교 신학의 특수한 필요로 인해 의도적으로 계획되지 않은 언어와 개념적 뼈대와

---

[14] 참고로 저자는 멜란히톤을 비롯한 종교개혁 시대의 저자들이 성경을 시대에 영향을 주고 있는 문서가 아니라, 고정된 교리의 창고로 여긴다고 생각하는 것 같다. 그러나 이것은 저자의 오해이다. 저자가 종교개혁의 중요 신학적 주제를 이미 충분히 연구했다는 점에서 이런 판단은 의외이다.-역자주
[15] 참고. McGrath, 'Geschichte, Überlieferung und Erzählung'.
[16] 참고. Hays, *Faith of Jesus Christ*. 이 책은 갈 3:1-4:11의 신학적 확언들의 이야기적 하부구조를 신중하게 분석한다.
[17] 윤리적 고찰에서 이 이야기의 중요성에 대하여, 참고. McGrath, 'Christian Ethics'.
[18] 한 가지 요점이 다음에서 강조된다. Sykes, *Identity of Christianity*, 11-34. 신약 내의 다양성에 대한 뛰어난 설명으로, 참고하라. Dunn, *Unity and Diversity*. Dunn은 받아들일 만한 다양성의 한계를 정의하는 하나의 기준을 제시한다. 높아지신 그리스도와 예수의 인간됨의 통일성이다. *Unity and Diversity*, 378-9.

상호 관계할 필요 때문에 필연적으로 발생한다.[19] 기독교가 자신의 첫 시대에 헬라적 환경에서 확장된 것은 세 번째 요점을 보여준다. 그렇다 하더라도, 이것이 헬라적 세계관에 이미 존재하던 관계들과 가치들의 요소를 단순하게 '사용'했음을 증명하는 것은 아니다.[20] 하지만 이 가운데 어떤 것들이 거부되어야 하고, 어떤 것들이 인정되어야 할까? 성경의 문구를 반복하고 되풀이하는 것에서 이미 존재하던 언어와 개념적 체계를 통하여 교리를 해설하는 것으로의 이동은 필연적으로 어떤 관점이 개입될 것을 요구한다. 혹은 기존의 언어적, 개념적 체계와 관계된 현실에 대한 다양한 관점들이 개입될 수밖에 없었다.

그래서 하나님에 대한 성경의 표현을 고전 철학의 신화적 관습과 혼합시키는 경향이 발생했다.[21] 그 결과 성경과 기독교 전승의 자료가 해석적 체계에 있어 자신의 근원과 동떨어진 전제를 통해 해석되었다. 결국 헬라의 형이상학이 기독교와 만나기 전에 '한 하나님'에 대한 개념을 발전시켰고,[22] 그 결과, 이 환경에서 예수 그리스도께서 하나님을 선포한 것은 형이상학적 신과 다소 길고 복잡한 협의와 관련된 것이었고, 그래서 자신의 정체성을 찾고 차별화하는 복잡하고 미묘한 역사로 이끌게 되었다. 이런 해석 가운데 그리스도의 형상을 중도적 플라톤주의(Middle Platonism)의 중재 원리와 일치시키려는

---

[19] 이 저작에서, '개념적 체계'(conceptual framework) 혹은 '개념성들의 체계'(framework of conceptualities' 와 같은 용어들은 의도적으로 느슨하게 사용되어, 좀 더 정확하게 제한된 의미에서 그 개념의 역사와 관계하지 않고 사용된다. 비교. D'Amico, *Historicism and Knowledge*, 32-51; Davidson, 'Onthe very idea of a conceptual scheme'; Hacking, *Why does Language matter to Philosophy?*; Rorty, *Consequences of Pragmatism*, 3-18; Stout, *Flight from Authority*, 149-76. Davidson과 Wittgenstein 사이의 중요한 차이점에 대한 설명을 참고하라. Kerr, *Theology after Wittgenstein*, 105-9.

[20] 신중한 설명을 위해 참고하라. Chadwick, *Early Christian Thought and the Classical Tradition*, 일반적 주제에 대한 비판적 분석은 다음의 멋진 연구에서 찾을 수 있다. Grillmeier, 'Hellenisierung-Judaisierung des Christentums'.

[21] 다음의 중대한 연구를 참고하라. Pannenberg, 'The Appropriation of the Philosophical Concept of God as a Dogmatic Problem of Early Christian Theology'.

[22] 그러나 그 길은 길고 복잡했다. 참고. François, *Le polythéisme et l'emploi au singulier des mots THEOS, DAIMON*; Burkett, *Greek Religion*, 271-2; 305-37.

특별한 경향이 언급될 수 있다.[23] 이것을 가지고 이성주의나 철학이 기독교 계시의 자료 위에 지배적인 영향을 가진다고 말하는 것은 아마도 불공정할 것이다. 모든 세대의 신학자들은 신학적 작업에 있어 물려받은 형이상학적 노력들을 더 이상의 정당화 없이, 자명한 것으로 사용하려는 유혹을 받는다. 기독교 전승을 이미 존재하던 현실의 관점과 관계시키는 것은 그래서 철학적 신(神) 개념의 어떤 요소들이 비판적으로 정제되고, 다시 만들어지고, 교정되는 것을 요구했다.

이 관계의 성격은 아마도 보통 생각하는 것보다 더 미묘했을 것이다. 만약 우리가 초기 그리스도인들이 단순하게 이미 존재하던 신적 성품(전능과 같은 성품)에 대한 철학적 혹은 시민적 관점을 그들의 사고에 포함시킨다거나[24], 혹은 그런 외적 영향들이 형성한 사고를 허용하였다고 표현한다면, 우리는 첫 그리스도인들이 처한 압력을 공정하게 보는 데 실패하는 것이다. 신적 본성과 같이 무게 있는 주제와 관련된 지적인 토론의 성격을 지배하는 담론들, 그리고 그런 토론의 규정, 표현 방식에는 아마 더욱 미묘한 영향들이 인정되어야 한다. 달리 말하면, 이방 철학의 형식적 속성과 특성에 대한 논의와 같은, 하나님에 대한 담론 방식은 어느 정도 기독교 신학자들의 모델로 여겨졌다. 기독교 신학과 이방 철학 사이의 맞물림은 그래서 문법과 논리 영역뿐만 아니라, 개념 수준에서도 발생하였다.

이 맞물림의 역사적 산출물은 그 자체로 상당히 흥미로운 주제이다.[25] 다만 우리가 목적하는 중요한 것은, 기존에 존재하던 개념화의 평가와 담론의

---

[23] 참고. Dörrie, 'Was ist "spätantiker Platonismus"?' 기독론을 세계관(Weltanschauung)으로 만들려는 경향은 교리의 역사를 통해 분명하다. 그래서 헤겔에게, 기독론은 초월과 내재의 중재와 화해로써 기능한다. 참고. Küng, *The Incarnation of God*, 117-22; 190-242; McGrath, *Making of Modern German Christology*, 32-4.
[24] '기독교는 점점 더 황제 숭배의 본을 따라가게 되었다'(Don Cupitt)는 역사적으로 의심스러운 주장이 그 증거이다. Hick (ed.), *Myth of God Incarnate*, 139.
[25] Grillmeier, 'Hellenisierung-Judaisierung des Christentums'. 비교. Schlier, 'Kerygma und Sophia: Zur neutestamentlichen Grundlegung des Dogmas'.

방식, 둘 다에 대한 갈등이 적절했는가, 그리고 이것을 평가하는 과정에서 적용된 범주가 교부 시대의 교리적 논쟁에 얼마나 중요하게 기여했는가를 지적하는 것이다. 이와 관련하여 교리 공식화는 지적 지평을 교정하라는 초대였을 뿐 아니라, 요구였다. 이것은 기독교 전승이 변화하든, 고집하든 자신을 둘러싼 세계관과 관계하기 위해 필요했다. 한편, 기독교 사회가 직면한 지적 도전들에 대응하기 위해 성경 이해의 범위를 뛰어넘을 필요가 있었다. 다른 한편, 이러한 성경의 용어와 개념적 구조의 확장이 성경의 핵심적 이해와 일치한다는 것을 확신시킬 필요가 있었다. 예를 들면, 만약 기독교가 4세기에 진정한 지적 선택 방안으로 인식되어져야 했다면, 혁신이나 발전의 완전한 거부는 불가능했다. 논쟁 중인 이 문제는 이 발전의 성격과 정도에 관계되었다. 교리적 고찰을 향한 이 본질적 이동은 필연적으로 교리 공식화가 전통적 사상과 관념들을 전달하고, 확인하기 위한 매개물로서 적합한가, 타당한가, 이 모두에 대한 창조적 논쟁을 수반한다.

주어진 질문에 대한 논의의 발전에서 이정표 혹은 분기점을 나타내는 하나의 역사적 사건에 정주하는 것은 매우 쉬운 일이다. 그럼에도 불구하고 이 어려운 일을 감수하는 것은 가치가 있다. 만약 어떤 사건이 교리 발전 과정에서 전환점으로써 인정될 수 있다면, 4세기의 아리우스 논쟁이 그런 것이다.[26] 아리우스와 대적자들의 논쟁을 순수하게 성경적 수준에서 고려할 때, 근본적으로 교착 상태였다. 예를 들면, 아리우스와 아타나시우스 둘 다 비슷하게 기독론적 주장에서 정보를 얻기 위해 사복음서를 사용할 수 있었다.[27] 둘 다 예

---

26) 이 논쟁의 정치적 신학적 측면들에 대한 뛰어난 논의에 대하여 참고하라. Williams, *Arius: Heresy and Tradition*, 107-12.
아리우스 논쟁은 4세기의 삼위일체 논쟁이었다. 아리우스파는 그리스도가 하나님의 피조물이라 주장하였다. 그 반대파의 대표적 인물은 아타나시우스이고, 그들은 그리스도의 신성을 주장하였다. 325년 니케아 공의회와 381년 콘스탄티노플 공의회를 통해 아리우스파가 정죄되었고, 아타나시우스파가 정통으로 인정받았다. -역자주
27) Pollard, *Johannine Christology and the Early Church*. 아리우스와 아타나시우스 사이의 논쟁에서 쟁점이 되는 성경 본문들의 선택에 대한 논의에 대하여 참고하라. Williams, *Arius: Heresy and Tradition*.

배 의식에서 나타난 것처럼 신약과 기독교 전승의 기독론적 시각을 정확하고 적절하게 표현할 것을 주장했다. 둘 다 자신을 기독교 전승의 확실하고 핵심적이며 발전 중인 중요 교리들의 방어자로서 인식했다. 성경의 용어가 아니었던 동일본질(homoousios)에 대한 니케아의 위기는 옛 구두적 신조를 반복하고 엄격하게 집착하는 신학이 부적절하다는 것을 분명히 밝혀주었다.[28] 과거의 의미는 시간이 경과함에 따라 소멸의 위협을 받았다. 마치 교회가 과거 모습들의 원래 의미를 보지 않은 것과 마찬가지였다. 교회는 그 의미를 다시 진술하고 해석하는데 실패하여, 의도하지 않았던 새로운 의미를 부지불식간에 부여하려는 유혹에 취약해졌다.

만약 성경과 전승에 대한 시각의 피상적 관계가 피해져야 한다면, 성경과 전승 모두 다시 읽혀져야 했다. 성경과 전승이 창조적으로 깊은 곳에서 맞닥뜨리는 교리적 해석학이 요구된다. 이를 통해 성경과 전승의 이상은 다시 만들어지고, 그들의 이야기는 새로운 이미지와 용어로 해석된다. 반복의 신학은 (성경 본문이든 예배의 교리 신조이든) 신학적으로 느슨한 가장자리를 너무 많이 남겼다. 신약과 교회 예식의 익숙한 형식 뒤에 있는 사상들은 개념적 혁신을 통하여 다시 형상화되고, 창조되어야 했다. 그렇지 않으면 그것은 죽은 비유가 될 것이고, 과거로부터 화석화된 언어적 순간들이 될 것이다.[29] 니케아의 위기는 이런 일반적인 현상의 예를 보여준다. 이 문제는 우리가 나중에 다루게 될 것이다. 즉, 신약 자체의 조건과 용어로 제한하고 정의하려는 신학적 고찰의 열심은 변화되어야 할 필요가 인식되었다. 이는 신약 선포에 대한 열심을 보존하기 위한 것이었다. 교리의 기원은 과거의 이야기적 유산의 무비판적 반복에서 탈출하는 것에 있다.

---

28) *homoousion*(유사본질)에 대하여 참고하라. Ricken, 'Nikaia als Krisis des altchristlichen Platonismus'; Ritter, *Das Konzil von Konstantinopel und sein Symbol*, 270–93.
29) Baum, *Faith and Doctrine*, 121–2.

그러므로 교리의 기원에 대한 예비적 논의에서 여러 주요한 질문들이 분명히 나올 것이다. 첫째, 우리는 과거가 기독교 교리의 현재적 표현에서 어떤 의미로 권위적이라고 느껴질 수 있었는가를 생각해봐야 한다. 과거에 발생한 어떤 사건에 의해 어떤 의미로 우리의 선택들이 제한되었고, 우리의 지평이 정의되었고, 우리의 정신 세계가 형성되었는가?[30] 우리가 얼마나 과거의 유산에서 자유롭게 벗어날 수 있을까? 둘째로 우리는 교리의 기원에 대하여 이야기해야 한다. 왜 교리적 진술들이 발달되었고, 그것들의 의의는 무엇인가? 어떤 중요한 압박이 (종교적이든 사회적이든) 교리의 확정을 촉진하고 있는가? 그리고 셋째, 교리 비평 주제의 중요성이 드러난다.[31] 어떻게 교리적 진술이 역사적 맥락과 관계하는가? 일반적인 신학적 입장이나 특별한 교리적 진술이 전적으로 역사적 상황에서 나온 것일 수 있다는 견해는 지금도 때때로 만날 수 있다. 그러나 이 견해는 지식 사회학의 인정된 이해에서 볼 때 심각한 결함이 있다.[32]

교리의 진화에 대한 역사적 분석은 우리에게 교리 비평의 과정을 시작할 수 있게 한다. 무엇이 역사적, 신학적 문제를 결합하는가의 핵심 질문이다. 어떤 방식으로 교리 진술의 진실성과 적합성이 판단될 수 있는가? 어떤 범주를 기초로 교리적 발전이 평가될 수 있는가? 그래서 전승의 순전한 고대성은 (순전히 역사적 범주에서 언급하자면) 정당성에 있어서 반드시 신뢰할 만한 지침은 아니다. 카르타고의 키프리안(Cyprian of Carthage)이 지적한 것처럼, '진리 없는 전승'(키프리안은 비트겐슈타인 이전에 이 문구를 사상적 본질에 동의하지 않고 사용한다.)은 쉽게 말해 고대의 실수를 부적절하게 영구화하는 것이다.[33] 교리 비평은

---

30) 이 일반적인 주제에 대하여, 참고하라. Simon, *A General Theory of Authority*.
31) Woods, 'Doctrinal Criticism'; Wiles, 'Looking into the Sun'. Woods의 논문은 사후에 출판되었다. 이 저자는 유감스럽게도 그 안에 개요적으로 서술된 중요한 프로그램을 계속해나갈 수 없었다.
32) 그런 관점은 다음에서 여전히 발견된다. Elert, *Ausgang der altkirchlichen Christologie*, 324-6.
33) 예를 들면, Cyprian, Ep. lxxi, 3; lxxiii, 13; lxxiv, 9. 이 특별한 논쟁은 재세례의 문제에 관련된다. Willis, *Augustine and the Donatist Controversy*, 146-52. 비교. Woods, 'Doctrinal Criticism', 92; '논

우리로 하여금 특정 신학적 시각들이 특정 교리 공식화 뒤에 놓여 있는지 묻게 한다. 그리고 어떤 특정한 역사적 우발성이 그래서 (필요하다면) 그 교리 공식화를 다시 진술하는 관점을 가지고 작성되었던 시각들과 방식들, 둘 다에게 영향을 주었는지를 묻게 한다.

교리와 도그마

본 연구의 주제를 상세하게 다루기에 앞서, '교리'와 '도그마' 사이의 관계를 명확하게 할 필요가 있다.[34] 후자의 용어는 부정적 역사적 함축을 담고 있고, 엄격함과 권위주의와 같은 생각들을 전달한다. 또한 아마도 비합리성과 반계몽주의, 그리고 종교재판과 종교적 핍박의 역사적 기억을 불러일으키고, 학문적 자유의 영역 내에서 교회 권위가 시행되는 공포를 불러일으킨다. 그것은 자유주의적 태도를 추구하는 시기에 불쾌하다고 생각되는 어떤 특정 도그마가 아니라 바로 그 도그마의 사상이다. 유감스럽지만 신학은, 적당한 신학적 개념을 되찾기 위해 부정적 함축들을 배제할 수 있는 심리적 혹은 역사적 진공 상태에서 수행될 수 없다. 그러므로 현대 로마 가톨릭이 18세기 후반부터 '도그마'란 용어를 사용하기 시작한 것을 역사적으로 살펴보는 것은 중요하다. 프란시스칸 수도원의 논쟁가 크리스만(P. N. Chrisman, 1751-1810)은 가톨릭 신앙 규범(Regula fidei catholicae, 1792)이라는 논쟁적 저술에서 처음으로 '도그마'를 이 의미로 분명하게 사용하였다.[35] 크리스만은 이 용어를 사용하여 신

리적 연속성도 유기적 연속성도 교리적 진술이나 교리적 체계가 참인지를 결정하지 않는다. 참된 발전의 기준들은 진리의 적절한 기준들과 발전하는 전통의 타당성과 함께 사용되어야 한다.'
[34] 많은 유용한 역사적 자료들은 여기에서 요약하기에 너무 상세한 것이다. 이는 다음에서 찾을 수 있다. Rahner and Lehmann, 'Kérygme et dogme'; O'Cleirigh, 'Dogma in Origen'.
[35] 참고. Beumer, 'Die Regula Fidei Catholicae des Ph. N. Chrisman, O.F.M.'. Chrisman은 F. Veronius, S. J. (1575-1649)에게서 그 사상을 얻었던 것 같다.

학적 견해에 대조되는, 교회의 교리 형식을 표현하였다.

특별히 중세 후기에 가톨릭 교리와 신학적 견해의 해로운 혼합의 영향 때문에, 두 용어를 구별할 필요성은 분명했다.[36] 16세기의 첫 30년 동안 벌어진 종교개혁 논쟁들에서 양측의 많은 사람들은 무슨 교리가 교회에 의해 공식적으로 인정되었고, 받아들여졌는지, 어떤 것이 신학자들의 공개적으로 표명된 순전히 개인적인 견해인지를 확인하는 것이 불가능함을 알게 되었다. 그래서 루터가 비텐베르크(Wittenberg)에서 자신의 개혁 프로그램을 시작할 때, 그가 어떤 신학 학파(새로운 방식, via moderna : 중세 스콜라 신학과 철학의 한 학파로 유명론[nomialism]으로도 불린다. 이 학파의 대척점에는 via antiqua[옛 방식], 즉 실재론[realism]이 있다. 옛 방식[실재론]은 보편적인 실재가 존재한다고 가정하는 반면, 새로운 방식[유명론]은 개체만이 실재를 가진다고 주장한다. 루터는 대학에서 새로운 방식으로 연구를 했다. 반면, 츠빙글리는 옛 방식으로 연구를 했다. 스콜라 신학에 대한 이해의 차이는 양자의 논쟁에서도 드러난다. 루터에게 한정하면, 그가 중세 신학, 혹은 스콜라 신학을 반대한다고 할 때, 그것은 새로운 방식을 염두에 둔 것으로 이해해야 한다.-역자주)의 견해를 가톨릭 교회 전체의 견해와 일치하는 것으로 여긴 잘못된 믿음에 기초하여 시작했을 것이라는 흥미로운 가능성도 제기된다. 자신의 시대에 사실상 모든 교회가 펠라기안주의로 타락했다는 루터의 주장은 '새로운 길'이 가진 구원론의 공로에 대한 타당성 있는 평가일지 모르지만, 이를 전체 서방 교회에 대하여 적용한 것은 부적절한 추론에 근거한 것일지 모른다.[37]

'도그마'의 개념을 도입함으로, 크리스만은 교회의 가르침을 개인의 신학적 견해와 구분하고, 교파적 논쟁을 제한함으로 교파간의 대화에 명료함이란 요소를 가져다주기를 원했다. 그래서 '도그마'라는 용어는 오늘날 로마 가

---

[36] 이 현상과 그 기여하는 요소들의 분석을 위하여, 참고하라. McGrath, *Intellectual Origins of the European Reformation*, 12–28.
[37] 이 판단의 신뢰성은 그러나 의심할 여지가 있다. 참고. McGrath, *Luther's Theology of the Cross*, 53–63.

톨릭교회 내에서 사용하는 의미를 갖게 되었다. '도그마'는 특별히 교회가 보편적 가르침의 일부분이나, 엄숙한 교리적 판단을 통해 계시된 진리라고 선언한 것을 가리킨다.[38] 도그마의 개념에는 신적 계시의 개념 혹은 계시된 진리, 그리고 그런 계시와 진리에 대한 교회의 제안과 수용이라는 상당히 다른 두 가지 요소들이 포함된다.[39] 모든 도그마는 교리가 될 수 있다. 그러나 모든 교리가 도그마는 아니다. 예수회 학자인 데네페(Deneffe)는 명시적으로 이 두 요소들을 포함시키면서 다음과 같이 간결하게 도그마를 정의한다. 도그마는 하나님에 의해 형식적으로 계시되고, 또한 교회에 의해 엄숙하고 질서 있게 정의된 진리이다(dogma est veritas a Deo formaliter revelata at ab ecclesia sive solemniter sive ordinarie definita).[40] 물론 '도그마'라는 용어가 로마 가톨릭의 용법으로만 제한된 것은 아니다. 루터파와 개혁파의 글에서도 '교회가 받아들인 가르침'이라는 일반적인 의미를 지키려는 적용 경향을 찾아볼 수 있다.[41] '교리학(dogmatics)'이라는 용어는 기독교 (더 정확하게 개신교[Protestant]) 신학의 조직화된 몸을 가리키며, 17세기에 처음으로 사용되었다.[42]

여러 고려 사항들이 이 연구 내에서 '도그마'란 용어를 '교리'보다 선호하

---

[38] '신앙'과 '이단'(heresy)과 관련된 개념들의 의미로 연관된 이동들은 교훈적이다. Lang, 'Der Bedeutungswandel der Begriffe "fides" und "haeresis"'.
[39] 더하여 참고하라. Deneffe, 'Dogma: Wort und Begriff'; Elze, 'Der Begriff des Dogmas in der Alten Kirche'; Rahner, 'What is a Dogmatic Statement?'; Dulles, 'Hermeneutics of Dogmatic Statements'; Ommen, *Hermeneutic of Dogma*.
[40] Deneffe, 'Dogma: Wort und Begriff', 531.
[41] 참고. Sauter, 'Dogma-ein eschatologischer Begriff'. 특히 Karl Barth의 저작들의 용어와 개념의 사용과 관련된다. 다소 지나치게 해석하면, 두 개념들 사이의 특이한 구분은 다음에서 찾을 수 있다. Jennings, *Beyond Theism*, 177-83; 221-4. Gerhard Ebeling의 도그마의 성경에 대한 영향력있는 논의에 특별한 관심이 향해져야 한다. 예를 들면, 참고. *Wort Gottes und Tradition*, 128-9; 168. 이에 대한 응답으로 참고하라. Ommen, *Hermeneutic of Dogma*, 79; 203-8; Rogge, 'Zur Frage katholischer und evangelischer Dogmenhermeneutik'. 도그마의 기독론적 기초에 대한 질문은 다음에서 창의적으로 탐구되었다. Williams, 'Incarnation as the Basis fo Dogma'.
[42] 참고. Lukas Reinhart, *Synopsis theologiae dogmaticae* (1659). 이 용어를 사용하는 가장 유명한 근대적 저작은 당연히 Karl Barth의 *Church Dogmatics*이다. 개신교 정통주의 시대에 사용된 다른 용어들은 중세적 'summa'를 포함한다. (예를 들면, Johannes Coccejus, *Summa theologiae ex scripturis repetitia* (Amsterdam, 1665)) 그리고 'medulla'를 포함한다. (예를 들면, William Ames, *Medulla theologiae* (Amsterdam, 1628))

여 사용하는 것을 꺼리는 이유가 된다. 첫째, 전자의 용어는 이제 기독교 전통 내에서 역사적으로 적합한 신학적 진술이 가진 특징의 성격과 범위에 대한 정통한 논의가 교리적 진술들 가운데 표현되었을 때 어두워지고, 희미하게 된다는 모욕적인 의미를 갖게 되었다. 둘째, '도그마'의 개념은 교회적 긍정주의에 기초하거나 최소한 그것을 반영한다. 교회적 긍정주의는 연구 중에 역사적 기준 외의 것을 사용하기 꺼리는 기독교 전승의 역사가에게 분명히 난제를 불러일으킬 수 있다. 셋째, 이 개념은 교리 공식화의 내용보다는 그것의 형식적 권위에 대한 집착이나 특별한 강조를 시사한다. 넷째, 이것은 '도그마'로서 받아들여진 교리들을 조사하는 것을 제한한다. 기독론의 영역이 그렇다. 반면 다른 주요 역사적 관심들은 제외된다. 믿음에 의한 칭의 교리도 그렇다. 다섯째, 신약에서 '도그마'라는 용어의 사용이 실제로 '기독교 교리'(Christian doctrine)를 명백하게 가리키지 않는다는 것이 드러난다.[43]

그러므로 '교리'라는 좀 더 일반적인 개념을 기독교 교회의 신학적 확언들의 전승 역사를 살펴보는 도구로서 사용하려고 한다. 이것은 어떤 의미에서 도그마의 현대적 개념을, 예를 들면, 현대 로마 가톨릭 신학에서 적용되는 개념을 거절하거나 비판하는 것이 아니다. 그 용어가 지금 가지고 있는 개념과 경멸적 연상들을 기반으로 하는 두 가정 때문에, 그것은 현 연구의 더욱 제한된 목적에 부적절한 범주로 보일 수 있다는 점이 언급되어야 한다. 동일하게, '교리' 혹은 '교리적 진술'과 같은 용어 자체가 상징할 수 있는 것을 예단하지 말아야 한다. 바로 그런 질문들과 씨름하는 것이 이 저서의 기초를 이룬다.

---

43) 눅 2:1; 행 17:7; 히 11:23은 그래서 '공식적 법령'(official decree)의 의미를 가진 용어를 사용한다. 엡 2:15과 골 2:14는 '모세법'(Mosaic law)으로 사용하고, 행 16:4은 실천적 행위와 관련된 용어를 사용한다.

교리와 신학

'교리사(Dogmengeschichte)는 무엇을 교회가 믿었고, 가르쳤고, 고백했는가에 대한 역사에 집중하지 않고, 학문적 신학의 역사에 집중한다.'[44] 12세기 유럽에서 중세 대학이 설립된 이래,[45] 신학은 점차 세속 권력이나 교회 권력의 간섭에서 떠나 자유로운 학문적 주제를 떠맡았다. 12세기의 페테르 아벨라드(Peter Abelard)와 버나드 클레르보(Bernard of Clairvaux) 사이의 불일치(존경받는 시스터 수도원 출신의 클레르보 수도원의 원장인 버나드는 정치적 영향력 또한 상당했고, 그는 파리에서 가르치던 인기 있고 뛰어난 신학자 아벨라드를 1141년 종교 회의에서 이단으로 정죄하였다. 이 과정에서 아벨라드는 정당한 방어권을 얻지 못했고, 이는 그 결정의 정치적 영향력을 보여준다.-역자주), 19세기의 피히테(Fichte)와 슐라이에르마허(Schleiermacher)의 불일치(피히테는 신의 존재에 대한 증명을 부정하고, 신앙은 이성에 위반된다고 주장했다. 반면 슐라이에르마허는 이성과 종교가 반대되는 것이 아니라고 주장하였다.-역자주)는 학문적 자유와 종교적 전통 사이에 계속하여 긴장이 있었다는 사실을 보여준다.[46] 이 긴장이 근본적으로 일련의 부정적 오해나 태도들에서 비롯된 것이라고 여겨질 수 있지만, 한편으로 공동의 믿음과 다른 한편으로 개인적 비판이나 혁신 사이는, 잠정적일지라도, 구분을 만들 필요가 있다. 그리고 (비판적인 관점으로) 역사 신학의 작업이 기독교 교회의 삶 속의 문제보다는 학문적 신학 안에 있는 흐름들에 집중하는 경향을 지적할 필요가 있다.[47]

---

44) Pelikan, *Historical Theology*, 46-7.
45) 이 발전에 대한 설명을 위해 참고하라. Evans, *Old Arts and New Theology*.
46) Evans, *Old Arts and New Theology*, 57. 비교. Schleiermacher, *Gelegentliche Gedanken über Universitäten in deutschen Sinn*; Fichte, *Deduzierter Plan einer zu Berlin zu errichtenden höheren Lehranstalt*. 이 긴장은 다음에서 탐구된다. Thiselton, 'Academic Freedom, Religious Tradition and the Morality of Christian Scholarship'.
47) 나는 개인적인 예를 제시할 수 있을 것이다. 나의 *Iustitia Dei*의 계몽주의 이래로 칭의 교리의 발전을 다루는 부분에서(2.135-91), 나는 학문적 신학의 기여에 (대체로 비판적이라는 말은 꼭 더해야 한다) 집중하는 관습을 따랐고, (다시 한번 관습을 따라) 교회의 생활과 선교 내에서 교리의 역할을 무시하였다. (나의 논평을 참고하라. 2.190-1) 이 교리의 중요성이 일차적으로 교회의 생활에 적용된다는 점에서, 나는

'교리'라는 단어의 사용은 전통과 공동체에 근거함을 내포한다.[48] 반면에 '신학'이 개인들의 관점을 칭하는 것이 더 적절하고, 공동체나 전통 내에서 필연적으로 있지 않을 때, 그는 공동체에 대한 의무적 헌신 없이 사상들을 탐구하고자 한다. 교리는 대표적 성격을 가지고, 공동체의 믿음들을 묘사하거나 규정하는 시도를 하는 담론의 공동체를 정의한다. 클리포드 게에르츠(Clifford Geertz)가 강조한 것처럼, 상징화와 표상의 계획인 교리와 공동체 사이에 상당한 상호 관계가 존재한다.[49] 누군가는 교리가 본질적으로 기독교 계시의 내용과 관련하여, 기독교 공동체의 신앙을 일반적으로 표현한 것이라고 주장한다.[50] 뉴먼의 에세이, '교리의 문제에서 신실한 사람에게 조언하며'(On Consulting the Faithful in Matters of Doctrine)에서 그는 교리가 작성되고, 수용되고, 발전되는 가운데 공동의 틀(matrix)을 강조하면서, 과도한 학문적 신학자들의 사상의 강조에 꼭 필요했던 수정을 가했다. 그래서 그는 많은 독일 개신교 교리사(Dogmengeschichte)의 특성에 염증을 느꼈다. 공동체는 자기 신학자들의 사상에 헌신적이지 않다. 그런 식의 헌신은 그들의 사색과 탐구와 비판의 자유를 제한할 것이다. 공동체는 자유롭게 그들의 사색을 사용하거나 거절할 수 있다. 예를 들면 제2차 바티칸 공의회(Vatican II)의 하나님의 계시에 대한 구조(Constitution on Divine Revelation)는 (아마도 이 공의회의 가장 인상적이며, 가장 중요한 성취물일 것인데) 이브 콩가르(Yves Congar)의 신학적 탐구로 인해 창조적인 영향을 받았고 풍성해졌다.[51] 그럼에도 불구하고, 그 교리의 발전이 전적으로 신학자들의 사색 덕분이라는 생각은 분명히 정확하지 않다. 그 예로 원죄 교리에서

지금 근대에 교리의 중요성에 대한 왜곡된 그림이 나오게 되었다고 확신한다.
[48] 헌신과 예배와 기독교 정체성 사이의 긴밀한 관계에 대하여 참고하라. Sykes, *Identity of Christianity*, 262-86.
[49] Geertz, 'Religion as a Cultural System'.
[50] 다음에서 한 주장을 찾을 수 있다. Koehler, *Dogmengeschichte*, 그리고 Werner, *Formation of Christian Dogma*.
[51] 참고. Lash, *Change in Focus*, 3-18.

야기된 기독교 공동체의 성례적 삶, 데오토코스(theotokos, 하나님을 낳은 이 : 원래 이 용어는 아타나시우스가 그리스도께서 하나님이시라는 것을 표현하기 위해 사용한 것이다. 네스토리우스는 이에 반대하여 christokos[그리스도를 낳은 이]로 칭해야 한다고 주장하였다. 즉 그리스도는 하나님이 아니라는 주장이었다. 네스티우스의 견해는 이후에 정죄되었고, theotokos는 정통 용어로 인정되었다. 그러나 여기 이 단어가 사용된 맥락은 하나님을 낳은 이, 즉 마리아의 경배를 위한 것이다. 그러므로 이 용어는 고대의 맥락에서 사용되면 정통적인 것이지만 현대의 맥락에서 사용되면 비정통적인 것이 된다.-역자주)라는 용어로 요약되는 마리아론을 낳은 수도사 공동체들의 종교적인 삶[52], 그리고 마리아 가설의 도그마를 낳은 대중의 경건[53]이라는 세 가지 예만을 언급하겠다.

교리는, 공동체에 대한 헌신의 의미와 공동체의 편에서 말해야 할 의무가 있음을 의미한다. 여기에서 자신의 사회에 협조하려는 마음은 개인의 진리 인식을 제한한다. 교리는 구원에 대한 수동적 집합이라기보다는 활동(activity)이며, 한 공동체의 수집된 지혜의 전달 과정이다. 신학자들의 관점들은 그들이 공동체 내에서 수용되는 한, 교리적으로 중요하다. '수용'(reception)의 개념[54]은 교리의 개념에 있어 핵심적으로 중요하다. 교리를 가지고 공동체는 어떤 결정이나 판단이나 신학적 의견이, 그 공동체 안에 인정된 것으로, 자신의 공통된 기독교 신앙 이해와 조화를 이루는가를 평가하게 된다.[55] 그러므로 교리는 잠정적으로 기독교 공동체의 정체성에 핵심적으로 여겨지는 공동의 권위적 가르침이라고 정의될 수 있다. 기독교 교리는 오랫동안 성장한 전

---

52) 이 주제들 둘 다 다음에서 연구된다. Pelikan, *Development of Doctrine*, 73-87; 95-119.
53) de fide(믿음에 대한 것)으로 정의되어야 한다고 요구하는 대중적인 요청에 대하여, 참고하라. W. Hentrich and R. W. de Moos, *Petitiones de Assumptione Corporea B. V. Mariae* (2 vols: Vatican City, 1942)
54) 비교. Greenacre, 'Two Aspects of Reception', 49-57. Karl Rahner의 그 개념에 대한 이해에 대하여 참고하라. Avis, *Ecumenical Theology*, 66-75.
55) 제2차 바티칸 공회(Vatican II)의 결정이 많은 비-가톨릭 사람들에게(현재 작가를 포함하여) '수용'(received)되고 있는 긍정적인 방식은 이 과정이 작용하고 있음을 보여준다. Tillard, 'Réception de Vatican II'.

승의 현재 결과물로써 간주될 수 있다. 이것을 가지고 기독교 공동체는 신약으로 구체화되는 근본적 전승들을 해석하려 애를 쓴다. 공동체는 자신의 현재 위치를 공정하게 다루고, 부적절한 것으로 판단될 수 있는 교리적 예단을 제거하려 시도한다. 그것은 역사에 기초하고, 자신의 역사성을 인식하는 역사적 현상이다. 교리의 주제를 다루는 것은 그래서 신학의 학문적 연구의 문제도 포함한다. 물론 학문적 연구로 인해 제한되지도, 완전히 지배되지도 않는다.

교리는 교회의 존재를 전제한다. 즉 교회의 교리가 아니라, 예수 그리스도를 주로 고백하는 한 신앙 공동체를 전제한다.[56] 이 공동체의 공동의 삶과 경배는 지속적으로 하나님의 현재를 기대하고 소망하게 하며, 교리적 고찰을 위한 자극을 제공한다. 교리는 신앙 공동체가 부활하신 그리스도를 통하여 하나님과 만나는 경험을 이해하고 질서와 구조를 부여하려고 시도할 때, 공동체 내에서 발생한다. 그래서 교리는 신앙 공동체의 특수한 관점을 반영하는 '내부자'(insider) 현상이다. 이 맥락을 바깥에서 보면, 그것은 메마르고 생명이 없는 것 같이 보인다. 이것을 가지고 공동체의 경배와 영성을 예수 그리스도의 죽음과 부활에 대한 호소와 강조로 연결하는 것은 완전히 이해되지 않는다. 신앙 공동체 바깥에 있는 사람들에게 해설과 설명이 필요한 것은 특정 교리들이 아니라, 교리가 표현하고자 시도하며 주장하는 것이다. 즉 주인으로서 부활하신 그리스도의 구속적 공동을 표현하는 것이다. 공동체 내의 교리 공식화의 압력의 근원은 그리스도 안에 계신 하나님에 대한 공통적 경험을 실체화하고, 표현하고자 하는 공동체의 바램과 그로 인해 인지된 필요이다. 교리의 기원에 생기를 주는 자극은 그래서 어떤 특정한 교리 공식화보다

---

[56] 이 단계가 어떤 사람들에게 수용할 수 없는 바르트적 함축을 가진 것처럼 보일지라도, 이는 교회의 교리에 대한 현재의 많은 사고들을 반영하고 있다. 예를 들면, *Anglican-Roman Catholic International Commision: Final Report* (London, 1982), 52. '주(Lord)로서 그리스도에 대한 고백은 기독교 신앙의 핵심이다.'

앞서 존재한다. 하지만 역설적으로, 한 세대에서 다른 세대로 교리가 전달되어야 한다면, 교리의 기원은 바로 그러한 교리의 공식화를 요구한다.

물론 많은 방면에서, 교리와 신학의 구별이 아마도 본질적인 차이보다는, 강조점의 차이를 반영한다는 점에서 다소 인위적일 수 있다. 이 책에서 분석되는 주제들은 기독교 교리와 학문적 신학 모두와 관련된다. 그럼에도 불구하고 이 구분은 불만족스럽다고 생각될지도 모르지만, 꼭 필요한 것이다. 최근의 에큐메니컬 논의들은 교리적 확언이 공동체 정체성의 의미와 연결되어 있다는 점을 분명하게 했다. 그리고 실제이든 상상이든 간에 그런 논의들로 인해 발생하는 정체성에 대한 위협은 우리에게 교리와 신학이 작용하는 다른 단계들을 상기시킨다. 또한 교리의 성격에 대한 분석을 어디에서 시작해야 할지 알려주는 알맞은 시작점을 제공한다. 이어지는 두 장은 그것을 다룰 것이다.

기독교 전승 내에서 교리 현상에 대한 역사적 분석에 기초하여, 교리 공식화의 네 가지 특징적 구성 요소는 기독교의 교리적 본성에 대한 미래 이론의 서론으로서 확인될 수 있다. 독립적으로 발전되고 인정받은 이 네 가지 요소들은 교리 역사와의 관계에 기초하여, 3장에서 상세히 다뤄진다. 그러나 먼저는 최근에 나온 조지 린드벡(George Lindbeck)의 제안에 대한 예비적 평가와 대답을 가지고 교리의 본성에 대한 논의를 시작하는 것이 적절하다. 린드벡이 교리 역사를 분류한 것은, 내 확신으로는 잘못된 것이지만, 아마도 그럴듯해 보이고, 확실히 경험적인 것을 지향하는 교리 이론들에 대한 그의 비판은 시의적절하고 설득력 있는 것으로 보인다. 내가 린드벡의 교리 분류를 영속시킬 생각은 없지만, 짧게나마 린드벡의 제안을 다루지 않고서 교리 현상의 새로운 분석을 기술하는 것은 부적절한 것이다. 그래서 서문에 이어 다음 장의 기독교 교리의 성격에 대한 나의 분석은 린드벡의 '기독교 교리의 본성'(Nature of Christian Doctrine)에 대한 평가와 대답을 다룰 것이다.

2장

교리의 본성:
조지 린드벡에 대한 대답

The Nature of Doctrine:
A Response to George Lindbeck

조지 린드벡은 『교리의 본성』(The Nature of Doctrine)[1]이라는 얇지만 매우 뛰어난 책을 통해 기독교 교리의 성격을 다시 돌아볼 수 있도록 꼭 필요한 자극을 주고 있다. 이 책의 여러 뛰어난 장점 중 하나는 기독교 신학에서 공정하지 못하게 무시되었지만, 에큐메니컬 운동의 영향 때문에 최근에 새롭게 중요성을 갖게 된 한 측면에 대한 논의를 시작한 것이다.[2] 그러므로 기독교 교리와 관련된 개념성을 탐구하려는 나의 시도는 린드벡의 분석을 개관하고 (잠정적이지만) 답변하는 것으로 시작하려 한다.

린드벡은 교리에 대한 기존의 이론을 세 가지 유형으로 분류할 것을 제안한다. '인지적 명제'(cognitive-propositionalist) 이론[3]은 종교의 인지적 측면, 즉 교리들이 진리의 주장과 지식적 명제로써 기능을 수행함을 강조한다. '경험적

---

1) Lindbeck, *The Nature of Doctrine*, 15-19.
2) 그러나 이 책의 영향은 여러 요소들로 기인한다. 발생한 쟁점의 분석을 위해 참고하라. Michalson, 'The Response to Lindbeck'.
3) 이 장에서 린드벡이 정의하는 교리의 세 가지 중요 이론들의 명칭들을, 비록 분명 볼썽사납지만, 그대로 사용할 것이다.

표현'(experiential-expressive) 이론은 교리를 사람의 내적 느낌이나 태도의 비인지적 상징으로 해석한다. (린드벡이 '복합적 지적 운동'[complicated intellectual gymnastics]⁴⁾으로 제안한 혼합 모델은 이 두 강조점들을 결합한다.) 린드벡이 특히 추천하는 셋째 모델은 종교에 대한 '문화적-언어적'(cultural-linguistic) 접근으로 고안되었다. 린드벡은 이 모델을 교리의 '지배' 혹은 '조정' 이론으로 연결한다.

린드벡의 '문화적-언어적' 접근은 뒤에서 다시 살펴보려고 한다. 다만 이 이론이 발전하게 된 배후의 동기를 관찰하는 것은 중요하다. 린드벡은 종교와 교리에 대한 기존의 모델이 에큐메니컬 대화를 다루는 데 실패한 것에 대해 불만족스러워 했고, 이것을 동기로 자신의 이론을 발전시키게 되었다. 어떻게 교리적 화해가 예를 들면, 루터파와 로마 가톨릭 사이에서 (린드벡은 개인적으로 이 대화에 개입되어 있었다.) 교리를 포기하지 않고 이뤄질 수 있을까? 달리 말하면, 과거에는 분열을 야기한다고 여겨졌던 교리들이 어떻게 이제는 더 이상 그렇지 않다고 선언될 수 있을까? 그런 선언들을 만든 재주는 자주 에큐메니컬 신학에 개입하는 사람들이 차이를 드러내기보다 숨기는 언어를 사용한다는 의혹을 불러일으켰다. 사실 린드벡의 책에서 '설명되어야 할 것'(explicandum)은 (만약 필연적으로 '설명된 것'[explicatum]이 아니라면) 교리가 변화 없이 그대로 있을 때, 생겨나지만 그럼에도 충돌하는 것으로 간주되지 않는 분명히 이례적인 것이라고 주장할 수 있다.

린드벡은 '인지적-명제주의'와 '경험적-표현' 이론이 그것의 '포기 없이 교리적 화해의 가능성을 생각하기 어렵도록' 만든다고 주장한다.⁵⁾ 이론들의 바로 그 성격으로 인해, 한편으로 우리에게 교리적 화해를 거절하기를 요구하고, 다른 한편으로 교리적 지속성을 요구한다고 린드벡은 입증한다. 물론 이

---

4) Lindbeck, *Nature of Doctrine*, 17.
5) 같은 책, 16. 하지만 그는 '만약 그것이 에큐메니컬과 상관없이 타당하지 않다면, 종교와 교리의 이론이 에큐메니컬적으로 효과가 없을 수 있다'는 것을 인식하고 있다.(8쪽)

것이 이런 접근법을 사용하는 그의 유일한 근거는 아니다. 린드벡이 (역사, 인류학, 사회학, 철학과 같은) 많은 지식 분야들 내에 문화적-언어적 지향이라는 일반적 경향이 있다고 믿는 것은 명백하다. 만약 신학이 '지적 게토'(intellectual ghetto)로 격하되는 것을 피하려면, 지식 분과 내에서 발생하는 비슷한 발전이 여기에서도 나타날 것이다.[6] 그럼에도 불구하고 에큐메니컬 맥락은 린드벡의 논의에서 특별히 중요한 요소이고, 교리의 성격에 대한 비평과 정보의 분석에서 주의를 요구한다. 다음으로, 그 주제를 좀 더 역사적인 방향으로 접근하기 전에, 린드벡이 교리를 3중으로 분류한 것에 대하여 내가 인지한 그것의 장점과 약점을 지적하는 비판적 대응을 준비했다.

인지적 명제 이론

린드벡이 표현한 '명제주의'(propositionalist) 혹은 '인지적'(cognitive)이라는 교리에 대한 한 관점은 교리를 '정보적 명제 혹은 객관적 실체들에 대한 진리의 주장'으로 다룬다.[7] 린드벡은 이 접근이 주의주의자(voluntarist : 의지가 존재의 근본 원리라고 주장하는 것이 주의주의이다.-역자주), 주지주의자(intellectualist : 지성이 존재의 근본 원리라고 주장하는 것이 주지주의이다.-역자주) 그리고 문자주의자(literalist)처럼 거절되어야 한다고 주장한다. 심지어 그는 '종교를 인지주의자(cognitivist)의 방식으로 감지하거나 경험하는' 사람들은 '특이한 불안정을 순진함과 연결시키는' 사람들이라고 주장한다.[8] 이 비판에 대한 첫 번째 거리낌은 신뢰성과 관련된다. 그의 주장은 '인지적 명제' 입장에 대한 의심스러운 이해에 기초하는

---

6) 예를 들면, 같은 책, 129.
7) 같은 책, 16.
8) 같은 책, 21.

것처럼 보인다. 그의 주장은 분명히 이 입장으로 기울어진 사람들이 하나님에 대한 객관적 진리를 명확하고, 철저하게, 그리고 세월이 흘러도 불변하는 명제적 형식으로 진술할 수 있다고 주장한다는 믿음에 근거하고 있다.[9]

그의 주장은 이 입장의 고전적 형식에서든 혹은 후기-비평적 형식에 있어서든 적절한 표현으로 간주될 수 없다. 그의 주장은 교리에 대한 인지적 접근의 역사적 언어적 세련됨을 나타내는 일에 실패했다.[10] 예를 들면, 교리에 대한 '인지적-명제적' 접근이 어떤 주어진 교리를 '영원히 참된 것'[11]으로 다룬다는 린드벡의 주장은 교리를 변화하는 역사적 상황에 맞추어 다시 기술하거나 상술하거나 보충하는 분명한 이 접근의 지지자들의 능력을 고려하지 않는다.[12] 린드벡은 교리적 진술들을 '상대적 적절성'의 개념으로 격하시키는 교리에 대한 인지적 접근을 부당한 비융통성으로 여긴다. 여기에서 '적절성'은 교리 공식화의 원래 역사적 맥락과 그것이 의미하는 모든 관계의 측면, 둘 다에서 평가될 수 있다.

대부분의 중세 신학자들은 도그마를 '자신을 향하는 신적 진리의 인식'(perceptio divinae veritatis tendens in ipsam)이라는 역동적 개념으로 이해했다.[13] 사실 어떤 중세 저작들이 교리를 유클리드 정리와 같이 다루어야 한다고 주장한 것은 맞다. 릴의 알란(Alan of Lille)의 『신학의 규범들』(Regulae theologiae)과 아미엔의 니콜라스(Nicholas of Amien)의 『카톨릭 신앙의 성격에 대하여』(De arte catholicae fidei)는 12세기에 나온 이런 장르의 뛰어난 예이다.[14] 이후에 그런 저

---

9) 예를 들면, 같은 책, 16. '명제주의자들에게, 만약 어떤 교리가 한번 진리이면, 그것은 항상 진리이다.'
10) 우선 종교적 주장들이 '인지적'이라고 주장하는 것의 의미에 부적절하게 주의를 기울이는 것도 마땅히 지적되어야 할 것이다. 이에 대한 뛰어난 논의는 (린드벡이 사용하기에 너무 늦게 출간된) Kellenberger, *Cognitivity of Religion*에서 찾아볼 수 있다.
11) Lindbeck, *Nature of Doctrine*, 47. 하지만 80쪽, 105쪽의 양보를 비교하라.
12) Gerrish, '*Nature of Doctrine*', 87-8.
13) 참고. Parent, 'La notion de dogme au XIIIe siècle'.
14) 상세한 내용을 참고하라. Evans, *Alan of Lille*, 64-80.

작으로 모르칠루스(Morzillus)의 『철학의 성격에 대하여』(de naturae philosophiae, 1560)와 모리누스(Morinus)의 『갈리아 점성술』(Astorologia gallica, 1661)을 언급할 수 있다. 그럼에도 신학적 진술의 성격에 대한 상당히 미묘한 접근은 그 시기에 더욱 특징적이다.[15]

신학은 첫째, 하나님에 대한 진술들이 파생되는 방식을 명확하게 하는 것과 관계된다고 여겨진다. 둘째, 그것은 좀 더 친숙한 감각의 세계에서 끌어낸 유사한 진술들과 어떻게 연관되는지와 관계된다고 여겨진다. 하나님과 관련된 진술들을 철저하게 조사하여 혼란을 피하는 것은 개념적 명료성을 이루기 위한 시도이다. '하나님'이란 단어는 무엇을 의미하는 것일까? '하나님은 존재하시는가?'라는 질문이 '소크라테스는 존재하는가?'라는 유사한 질문과 어떤 관련이 있는가? '하나님은 의로우시다'는 주장에 어떤 근거들이 제시될 수 있는가? 그리고 이 진술이 '소크라테스는 의롭다'라는 유사 진술과 어떤 관련이 있는가? 따라서 (중세 신학자들 가운데 뛰어난 명제주의자 중 하나라 할 수 있는) 릴의 알란은 신학적 주장들로 인해 우리가 호도될 수 있는 방식들을 확인하는 데 관심이 있다. 예를 들면, 신학적 주장들을 물리적 객체의 묘사로 다룬다던지, 혹은 하나님과 관련된 용어들과 개념성들이 일상의 대화에서처럼 같은 의미를 가졌다고 가정하는 등이다.[16] 개념과 논의 방식의 명료성을 얻으려는 그런 시도의 기초에는 교리적 주장들이 지각으로 인정되어야 한다는 인식이 있다. 즉 교리적 주장들은 자신을 넘어 더 큰 하나님 자체의 신비를 향하는 것을 가리키는 것이지, 전체적 묘사가 아니다.

그런 신학자들에게 교리들은 신뢰할 만한 것이지만, 여전히 불완전한 것

---

15) 예를 들면, 베데(Bede)는 *tropoi*(비유법(metaphor), 오어법(catachresis), 대체법(metalepsis), 전사반복(anadiplosis), 환유법과 같은 것들)와 *schememata*(대용법(anaphora), 예변법(prolepsis), 액어법(zeugma)와 같은 것들)의 다양한 표현 방식과 수준에 대하여 신중하게 논의하였다. 참고. Bede, *de schematibus et tropis*; MPL 90.175A–B.
16) 예를 들면, 참고. Evans, *Alan of Lille*, 33–6. '하나님'이란 단어에 대하여 비슷한 설명을 시도한 최근의 작품은 Jennings, *Beyond Theism*, 특히 59–74.

이요, 현실을 표현한 것들이다. 그 능력은 교리 자체에 있지 않고, 교리가 표현하는 것에 달려있다. 의문이 생기는 지점은 그런 교리들이 교리가 주장하는 것처럼 관계된 독립된 개체에 (이것이 가능한 엄격하게 제한된 정도로) 적절한 표현인가 하는 것이다. 교리들이 전체적으로 다시 표현되기를 기대할 수 없다면, 자신을 넘어서는 절대적인 어떤 것을 언어로 표현하려는 시도를 행함에 있어 불가피한 한계들이 있다면, 가장 신뢰할 만하고, 생각할 수 있는 언어의 특정한 형식을 사용하고자 하는가? 니케아 논쟁은 이 방식에 대하여 분명한 통찰을 주는 싸움의 한 예이다. 만약 어떤 경험이, 의사소통을 위해 혹은 공동적 경험을 마음에 그려보기 위해, 언어를 사용하여 표현되어야 한다면, '인지적-명제주의' 차원의 형식은 불가피한 것이다. 그러나 이것은 언어에 대한 경험을 축소하는 것이 아니다. 오히려 간단하게 언어를 통하여 전달하려는 것이다. (하지만, 흥미롭게도, 린드벡 자신은 그의 인지적-명제주의에 대한 비판을, '그리스도는 주이다'[Christus est dominus]라는 명제가 아마도 '체계내적으로 또한 실존주의적으로도 진리일 것이다'는 주장으로 자신의 입장을 약화시킨다.)[17]

경험의 언어화에 대한 지적은 사용된 언어가 실존적 진실을 전달하는 것으로 생각되든 않든 상관없이 유효하다. 예를 들면 롱펠로의 '올라프 왕의 전설'(Saga of King Olaf)의 일부를 생각해보자. '나는 울부짖는 소리를 들었소 / 아름다운 자, 발더(Balder : 발더는 북유럽 신화의 신으로 오딘과 프리가의 자식이다.-역자주) / 죽었소, 죽었소.' 이 표현들은 실존적인 진리라고 생각되지 않을 것이다. 린드벡의 용어를 사용하자면, 이 표현들은 체계내적으로 진리이다. 그 체계 내에서 이 표현들은 노르딕 발할라 신화(the Nordic Valhalla myth)의 맥락과 조화를 이루고 있다.[18] 이 표현은 만약 신화가 부적절하게 역사로 읽히지 않는다면, 실존적 진리나 거짓과 관련된 어떤 것도 수반하지 않는다.

---

17) Lindbeck, *Nature of Doctrine*, 65.
18) 같은 책, 65를 보라. 세익스피어의 햄릿(Hamlet)과 관련하여 같은 지적이 있다.

하지만 C. S. 루이스는 그래서 롱펠로의 글을 읽는 자신의 반응을 이렇게 쓰고 있다. "나는 발더에 대해 아무것도 알지 못했다. 그러나 즉각 나는 북쪽 하늘의 거대한 영역으로 올려졌다. 나는 거의 아플 정도의 강렬함으로, (춥고, 넓고, 극심하고, 희미하고, 멀다는 것 말고는) 묘사될 수 없는 어떤 것을 원했다. 그러고 나서 나는 바로 그 순간 나 자신이 벌써 그 소원에서 빠져나와, 다시 그 안으로 돌아가기를 소원하고 있음을 알게 되었다."[19]

말을 통한 경험의 획득을 주장하는 것은 터무니없는 것이다.[20] 그러나 교리의 인식 이론은 말이 그런 경험의 경계에 있고, 말로 담을 수 없는 실제를 암시하고, 방향을 가리킨다고 주장한다.

교리에 대하여 '인지적-명제주의자'로서 접근하는 일에 '지성주의자'나 '문자주의자'와 같은 경멸적 별칭을 적용하는 경우가 있다. 그러나 이런 부당한 적용은 말의 능력을 제대로 판단하지 못하는 것이다. 말은 경험을 불러일으키고, 자신을 뛰어넘는 표현할 수 없는 어떤 것, 저자가 자신의 독자들과 나누고자 원했던 어떤 경험을 가리키기 때문이다. 물론 또한 이런 부당한 적용은 인식적 혹은 명제적 진술들이 사용되는 많은 단계들에 대해 정당한 평가를 내리지 못하는 것이기도 하다.

신학적 진술은 수학 방정식과 같은 수준에서 사용되지 않는다. '문자주의'라는 비난은 표현 수단인 비유와 같은 비문자적 풍성함과[21] 신학적 고찰을 위한 체험적 자극으로써 유추나 '모델'의 중요성을[22] 간과할 위험의 취약점을 지닌다. 사람의 어떤 언어가 하나님께 한 가지 의미만을 갖도록 적용될 수 없

---

19) C. S. Lewis, *Surprised by Joy* (New York, 1955), 17. 물론 이것이 롱펠로가 주고자 했던 경험인지는 논란이 있다. 그러나 이 질문은 본 연구를 넘어서는 것이다.
20) 언어와 경험의 관계에 대하여, 후자에 제한에 관련된 가치있는 관찰에 대하여 참고하라. Phillips, *Death and Immortality*, 4-10; 14-15.
21) 이 주제에 대한 문헌은 매우 많다. 참고. Richards, *Philosophy of Rhetoric*; Lakoff and Johnson, *Metaphors we live by*; Cooper, *Metaphor*.
22) 예를 들면 참고. Ramsey, *Model and Mystery*.

음은 그야말로 신학적으로 뻔한 이야기이다.[23] 사실, 이것은 교리에 대한 인지적 접근의 시작점을 부인하지 않고, 오히려 그것을 인식하는 것에서 나온다. 이것은 왈터 카스퍼(Walter Kasper)가 전문가답게 도그마의 잠정성에 대한 강조의 근저에 있는 것이다.[24] 이 지점에서, 교리에 대한 인지적 이론에 대한 린드벡의 매정하고 다소 경멸적인 접근은 그가 인지적 이론의 지지자들을 마치 존 로빈슨(John Robinson)이 『신에게 솔직히』(Honest to God, 1963)에서 비판한 것처럼, 투박한 현실주의자처럼 신학적 진술에 접근한다고 이해했음을 보여준다. 예를 들면, 하나님께서 실제로 성층권의 어느 지점에 있는 나이 많은 사람이라는 생각을 언급할 수 있다. 그런 투박한 진리의 관계 이론은 교리의 인지적 접근의 필연적인 결과도 아니고, 전제조건도 아니라는 점은 강조되어야 한다.

교리의 '인지적' 이론에 반대하는 '문자주의'라는 부정확한 비난은 구분에 필요한 차별적 장치가 부족한 것 같다. 예를 들면, '이것은 나의 몸이다'(마 26:26)라는 진술의 해석이 매우 다양하다는 것은 루터(문자적으로 진리이다), 츠빙글리(비유의 형식이다), 칼빈(환유법이다)에게서 발견된다. 인지적 이론들은 사고와 논의에 대한 비문학적 '네 가지 주요 비유들'(비유, 환유, 제유, 역설)을[25] 개념적 사고 과정에서 사용하는 것을 전제로 한다. 린드벡이 주장하는 것처럼, 그저 투박하게 표현의 문자적 개념으로 격하시키지 않는다. 칼빈과 츠빙글리는 (성경과 같은) 본문을 분석하여 결정적인 신학적 주장을 펼치면서, 수사학적 분

---

23) 예를 들면 다음의 고전 연구들을 참고하라. Mascall, *Existence and Analogy*; Macquarrie, *God-Talk*.
24) Kasper, *Dogma unter dem Wort Gottes*, 128.
25) 개념에 대하여 참고하라. Burke, *Grammar of Motives*, 503-17; Ricoeur, *Le temps raconté*, 219-27. 신학적 적용에 대해 참고하라. Klemm, 'Toward a Rhetoric of Postmodern Theology'. 신학적 언어에서 비유의 역할은 일반적으로, 그리고 교리와 관련하여 좀 더 구체적으로, McFague, *Metaphorical Theology*와 Soskice, *Metaphor and Religious Language*에서 잘 연구가 되었다. 그런 연구들의 결과는 여기에서 다시 논하기에 너무 미묘하기 때문에, 어쩔 수 없이 교리의 '인지적' 이론을 반대하는 린드벡의 비판에만 한정한다.

석과 비문학적 방식을 폭넓게 사용한 16세기 인물들이다.[26]

현실에 대한 이 수사학적 접근은 근대 초기의 주요 작가 중 한 명인, 지암바티스타 비코(Giambattista Vico)를 통해 설명될 수 있다.[27] 비코는 경험을, 논의의 네 가지 주요 비유들을 적절히 사용함으로써, 정말 언어로 담아낼 수 있다고 주장한다. 경험의 영역과 만나는 것을 통해 획득된 현실에 대한 첫 비유적 관점은 그 상황에 대한 환원적, 환유적 분석에 길을 열어주었다. 이 해체 과정에 이어 현실과 만나는 표면적 성격과 추정되는 본질 사이의 관계를 제유적으로 재구성하여, 최종적으로 경험된 현실의 사색적 혹은 변증적 혹은 반어적 이해를 산출하는 과정이 뒤따르게 된다.[28] 이 요소들의 정확한 순서적 설명은 여기에서 우리의 관심사가 아니다. 나는 그저 경험의 수사학적 분석의 세련됨에 대한 관심을 이끌어 내어, 이 분석으로 인해 인지적 해설이 어떤 의미에서 명제적 형식에 대한 경험으로 축소되지 않고, 린드벡이 사용한 애매하고 경멸적인 의미에서의 '문자주의'로 격하되지 않으면서, 경험의 자리를 얻을 수 있음을 보여주기 원할 뿐이다. 현대 많은 신학 저자들의 교리에 대한 '인지적' 이론의 거부감은 때로 사람의 언어가 가진 성가신 성격을 싫어하고, 언어의 모호성과 다의성에 개입할 수밖에 없음을 꺼려하는 것에 불과해 보인다.

또한 인지 심리학이란 학문이 교리의 '인지적' 모델에 공헌하는 중요한 통찰을 가진다고 강조하는 것은 꼭 필요하다. 이 분야로 인해 말로 해석되고 표현된 경험으로써 인지적 과정을 다루는 것이 가능하게 되었다.[29] 예를 들면, 미학적, 종교적 고찰과 관련된 인지 과정에는 상당한 유사점들이 있는 것 같

---

26) 예를 들면 참고. Girardin, *Rhétorique et théologique*, 205-73.
27) 다음의 내용을 참고하라. *New Science of Giambattista Vico*, 129-131; White, *Topics of Discourse*, 1-27.
28) White, *Topics of Discourse*, 5; 12.
29) Watt and Williams, *Psychology of Religious Knowing*, 59-74.

다.³⁰⁾ 그래서 미학적 인지는 종교적 인지의 상대적으로 좋은 유사물이라고 간주될 수 있다.³¹⁾ 개인적 경험을 상징화하려는 시도는 (이 시도는 교리 공식화와 정신치료적 이해가 서로 관련 있음을 보여주는 중요한 기초가 되는데)³²⁾ 기독교 교리를 변호하는 '인지적' 접근이 갖는 난점들과 긍정적 통찰들, 둘 다는, 말을 통한 사람의 경험 표현의 시도와 관련된 지적 스펙트럼의 매우 중요한 다른 요소들과 유사성이 있음을 암시한다. 이 유사성의 연구는 지금은 비록 시작 단계이지만, 교리의 인지적 모델이 더 잘 이해되고, 자신의 가치를 더 인정받게 될 것은 자명하다.

교리에 대한 '인지적' 이론에 대한 린드벡의 비판은 계시에 대한 신스콜라주의(neo-scholastic) 이해를 겨냥할 때, 상당히 강력하다.³³⁾ 예를 들면 신스콜라주의 저자인 헤르만 디크만(Hermann Dieckmann)의 관점은, 초자연적 계시가 명제적 수단으로 개념적 지식을 전달한다는 의미에서³⁴⁾, 린드벡이 제기한 주장에 따라 분명히 심각한 비판에 직면해 있다. 이런 점에서 린드벡은 교리의 인지적 모델의 빈약한 점을 보완할 수 있는 가치 있는 일을 했다. 그럼에도 불구하고, 교리의 모든 인지적 이론들이 이와 같이 같은 점에서 취약한 것은 아니다. 한편으로, 신에 대한 철저하고 명확한 설명은 개념적으로 명제들에 의해 전달된다는 관점과 다른 한편으로, 교리적 진술을 위한 인지적 차원, 부분, 요소가 정말로 존재한다는 관점은 분명히 구분할 필요가 있다. 교리적 진술은 순전히 인지적 진술로 다루어질 필요가 없고, (내가 다음 장에서 주장하는 바대로) 그렇게 다루어져서는 안 된다.

---

30) 미학적 고찰과 도덕적 고찰 사이에도 중요한 유사점들이 있다. Newman, 'Aesthetic Sensitizing and Moral Education'.
31) Watt and Williams, *Psychology of Religious Knowing*, 60-2.
32) 같은 책, 70-4.
33) 그런 논의는 참고. Dulles, *Models of Revelation*, 36-52.
34) 다음에서 제기된다. *De Revelatione Chritiana* (Freiburg, 1930).

경험적-표현주의 이론

내가 교리의 '인지적-명제' 이론에 대한 린드벡의 비판과 관련하여 망설이는 입장을 보였다면, 이는 다음의 내용에 대한 주목이 적절했기 때문이다. 모든 종교의 기초를 이루는 보편적이고 개인적이며 선-사고적인(prereflective) 경험과 관련하여, 교리의 '경험적 표현' 이론에 대한 그의 해설은 공정하고 정확해 보인다. 그리고 이 이론에 대한 그의 비판은 설득력 있고 효과적인 것으로 보이며, 그래서 교리의 본성에 관한 현대의 논의에 있어 그의 가장 중요한 장기적 공헌이라고 판단해볼 수 있다. 여기에서 나는 영향력 있는 이 이론에 대한 그의 비판을 설명하고, 그의 주장의 요지를 일반적으로 강화하는 것처럼 보이는 자료들을 추가하려고 한다.

슐라이에르마허(Schleiermacher)의 시대로부터 경험에 초점을 맞춘 종교 이론들이 대두되었다. 그 영향으로, 어떤 사람들은 '경험적-표현주의' 접근, 즉 '교리를 내적 느낌이나 태도 혹은 존재적 지향의 비정보적이며 비담화적인 상징들로 해석'하는 '경험적-표현주의' 접근은 '교회의 교리들이 객관적 실체들에 대한 정보적인 명제들이나 진리의 주장들로써 기능한다는 방식을 강조'한 '인지적-명제주의' 접근보다 선호되어야 한다는 결론을 이끌어냈다.[35]

이와 같이 데이비드 트래시(David Tracy)는 '사람의 공통 경험'과 '기독교 전통의 사상' 사이의 간격을 연결할 필요가 있다고 주장하고,[36] 그래서 종교의 언어는 자의식적 믿음의 수준에서 이 공통 경험을 '다시 나타내고' 다시 확인한다고 주장한다. 이 접근에 따르면, 기독교를 포함한 종교들은 양심과 사고방식과 감정들이 공적으로, 문화적으로 조건 지어진 선언어적(pre-linguistic) 형식

---

[35] Lindbeck, *Nature of Doctrine*, 16.
[36] Tracy, *Blessed Rage for Order*, 32–4; 97–103. '사람의 공통 경험'과 믿음의 상호 관계에 대한 비슷한 관심은 Ogden, *Christ without Myth*에서 찾아볼 수 있다. 그리고 이어 그의 *Reality of God*에서 볼 수 있다.

들의 표현이며 확인이다. 린드벡이 주장하는 것처럼, 교리에 대한 이 접근의 매력은 20세기 후반 서양 사상의 포스트-데카르트(post-Cartesian), 포스트-칸트(Post-Kantian), 개인주의적 맥락의 많은 사회심리학적 특징들에 기초한다.[37] 예를 들면, 현대의 종교간 대화(inter-religious dialogue)를 사로잡고 있는 사상은 다양한 종교들이, 초월자와의 만남에서 분리시킬 수 있는 핵심 혹은 초월자에 대한 직접적 인식과 같은 공통의 핵심 경험을 다양하게 표현한 것이라는 주장에 의해 지지를 받고 있다.[38]

앞서 언급된 이 이론에 대한 주된 반대는 분명히 현상학적으로 완전히 부정확한 것이다. 린드벡이 지적한 것처럼, 종교적 경험의 가능성은 종교적 기대에 의해 형성된다. 그래서 무의미한 것이 아니라면 '종교적 경험'은 개념적으로 파생물이다. '그 특별한 특징을 구체화하는 것은 어렵거나 불가능하다. 그러나 이것이 없이 공통성의 주장은 논리적, 경험적으로도 의미를 가질 수 없다.'[39] '다양한 종교들이 하나를 다양하게 상징화한 것이고, 절대자에 대한 동일한 핵심적 경험이다'라는 주장은[40] 결국 하나의 공리이고, 증명할 수 없는 가정이고, (경멸적 의미에서 사용되는 용어인) 하나의 도그마이다. 특히 이것은 '핵심 경험'을 위치시키고 묘사하는 것이 어렵다는 것과 관련된다. 린드벡이 바르게 지적한 것처럼, 이 주장은 '불교신자와 기독교인이, 매우 다른 표현을 가지고 있다 하더라도, 기본적으로 같은 신앙을 가지고 있을 것이다'[41]는 최소한의 논리적 가능성을 주장하는 것처럼 보인다. 다만 그 이론은, 공통의 핵심 경험을 종교적 언어와 행위로부터 분리하는 것이 가능할 때에만, 그리고 후자의 두 가지가 전자의 표현들이거나 대답임을 입증할 때에만,

---

37) Lindbeck, *Nature of Doctrine*, 19-25.
38) 같은 책, 23. 참고. Lonergan, *Method in Theology*, 108-9.
39) Lindbeck, *Nature of Doctrine*, 32.
40) 같은 책, 23.
41) 같은 책, 17.

신뢰할 수 있다.

이 이론의 평가 시도는 그 자체에 존재하는 입증이나 반증의 요소 때문에 완전히 실패하고 만다. 확실한 경험적 증거는 우리로 하여금, 종교적 언어와 예식들이 선행하는 종교적 경험에 대한 반응이라는 주장에 동의하지 못하게 한다. 종교적 언어와 예식들은 (예를 들면, 그런 경험에 대한 기대를 불러일으키고 발생할 수 있는 방식과, 예상되는 모습을 보여주는 것을 통해) 경험을 만들어낸다. 이 가능성은 최소한 경험적 혹은 논리적 수준 모두에서 받아들일 만하다. 동일하게, 각 개인의 경험이 공동의 종교보다 높은 곳에 혹은 앞에 위치해야 한다는 주장 자체는 눈에 보이는 선행성을 뒤집는 것처럼 보인다.[42] 슐라이에르마허는 신학에서 경험에 기초한 그런 접근의 원형을 보여주는 인물이다. 그는 '경험'을 차별성 없는 특이한 감정들이나, 개인적 개별 신앙인들의 실존적 불안들을 나타내는 것으로 이해하지 않는다. 오히려 그는 '경험'을 신앙 공동체의 기억, 증거, 기념에 근거하는 것으로 이해한다.[43] 그리스도인 경험의 신학적 중요성은 개인적 수준에서 나타나는 것이 아니라, 공동체적 수준에서 나타난다.

공통의 핵심 경험이라는 개념은 그 경험이 인류 문화의 다양성과 역사의 변동 가운데 놀랍게 다양한 방식들로 설명되고 표현되지만, 변함없이 그대로 머물러 있다는 것을 의미한다. 그러나 이런 개념은 매우 불확실한 것이다. 항상 같은 것(semper eadem!)이란 주제는 예전에 비평 이전의 초기 세대인 (린드벡이 사용한 의미에서) 소위 '인지적-명제론자들'에 의해 공교회적 교리의 인정된 저장고에 적용되었다.[44] 그리고 이제는 현대의 '경험적-표현주의자들'에 의해, 사람의 종교적 경험에 적용되는 것처럼 보인다. 경험적으로 이 개념은 매우 의심스럽다. 그래서 로너건(Lonergan)은 현명하게 종교적 경험이 한 문화, 계

---

[42] 또 다른 심각한 문제들이 개인적 경험의 공적 논의와 관련하여 야기된다. 참고. Blackburn, 'Private Experience'.
[43] 예를 들면 참고. Spiegler, *Eternal Covenant*, 136-36.
[44] 참고. Chadwick, *From Bossuet to Newman*, 1-20.

급, 개인마다 서로 다르다는 점을 인정한다.45) 그는 어쩔 수 없이, 망설이면서도, 한 종교(religion)가 다른 종교와 다르다고 인정하는 결론을 이끌어냈다. 교회의 교리적 전통이, 소위 '불변하는'(unchangeable) 성격을 허용한다 하더라도, 비판적으로 평가하여 분석하는 것은 일반적으로 가능하다. 반면 종교적 경험은 주관적이며 목적이 없고 모호한 개념으로 남아있고, 필연적으로 입증이나 (좀 더 개연성 있는 결과물로서 보이는) 반증을 넘어 존재하는 통시적 연속성과 불변성으로 남아있다.46)

린드벡은, 교리를 어디에서나 있고(ubiquitous) 사고보다 앞선(prereflective) 개인적 경험을 가지고 모든 종교에 공통된 것으로 다루는, 교리의 경험적 이론들을 비판한다. 그의 비판의 주요 맥락은 시의적절하고 설득력 있다. 나는 과감하게 그의 이론에 대한 세 가지 추가적 비판을 더하려고 한다.

이 모델과 관련된 두 번째 난제는 최소한 기독교 전통의 한 사조 내에 있는 감정의 견해와 관계된다. 그 사조에 따르면, 경험과 현실은 어쩌면 근본적으로 반대되는 것일 수 있다. 교리는 필연적으로 경험을 표현하거나 설명하지 않는다. 오히려 모순될 수 있다. 우리는 그런 것 중에 가장 잘 알려진 예를 아마도 마틴 루터(Martin Luther)의 '십자가 신학'(theology of the cross)에서47) 찾아볼 수 있을 것이다. 여기에서 우리는 정통 그리스도인의 삶에서 종교적 경험이 중요하지만, 그 경험이 신학적 재료로는 신뢰할 만하지 않다는 것, 둘 다에 강조점이 있음을 볼 수 있다. 루터의 믿음의 개념과 십자가의 요한(St. John of the Cross)의 저작에서 발견되는, 특히 어두운 밤(noche oscuro)라는 개념으로 표현된 개념 사이의 중요한 병행점이 있다. '표현을 추구하는 경험'(experience

---

45) Lonergan, *Philiosophy of God and Theology*, 50.
46) 예를 들면, 로너건은 헤일러(Heiler)의 다소 의심스러운 결론들에 [예를 들면, 더 '고등한 종교들'(higher religions)은 초월의 같은 공통 핵심 경험에서 나온 것이다] 심하게 의존하고 있다. Heiler, 'The History of Religion as a Preparation for the Cooperation of Religions'.
47) 참고, von Loewenich, *Luther's Theology of the Cross*; McGrath, *Luther's Theology of the Cross*, 148-75. 루터의 사상은 McGrath, *The Enigma of the Cross*에서 좀 더 현대적인 용어로 설명된다.

seeking expression)은 (루터의 표현을 빌리면) '영광의 신학자'(theologian of glory)와 '십자가의 신학자'(theologian of the cross)의 저작들에서 매번 매우 다르게 나타난다. 그러나 둘 다 같은 '경험적-표현주의자' 모델 아래 포함되어야 한다.[48]

이제 다룰 세 번째 난제는 개인의 현재 경험이, 그것이 무엇이든, 종교의 일차 자료를 구성한다는 분명한 가정과 관련된다. 이 강조는 의도적이고 의식적으로 종교를 거절하려고 결심한 개인의 경험과 동일하게, 의도적이고 의식적으로 종교를 받아들이려고 결심한 사람의 경험 사이에 근본적 차이가 없다고 주장하는 것과 마찬가지이다. 예를 들면, 전세계적인 종교적 상황 속에서 점차 일반화되는 한 사례를, 기독교 전통의 구성 단계인 회심의 중요한 근거들을 가지고 생각해보자.[49] 한 개인의 예를 보자. 그는 순전히 세속 환경 속에서 양육 받았고, 물질주의 무신론의 경향이 있다. 그는 나중에 기독교를 발견하고 '중생한 그리스도인'(born-again Christian)이 된다. 이런 개인의 경험이 두 가지 매우 다른 상황들에서 같은 것일까? 분명히 이 둘이 동일하다거나 심지어 유사하다고 상상할 수 없다. 특별히 좀 더 경험을 지향하는 기독교 전통들 중 하나가 관련되었다면 더욱 그렇다. 더하여 경험 심리학 연구들은 '헌신된'(committed) 종교적 개인들이 단지 '동의하는' 정도로 여겨지는 사람들과 상당히 다른 심리학적 특징들과 사회적 태도들을 가지고 있다는 것을 보여주었다.[50] 그런 차이들은 경험적 수준과 인지적 수준 모두에서 드러난다. 기도가 경험되고 해석되는 방식이 그런 예이다.[51] 하지만 종교에 대한 경험적-표현주의 접근은 이 상황들을 구분할 개념적 체계로써는 부족한 것처럼

---

48) 추가로 참고하라. Ritter, 'Theologie und Erfahrung'.
49) '회심'의 중요성에 대해 이해하기 위해 참고하라. Fredricksen, 'Paul and Augustine'. 특히 과거와 단절과 불연속성에 대한 강조를 주목하라.
50) Watt and Williams, *Psychology of Religious Knowing*, 10-23. '헌신'(committed)과 '동의'(consensual)의 차이에 대하여 참고하라. Allen and Spilka, 'Committed and Consensual Religion'.
51) Spilka, Hood and Gorsuch, *Psychology of Religion*, 17-28; Watt and Williams, *Psychology of Religious Knowing*, 109-27.

보인다. 린드벡은 그 이유를 '자유적 경험적-표현주의와 관계된 균일화 경향들'이라는 용어를 가지고 설명했다.[52] '경험'은 종교적 소속이 바뀐다고 해서 영향을 받지 않고, 균일하고 공통적이며 변하지 않는 어떤 것처럼 다루어진다.[53]

이것이 감정과 실존적 지향을 혼동하는 것이라고 지적한다면 반대가 있을 것이다. 그러나 이런 불만스런 지적이 사실이라고 인정된다면, 이는 최소한 부분적으로 일부의 경험적-표현주의자들의 무능력 때문이다. 그들은 둘의 차이의 근거를 명확하게 밝히는 데 실패하였다. 그럼에도 불구하고 실존적 지향의 차이점들이 신앙과 불신앙의 상태와 관련되어 있다는 것이 지적될 수 있다. 일련의 실존주의 신학들은 부분적으로 하이데거(Heidegger)의 존재의 현상학에서 영향을 받았다.(하이데거는 이미 존재를 이해하는 현상에 주목하여, 존재의 의미는 존재를 이미 이해하는 사람에 대한 질문에서 시작해야 한다고 주장했다.-역자주) 그 신학들은 믿음을 진짜 존재를 예시하는 것으로, 불신은 가짜 존재를 예시하는 것으로 분류한다.[54] 그래서 불신앙에서 믿음으로의 이동은 존재의 재지향(reorientation)을 포함하여 발생한다. 이를 통해 종교에 대한 경험적-표현주의 이론은 이 변화를 설명하는 데 도움을 준다. 회심에 있어 과거와 현재는 사람의 종교적 경험에서 매우 중요한 요소이다. 그런 점에서 '믿는 것'(believing)과 '믿지 않는 것'(unbelieving)을 구별할 필요는 회심을 설명할 수 있기 위해 종교와 교리의 이론을 요구하는 종교의 매우 중요한 측면이다.

마지막 난제는 종교와 교리에 대한 이 모델이 자유로운 전제조건들에 기초해있다는 점에서 무질서한 것처럼 보일 수 있다는 점이다. 그럼에도 불구하고 최소한 현대 기독교 신학의 중요한 한 사조는 이 문제에 주목하였다. 어

---

52) Lindbeck, *Nature of Doctrine*, 128.
53) '종교적 경험'의 더 믿을 만한 특징화를 참고하라. Hay, *Exploring Inner Space*; Godin, *Psychological Dynamics of Religious Experience*; Meissner, *Psychoanalysis and Religious Experience*.
54) 불트만(Bultmann)이 분명한 예로 적절하다. 참고. Flückiger, *Existenz und Glaube*.

떻게 우리가 언어적 순간이나 상징에 담기를 원하는 그 경험이 하나님의 경험인지 알 수 있을까(사실, 어떻게 우리가 그것이 하나님의 경험인지 아닌지, 어떤 방식으로 그것을 알 수 있는지에 대한 질문을 던질 수나 있을까)?[55] 우리는 사람의 경험이 현실과 관련된 어떤 방식에서 전통적으로 '하나님'이라 칭해진다고 주장할 만한 어떤 근거들을 가지고 있는가? 무슨 근거로 우리는 단지 개인적이며 일상적인 경험이 아니라, 신성의 향기로 가득 찬, 순간 혹은 순간들을 확인할 권리를 갖는가? 자펜빌(Safenwil)에서 자신의 주일 설교를 준비하던 젊은 칼 바르트(Karl Barth)의 딜레마는 우리의 딜레마가 된다(칼 바르트는 스위스의 자펜빌에서 1911-1921년까지 목회하였다.-역자주). 바르트에게 가장 치명적인 질문은 그가 설교할 말씀에 대한 것이었다: 그는 어떻게 이 말씀이 어떤 점에서 자기 자신의 말이 아니라, 하나님의(of God) 말씀을 담고 있거나 전달하는지 확신할 수 있을까? 어떤 의미에서 자신이 하나님의 말씀을 선포하고 있다고 주장할 수 있고, 그럴듯한 타당성과 부당성의 권위를 칼 바르트의 말에 부여하는 것이 아니라고 할 수 있을까? 어떻게 '표현을 찾는 경험'(experence seeking expression)이 세속적이며 불경건한 세상의 경험이나 괴상한 실존주의적 유아론(solipsism : 유아론이란 모든 것이 자신의 자의식 속에 있는 것일 뿐이라는 철학 사상이다.-역자주)이 아니라, 하나님의 경험과 일치될 수 있는가? 그리고 비유신론적(non-theistic) 종교들은 어떻게 되는가? 의심의 여지없이 소승 불교(Theravada Buddhism : 개인의 구원을 최고의 이상으로 본다. 그러나 깨우침은 석가모니만 가능하다고 보고, 스스로 성불이 불가능하다고 여겼다. 그래서 불경연구에 몰두한다.-역자주)에 대한 경험적-표현주의 설명은 이 전통이 종교적 경험에 접근한다고 주장할 것이다. 그러나 그 전통 자체가 명백하게 그런 주장을 거부한다면, 그것이 하나님을 경험한 것이라고 간주될 수

---

[55] 교리에 대한 많은 '경험적-표현주의' 설명은 짐작건대, 그들의 계시에 대한 비인지적(non-cognitive) 이해를 볼 때, 이 우려를 가치없는 것으로 무시할 것이다. 참고. Dulles, *Models of Revelation*, 98-114. 신학적 자료로써 경험에 대한 신중한 분석을 참고하라. Lash, *Easter in Ordinary*.

있을까? 사실 경험은 표현을 추구할 수 있다. 그러나 그것은 또한 자신을 판단해야 하는 범주도 요구한다.

이 요점은 특별히 서구 사회의 세속화(secularism)를 향한 흐름의 빛 가운데, 더 전개될 수 있을 것이다. 종교와 교리에 대한 '경험적-표현주의' 접근은 최고의 현재 경험이 하나님의 계시라는 수단이라고 주장한다. 이 접근에 내재된 전제는 표현해야 할 어떤 경험이 존재한다는 것이다. 톰 드라이버(Tom Driver)는 이 경험을 의문시하면서, 욕조에서 나가는 것과 자신이 '이름이 없는 에너지로 가득 찬 것'을 발견하는 것에 비유하였다.56) 이 경험을 규정하려는 다른 시도는 좀 더 절제된 방식으로 이루어졌다. 예를 들면, 슐라이에르마허의 경건 개념은 절대적 의존의 의미로 규정되었고, 오토(Otto)의 범주는 신령함의 의미로 규정되었으며, 틸리히(Thilich)의 경험은 무조건의 의미로 규정되었다.57) 그러나 만약 경험이 없다면 무엇이 표현되어야 하는가? 만약 드라이버가 욕조에서 종교적 경험을 얻는 것을 중단한다면, 무슨 일이 발생할까? (혹시 그런 신학자들이 그래서 '신의 죽음'[death of God]이나 '신 부재의 신학'[theology of the absence of God]에 대하여 쓰는가?) 만약 하나님께서 그분의 세상에 부재하심이 경험된다면, (본 회퍼[Bonhoeffer]는 이것을 '성숙한 세상'[world come of age]의 필연적인 결과라고 주장한다.58)) 우리는 어떤 의미에서 그가 계신다(present)고 확언할 수 있을까? 루터는 십자가 사건이라는 패러다임을 가지고, 경험이 교리에 의해 교정된다고(corrected) 주장한다. 경험은 신학적 체계에 의해 그리고 그 안에서 적절히 해석된다. 심지어 모순되는 점까지 가기도 한다. 다른 말로 하면, 경험은 설명하는 것(explicans)이라기보다, 설명되어야 하는 것(explicandum)이다. 그것은 해석하는 행위자 자체가 아니라, 해석되기를 요구하는 것이다. 하나님은 부

---

56) Driver, *Patterns of Grace*.
57) 다음을 또한 주목하라. Gilkey, *Message and Existence*.
58) 이 주제의 탐구를 위해 참고하라. Kern, 'Atheismus-Christentum-emanzipierte Gesellschaft'.

재로서 경험된다. 그러나 교리는 하나님께서 숨겨진 방식으로 계신다고 확증한다.59) 신학은 실존적 실체들과 관계하지만, 그 실체들에 의해 사로잡히거나, 그들의 수준으로 낮춰지는 것을 피할 수 있다.

지금까지 나는 린드벡의 분석을 지지하는 측면에 대해 논하였다. 그럼에도 불구하고 나는 한 가지 구성 요소에 대한 불안함을 감출 수 없다. 교리에 대한 '경험적-표현주의' 이론들에 대한 린드벡의 비판은 교리의 '경험적' 접근들 중에 상당히 다른 두 가지 접근들의 구분을 실패한다. 린드벡이 '경험적-표현주의' 접근의 지적인 선조로 다루는 슐라이에르마허는 린드벡이 사용하는 용어의 의미에서, 교리에 대한 '경험적-표현주의' 이론의 주창자가 아니다.60) 슐라이에르마허에 따르면, 기독교 교리는 모든 종교가 공통으로 가지는 어떤 '선-사고적(prereflective) 경험'에 대한 것이 아니다. 오히려 독특하게 나사렛 예수에 대한 기독교 경험에 대한 것이다. 슐라이에르마허는 일반적인 사람의 종교적 양심과 특별한 기독교적 양심을 분명하게 구분한다.61) 슐라이에르마허는 특별히 기독교 교리의 대상을 기독교 '감정'(feeling)으로 혹은 나사렛 예수로부터 얻어지는 '직접적인 실존적 관계에 대한 불안'으로 일치시킨다. 이 결정적인 구분은 린드벡이 상세히 설명하고 비판하는 '경험적-표현주의' 접근에는 없는 것이다. 린드벡은 이 접근들의 변수에서, 그리고 그 전제조건들의 기초에서 그런 구분을 이끌어오는 것은 불가능할 것이라고 주장한다.

---

59) 루터의 초기 신학에서 '숨겨진 하나님'의 주제에 대하여 참고하라. Dillenberger, *God Hidden and Revealed*; Bandt, *Luthers Lehre vom verborgenen Gott*; McGrath, *Luther's Theology of the Cross*, 161-75.
60) 한가지 요점이 Gerrish, 'Nature of Doctrine', 89-90에서 강조된다. 슐라이에르마허가 '경험적-표현주의' 접근이라는 린드벡의 묘사와 유사한 것처럼 보이는 요소들이 있다고 할지라도(예를 들면, 그는 분명하게 사람의 종교적 양심 안에 사고 이전의 순간들이 존재한다는 것을 주장한다) 그의 교리와 경험의 관계에 대한 접근은 린드벡에 의해 정의된 '경험적-표현주의'의 틀에 맞지 않는다.
61) Beisser, *Schleiermachers Lehre von Gott*, 57-68; Offermann, *Einleitung in die Glaubenslehre*, 47-65.

더구나 슐라이에르마허는 교리와 관련된 경험이 개인적(private)인 것이 아니고, 공동의(corporate) 것이라 주장한다. '기독교 경건은 결코 독립적으로 발생하거나, 한 개인 안에서 그 자체로 발생하지 않는다. 오히려 오직 공동체(communion)로부터 그리고 공동체(communion) 안에서 발생한다'.[62] 공동체는 슐라이에르마허의 종교적 경험의 기원과 교리적 표현의 설명에서 개인을 넘어서는 우선권을 갖는다. 슐라이에르마허에 따르면, 교리들은 기독교 공동체의 언어로 구성된 경험을 표현한다. 린드벡 자신이 주장하는 바와 같이 어떤 형태가 없는 세계적인 지식에 앞선 경험들이 아니다.[63]

슐라이에르마허가 주장한 언어와 경험 사이의 섬세한 상호작용은 린드벡의 비판에 취약해 보이지 않는다. 심지어 그 비판의 범위에 들어있지도 않은 것 같다. 슐라이에르마허의 예를 통해, 우리는 교리에 대한 모든 경험적 접근들이 린드벡이 주장하는 것과 같이 꽤나 쉽게 일축될 수는 없다는 점을 상기하게 된다.

문화적-언어적 이론

린드벡은 비트겐슈타인(Wittgenstein)과[64] 폴라니(Polanyi)의 분명하고 (권위 있

---

62) Schleiermacher, *The Christian Faith*, 106.
63) Lindbeck, *Nature of Doctrine*, 36-7. 참고. Gerrish, 'Nature of Doctrine', 89-90.
64) 린드벡의 철학적 입장은 '비트겐슈타인적 신앙주의'(Wittgensteinian fideism)과 관련된 장기간의 영어권 논쟁과 관련되어 있음이 분명한 것 같다. 참고. Nielsen, 'Wittgensteinian Fideism' (Kerr, *Theology after Wittgenstein*, 28-31에서 용어에 대한 정당한 비판을 한다고) 사람이 하나님을 알 수 있는지, 어떤 방식으로 알 수 있는지에 대한 전체적 논의는, 특히 이 논쟁에 대한 비트겐슈타인의 공로에 비추어 볼 때, (Kerr, *Theology after Wittgenstein*와 Penelhum, *God and Scepticism*에서 언급된 것처럼) 후대의 작업으로 미뤄져야 한다. 비트겐슈타인에게 답하려는 시도는 린드벡 작품의 많은 장점 중의 하나이다. 교리에 대한 '인지적' 모델의 거절과 '문화적-언어적' 접근의 가치에 대한 긍정 둘 다에서 이런 시도를 찾을 수 있다.

는) 영향을 받고 있음에도, 문화 인류학자 클리포드 기어츠(Clifford Geertz)의[65] 저작들에 의지하여, 자신이 주장하는 교리의 이론을 신학의 후기-자유주의 시대를 뒷받침하는 교리의 한 이론으로 발전시킨다. 그가 주장하는 종교는 (비트겐슈타인과 분명한 유사성을 가지면서) 언어와 비교될 수 있다. 종교의 교리들은 문법적 규칙들처럼 기능한다.[66] 종교들은 어휘를 만들어내고, 내적 경험에 선행하는 문화의 체계 혹은 매개체가 된다.

한 종교는 삶과 사상의 전부를 만들어내는 문화적 그리고/혹은 언어적 체계 혹은 매개체의 한 종류로 볼 수 있다. 그것은 기본적으로 참과 선에 대한 믿음들의 배열이 (비록 이것들을 포함한다 하더라도) 아니고, 또한 기본적 자세와 감정과 정서를 표현하는 상징도 (비록 이것들을 생성해낸다 하더라도) 아니다. 오히려 실체의 묘사와 신앙의 기술과 내적 태도, 감정, 정서의 경험화를 가능하게 하는 용어(idiom)와 유사하다. 문화나 언어와 마찬가지로 그것은 공동의 현상으로, 주로 각 개인의 주관성의 표현이 되기보다는, 개인의 주관성들을 형성한다. 그것은 추론적 그리고 직관적 상징들의 어휘를 특유의 논리나 문법과 함께 구성한다. 이 어휘가 의미있게 사용될 수 있다는 점에서 그렇다.[67]

(비트겐슈타인이 '언어 게임'과 관계에서 지적하듯이) 한 언어는 삶의 모습과 연관되어 있다. 이와 같이 종교적 전통은 자신이 낳고, 표현하고, 반영하는 삶의 모습과 상호 연관된다. 또한 린드벡은 (내 생각에 망설이면서) 언어가 사람의 경험과 행위의 선경험적(pre-experiential)인 영역을 형성할 능력이 있고,[68] 그래서 경험

---

65) 특별히 참고하라. Geertz, 'Religion as a Cultural System'.
66) Lindbeck, *Nature of Doctrine*, 32–41.
67) 같은 책, 33.
68) 같은 책, 37. 그는 노암 촘스키(Noam Chomsky)와 클리포드 기어츠(Clifford Geertz)의 관점을 사용한다.

적-표현주의 이론에 중요한 자격과 확장성을 제공한다고 주장한다.

  교리에 대한 이런 이해와 이에 수반되는 진리 이론의 근본적 요소는 체계 내적 일관성(intrasystemic consistency)의 개념이다. 부분적으로, 이 이해는 시스템의 이성적 일관성과 관련된다. 교리는 문법이 언어를 조정하는 방식으로 종교를 통제한다. 교리적 진술의 관념적 내용은 형식적 기능을 강조하기 위해 사실상 한쪽으로 쏠린다. 린드벡은 이런 점을 셰익스피어의 햄릿(Hamlet)을 참조하여 설명한다. '덴마크는 햄릿이 살았던 나라이다'라는 진술은 존재론적으로 진리이거나 거짓일 수 없다. 다만 셰익스피어의 이야기적 요소들의 내적 배치에 관련된 진술일 뿐이다.[69] 이야기 자체는 사실도, 허구도 아니다. 이야기는 사실과 허구의 한 가지 혹은 두 가지 모두의 매개체이다.[70] 사실과 같은 이야기가 필연적으로 사실을 담는 것은 아니다.[71] 이야기가 역사(history)로 받아들여지는 경우에만, 이 진술이 존재론적으로 진실인가 혹은 거짓인가에 대한 주장들이 생겨난다. 그래서 린드벡은 성경이 '거대하고, 느슨하게 구성된 비허구적(non-fictional) 소설'로 하나님의 정체를 묘사하여 제공하는 정경적 이야기로 읽힐 수 있다고 주장한다.[72] 이 요점을 발전시키면서 린드벡은 (탕자의 비유를 예로 인용하며) '하나님에게 성격을 부여하는 것'은 필연적으로 성경 이야기의 사실성에 기초하지는 않는다고 주장한다.[73]

  의미는 특정 언어를 사용하는 것으로 형성되지, 그 언어로부터 분리됨으로 생기는 것이 아니다. 그러므로 예를 들면, '하나님'이 무엇을 가리키는 것인지를

---

69) 같은 책, 65. 유사한 접근을 이안 램지(Ian Ramsey)가 아타나시우스 신경의 다양한 진술들의 기능에 대한 논의에서 사용하고 있다. Ramsey, *Religious Language*, 174-9.
70) 이 점에 대하여, Nelson, *Fact or Fiction*의 중요한 역사적 분석을 참고하라.
71) '사실 유사성'(fact-likeness)과 '사실성'(factuality)의 관계에 대한 논의를 참고하라. Frei, *The Eclipse of Biblical Narrative*, 187. 같은 주제는 Frye, *The Great Code*에서 다뤄진다.
72) Lindbeck, *Nature of Doctrine*, 120-2.
73) 같은 책, 122.

결정하는 적절한 방법은, 먼저 이 단어의 전제적 의미 혹은 경험적 의미를 세우고, 단어의 사용에 따라 재해석하거나 재작성하는 것이 아니라, 어떻게 그 단어가 종교 내에서 작동하는지, 그리고 어떻게 거기에서 현실과 경험을 형성하는지를 시험함으로 되는 것이다. 문화적-언어적 의미의 신학적 기술이 기호 내부 혹은 본문 안에 있다는 것이 이것의 의미이다.[74]

주로 이 접근에서 발생하는 난제는 교리들이 조정하는 문화적-언어적 전통의 기원과 관련된다. 린드벡은 이것이 그저 그냥 '주어진' 것이라고 가정하는 것 같다. 이는 자명한 출발점이다. '언어'는 그냥 거기에 있다. 린드벡은 언어가 외부에서 기원한다는 점을 강조한다.[75] 그래서 하나님에 대해 말하거나, 사람의 소원을 특별한 방식이나 여러 방식으로 표현하는 기독교 전통의 기원과 관련된 질문이 분명히 발생한다. 어떻게 기독교 용어가 생성되는가? 이것이 성경과 관련될 수 있음을 보여주는 몇 가지 힌트들이 있다. (루터의 탑의 체험[Turmerlebnis]에 대한 그의 논의를 보라. 이것은 루터가 탑에서 성경을 연구하여 종교개혁의 진리를 깨닫게 되었다는 이야기이다.-역자주)[76] 그럼에도 불구하고 계시의 핵심 문제에 대한 계획적 회피가 있다. 달리 말하면, 그는 성경에서 사용되어 기독교 전통에 들어온 기독교 용어가 축적된 사람의 통찰에서 기원하였는지, 그리스도 사건 안에 있는 하나님의 자기 공개 사건에서 기원하였는지의 문제를 회피하고 있다. 린드벡은 '종교와 종교 언어와 교리와 예식들과 행동의 방식들의 객관성'이 우선성을 갖는다고 주장한다.[77] 이 주장은 이 우선적인 자료가 어떻게 설명될 수 있는가에 대한 질문을 불러일으키고, 답은 주어지지 않

---

74) 같은 책, 114. 린드벡은 주장한다, '본문 바깥'의 접근은 명제주의자들과 경험적-표현주의 접근의 특징이라고 주장한다. 이 요점에 대한 발전된 논의를 참고하라. Tracy, 'Lindbeck's New Program for Theology'; Tilley, 'Incommensurability, Intratextuality, and Fideism'.
75) Lindbeck, *Nature of Doctrine*, 62.
76) 같은 책, 39.
77) 같은 책, 39.

는다.

물론, 린드벡은 이 질문이 순전히 현상학적 수준에서 다루어질 수 있고, 그래서 신학은 기독교 신앙의 내적 체계의 표현 및 해설과 관련된다고 믿을 수 있다. 만약 그렇다면 (최소한 이 측면에서) 그는 교리의 핵심적인 서술적 개념을 채용함에 있어, 슐라이에르마허를 따르는 것이다. 슐라이에르마허에게 교의신학(dogmatic theology)은 '지금 현재 교회 내에 있는 교리의 지식'이다.[78] 신학은 본질에 있어 교리가 나타내는 신앙을 표현하기 위해, 교리들의 타당성에 대해 탐구하는 것이다. 신학자는 '교회의 가치'와 교리들의 '학문적 가치'(scientific value)를 평가하도록 요구를 받는다. 달리 말하면, 종교적 감정의 표현으로써 교리들의 타당성과 전체적인 신학적 맥락 내에서 일관성을 평가하도록 요구를 받는다.[79] 교리는 서술적이며, 체계 내적 결속과 관련되고, 감정을 기술하는 능력이다.[80]

그때 교리는 기독교 용어를 조정하는 언어로 표현된다. 그러나 어떻게 이 언어가 생겨났는가? 그리고 도대체 이것이 무엇을 의미하는가? 린드벡은 교리에 대한 문화적-언어적 접근을 통해 기독교 용어가 어떤 외적 근거를 가지고 있는지에 대한 질문을 없앨 수 있다고 주장하는 것 같다. 교리는 기독교 용어의 일관성을 보장하면서 그것의 내적 조정에 관여한다. 그 용어가 외적 세계와 갖는 관계 방식에 대한 질문은 부적절한 것으로 간주된다. 린드벡에게 교리는 기독교 공동체의 언어이고, 자기-영속화를 위한 자기만의 언어(ideolet)이다. 사실상 여러 요소에서 그는 신학을 기독교 언어의 문법으로 생각하는 것은 독립된 실체로써 하나님에 대한 어떤 이야기와 (체계내적 의미라기

---

[78] Schleiermacher, *Brief Outline of the Study of Theology*, 71. 이 입장에 대한 좀 더 최근의 진술은 Macquarrie, *Principles of Christian Theology*, 1.에서 찾을 수 있다.
[79] Niebuhr, *Schleiermacher on Christ and Religion*, 154-73. 참고. Schleiermacher, *The Christian Faith*, 17-19; 83-93.
[80] 이런 이유로 바르트(Barth)의 다소 날카롭게 슐라이에르마허는 교의적 진술(dogmatic statements)의 진리(truth)에 관심이 없다고 주장한다. Barth, *The Theology of Schleiermacher*, 163.

보다는 존재론적 의미에서) 그분에 관한 진리를 말할 가능성이 있다는 어떤 주장을 포기하는 것을 수반한다.[81] '진리'(truth)는 단호하게 (사실상 축소되어) 내적 일관성과 동일시된다.

그래서 린드벡은 신학 내의 교리들의 조정 기능에 대한 자신의 이해를 드러내면서, 니케아 신경이 '일차적 진리를 주장하지 않는다'고 주장한다.[82] 달리 말하면, 동일본질(homoousin)은 존재론적 기준이 아니다. 다만 오직 그리스도와 하나님에 대한 언어를 조정할 뿐이다.[83] 이 사례 연구는 린드벡이 행한 소수의 역사적 작업 중 하나를 보여준다는 점에서 중요하다. 이를 통해 린드벡의 역사 신학적 능력을 (비록 임시적인 방법을 통한 것이지만) 가늠해볼 수 있다. 린드벡은 아타나시우스(Athanasius)가 동일본질의 용어를 '아들이 아버지가 아니라는 것을 제외한 아버지에게 해당하는 모든 것은 아들에게 해당된다'는 의미로 이해한다고 주장한다. 이와 같이 아타나시우스가 '이 용어를 존재론적 근거를 갖는 첫 번째 전제가 아니라, 언어에 해당하는 두 번째 규칙으로 여겼다'고 주장한다.[84] 린드벡의 주장에 따르면, 동일본질에 대한 형이상학적 개념들은 오직 중세 시대에만 본질적인 문법적 접근으로 읽혔다. 그의 주장에 따르면, 교부시대에 이 용어는 담론(discourse)의 규범으로 이해되었고, 언어 외적(extra-linguistic)인 실체에 대한 참조와 상당히 독립적인 것이었다.[85] 하지만 린드벡은 아타나시우스가 동일본질의 조정적 기능의 기초를 그 실질적 내용에 두고 있는 것을 간과한 것처럼 보인다. 달리 말하면, 아버지와 아들의 존재론적 관계에서 볼 때, 이에 관련된 언어의 문법적 조정은 당연하게 따라

---

81) 참고. Phillips, 'Lindbeck's Audience'.
82) Lindbeck, *Nature of Doctrine*, 19.
83) 이 주장에 대하여 참고하라. 같은 책, 92-96.
84) 같은 책, 94.
85) 린드벡이 이 점에 있어 로너건을 의지할 뿐 아니라, 사실상 그를 오해하고 있었다는 주장에 대하여, 참고하라. Williams, 'Lindbeck's Regulative Christology'.

오는 것이었다. 아타나시우스에게 '조정적으로 이해된 동일본질은 존재론적 근거가 아니라, 존재론적 혁신(innovation)을 배제하는 듯하다.'[86]

다만 여기에서 이것이 교부들의 기독론 논쟁이 기독교 교리의 근거적 혹은 조정적 기능을 인식하는 데 실패했다고 말하지 않는다는 점은 강조되어야 한다. 그럼에도 불구하고, 린드벡은 아마 동일본질에 조정적 기능을 부여하는 것 같다. 엄밀하게 말하자면, 그 기능들은 속성교환(communicatio idomatum)과 관련된 것들이다.[87] 속성교환의 문법적 혹은 조정적 기능들은 동일본질의 존재론적 확증에 기초한 것처럼 보인다.

그러나 우리가 어떻게 이 기독교 용어를 평가할 수 있고, 이것이 무엇을 나타내고, 해석하고, 전하고자 하는가에 대해 탐구함으로써 그 용어를 지킬 수 있을까? 사실 '덴마크'라는 용어가 일관되게 햄릿의 틀 내에서 사용되는지를 확인하는 것은 적절하다. 그러나 어떻게 이것이 확실하고 인식할 수 있는 지리적 정치적 실체뿐 아니라 사람의 경험 세계에 위치한 실체와도 연결되는가? 어떻게 우리는 햄릿이 사실인지 허구인지 알아낼 수 있을까? 이 질문의 중요성은 부인하기가 힘들다. 어떻게 세익스피어의 덴마크가 진짜 세상의 덴마크와 관계되는가? 그리고 신학자로서 우리가 반드시 물어야 하는 것이 있다. 어떻게 기독교 용어 '예수'(Jesus)가 나사렛 예수와 관계되는가? 그와 동일시할 수 있는 어떤 연결이 있는가? 그것이 그에게 관계되는가, 혹은 다른 어떤 것에 관계되는가? 그것이 그에게서 기원하는 것이 드러날까? 아니면 그것은 사람의 마음의 독립적인 구조인가? 로완 윌리엄스(Rowan Williams, 웨일스의 성공회 주교이자 신학자로 켄터베리 대주교를 역임하였다. 교부와 영성에 대한 연구를 했고, 정통은 고정되는 것이 아니라, 새로운 변화가 생겨나야 한다고 주장하였다.—역자주)가 현대 신학의 가장 심각한 약점 중 하나로 여기는 것, 즉 '어떻게 신학이 자신의 언어

---

86) Williams, 'Lindbeck's Regulative Christology', 178.
87) 네스토리우스의 경우 참고하라. Scipioni, *Nestrio e il concilio di Efeso*, 386-92.

를 배우는가에 대한 질문을 그냥 넘어가려는 가능성에 유혹당하는' 지속적인 경향을[88] 린드벡이 깔끔하게 설명하는 것 같다. 그러나 린드벡이 생각하고 싶지도 않고, 할 수도 없는 것처럼 보이는 다음과 같은 가능성들이 있다. 그가 기독교 교리로 확인하는 언어는 조정자로서 역사적 오해에 기반될 수 있고, 그 가능성은 다름 아니라 역사적 '주어짐'(givenness)의 우연적 형태들을 가리키는 것일 수 있으며, 그것은 자신의 더 넓은 유효성을 해치는 사회적-역사적 뿌리내림을 부여한다. 그것은 역사적 사건들의 심각한 오해나 혹은 고의적 곡해까지도 표현할 수 있다. 언어는 나사렛 예수의 중요성에 대해 완전한 가짜 해석을 표현할 수 있다. 이와 같은 가능성들을 볼 때에, 기독교 용어는 간단하게 '주어진' 것으로 받아들여질 수 없다. 역사적 신학적 신뢰성에 대해 반드시 질문해야 한다.

기독교 용어에 대한 린드벡의 접근은 불트만의 선포(kerygma, 불트만은 초대 교회의 케리그마는 그들이 알고 믿었던 예수 그리스도에 대한 고백과 선포 내용을 가리킨다.-역자 주)에 대한 접근과 거북할 만큼 유사하게 보인다. 두 접근 모두 도전이나 정당화를 넘어 그저 거기 있고, 주어지고, 놓여진 것으로 가정한다. 불트만의 선포적 기독론이 다루었던 '역사적 예수에 대한 새로운 탐구'에 대한 의문들은[89] 교리의 성격에 대한 린드벡의 이해로 확장되어야 한다. 교리는 선포(kerygma)처럼, 그냥 거기에 있으면서, 우리로 하여금 그것을 취하거나 내버려두도록 요구하는 어떤 것이 아니다. 그것은 역사적 사건의 중요성을 적절하고 정확하게 나타내려고 의도하는 어떤 것이다. 그리고 그 사건의 해석으로서 그것의 적절성과 관련된 도전에 열려 있다. 종교개혁과 계몽주의는 이미 수용된 교리들이 역사적 신뢰성과 관련하여 도전받는 것을 보여주는 분명한 역사적 예이다. 우연이든 의도적이든, 교리에 대한 린드벡의 문화적-언어적

---

88) Williams, 'Trinity and Revelation', 197.
89) McGrath, *Making of Modern German Christology*, 127-85.

접근이 인식론적 현실주의(realism)와 상응하는 진리의 이론을 찬성하는지, 배제하는지 다소 애매하다.[90] 그럼에도 불구하고 전반적인 인상은 그가 일관성을 상응성보다 더 중요하게 여긴다는 것이다. 그리고 이 점은 정확하게 내가 방금 언급한 질문을 불러일으킨다.

이 점에서 기독교 언어의 생성(genesis)에 대한 질문은 중요하게 된다. 무엇이 그것을 만들어 내었는가? 기독교 용어는 지적 지형(the intellectual landscape)에서 영속적인 특징을 갖지 않는다. 그것은 존재하게 되었고, 역사 안에서 발전하였다. 어떤 압력이 그것을 존재하게 하였는가? 어떤 요소들이 그 발전을 지배하였는가? 린드벡은 기독교 언어를 '주어진' 어떤 것으로 다루는 것 같다. 그는 에이어(A. J. Ayer)의 일반적인 언어에 대한 접근과 유사한 비역사적 접근을 적용한다. 그러나 이런 접근은 바필드(Barfield)에 의해 통렬하게 비판되었다. 바필드에 따르면, '언어의 역사를 보지 않고, 의미의 문제를 따지려는 언어 분석가는 대체로 한심한 관점을 가진 것 같다. 그들은 마치 진화와 같은 것이 존재하지 않는다고 여기면서, 자연의 종 다양성을 따지려 시도했었던 18세기 초반의 생물학자들과 같다.'[91] 기독교 언어의 진화 역사는 언어와 문법적 조정자로서의 평가에 대한 핵심적 서곡이다. 언어가 단지 성경이나 전통에 '주어진' 것이 아니기 때문이다. 언어는 부분적으로 역사적 분석과 신학적 평가에 민감한 진화의 과정 가운데 발전하였다.

린드벡이 교리에 대한 인지적 접근을 논의 가운데, 교리적 진술들의 외적 근거와 관련하여 지속적인 비트겐슈타인적 신중함과 인지주의적 현실주의의 주장에 대하여 상당히 꺼리는 마음이 발견될지도 모른다.[92] 여기에 자연 과학 철학 내에서 벌어지는 이론적 용어의 지위에 대한 최근 논쟁들의 중요하

---

90) Lindbeck, *Nature of Doctrine*, 68-9. 이 모호성이 여기에서 기술된다.
91) Barfield, *Poetic Diction*, 30.
92) 그가 '존재론적' 진리를 논의할 때를 그 예로 들 수 있다. Lindbeck, *Nature of Doctrine*, 63-7.

고, 이해를 돕는 연결들이 있다.[93] 이론적 용어의 도구주의적 해석은 이론이 '저기에 실제로' 있는 것을 근거(reference)로 삼지 않고, 현상에, 사람의 인식에, 그리고 관찰할 수 있는 것들(observabilia)에 관계될 뿐이라고 주장한다.[94] 그러나 현실주의 해석은 그 이론의 이론적 용어가 가리키는 것의 실체를 믿는 노력이 따른다. 그러므로 도구주의적 관점에서는, 양전자(positrons)의 존재에 대한 헌신적 믿음이 꼭 필요한 것은 아니다.[95] 반면 현실주의자는 정말로 '저기에' 양전자가 있다고 주장한다.

도구주의적 접근과 교리에 대한 린드벡의 '문화적–언어적' 접근 사이에 분명한 유사성이 있다. 이론적 용어들에 대한 도구주의적 접근과 관련하여 주된 난점은 이것이다. 이 접근 방식은 '이론적 용어들이 필요하다고 여기는 불편한 입장 가운데 한 가지를 남겨놓는다. 그러나 이 용어들은 어떤 것도 의미하지 않거나, 어떤 것도 관계되지 않는다. 과학적 이론화에서 이론적 용어의 타당성을 받아들이는 대부분은 사람들은, 그런 입장을 유지하기보다는, 오히려 그들이 이 세상에서 진짜 근거를 가지고 있다는 입장에 헌신한다.'[96] 도구주의적 접근에 의해 생겨난 난제들이 과학적 공동체 내에서는 특히 극심하지만, 그 난제들은 교리의 본성에 대한 린드벡의 분석에서 중요하지 않지 않다.

과학적 공동체 내에 있는 도구주의적 접근과 관련된 불편함과 유사한 의미가 신앙 공동체 내에서, 교리적 용어들이 자신의 이론적 체계밖에는 어떤 근거도 없는, 오직 체계 내적인 것이라는 주장과 붙어 있다.[97] 이번 장에서 언급된 고려사항들을 살펴보고, 무엇이 교리 공식화의 궁극적인(ultimate) 외적 근거일 수 있는가에 대한 질문을 편견 없이 볼 때, 나는 교리 공식화의 가장

---

93) Suppe, 'Philosophic Understanding of Scientific Theories', 27–36.
94) 예를 들면, 참고하라. Hempel, 'Empiricist Criteria of Cognitive Significance'.
95) 비교. Hanson, *Concept of the Positron*.
96) Suppe, 'Philosophic Understanding of Scientific Theories', 34.
97) 비교. Carnes, *Axiomatics and Dogmatics*, 8.

가까운 외적 근거는 나사렛 예수의 역사라고 제안하고 싶다. 전승과 삶의 모양(Lebensform)으로[98] 전달된 이 역사는 내가 다음 장에서 살펴볼 방식으로 교리를 생성하고, 조정한다.

린드벡의 분석에 대한 예비적 평가

앞선 논의에서, 나는 교리의 성격에 대한 린드벡의 분석이 여러 점에서 비판에 열려 있다고 주장했다. 특히 '인지적-명제주의'와 '경험적-표현주의' 모델의 논의에서 그렇다. 린드벡의 '문화적-언어적' 이론의 매력은, 그의 비평자들이 주장한 것처럼,[99] 부분적으로 대체 모델에 대한 빈약하고, 매정한 설명에 기초하고 있다. 그럼에도 불구하고 심각한 난제들이 이 세 번째 모델에 여전히 남아있다. 좀 더 일반적인 난제는 위에 간략히 소개된 세 가지 모델이 어떤 의미에서 상호 보완적이라고 인정하는 것을 린드벡이 분명히 싫어한다는 것이다. 예를 들면, 그는 그 이유에서 '복합적인 지적 운동'에 호소하며, 교리에 인지적인 면과 경험적인 면이 둘 다 있을 수 있다고 주장하는 사람들을 비판한다.[100] 그것은 아마도 교리의 다양한 형태와 다양한 기능의 성격을 인정하기를 싫어하기 때문에 어쩔 수 없는 것이다. 이 다중의 특징은 교리의 성격에 대한 린드벡의 분석에 대하여 일부 비판적인 독자들을 주저하게 만들었다.

---

[98] Wittgenstein, *Philosophical Investigations*, 19. 우리는 예배와 경배와 기도의 양식으로 모양지어진 자세와 실천과 믿음과 기대의 한 덩어리를 염두에 둔다. 이 삶의 모양(Lebensform)의 역사에 대하여 참고하라. Federer, *Liturgie und Glaube*; Wainwright, *Doxology*, 218-50. 넓은 신학적 적용에 대해 참고하라. Wainwright, *Doxology*; Kavanagh, *On Liturgical Theology*; Taft, 'Liturgy as Theology'; Sauter, 'Das Gebet als Wurzel des Redens von Gott'.
[99] Gerrish, 'Nature of Doctrine', 87.
[100] Lindbeck, *Nature of Doctrine*, 17.

교리에 대한 린드벡의 설명에 있어 좀 더 진지한 일반적 비판은 그의 역사 사용과 관련된다. 린드벡은 역사를 사용하는 경향이 있지만, 드물다. 그리고 그 사용도 매우 선택적이며 목적도 단지 자신의 입장을 설명하기 위해서이다. 교리의 역사 가운데 선택된 사건들은 교리에 대한 린드벡의 '문화적-언어적' 접근을 설명하는 데 사용된다. 그러나 여기에서조차, 린드벡은 역사를 다소 피상적으로 다루며, 모든 것은 신뢰성에 의문이 있음을 보여준다. 예를 들면, 그는 아나시우스와 니케아 신조에게 호소하며, 교리가 언어 외적 실제에 근거하는 일차 전제들에 대한 논의가 아니라, 오히려 공동체의 언어를 조정하는 규범들이고, 이차 전제들이라는 자신의 주장을 펼친다.[101] 그러나 린드벡이 자신의 저작에서 사용한 본문과 인용들 모두 아타나시우스 자신의 작품보다는 아타나시우스에 대한 이차 문헌에 기초하여 결론을 내고 있음을 보여준다.[102] 사실, 린드벡은 여기에서 특별히 버나드 로너건의 저작에 의존하고 있다. 비록 그가 로너건 스스로 도출하지 않은 것 같은 결론을 주장하고 있을지라도 그렇다.

그러나 여기에서 합리적인 질문이 생긴다. 역사가 이런 방식으로 사용될 수 있는가? 린드벡은 역사를 그 자체로 필연적이지 않고 심지어 이치에 맞지도 않는, 한 교리 이론을 해설하기 위한 자료집으로 다룬다. 린드벡이 원하는 대로 사용하기 위한 역사적 증거로 다룬다. 교리의 역사에서 부정되고, 매우 선택적이고, 탈맥락화된 이야기들이 교리의 전체적인 역사적 현상과 관련된 어떤 진지한 시도조차 없이 우리에게 제시된다. 아마 린드벡의 작업이 간략하다는 점을 볼 때에, 이것은 불가피하다. 교리의 역사를 다루는 이 방식은 그의 특정한 목적을 위해 오히려 적절하고 적합하다고 볼 수 있다. 그럼에도 불구하고 역사를 교리에 대한 한 이론을 세우는 데 사용했다기보다는, 자신

---

101) 같은 책, 19.
102) 나은 여기에서 Williams, 'Lindbeck's Regulative Christology'를 따른다.

의 입장을 지지하기 위해 부당하게 이용했다는 의혹 제기는 정당한 것이다. 어떤 교리 이론에게 필요한 전제(prelude)는 교리의 생성뿐만 아니라 교리들의 모든 역사적, 조직적 복합성 가운데 교리 공식화를 자극하고 지배하는 요소들을 정확히 이해하는 것이다. 교리에 대한 린드벡의 이론은 궁극적으로, 이미 사회 과학 내에서 적용되고 있는 '문화적-언어적' 통찰이 신학적 고찰로 나아가는 길을 찾아야 한다는 그의 인식에 기초하고 있다. 그때에 교리 현상은 실질적으로, 역사와 함께 원자론적인 방식으로 다루어지는 모델로 축소되어 버린다. 그리고 역사는 그 모델을 설명하기 위한 재료를 얻는 유용한 채굴장으로 취급된다.

이 거대한 역사의 후퇴는 교리를 비역사적 언어의 문법 정도로 축소시켜 버린다. 언어는 (멜기세덱과 같이) 기원이 없다. 그것은 그저 거기에 있다. 그것은 그저 역사에 위치하여 발생한다. 그것은 주어졌다. 그러나 역사가는 그 근거의 기원과 역사적 요점에 대하여 조사하려고 할 것이다. 현재 종의 복잡성 뒤에 있는 진화의 공통적 과정을 알아내려는 생물학자와 마찬가지로, 역사가는 기독교 언어가 매우 확실한 역사적 조건 아래 존재하게 되었다고 주장할 것이다. 그리고 이어지는 언어의 발전은 역사적 요소들로 설명될 수 있다고 주장할 것이다. 현재의 형태는 역사적 기초에 근거하여 설명되어야 한다. (그리고 비판되어야 한다)[103] 이 전제의 기초 위에서 역사가는 교리 발전의 연구가 역사적 현상으로써 교리의 성격에 대한 이론의 기초가 되어야 한다고 주장할 것이다.

이와 관련된 비판은 '교리'라는 용어의 근거에 대한 것이다. 기독교 교회의 역사 내에서 '교리'로 묘사되어 온 것이 어떻게 린드벡이 그의 문화적, 언어적 모델의 기초에서 '교리'로 정의한 것과 관계되는가? 그것들은 같은 실체를 가

---

103) 나는 이 단계에서 내가 역사가 현대 교리적 주장들을 판단할 수 있는 유일한 범주라고 주장하지 않음을 분명히 한다.

리키는가? 나는 린드벡의 '교리' 설명과 내가 다음 장에서 더 상세하게 해설할 교리의 역사적 현상 사이에 기껏해야 부분적인 접점이 있다고 말할 수 있다. 린드벡이 '교리'를 묘사하기 위해 선택한 것은 (분명한 접촉점들이 있음에도 불구하고) 역사적 현상으로써 완전하게 의미를 담은 교리의 설명 가운데 내포된 사회적, 인지적, 존재적 요소들의 복합체와 일치하지 않는다. 더 간략하게 말하면, 린드벡의 교리 개념은 강력한 환원주의이다. 이를 통해 그는 의문시된 현상과 완전하게 소통하는 것을 희생시켜 이론적 분석을 용이하게 했다.

그러므로 나는 감히 교리의 본성에 대하여 어느 정도 미묘한 의미를 담는 설명을 발전시키려고 한다. 이 설명은 하나의 역사적 현상으로서 교리적 복합성이 좀 더 충분하게 인정되도록 허용한다. 린드벡의 분석을 인정하는 반향들이 그 과정에서 발견될지 모르나, 린드벡의 제안이 수정되어야 한다는 나의 매우 마지못해 끌려온 확신은 명백해질 것이다. 교리에 대한 인지적 경험적 접근들은 아마도 린드벡이 주장하는 것보다 더 권장되어야 한다. 부분적으로 그 접근들이 린드벡이 주장하는 것과는 매우 다르기 때문이다.

The Genesis of Doctrine

3장

교리의 본성:
네 개의 논제

The Nature of Doctrine:
Four Theses

나사렛 예수의 역사는 기독교 교리 사건을 생성하고, 촉진한 것으로 여겨진다. 이 근본적인 이야기는 한 공동체와 관계를 맺고, 그 역사에 대한 직접적인 반응으로 발생하였다. 그 역사는 사회적 개체로서 공동체의 존재와 하나님과 사람의 본성, 그리고 나사렛 예수의 인지된 중요성과 관련된 운명에 대한 공동체의 독특한 이해, 둘 다를 확인하고 정당화하려 했다. 순전히 역사적인 수준에서 나사렛 예수는, 아마도 자유주의(Liberal Protestantism : 자유주의라는 용어가 신학에서 사용될 때에는 정치적 진보나 정치적 자유주의와 다른 것이다. 18세기 후반 이래 계몽주의의 영향을 받은 신학적 흐름으로 성경의 권위에 대한 의심을 가지고 기존의 정통 신학의 신론에 의문을 제기한다. 자유주의가 교리에 대하여 부정적 견해를 갖는 것은 당연한 것이었다.-역자주)에 의해 주장된 것과 유사한 방식으로[1], 신앙 공동체와 그 공동체

---

1) 예를 들면, McGrath, *Making of Modern German Christology*, 55-8. 그럼에도 불구하고, 예수와 기독교 교리의 사이의 이 가장 온건한 역사적 연결 조차도 취약하다. 논쟁이 되는 요점은 J. L. Austin의 논문 'The Meaning of a Word'에서 '파시즘'(Facism)이란 용어에 대한 몇 가지 언급으로 설명되고 발전될 수 있다. '파시즘' 이란 용어는 보통 무솔리니(Mussolini)의 정치적 사상과 계획들에서 받은 영감에서 역사적으로 파생된 정책의 형태들을 의미하는 것으로 이해된다. (매우 비슷한 방식으로 자유주의(Liberal Protestantism)은 분명하게 기독교와 나사렛 예수의 관계를 인식한다.) 그러나 현재 사용되는 무솔리니

의 근본적 이야기, 둘 다의 원천으로 간주될 수 있다. 그럼에도 불구하고, 그 근본적 이야기의 기초에서, 공동체에 의해 생성된 교리 체계는 그 기원에 대한 순전한 역사적 설명을 초월하고, 실존적 그리고 존재론적 영역 모두로 확장된다고 주장한다.

이제 교리의 본성에 대해 다루면서, 가장 최근의 신학 내에 있는 특유한 경향을 언급할 필요가 있다. 더 좋은 어휘가 없어, 그 경향을 환원주의(reductionism)라 이름하려고 한다. 환원주의에 따르면, 현상들은 복잡성과 모호함의 모든 암시들이 제거된, 단순한 기본적 요소들로 축소될 수 있어야 한다. 이 요소들은 단순하고 한 가지 의미를 갖는 개념적 구조를 얻기 위해 기꺼이 해체되어야 한다. 환원주의가 최근에 교리 개념이 상당히 제한된 역할을 갖는다고 분석하고 있다는 점에서, 현상들에 대한 이런 입장은 환원주의를 이미 받아들이고 그 입장에서 평가한다는 것을 의미한다. 앞선 장에서 언급한 것과 마찬가지로, 어떤 신학적 비평주의가 그들에 반대한다는 것은 공정하지 않다. 그들은 자주 기독교 사상의 역사에 부주의하다. 가끔 어떨 때는 거의 전체적으로 요점에서 이탈하고, 역사적 현상으로써 교리의 역사적 발전을 충분하고 함축적으로 설명하는 데 실패하며, 그리고 기독교 교회의 역사 가운데 교리 공식화들에 할당된 특별한 역할을 설명하는 데 실패한다. 교리 현상 자체에 대한 역사적 분석은 (어떤 특정 교리가 아니라) 기독교 교리가 근본적으로, 많은 요소들을 함께 더 큰 전체로 이끌어가는 통합적 개념임을 주장한다. 그러므로 이 주제에 대한 환원주의자들의 접근은, 다시 생각해보면, 교리를 (혹은 더 정확하게 표현하자면, 간략화되고 이상화된 개념의 재구성을) 외부인들이 이해

에 앞선 어떤 정치적 사상들은 (예를 들면, Charles Maurras와 l'action française) '파시스트'(Facist)라는 용어로 불리는 것이 합당할 것이다. 비록 역사적 인과관계의 패턴이 없지만, 그들이 무솔리니 운동의 패러다임에 생각을 같이하고 있기 때문이다. '파시스트'라는 용어가 그래서 간단하게 '역사적으로 무솔리니에게서 파생한 것'을 의미할 수 없는 것처럼, '그리스도인'(Christian)이란 용어도 역사적으로 예수에 앞선 사람들 혹은 사상들에 관계할 수 있다. 그래서 기독교 교리는 나사렛 예수의 역사에 의해 촉발되고, 조정된 신앙 공동체 내의 고찰의 결과라는 우리의 주장에 의해 야기되는 난제는 피해질 수 있다.

할 수 있도록 제시하는 시도 중에, 기독교인들의 자기 이해에 본질적인 것을 너무 많이 포기하였다고 판단되어야 한다.

기독교 신학의 역사는, 특별히 유창하게 말하지 않더라도, 교리의 통합적 성격을 유지함에 있어 실패한 결과를 보여주는 적절한 증거이다. 예를 들면, 18, 19세기 사이 루터파 정통주의와 경건주의 사이의 논쟁은 교리의 인지적 요소들과 경험적 요소들을 분리한 결과들을 보여준다. 경건주의는 정통주의가 아마도 진리일 수 있다는 것을 인정할 준비가 되어 있으나 정통주의가 일상적인 삶에서 타당성은 어느 정도 부족한 것처럼 보인다고 주장했다.[2] 정통주의는 개인의 경험적 현실에 거하지 않았고, 개인들은 그래서 정통주의를 현실성 없는 것으로 인식한다. 교리와 예배를 연결시키는데 실패한 더 현대적 시도는 교리를 교리가 관계하는 공동체의 공적 세상과 분리시키려는 위협을 한다.[3] 앞선 장에 언급한 것처럼, 최근에도 여전히 교리를 단순하게 신학적 언어의 조정자로 취급하면서, 그 외적 근거들을 배제하는 경향이 있다. 이는 기독교가 (파편화된 그리고 제한된 방식으로), 순전히 (아마 임의적인) 내적 체계의 일치성에 이르는 것과 관계되지 않고, 현실의 순간을 이해하고 보존하는 것과 관계된다고 믿는 일부 사람들에게 분명한 망설임들을 일으킨다.

교리 공식화가 기독교 교회의 역사 가운데 기능한 기독교 교리의 발전와 방식의 분석은 교리의 미묘한 성격을 드러낸다. 그러한 역사적 연구는, 지나치게 교리를 단순화하여, 역사적 현상으로써 교리의 다면적인 성격을 설명하는 데 실패했던 이론들에 의해, 방해받았다. 그렇게 너무 단순화된 이론들은 이상주의적 경향을, 역사로부터 해방의 경향을 보여주며 기독교 교회의 역사 과정 중에 있는 교리 공식화들에 할당되고, 관계된 기능들의 특별한 역사적 조직적 복잡성과 상호작용하지 못했다. 한편으로 하나의 역사적 현상으로써

---

2) 비교. Rotermund, *Orthodoxie und Pietismus*.
3) 참고. Wainwright, *Doxology*. 또한 각주 19번의 출처 참고.

만나는 '교리'와 다른 한편으로 (린드벡의 교리와 같이) 역사적 사회적으로 추상화된 이론들에 의해 정의된 '교리' 사이에는 기껏해야 일반적인 현상학적 이형동질의 파편적 정도만 있을 뿐이다. 나의 주장은, 그런 환원주의적 이론들이 역사적 사회적 현상을 다루기보다는, 이상적이며 역사적으로 추상화된 개념들을 다루는 내재적 경향을 보여준다는 것이다.

나는 교리가 무엇이어야 하는가의 질문에 대해, 어떤 방식으로든 예단하지 않고, 역사적 사실의 문제로 다음과 같이 제안하고 싶다. 교리는 다음과 같은 네 가지 주요 측면들을 가지고 있다고 이해되어 왔다.

1. 교리는 사회적 경계자로 기능한다.
2. 교리는 기독교 이야기에 의해 형성된다. 그리고 이어 기독교 이야기를 해석한다.
3. 교리는 경험을 해석한다.
4. 교리는 진리를 주장한다.

이어지는 내용은, 네 개의 논지들과 그것들이 상호작용하는 복잡한 방식을 살펴볼 것이다. 이 논지들은 상호작용이 없는 독립적인 독립체로써 고립될 수 없다. 오히려 상호작용하는 더 큰 전체의 구성요소들로써 보여져야 한다. 나는 내가 교리의 이론을 보여주는 것에 관심이 없음을 강조해야겠다. 나는 오히려 역사적 현상으로써 교리의 본질적 요소의 서술적 설명에 관심이 있다. 교리의 이론은 그 역사적 현상을 수용할 수 있어야 한다. 순전한 이상적 개념으로써 교리의 추상적 설명은 이론적 이상주의(theoretical idealism)의 비판에 취약하다. 앞으로 논의될 공식화의 경우, 특별한 난제는 그것이 절대적으로 한 역사적 사건에 (나사렛 예수의 역사에) 달려있다는 것이다. 교리의 이론은 교리 공식화들과 관련된 역사적 현상을 설명할 수 있어야 한다. 역사적 분석은 교리에 대한 미래 이론의 역사적 출발점이자 과거 이론들의 내재적 비판으로 인정될 수 있는 네 가지 논지들을 가능하게 한다.

사회적 경계로써 교리

종교적 집단은 다른 종교 집단과 일반적 세상과의, 관계에서 자신을 정의할 분명한 필요가 있다. (특정 교리들이 아니라) '교리'의 일반 현상은 사회적 정의를 위한 인지된 필요와 관계된다. 특히 다른 요소들이 한 집단을 적절하게 정의하지 못하는 경우에 그렇다. 자신의 존재를 정당화해줄 이념이 요구된다. 그리하여 기독교 교리의 사회적 기능의 질문을 다룬, 아마도 가장 중요한 최근 저자인, 니클라스 루만(Niklas Luhmann)은 교리가 종교적 정체성에 대한 위협의 반응으로 생겨난다고 강조한다. 이 정체성은 사회적으로 (다른 종교 시스템들과 만남을 통해) 야기될 수 있고, 시간적으로 (자신의 역사적 기원과 계시의 근거에서 연대기적 거리가 커져감에 따라) 생겨난다.[4] 루만에 따르면, 교리는 종교적 공동체의 자기 고찰이다. 이 고찰을 통해 종교적 하부 조직은 자신의 정체성을 유지하고, 다른 종교적 하부 조직과 일반적인 모든 사회 체계와 자신의 관계를 조정한다.[5] 교리의 사회적 기능은 특별히 한 종교집단이 자신이 속한 것으로 여겨지던 옛 집단에서 분리되어 발생한 경우에 확실하다. (예를 들면, 유대교의 기반으로부터 기독교가 출현한 경우,[6] 혹은 중세 카톨릭 교회에서 종교개혁 교회가 발생한 경우이

---

4) Luhmann, *Funktion der Religion*, 59–61.
5) 비교. Pannenberg, 'Religion in der säkularen Gesellschaft'; Luhmann의 관점에 대한 비판적 분석에 대하여 Green, 'Sociology of Dogmatics'. Lindbeck, *Nature of Doctrine*, 74에 Luhmann의 분석과 일치하는 요소들이 있다. 이는 특별히 집단적 정체성을 보존하는 데 있어 운영적(operaional) (혹은 '작동하는'(operative)) 교리의 필요에 대한 주장에서 찾아볼 수 있다.
6) 참고. Watson, *Paul, Judaism and the Gentiles*, 19–22. Dahl, 'Eschatologie und Geschichte'에서 묘사된 성경 본문, 조직 구성, 역사적 경험의 상호작용이 표현되었다.

다) 기독교 교회의 유대적 기반으로부터 분리의 신학적 정당화에 대한 필요가 인식되었다. 그리고 이어 교부 시대에는 헬레니즘에서 자신의 구별의 정당화에 대한 필요가 인식되었다. 그러므로 교리는 공동체에게 분명한 정체성을 부여하는 요소들의 확실한 필요와 연결되며, 자신의 존재의 지속성을 위한 사상적 정당화를 제공한다.

그러므로 교리는 담론의 공동체들을 정의한다. 그것은 단지 개념적 체계의 구조가 아니다. 그리고 그 공동체들의 담론의 특정한 방식들이 아니다. 교리는 공동체를 다른 사회 집단들과 구분하는 사회적 개체로서 인정한다. 그것은 사회적 정체성의 한 의미를 만들어 내는 도구로서 기여한다. 그리고 비슷한 주장들을 가진 경쟁 공동체들에 직면하여, 공동체의 관점을 형성하고, 자신의 기원과 지속적인 존재를 정당화한다. 교리는 그런 공동체에 들어가기 위한 제한와 조건, 둘 다를 정의함으로 도움을 준다. 효과적인 사회적 결합은 경계를 확정하고, 공동체 정체성의 의미를 요구한다.[7] 교리는 그런 사회적 경계 중 하나로서, 공동체의 정체성의 의미를 향상시키는데 기여하고, 다른 공동체들로부터 자신을 구별하는데 용이하도록 한다. 기독교 공동체들과 연관된 사회적 경계의 (성례와 같은)[8] 다른 도구들은 분명한 교리적 요소를 갖는다.

초기 기독교 공동체들은 정확하고 정교한 교리 공식화을 자신의 자기 정의에 필수적인 것으로 여기지 않았던 것 같다. '그들의 교리적 특수성은, 집단군으로서 그들의 사회학적 특수성에 의해 문자적으로 세상에서 분리되어 제

---

7) 바울 공동체에서 사회적 결합을 위한 전도적 요소들에 대한 논의에 대하여, 참고. Meeks, *First Urban Christians*, 84-103. 좀 더 일반적인 것에 대하여, 참고하라. Olsen, *Process of Social Organization*. 종교 공동체들의 '일차적인'(primary) 교리들과 '지배적인'(governing) 교리들 사이의 Christian의 구분은 (Christian, *Doctrine of Religious Communities*) 교리의 사회적 공공적 측면들과 기능을 개선하는 수단으로서 몇 가지 약속을 보여준다.
8) 세례와 성만찬의 사회적 기능에 대한 논의에 대하여, 참고하라. Meeks, *First Urban Christians*, 160-62.

한적이지만 강화되고, 지속되고, 어쩌면 퇴색하였다.'[9] 그러므로 요한 공동체(the Johannine community)는 자신의 환경을 세상에서 구분된 집단으로 간주했다. 이 집단은 사복음서 내에 전승된 예수에 대한 설명에 의해 해설되고, 정당화된 것과 같다.[10] 매우 초기의 기독교 공동체는 나사렛 예수와 관련된 그들의 믿음의 설명에 대해, 분명히 비트겐슈타인적 '가족적 유사함'을 함유하고 있음에도, 교리 공식화를 요구하지 않았다. 그 구분은 이미 그들을 가시적이며 손쉽게 인식 가능한 사회적 집단으로 고립시킨 세상에 의해 그들에게 강제되었다.[11] 그리스도인이 되는 것은 (최소한 잠재적으로) 사회적 지위의 변화에 책임을 지는 것이었다.

하지만 이 상황은 기독교가 점차 확산되었을 때 서서히 변화되었다. 에세네파(the Essenes, 유대교의 한 종파로 종말의 기대와 신앙을 가지고 금욕적으로 살았던 특징을 가지고 있고, 쿰란 공동체와 관련이 있는 것으로 여겨진다.-역자주)와 달리 초기 기독교인들은 광야로 물러날 필요를 느끼지 않았다. 그들은 분명하게 남은 사람들과 함께 섞여 도시(polis)와 광장(agora)의 세상 안에 머물렀다. 터툴리안은 자신의 이방 청중들에게 다음과 같이 썼다. "우리 그리스도인들은 당신들과 함께 살고, 같은 음식을 즐기며, 생활과 의복에서 같은 방식을 소유하고, … 당신과 마찬가지로 생명을 위해 같은 필요가 있습니다."[12]

그리스도인들은, 이방 사회 내에서 유대인들을 알아볼 수 있도록 기여한 (음식법, 유월절 준수, 할례와 같은) 유대주의 예배의식들의 사용을 거절했다. 다른 한편, 기독교가 유대주의와 완전히 구분되어 선언되어야 한다는 마르키온의 제안은 지지를 얻지 못했다. 기독교와 유대교의 관계에는 명백한 극성이 있다.

---

9) Markus, 'Problem of Self-Definition', 3.
10) 참고. Meeks, 'Johannine Sectarianism'.
11) 바울 공동체들(the Pauline communities)이 대체적으로 자신을 사회에서 구분하는 방식에 대하여, 참고하라. Meeks, *First Urban Christians*, 84-107.
12) Tertullian, *Apol.*, 42.

그 결과, 그리스도인의 자기 정의는 처음에는 기독교와 유대교의 관계를 명확하게 하는 쪽에 방향을 두었다. 이는 예수님의 정체성을 중심으로 하고, 이어 구약 율법의 역할을 중심으로 했다.[13] (부수적으로 나사렛 예수라는 인격의 중요성은 기독교와 유대교 사이가 갈라지는 분기점에서 기독교를 근본적으로 정당화하는 재료로써 자신의 기능을 밝히는 것을 돕는다.) 그러므로 바울의 이신칭의 교리가 이방의 그리스도인 공동체들을 유대교에서 구분하는 이론적 정당화를 보여준다는 주장은, 완전히 받아들일만하고, 그래서 분명한 교리의 사회적 기능을 확인해준다.[14] 물론, 여기에서 바울의 칭의 교리가 단지 사회적 부수현상일 뿐이라는 순진한 결론을 이끌어내지 않는다면 말이다. 관념적 내용에 대한 문제는 여전히 논의되어야 한다. 그리고 이 문제는 교리를 수용할 수 없는 환원적인 접근을 선제적 전제로 가진 사람들에 의해서만 일축될 수 있는 것이었다.

처음에 초기 기독교 공동체는 유대교와 관계에서 자신을 규정해야 할 필요를 느꼈다. 그러나 기독교가 점차 영향력을 키워갔을 때, 사회에 대하여 그리고 사회를 반대하여 자기 정의의 필요가 전반적으로 분명하게 되었다. 기독교의 확장으로 기독교는 급격하게 대부분 비유대인으로 구성된 공동체가 되었다. 그리고 로마 제국의 경계 내에 있는 후기 헬라 문화의 세계에서 자신을 규정하는 것이 요구되었다.[15] 유대교와 기독교의 관계에 대한 질문은 점차 중요하지 않은 것으로 여겨지게 되었다. 두 운동이 기독교의 자기 정의를 야기하는 데 있어 특별히 중요하다. 바로 영지주의(Gnosticism)와 플라톤주의(Platonism)다.

기독교와 '영지주의' 운동의 만남은 2세기에 정체성 위기를 촉발했으며, 이로 인해 '기독교 교회들'을 평가할 수 있고 증명할 수 있는 기준들의 형성 및

---

13) 참고, Watson, *Paul, Judaism and the Gentiles*, 49-87.
14) 같은 책, 178.
15) 이 점과 관련하여 유대교와 헬레니즘 사이의 신빙성이 없는 연대착오적 구분을 언급할 필요는 없다. (비교, Hengel, *Judaism and Hellenism*)

필요성이 발생하였다. 영지주의는 기독교 교회에 대한 강력한 도전을 제기하였고, 기독교 교회는 그 효과로 자신의 경계를 분명히 하도록 강요받았다.16) 이 과정에 있어 이레니우스(Irenaeus)의 공헌이 핵심적이지만, 자기-정의를 주장함에 있어 터툴리안(Tertullian)의 중요성과, 기독교 공동체들 내에서 자기-정체성의 유지도 간과되어서는 안된다.17) 신약 정경이나 신앙의 사도적 규범의 고수와 같은 척도들은 종교 공동체들이 기독교 교회가 되기 위해 시험할 수 있는 것으로 인정되었다.

경쟁적인 종교 운동에 직면하여 기독교가 자기-정체성을 형성하려는 이 경향 가운데, 교리 공식화는 2세기 말에 분명하게 매우 중요한 것으로 여겨지기 시작했다. 그럼에도 불구하고, 이것은 일차적으로 그리스도인 개인이 무엇을 믿었는지를 정의하려는 시도로 이해되지는 않은 것이다. 이 역사적 관찰이 있어야 한다. 오히려 이것은 기독교 교회가 되고자 하는 공동체의 자격을 입증하는 수단으로써 의도되었던 것으로 보인다. 유세비안적 의미(the Eusebian sense : 유세비안주의는 하나님 나라의 실현이 기독교화된 로마 제국에서 성취된다고 주장했다. 이와 유사한 사고는 국가의 기독교화를 추구했던 영국과 미국에서도 나타났다.-역자 주)에서 기독교 교회의 보편적이고 단일한 교훈에 대한 '정통주의'(orthodoxy)는 존재하지 않는다. 오히려, 우리는 '교리'가 여러 선택권과 관련하여 이해되는 것임을 발견한다. 교리는 전통들의 수용된 범위와 관계되며, 가장 중심이 되는 공동의 핵심적 송영(doxological core)에 의해 부과된 규제의 대상이 된다.18)

내가 1장에서 강조한 것처럼, 신약 자체는 제한적으로 지적 선택권들을 생성하고, 전승한다. 2세기의 외적인 교리 공식화를 향한 움직임은 다양성을

---

16) 이 주제에 대하여, 참고하라. MacRae, 'Why the Church rejected Gnosticism'; Ménard, 'Normative Self-Definition in Gnosticism'; Vallée, 'Irenaeus' Refutation of the Gnostics', 그리고 그 안의 참고 문헌.
17) Marcus, 'Problem of Self-Definition', 5-7.
18) 참고. Greenslade, 'Heresy and Schism', 5.

제거하는 것으로 인식되지 않았다. 오히려 동의된 중심의 핵심 제한들 내에서 질서를 잡는 것으로 여겨졌다. (순전히 관념적이라기보다는) 원래 송영적이었던 핵심들, 즉 예배, 경배, 기도의 방식으로 형성되었던 입장, 실천, 믿음, 기대들 안에서 질서를 잡는 것이었다.[19] 자신을 '그리스도인'으로 간주하기를 바라는 공동체들이 규범적이라고 붙잡는 것이 바로 이 중심핵(central core)이다.

2세기는 또한 기독교와 플라톤 전통의 관계가 명확하게 되기 시작했음을 증거했다. '2세기부터 학식있는 그리스도인들은 헬라 문화와 관계에서 지적 자기-정의의 임무를 수행하였다. 그 중에서 가장 중요한 부분은, 그들이 동시대 플라톤-피타고라스적(Platonic-Pythagorean) 전통 중에 무엇을 받아들일 수 있고, 무엇을 거절해야 하는지에 대한 결정이었다.'[20]

메이예링(Meijering)의 설명에 따르면, 일반적으로 헬라 철학에 별로 의존하지는 않는다고 여겨지는 (아타나시우스와 같은 사람) 기독교 사상가들조차도 실제로 상당수의 후기 플라톤적 사고를 자신의 견해에 통합시켜 사용한다.[21]

앞서 언급한 것처럼, 교리 공식화가 특별히 중요하게 되었다는 것이 바로 이 점이다. 만약 기독교 작가들이 자신을 플라톤주의(the Academy)로부터 구분해야 했다면, 그들은 자신의 구분된 사상들을 표현해야 했다. 예를 들면, 로고스(logos, 말씀, λόγος)란 용어의 기독교적 사용은 그 단어의 플라톤적 사용과 구분되어야 했다. 기독교와 후기 플라톤주의의 대화는 두 집단 내에서 자기-정의에 무척이나 힘을 북돋아 주었다.

콘스탄티누스(Constantine)의 회심과 함께, 기독교는 로마 제국 내에서 새로

---

[19] 5세기까지 이 원리의 역사에 대하여 참고하라. Federer, *Liturgie und Glaube*; Wainwright, *Doxology*, 218-50. 이 원리의 좀더 넓은 신학적 적용에 대하여, 참고하라. Wainwright, *Doxology*, 이 책의 도처에서 찾을 수 있다; Kavanagh, *On Liturgical Theology*; Taft, 'Liturgy as Theology'; Sauter, 'Das Gebet als Wurzel des Reden von Gott'. 이 원리의 요지는 자주 라틴어 용어 *lex orandi, lex credendi*로 요약된다. (혹은 좀더 정확하게, *legem credendi lex statuat supplicandi*.)

[20] Amstrong, 'Christianity in Relation to Later Platonism', 79. 후기 플라톤주의 자체가 직면했던 어려움들에 대하여, 참고하라. Dillon, 'Self-Definition in Later Platonism'.

[21] Meijering, *Orthodoxy and Platonism in Athanasius*.

운 위상을 갖게 되었고, 교리 공식화는 점차 정치적 중요성을 갖게 되었다. 도나투스파(Donatist)의 분열(313-16)은 콘스탄티누스에게 경쟁하는 두 사회적 집단 중 어떤 것을 진짜 교회라고 정당화 할 수 있는지 결정하게 만든 반면, 아리우스 논쟁(the Arian controversy)은 그로 하여금 두 경쟁 교리들 가운데 어떤 것이 공교회(the catholic church)의 가르침인지를 결정하도록 했다.[22] 아리우스 논쟁 위기의 제국적 해결을 통해 '교리'는 급격하게 법적으로 허가된 이념적 요소가 되었다. 아마 정확하게 표현된 '도그마'의 개념이 이것일 것이다. 교리의 초기 이해 가운데 (즉, 사상의 핵심에서 그리고 교훈과 설교와 신학적 해설에서 사용된 근거들에 대한 동의 가운데) 존재하는 상대적 복수성은 그 시기 기독교 교회의 통합되지 않은 사회적 구조를 반영했다. 콘스탄티누스 시대 동안 이루어진 중앙집권화와 함께, 교회의 사상은 하나의 기관적 단위가 되었고, 교리적 단일성은 새로 세워진 사회적 기능과 지위를 보존하기 위해 요구되었다.

'기독교'(Christendom)에 대한 후기 콘스탄티누스 개념(the post-Constantinian concept)의 발전과 함께 교리는 사회적 경계자로서 자신의 기능을 잃었다. 중세 시대 교회와 사회의 구분은 그리기 어렵다. 그리고 어떤 것이 이 구분을 가능하게 하는 것인가에 대해서조차 논쟁거리이다. '교회'와 '사회'의 일치를 주장했던 중세 전성기의 사상은 교리 문제에 대한 관심이 잠재적으로 분리주의적이며, 이단들이나 수도사들의 특징이라는 주장을 만들어냈다. 이 두 부류들은 사실상 세상에서 떠났던 사람들이다. 중세 여러 운동들은 [후스파(the Hussites)와 왈도파(Waldensians)와 정결파(Cathars)와 같은 운동들은] 이제 점차 종교적 운동만큼이나 정치적인 운동으로 인식되고 있다. 이 운동은 자주 잘 정의된 정치적 목적, 사회적 기관들, 권력 구조들을 가졌고, 단지 그들의 종교적 이상들로만 축소될 수 없었다.[23] 예를 들면, 그래서 후스파 운동은 보헤미

---

22) 참고. Williams, *Arius*, 48-81.
23) 물론 초기 이단 운동과 분리주의 운동들에게도 동일한 사실이다. 참고. Frend, 'Heresy and Schism',

아 민족주의와 분리하여 생각될 수 없다. 그리고 그 지역의 특수한 사회-정치적 상황과 분리하여 생각할 수 없다. 이 상황들은 적지 않은 방식으로, 이 운동들의 지역적 매력 획득에 기여했고, 이는 당시 상황들이 정치적 안정성에 위협을 가하는 것으로 인식하도록 했다. 그래서 중세 여러 운동들에게 교리 문제는 자기-정의에 필수적이었다. 심지어 그들이 다른 관심사들에 연결되거나, 혹은 심지어 그런 관심사들에 의해 주도되었을지라도 그렇다.

사회적, 경제적, 정치적 요소들이 중세 이단들의 생성뿐 아니라, 최종적인 성공이나 실패를 설명할 수 있다고 주장하는 것은 가능한 일이다. 그렇지만, 이 운동들이 교리의 범주를 그들의 자기 정의를 위해 사용하기로 선택하였고, 그래서 교회로부터 교리의 대답을 야기시켰다는 사실은 여전히 남아있다. 그래서 미리 이 사상이 사회적-정치적 진공 상태에서 존재했고, 스스로 이 운동에 대해 완전한 설명을 줄 수 있을 것 같은 인상을 주지만, 후스파 운동은 그 교리적 사상에 대한 비판을 받았다. 비슷한 상황들이 1520년 교황의 루터 정죄와 관련해서 관찰될 수 있다. 그러나 중세 교회의 정치 권력들의 정략들은 중세 이단들이 사회적이며 정치적인 운동으로 중세 사회에 도전을 가했다는 사실을 결코 희미하게 만들 수 없다. 이는 중세 이단 운동들이 저 멀리 이상의 영역에서 초월하여 있다는 주장에 이의를 제기한다. 교리는 그 시대 사회적 안정성 부분에서 중세 이단들을 사회적, 경제적, 정치적 위협으로써 중립화하기 전에, 그들을 사회적 개체로서 인식하도록 유용한 도움을 주었다. (교회와 사회, 둘 다는 기존의 관심을 유지했다.)

물론 이것이 중세 교회가 교리에 아무 관심도 없었다거나, 그 시기에 완전히 교리적 발전이 없었다는 것을 말하지 않는다. 그러나 그 시기에 교리는 사

Leff, *Heresy in the Later Middle Ages*, 이 책은 이단을 중요한 사회적 측면을 간과하고 순전히 종교적 현상으로 다루는 경향으로 인해 엉망이 되었다. 중세 이단의 현상에 대한 학문적 연구에 대한 자세한 설명은 다음의 책을 참고할 수 있다. Berkhout and Russel, *Medieval Heresies*.

회적 경계자의 기준으로써 기능하는 것으로 인식되지 않았고, 이단과 싸우는 특별한 영역을 지킨다는 사실에 집중하게 한다. 이단에 의해 제기된 위협은 종교적인 것만큼이나, 또한 사회적이며 정치적이었다. 출교의 처벌은 교리의 사회적 기능을 강조하는데 기여하였다. 중세 교회의 주요 교리에 동의할 수 없다는 것은 교회로부터 추방을 야기할 수 있다. 그리고 이는 실제로 교회를 둘러싼 사회적 질서로부터 추방을 야기한다. '기독교'(Christendom)는 충분히 안정적이고, 잘 정의된 한 개체였고, 교리적 자기-정의의 필요성은 별로 중요하지 않게 되었다. 그것이 정확하게 의미하는 것은 물론 교리에 대한 관심의 부족이다. 이 현상은 종교개혁의 시작에 기초가 되었다.[24] 교리적 혼돈과 희미함이 점차 널리 확산되고, 교회가 어떤 주제에 대해 무엇을 가르치는지에 대한 불확실성은 16세기의 첫 20년 동안, 루터와 츠빙글리와 같은 개인들의 사상의 혁신성을 인식하지 못하게 이끌었고, 그 사상들이 이단적인가는 고사하고, 결과적으로 이 사상가들에 대한 로마 가톨릭교회의 대응의 강도도 무디게 만들었다.

그러나 종교개혁의 도래와 함께, 상황은 의미있는 변화를 경험하게 되었다. 당시 새롭게 생겨난 비텐베르크의 개신교파는 마틴 루터(Martin Luther)와 관계되었고, 자신을 분명하게 교리적 기준과 관계에서 정의하려고 했다. 바로 그 범주는 오직 믿음으로 말미암은 칭의 교리이다.[25] 루터파(the Lutheran faction)는, 곧 루터파 교회(the Lutheran church)가 되는데, 교황에 반대하는 자신의 입장을 가지게 되고, 이는 이 교리의 기초에서 이루어진다.[26] 칭의 교리가

---

24) 참고. McGrath, *Intellectual Origins of the European Reformation*, 9–31.
25) 이 주제에 대하여 참고하라. Wolf, 'Die Rechtfertigungslehre als Mitte und Grenze reformatorischer Thologie'; McGrath, *Luther's Theology of the Cross*, 7–26; 95–175; 같은 저자, *Iustitia Dei*, 2.3–32 와 그 안에 참고 문헌.
26) 궁지에 몰린 루터파 공동체에게 이 교리가 갖는 중요성에 대하여 슈말칼덴 조항들(the Schmalkaldic Articles, 1537)의 주장들을 주목하라. 'et in hoc articulo sita sunt et consistunt omnia, quae contra papam, diabolum et mundum in vita nostra docemus, testamur et agimus'. *Bekenntnisschriften der evangelisch-Lutherischen Kirche* (Göttingen, 2nd edn, 1952), 416.23–4.

'교회의 서고 무너짐의 조항'(articulus stantis et cadentis ecclesiae)[27]이라는 주장은 이 교리가 루터파 교회의 자기-정의에 있어 얼마나 중요한지를 확인시켜준다. 그것은 참된 교회의 정체성과 관련된 루터의 교회론적 기준에서 분명해진다.

루터파 교회가 중세 교회의 진지하고 잠재적으로 신뢰할 만한 대체제로 세워졌을 때, 교리 공식화를 통한 자기-정의는 다시 한번 로마 가톨릭교회를 향해 핵심적 중요성을 갖게 되었다. 트리엔트 공의회(the Council of Trent)의 중요성은 교리적 수준에서 (이단을 정의하기보다는) 자신을 정의하려는 가톨릭교회의 필요성의 인식에 있다. 중세 초기 교회회의는 그저 이단적 견해들을 정죄하는 경향이 있었다. 그래서 이단의 마음을 품은 사람들을 (혹은 마음을 품도록 동의할 준비가 되어있는 사람들을) 교회의 경계 바깥에 두도록 결정하는 관점들을 정의하였다. 달리 말하면, 그들은 교회의 경계 바깥에 있는 사람들을 정의했다. 이는 그 정의를 인정하지 않는 다른 모든 사람은 자신의 경계 안에 있다는 것을 가정했다. 트리엔트 공의회는 칭의 교리를 논하면서 루터파 사상들을 비난하는 것 이상으로 해야 할 것이 있음을 느꼈다. 그것은 가톨릭 사상들을 명확하게 정의하는 전례없는 것이었다.[28] 광범위한 일련의 파문들 가운데, 트리엔트 공의회는 누가 교회의 경계 밖에 있는지를 정의하였다. 그러나 이것은 또한 가톨릭 교리의 상당한 포괄적 진술들을 제공했다.[29] 그래서 교회의 지적 경계들의 (그리고 이런 이유로 사회적 경계들의) 확실한 정의를 제공했다.

이 발전은 16세기 유럽 상황에서 가톨릭을 개신교로부터 구분해야 할 필요가 증가함을 반영했다. 특히 독일과 같은 분쟁 지역들에서 그렇다. 가톨릭교회는 어쩔 수 없이 자기-정체성의 범주를 제공해야 했고, 그 경계들이 개신교의 위협에 직면해서 정의되도록 했다. 그러므로 종교개혁은 사회적 경계

---

[27] 이 용어의 역사에 대해 참고하라. McGrath, *Iustitia Dei*, 2.193 n.3. 이 용어의 신학적 중요성에 대하여 참고하라. McGrath, 'The Article by which the Church stands or falls'.
[28] 이 발전의 중요성에 대하여 참고하라. McGrath, *Iustitia Dei*, 2.80-1.
[29] 이것은 특별히 *decretum & de iustificatione*의 경우에 분명하다. McGrath, *Iustitia Dei*, 2.63-86.

의 범주로써 교리의 재사용을 촉발한 것으로 간주될 수 있다. 그 기능은 중세 기간 동안에는 결정적으로 중요한 것이 아니었다.

하지만 16세기의 다른 곳에서는 교리를 통한 자기-정의의 필요가 결정적인 의미를 갖는 것으로 인식되지 않았다.

매우 적절한 예가 잉글랜드 종교개혁이다. 잉글랜드에서 개혁파 잉글랜드 교회는 자신을 그 땅에서 다른 교회들과 관계하여 정의해야 할 어떤 압력도 받지 않았다. 파윅(Powicke)이 일반화한 설명은 역사적으로 분명 취약한 점이 있음에도 불구하고, 중요한 통찰을 담고 있다. '잉글랜드의 종교개혁에 대하여 말할 수 있는 한 가지는 그것이 국가의 행위였다는 점이다. … 잉글랜드의 종교개혁은 의회의 업무였다.'[30]

잉글랜드 종교개혁이 처음 진행된 방식은 어떤 교리적 자기-정의를 요구하지 않았다. 잉글랜드 교회는, 종교개혁 이전과 마찬가지로 그 이후에도, 어떤 정치적 변화가 있든 상관없이, 정확하게 같은 요소들에 의해 사회적으로 정의되었다. 이는 종교개혁 당시에 신학적 논쟁이 잉글랜드에서 발생하지 않았다는 것을 말하는 것이 아니다.[31] 주목해야 할 것은 신학적 논쟁들은 헨리의 잉글랜드 교회의 자기-정의와 관계에 있어 결정적인 중요성을 가진 것으로 인식되지 않았다. 그것들은 정체성-부여로 간주되지 않았다. 독일의 루터파 교회는 자신의 사회적 존재와 경계를 분명한 교리적 기준을 통해 정확하게 정의하고 방어해야 했다. 루터파 교회가 중세 가톨릭교회에서 떨어져 나왔기 때문이다. 그러나 헨리의 잉글랜드 교회는 기관적 수준에서 그리고 사회적 수준에서 중세 교회와 연결되어 있고, 연속적이었다. 그러면서도 특정한 교리적 기준에 의존할 필요 없이 적절한 자기-정의는 보장되었다. 잉글랜드 교회는 충분히 사회적 개체로서 잘 정의되었다. 교리적 수준에서 추

---

30) Powicke, *Reformation in England*, 1; 34.
31) 예를 들면, 칭의 교리의 논쟁을 참고하라. McGrath, *Iustitia Dei*, 2.98-105.

가적인 정의를 요구하지 않았다.32)

16세기 동안 유럽의 특정한 지정학적 지역에서, 사회적 경계의 기준으로써도 교리의 재출현은 소위 '두 번째 종교개혁'33)(이 용어는 1550년 아우그스부르크 종교평화 이후 독일 내에서 개혁파가 발흥하는 시기를 가리키고 있다.-역자주)의 기간 동안 독일에서 발생한 사건들로 인해 분명해진다. 루터파와 개혁파 공동체들은 자신들이 1560년대와 1570년대에 긴장의 고조 시기로 진입하는 것을 발견하였다. 이는 그때까지 독점적으로 루터파 영역으로 간주되었던 곳에서, 개혁파 교회가 확장되었기 때문이다. '자신의 영토에서 자신의 종교로'(cuius regio eius religio)의 원칙은 아우그스부르크 종교평화(the Religious Peace of Augsburg, 1555 : 정치 지도자의 선택에 따라 그 지역의 종교를 정하는 것이 원리이다. 만약 그 결정을 따르지 않겠다면 자신의 삶의 자리를 떠나야 했다. 여기에서 인정되는 종교는 아우그스부르크 신앙고백[CA]을 인정하는 종교였다. 만약 1530년 CA를 인정한다면, 루터파 교회만이 공식으로 인정될 수 있다. 그러나 당시 그냥 통용되었던 1540년 아우그스부르크 신앙고백 변경판[CAvar]을 인정한다면, 개혁파도 공인된 종교로 인정될 수 있다. 개혁파는 이와 같이 여기고 주장했지만, 논란의 여지가 있었던 것이 사실이다.-역자주)로 인해 세워졌다. 이 원칙은 사실상 정치적 지형을 종교적 경계의 기준으로 기능하도록 하는 것이었다. 그러나 이 가능성은 (평화조약에 의해 예상되지 못했던) 개혁파의 발흥과 커져간 영향력으로 인해 사

---

32) 중요한 자료는 다음을 참고하라. Collinson, *Birthpangs of Protestant England*, 1-27. 시민전쟁 이전의 기간 동안 정치적이며 사회적으로 중요한 교회의 파당이 잉글랜드 안에서 일어나면서, 잉글랜드 교회는 자신을 일시적이지만, 교리적 요소들과 관계에서 정의해야 했다. 두 교회가 같은 나라 안에 공존하는 것은 잉글랜드 교회가 그때까지 맡겨진 사회적 기능을 방해했기 때문이다. 그래서 교리 문제에 대한 일시적 관심을 촉발했다. 이런 면에서, 시민전쟁은 사실상 유럽의 마지막 종교 전쟁으로 간주될 수 있다. 같은 책, 127-55. 왕정복고와 함께, 잉글랜드 교회는 자신의 전통적 사회적 기능과 교리 문제에 있어 자신과 연관된 (역사적인 조건 하에) 무관심을 재개할 수 있었다. 잉글랜드 교회가 어떤 독특한 교리들을 가지는가에 대한 논쟁은 지속되었다. 잉글랜드 교회가 독특한 교리를 가지고 있지 않다는 사람들은 Hodgson, 'Doctrine of the Church'; Neill, *Anglicanism*, 417; Wand, *Anglicanism*, 227. 잉글랜드 교회가 독특한 교리를 가지고 있다고 옹호하는 사람은 Sykes, 'Anglican Doctrine of the Church', 157-79.

33) 이에 대해, 다음의 권위 있는 글을 참고하라. Schilling, 'Die "Zweite Reformation" als Kategorie der Geschichtswissenschaft', 그리고 그 안의 참고문헌들.

라졌다. 그리고 다시 교리에 근거한 경계는 강화되었다. 16세기 후반의 '신앙고백화'(Confessionalization : 독일 신학의 일반적인 구분은 1550년까지를 종교개혁시대, 그 이후 1648년까지를 신앙고백시대라고 부른다. 종교개혁시대는 종교개혁의 시작과 설립을 다루고, 신앙고백시대는 확립된 세 개의 교회들[루터파, 개혁파, 로마카톨릭]이 경쟁하며, 자신의 신학적 입장을 확고히 하는 시대로 이해한다.-역자주)34) 현상에서 루터파 공동체와 개혁파 공동체 모두 자신을 분명하고 광범위한 교리 공식화들로 정의함을 볼 수 있었다. 이 현상은 같은 지역 내에서 두 교파의 자기-정의를 위한 필연적 요구의 결과로 나타났다. 둘 다 이것이 종교개혁의 합법적 결과물임을 주장했다. 사회적 수준과 정치적 수준에서 이 공동체들은 구별하기 어려워졌다. 그러므로 교리는 그들이 자신을 다른 집단에 대하여 정의할 수 있는 가장 믿을만한 수단을 제공하였다. 초기 헨리의 교회와 대조는 분명하다. 그때 잉글랜드 안에는 교회로 하여금 교리적 노선들에 따라 필연적으로 자기-정의를 해야 할 경쟁하는 교파가 없었다. 로버트 모건(Robert Morgan)이 지적한 것처럼, '상당히 단일화된 기독교 문화 가운데, 바다로 인해 이웃하는 국가들에게서 단절된 가운데, 로마 가톨릭과 다른 비국교도들(nonconformists)이 처벌받을 수 있고 배제될 수 있다면, 공동의 예식과 정책을 가지고 대체로 교회의 경계들을 유지하는 것이 가능했다'.35)

독일과 잉글랜드 종교개혁의 상당히 다른 환경들 중에서, 교리의 법적 의미에 대한 고려는 더욱 무게감이 있는 것이다. 할즈베리(Halsbury)의 잉글랜드 법(Laws of England)에서 법적 용어가 정의되는 것과 마찬가지로, '잉글랜드 교회'(Church of England)라는 문구는 분명히 교리 공식화들에 어떤 근거도 만들지 않는다. '잉글랜드 교회'는 596-686년 기간에 잉글랜드에 세워진 교회와 연

---

34) 참고. Heckel, 'Theologisch-juristische Probleme der reformierten Konfessionalisierung'.
35) Morgan, preface to *Religion of the Incarnation*, xvi.

속성을 가진 것으로 여겨진다.[36]

할즈베리에 따르면, 법에 의해 '잉글랜드 교회'는 교리의 문제가 아니라, 정치적 지형의 문제로 정의된다. 그러나 독일에서 '두 번째 종교개혁'의 기간 동안 개혁파 교회와 루터파 교회를 법적 독립체로서 정의해야 할 필요는 신학적인 의미만큼이나, 법적인 의미도 내포하면서 (1530년 아우그스부르크 신앙고백 [the Augsburg Confession, CA]과 같은) 교리 공식화로 이끌었다. (1530년 CA의 언급은 부적절하다. 이 시기는 아직 소위 두 번째 종교개혁과 관계없다. 1530년 CA는 루터파 교회가 기존의 교회와 다른 교회가 아님을 주장한다는 점에서도 각자의 합법성을 주장하려는 의도와는 정반대의 의도를 가진다.-역자주) 신학적 의미에서(Sensu theologico), 아우그스부르크 신앙고백은 신앙인들에 의무적인 교리로 간주될 수 있다; 그러나 정치적 의미에서(sensu politico), 이 문서는 세상 법적 목적에서 루터파 교회의 방어를 위한 용이한 방식으로 기여하였다.[37] 그리고 이 문서는 루터파 교회를 1570년대 점차 복잡해지는 독일의 종교적 상황에서, 같은 지정학적 영역 내의 다른 교회 공동체들과 구분하였다. (개혁파 입장에서 해석은 분명 달라야 한다. 그리고 CA보다는 1580년대 루터파의 일치문서들을 언급하는 것이 적절할 수 있다.-역자주) 교리 공식화는 그래서 교회가 독일의 상황에서 법적 독립체들로서 정체성을 찾는 기준으로서 도움을 주었다.

교리의 사회적 기능의 분석은 상당히 확장될 수 있다. 예를 들면, 북아메리카의 17세기 종교적 상황을 다룰 수 있다. 불행하게도 공간적 제한으로 인해 더한 분석은 불가능하고, 일반적인 관찰 정도만 이루어질 것이다.

첫째, '교리'와 '신학'의 구분은 전자와 관련된 사회적 기능을 강조하는 데 도움이 된다. 그러나 후자에게는 거부된다. 교리는 사회적 공동체를 확인한다. 교회들(ecclesial bodies)은 사실 (용어의 기술적 의미에서) 신학들을 '수용'(receive)할

---

36) Wright, 'Anglicanism, *Ecclesia Anglicana*, and Anglican', 426-7.
37) Heckel, 'Reichsrecht und "Zweite Reformation"', 37-8.

수 있고, 그래서 교리에 대한 자신의 태도를 바꿀 수 있다. 그러나 이 수용의 과정은, 앞서 언급한 대로 개인적 수준이 아니라, 공공의 수준에서 발생한다. 신학은 교리로 수용될 수 있다. 그것은 그런 수용이 없다면 그저 신학으로 머물러 있다.

둘째, 현대 에큐메니컬 논의에 있어 교리의 사회적 기능의 중요성은 분명하다.[38] 다음의 내용이 질문될지 모른다. 어떻게 루터파와 로마 가톨릭이 칭의에 대한 동의에 이를 수 있을까? 이 교리가 전통적으로 그들의 교회를 분리시켰는데도 불구하고 말이다. 그들이 자신의 신념들을 바꾸었는가? 이것은 생각할 수 없는 것 아닌가? 16세기 논쟁에서 쟁점이 되었던 세밀한 요소들을 명확하게 하는 데 있어 학문의 중요성은 완전히 인정된다. (그리고 그런 이유로 오해들을 제거하는) 반면 한 가지 핵심적인 요점은 그 가치에 적합한 관심을 받지 못했다. 오직 믿음으로 인한 칭의 교리는 16세기 루터파의 생성 단계에서 핵심적인 사회적 결집력의 기준으로써 중요했다. 이제 그 기능은 더 이상 없다. 정확하게 예전의 자기-정의에서 동의는 이루어졌을 것이다. 다만 사회적 결집을 위해 본질적인 것으로 간주되었던 루터파 교회의 교리들은 더 이상 그 기능을 하지 않았을 뿐이었다. 칭의 교리에 대한 에큐메니컬적 동의는 역사적 우발성의 문제와 같이, 종교개혁 시대에 루터파와 로마 가톨릭 둘다의 자기-정의를 위해 본질적이었던 교리 문제들이 더 이상 그 기능을 가질 필요가 없다는 인식을 수반한다. 루터파의 자기-정체성은 더 이상 이 교리에 의해 형성된다고 여겨지지 않는다.

교리의 사회적 기능의 인지는 결코 그들의 진리 주장을 약화시키지 않는다. 특정한 우발적 역사 환경은 주어진 교리가 그 상황에서 한 공동체의 자기-정의를 위해 규범적 중요성을 갖는다는 이해로 이끈다. 그 특별한 강조

---

[38] 관련된 몇 주제에 대하여 참고하라. Staples, 'Towards an Explanation of Ecumenism'.

와 함께, 주어진 교리의 확인은 교회의 경계의 기준으로써, 특정한 역사적 환경들의 설정과 연관된 상황에 매여있다(standortsgebunden). 이 환경들을 지나치면서 공동체는 자신들을 다른 변수들과의 관계에서 정의하기를 원할 수 있다. 그 교리는 계속하여 '진리'이다. 단지 다른 사회적 기능을 가정하게 된다. 한 가지 특별하게 선명한 예를 제시한다면, 독일의 초기 루터파 공동체는 믿음으로 인한 칭의 교리를 자신의 자기-정의를 위해 핵심적으로 중요하다고 인식하였다. 이 인식은 많은 역사적 우발성들로부터 나온 것이다. 예를 들면, 루터의 (개인적 발전에서 핵심적인) 이 교리에 대한 의문들의 형성과[39] 대중의 연옥과 관련된 (분명히 면죄부 거래와 관련된) 선입견, 1520년대 독일의 교회적 정치적 상황, 그리고 루터의 루터파 교회의 발전에 대한 개인적 영향이 있다.[40]

그러나 그때 이후로 루터파 교회들의 상황은 바뀌었다. 그들의 무게 중심은 더 이상 독일이 아니다. 그들은 더 이상 그들의 어깨너머로 16세기의 억압적인 사회적 관심을 볼 필요가 없다. 독일이든 어디에서든 마찬가지이다. 그들은 더 이상 루터를 그들의 정체성을 형성하는 결정적인 중요성으로 여기지 않는다.[41] 20세기 매우 다른 교회적 환경들의 출현으로, 믿음으로 인한 칭의 교리가 더 이상 루터파의 사회적 경계자의 기능을 하지 않는 것은 놀랄 일이 아니다. 그러나 비록 그 핵심적 통찰이 로마 가톨릭과 루터파 둘 다에게 받아들여질 만한 다른 체계 내에서 맞춰질 수 있다 하더라도, 이는 그 교리가 진리(true)라는 것을 부인하는 것이 아니다.[42] 현대 에큐메니컬 논의들의 핵심

---

39) 이에 대해 참고하라. McGrath, *Luther's Theology of the Cross*. 회심 경험의 중요성은 이 측면에서 강조된다. Fredriksen, 'Paul and Augustine'.
40) 개혁파 교회의 정치적 중심이 취리히에서 베른(Berne)을 거쳐, 제네바(Geneva)로 이동할 때까지, 그 형성에 있어, 루터가 생겨나는 루터파 교회에 가졌던 것과 같은 영향을 행사한 사상가는 없었다는 점을 회상하는 것은 가치가 있다.
41) 이것은 아마도 1525년 루터의 노예의지론(servum arbitrium)에 대한 관점과 일치 형식(the Formula of Concord)의 예정론을 분명히 거절함으로 가장 명백해진다. 현대 루터파 저자들 중에 널리 지지받는 비평에 대하여 참고하라. McSorley, *Luther-Right or Wrong?*, 359-66.
42) 16세기에 그들을 분리시켰던 이 주제에 대한 루터파 신학자들과 로마 카톨릭 신학자들의 일부에 대한 20세기 접근에 대하여 참고하라. 'Justification by Faith', *Origins: NC Documentary Service* 13/17

은 종교개혁 시대에 사회적 경계자로서 기능하던 교리들이, 때로 역사적 쇠퇴의 과정에 의해, 때로 기독교의 일치에 대한 관심 가운데 그 기능을 배제하려는 최근의 의도들 때문에 그 기능을 잃었다는 것이다. 완전히 혹은 전반적으로 특정한 역사적 환경 설정과 관계하여 자신을 정의하는 교회들은 시간이 흐르면서 자기-정체성의 패러다임의 변화를 피할 수 없다.

셋째, 교리의 사회적 역할 인지는 신학적으로 중요한 예측을 만든다. 명시적인 사회적 경계자로서의 필요는 우선 두 가지 환경을 통하여 발생한다. 정해진 지정학적 영역 안에서 경쟁하는 종교 사상들의 존재 때문에 (예를 들면, 16세기 독일의 루터파의 경우, 자신의 합법화에 대한 심각한 위협이 처음에는 로마 카톨릭에 의해 제기되었다. 그리고 이어 개혁파 신학에 의해 제기되었다) 혹은 교회들을 전반적으로 사회에서부터 구분할 필요 때문에 발생한다. (부분적으로 이 필요는 초기 교부 시대에 중요하다. 그러나 또한 유럽의 급진파 종교개혁과 관련하여 중요하고, 20세기 동안 미국의 새로운 종교운동의 성장에서도 중요하다) 그러므로 교회들을 심각하게 위협하는 경쟁적 종교사상이 존재하지 않는 곳에서, 혹은 교회들이 자신을 사회로부터 구분할 필요를 느끼지 못하는 곳에서, 혹은 긍정적으로 자신을 주어진 사회와 일치시키고자 하는 곳에서 교리가 교회들에 의해 중요하지 않은 것으로 여겨질 것이라는 점은 예측될 수 있다.

'종교'는 (아마도 꼭 필연적인 것은 아니지만, 특별히 기독교에 관계하여) 전반적으로 사회를 둘러싸는 현상이다. 그래서 종교는 교리를 잠재적으로 중요한 것으로 여길 것이다. 아니면 아마 순전히 부정적인 중요 현상으로도 간주할 수 있다. 교리는 한 공동체를 다른 공동체들에게서 구분하는 데 기여한다. 종교를 사회적 존재의 한 측면으로 간주하는 사람들은 그래서 교리 현상을 반대하는 경향을 가질 것이다. 교리 안에 부적절하고 불필요한 사회적 분리로 나아가

(1983), 277-304.

는 위협이 있기 때문이다.[43] 교리는 자신의 종교적 관점에 따라, 하나가 되어야 하는 것을 나누는 것이다. (그러나 교리가 필연적으로 자신 안에서 나누는 것이라고 주장하지 않는다는 견해가 더 정확할 것이다. 교리는 단지 이미 존재하는 차이를 직면하거나, 평가하거나, 해결하기 위해 그 차이를 표현하는 것일 수 있다.)

이 현상은 역사적으로 교회의 여러 부분에서 관찰될 수 있다. 중세의 사상적 성격에 따르면, 이 현상은 '교회'와 '사회'를 본질적으로 근접적이고 연속적인 것으로 간주한다. 이 독특한 사상(ideology)은 '교회'와 '사회'가 본질적으로 같은 개체들을 나타낸다고 주장하고, 단지 다른 측면에서 본 것이라고 주장한다. 로테르담의 에라스무스(Erasmus of Rotterdam)는 비판적 입장을 가지고 있지만, 교회와 사회에 대한 중세적 관점에 충실하게, 1510년대와 1520년대 교리 공식화들에 대하여 명백한 증오를 나타냈다. 그것들의 잠재적 분리성 때문이었다.[44] 에라스무스의 관점에서, 교리는 당파 형성과 관계되었다. 에라스무스는 이 특징적 인식을 가지고, 교리의 사회적 기능을 관찰하였고, 16세기 교회의 운명에 적용에 주목했다. '교회'와 '사회'의 가상적 정체성을 가정했던 중세의 사회이념은 그 신뢰성을 잃기 시작했다.

'교회'와 '사회'가 정확하게 같은 개체들을 가리키고 있다는 관점은 중세 후기 도시이념의 매우 의미있는 특징적 성격 중 하나이다. 큰 자유제국 도시들은 자신들을 정치적이며 종교적인 수준에서 단일 공동체로 여겼다. 그리고 이 일치에 위협을 가하는 어떤 것도 받아들일 수 없다고 여겼다. 베른트 모엘러(Berndt Moeller)는 독일제국 도시들의 종교개혁에 대한 그의 중대한 논문에서, 루터를 통해 표현되는 북동쪽의 사회적 맥락과 부쩌(Bucer)에 의해 표현되는 남서쪽의 사회적 맥락이 근본적으로 다르다는 점을 지적했다. 모엘러에

---

43) 종교에 대한 이 이해에 대하여 참고하라. Bellah, *Habits of the Heart*. 루터파 교회의 생활에 대한 교리의 분리성의 중요함에 대한 신중한 평가에 대하여 참고하라. Ebeling, 'Significance of Doctrinal Difference.'
44) 예를 들면, LB 5.45 D; 9.1216 C.

따르면, 루터의 종교적 사고는 독일의 문화적으로 덜 발전한 지역의 필연적인 생산물이었다. 그곳에는 스트라스부르크(Strasbourg)와 같이, 좀 더 발전한 지역들의 세련됨이 부족했다. 작은 마을에는 (비텐베르크는 대중적 미국인들의 '시골' 마을의 개념에 잘 맞는다) 조합들의 협력 구조들과 큰 자유제국 도시들의 공동적 자극들이 없었다. 이런 작은 마을로부터 나왔기 때문에 루터는 내면을 바라보고, 교리에 초점을 맞춘 신학을 생산해내는 것을 피할 수 없었을 것이다. 그리고 그는 공동의 교율과 협동적 도시의 구조들과 관계 맺는 데 실패할 수밖에 없었을 것이다.[45] 루터의 교회론은 그래서 공동체를 향하기보다는, 개인을 향하여 초점을 맞추는 교리에 기초하였다. 그리고 교회는 권위 있는 교리의 무대라는 분명한 교리적 범주에 기초하였다.

그러나 부쩌와 츠빙글리와 같은 큰 도시의 개혁자들은 그들의 개혁 프로그램과 교회론을 도시와 같은 구체적인 실체 위에 기초하여 세워나갔다. 지배적인 도시 사상과 일치하여, '교회'와 '도시'는 동일한 것으로 다루어졌다. 그러므로 종교개혁은 일차적으로 교리에 대한 것이 아니었다. 오히려 공동체의 구조와 존재의 개혁에 대한 것이었다. 그리고 교리는 잠재적으로 분리적인 것으로 간주되었고, 처음에는 이 이유 때문에 사소한 것으로 간주되었다. 예를 들면, 에르푸르트(Erfurt)의 종교개혁 실패(에르푸르트는 루터가 대학을 다닌 곳이요, 수도사로 입회한 어거스틴 수도원이 있는 도시이다. 루터의 출교가 결정되었지만 루터를 찬성하는 사람들은 이 도시에 많이 있었다. 그러나 그를 반대하는 사람도 함께 있었다. 루터가 1521년 10월 보름스의 제국회의에 참석하러 가던 중 에르푸르트를 방문하고 떠났다. 루터를 찬성하던 사람들은 루터를 반대하던 사제들을 폭행하고, 살해의 위협을 가하는 일이 발생하였다. 그러나 이 상황의 원인이 엄밀하게 교리 문제만이라고는 볼 수 없다.-역자주)는 교리 문제들에서 발생하는 도시 내부의 분열을 반영한다.[46] 도시 종교개혁의 핵심 전제

---

45) Moeller, *Reichstadt und Reformation*, 15-18.
46) Scribner, 'Civic Unity and the Reformation in Erfurt'.

는 사상적 이유와 정치적 이유, 둘 다에서 도시적 통일성의 유지였다. 교리는 중세 후기의 도시 사상과 정치적 현실, 둘 다에 영향을 끼치는 것으로, 하나가 되어야 하는 것을 나누게 만드는 위협이었다.

그래서 취리히에서 츠빙글리의 종교개혁은 '교회'와 '사회'가 본질적으로 같다는 특징적 가정에서 진행되었다.[47] 교회와 도시에 대한 충성은 동일한 것으로 간주되었다. 성례는 교회와 도시에 대한 충성을 공적으로 드러내는 이중적 기능으로 기여하였다. 츠빙글리의 종교개혁에서 교리적 내용은 자주 언급되었던 것처럼, 처음에는 보잘 것 없었다.[48] 그러나 경쟁적 종교 사상들이 위협적으로 생겨나면서, (1520년대 재세례파(Wiedertäufer)의 등장하면서) 츠빙글리는 분명하게 교리 공식화를 행하는 (그리고 강제하는) 방향으로 움직여야 했다. (츠빙글리의 교리에 대한 입장의 변동에 있어 단순히 재세례파의 문제가 그 원인이라는 주장은 너무 츠빙글리의 상황을 단순화한 것이다.-역자주) 루터는 처음부터 가톨릭의 반대파에 대항하여 비텐베르크의 개신교 파당을 방어해야 했다. 그래서 (찬양, 예식, 설교, 신앙고백에서) 가톨릭 반대파들로부터 자신의 파당을 구분 짓는 도구로써 즉각적인 교리 공식화들을 필요로 했다. 대조적으로 취리히 종교개혁은 처음에 가톨릭주의로부터의 어떤 본질적인 내적 반대에 직면하지 않았다. 그래서 이 단계에서 츠빙글리는 교리의 중요성에 대하여 뚜렷하게 무관심했다. 이는 츠빙글리 측의 주요한 신학적 이동이라기보다는 역사적 환경의 변화이다. 이 변화가 취리히 종교개혁으로 하여금 분명한 교리적 요소를 발전시키도록 이끌었다.(츠빙글리 종교개혁의 시작은 사순절 문제였고, 제1차, 2차 토론회를 통해 종교개혁설교가 인정된 것은 종교개혁 신학과 관련된 것이다. 금식과 관련된 교리에서 시작하여 종

---

47) 이것은 성경 해석, 교회와 성례에 대한 그의 신학, 그의 정치적 생각에 대한 관점들에서 분명해진다. 참고. McGrath, *Reformation Thought*, 112-14; 126-7; 147. 그리고 그 안에 참고 문헌들.

48) 예를 들면, McGrath, *Intellectual Origins of the European Reformation*, 49-50. 찌글러(Ziegler)가 말하는 것처럼, 스위스 동부에서 종교개혁은 일반적으로 최고의 '생활과 도덕의 개혁'(Reformation of life and morals)으로서 간주되었다. Ziegler, 'Zur Reformation als Reformation des Lebens und der Sitten'.

교개혁 교리를 세워갔다. 교리를 세우는 문제에서 토론회를 통해 분명히 외부의 로마 카톨릭 세력에 대한 염두가 있었다는 점에서 과도하게 교리에 대한 츠빙글리의 입장이 저자에 의해 단순화되고 무시되어 있는 듯 보인다.-역자주)

종교개혁의 시기에, 유럽 중심에서 루터파, 개혁파, 급진파, 로마 가톨릭교회들의 긴장은 매우 지배적이었고, 교리 공식화는 주요한 의미를 갖는 것으로 인식되었다. 그러나 잉글랜드에서 종교개혁의 독특한 섬(insular)의 유형은 잉글랜드 교회로 하여금, 교회에 심각한 위협을 내적으로 불러 일으키거나, 그렇게 인식될 만한 어떤 주요한 경쟁적 종교적 사상없이 발전하도록 했다. 더하여 잉글랜드 교회는 헨리 8세에 의해 국가 교회로 착안되었다. '교회'와 '사회' 사이에 어떤 기대되는 구분도 없었다. 그렇게 잉글랜드 교회 생활의 핵심적 특징인, 교리의 역사적 평가절하는[49] 부분적으로 잉글랜드 교회가 (중세적 사회 사상을 유지하면서) 전반적으로 잉글랜드 사회로부터 자신을 구분해야 할 어떤 강요를 느끼지 않았고, 처음에는 경쟁하는 종교적 사상으로부터 어떤 심각한 내적 위협에도 직면하지 않았다는 사실을 반영한다. 그래서 전통적 잉글랜드 성공회(Anglican)의 교리에 대한 평가절하는 절대적으로, 최소한 부분적으로, 신학보다는 정치적 지형의 문제에 기반한다. (줄 미슐레[Jules Michelet]가 영국 역사의 강의를 시작할 때 "여러분, 영국은 섬입니다."[Messieurs, l'Angleterre est une île] 라는 문장을 쓰며, 그 역사적 발전의 열쇠로써 잉글랜드의 지리적 정치적 배타적 특징의 중요성에 주목했다는 점을 상기할 수 있다.) 언어유희를 하자면, 잉글랜드는 종교개혁과 종교개혁 후기 시대의 유럽 본토에서 그렇게 중요한 문제였던 교리의 요소들로부터 '단절되었다'(insulated).

넷째로, 교리의 사회적 역할 인지는, 20세기의 마지막 10년 동안 새로운 천 년을 여는 이 시기에 교리의 신학적 중요성이 감소하기보다는 증가하는

---

[49] 이에 대한 지적들을 참고하라. Sykes, *Intergrity of Anglicanism*, 여러 곳; Sykes, 'Anglican Doctrine of the Church'.

것처럼 보인다고 주장한다. 그 이유는 잉글랜드 교회의 상황을 살펴보는 것으로 설명될 수 있다. 특징적인 잉글랜드의 교리의 평가절하는, '잉글랜드 정신'(the English mind)[50]에 독특한 시각들과 방법들을 반영하는 것과 상관없이, 내가 논증한 것처럼, 부분적으로 16세기에 존재하던 역사적 환경들의 특정한 설정으로부터 발생한다. 그 환경들은 역사적 쇠퇴의 과정으로 사라진다. 잉글랜드 교회는 더 이상 잉글랜드에서 유일하게 중요한 교회가 아니다. 비국교도의 성장, 가정교회 운동, 잉글랜드의 로마 가톨릭은 눈에 띄게 발전하여 새로운 자신감을 가지게 되었기 때문이다. '지배층'(establishment)의 개념은 법적 허구에 지나지 않게 되었다. 전반적으로 지금 사회는 단지 비기독교적일 뿐 아니라, (다른 요소들 가운데 인도 아대륙으로부터 이민의 양상 때문에) 많은 점에서 공격적으로 세속주의가 되었다. 그래서 잉글랜드 교회 편에서, 구분되는 교회적 개체로 생존하기 위해 자기-정의의 필요는 증가하고 있다. 그리고 자기-정체성의 과정에서 불가피한 부분은 엘리자베스 시대 정착(the Elizabethan Settlement, 1558년 가톨릭 복원을 추구했던 메리 여왕이 사망하고, 개신교도인 엘리자베스 여왕이 즉위하였다. 그리고 1559년 1월 수장령을 공포하여 개신교는 확고해지게 된다. 특히 1563년 39개 신조를 작성하여 영국 국교회의 신조로 채택하였다. 이 신조는 칼빈의 영향을 받은 것이다. 당시 국교회의 신학은 사실상 칼빈 개혁파의 영향을 받은 것이었다.-역자주)과 관련된 최소주의 입장(minimalist position)을 넘어서는, 명시적인 교리 공식화이다. 우리는 위에서 잉글랜드 교회 내에 교리에 대한 전통적 과소평가가 부분적으로 16세기 잉글랜드의 특정한 사회적, 종교적, 정치적 상황을 반영한다고 논했고, 이제는 급격한 역사적 퇴락의 과정을 통해 상황이 변했다고 논했다. 새로운 사회적 상황은 교리에 대한 새로운 (그리고 더 긍정적인) 태도를 요구한다.

  이제 16세기의 한정된 조건들을 유지하거나 그 조건으로 돌아가는 것이

---

50) Sykes, *Integrity of Anglicanism*, 53-62, 특히 60-1에서 한 관점이 평가되고 설득력 있게 부족함이 드러난다.

가능하다는 환상은 우리를 방해하지 않는다. 분명히 잉글랜드의 젊은 성공회교도들 가운데 교리에 대한 새로운 관심이 있다. 이는 이 인식을 반영한다.[51] 그리고 다른 많은 교회들 안에 교리의 중요성에 대한 더 넓은 인정을 반향한다.

마지막으로, 교리의 사회적 기능 인지는, 특히 (제한적이지만) 기관적 소속이 교리 공식화의 수용에 선행하는 로마 가톨릭과 정교회에 관련된 현상으로 얻어질 수 있는 시각을 허용한다. 개인은 교회와 관련된 의식적 결정을 한다. 그리고 그 결과로써, 현실을 그리는 한 방법으로 교회의 공식화된 교리를 받아들이게 된다. 그 공동체와 집단의 수용은 여기에서 사회적 경계자로서 수용보다 앞선 것이다. 그러한 공동체의 교리 수용은 전부보다 적을 수 있다. 그리고 자신을 이 교회 집단에 맞추는 결정이 전면적이며 즉각적일 수 있을지라도, 그 과정은 오랜 기간 동안 발생할 수 있다. 이 지적은 교리에 대한 태도가 규범적이라거나, 심지어 특별히 공동적이라는 주장을 의도하는 것은 아니다. 그러나 기독교 교리 특유의 특징인 인식적 사회적 요소들의 상호작용을 설명하면서 교리에 대한 종합적 이론에 의한 설명을 요구하는, 관찰가능한 현상임을 진술하는 것이다.

이야기의 해석으로써 교리

크리스티안 벡(Christian Bec)은 그의 뛰어난 최근 저작 『Per la storia del mito di Firenze』에서 공동의 이야기 발전이 (벡은 의도적으로 '신화'[myth]라는 단어를 사용하여 이 이야기가 단지 역사의 반복이 아니라 해석임을 암시했) 1300-1527년의 기간을

---

51) 예를 들면, 참고. Morgan, Preface to *Religion of the Incarnation*.

통하여 피렌체(Florentine)의 자기-정체성에 어떻게 핵심적으로 인지되는지를 보여준다.[52] 이 공동의 이야기는 고대 로마의 이야기가 시사하는 중요한 유사점들을 가지고, 도시의 정체성과 자기-인식과 가치를 보존하는 수단으로 여겨진다. 그 이야기는 피렌체의 기원과 현재 상황과 미래를 위한 희망을 위해 확실하고 중요한 진술들을 만들었다. 또한 특별히 자신의 문화적 가치들이 때때로 위협 아래 있을 때, (이야기의 형태로) 자신의 문화적 가치를 진술하였다. 그래서 벡은 '피렌체'가 단테(Dante, 단테는 1265년 피렌체에서 태어났다.-역자주)에게 있는 상징적 문학적 역할을 가정한다고 지적한다. 마치 조토(Giotto, 조토는 이탈리아의 화가와 건축가였다. 이탈리아 르네상스 미술의 선구자로 비잔틴 양식에서 벗어나 피렌체 특유의 흐름을 형성하였다.-역자주)가 그림으로 행한 것처럼, 그것이 수반하는 이야기와 가치들을 다시 생각나게 한다.[53]

그러나 이것을 행함에 있어 피렌체 사람들은 그들의 상황이 고대 로마나 아테네와 일치한다고 전혀 주장하지 않았다. 오히려 그들은 이 고전적 모델들이 진짜 현대의 가능성으로 이해될 수 있는 행동 패턴을 설명한다고 확신했다. 하이데거(Heidegger)는, 역사가 가능한 것의 반복으로, 존재의 진짜 가능성의 반복으로 이해되는, 권위적 역사 의식으로 특징지어지는 한 시대와 (19세기와 같이) 역사 기록에 초점을 맞추고, 과거에 대한 표현들과 표현의 이론이나 방법론에 집착하는 한 시대 사이의 의미있는 구분을 이끌어낸다.[54] 역사에 대한 제국주의 이론들(imperialist theories)은 과거 역사에서 현대적 중요성의 인식을 금지한다. 이 역사에 대한 제국주의 이론들에 의해 방해받지 않고, 피

---

52) Bec, *Cultura e società a Firenze nell'età della Rinascenza*, 228-44.
53) 부분적으로 이 이야기적 접근의 호소는 역사적 재구성을 수반하는 필연적인 상상적 요소들 가운데 놓여 있다. 르네상스 시대의 공감적 상상에 대한 이 호소의 역사적-비평적 측면에 대하여 참고하라. Nelson, *Fact or Fiction*. '상상적 판타지'의 필요성에 대한 바르트의 강조(CD III/1, 81; 또한 상상의 기능에 더해진 인식론적 무게를 주의하라, 91쪽)는 흥미롭게 콜리지(Coleridge)와 루이스(C. S. Lewis)와 유사하다. 영국의 소설 전통에 대한 일반은 비교. Reilly, *Romantic Religion*.
54) Heidegger, *Sein und Zeit*, 387-97.

렌체 사람들은 로마의 이야기를 자신의 이야기로써 보았다. (예를 들면) 그들은 메디치 가문(the Medicis)을 왕들로, 그들 자신을 공화주의자들로 여겼다. 고대 세계의 이야기를 피렌체처럼 '다시 이야기'하는 것은 그들로 하여금 자신에게 발생하고 있는 일에 의미를 부여하게 하였고, 그들의 상황과 전략에 역사적 존엄과 사상적 정당성을 부여하게 하였다.

비슷한 상황이 16세기 초 스위스 연방(the Helvetic Confederation) 내에서 존재했다. 특별히 마리냐노(Marignano)에서 연방의 재앙적 패배(1515)의 여파로 나타났다. 심지어 가장 좋을 때에도 느슨한 정치적 문화적 개체인 연방은 자신의 존재가 외부적 요소들에 의해 위협받았다고 느꼈다. 그리고 자신의 군사적 방어를 활발한 문화 프로그램의 발전으로 보충하였다. 스위스 인문주의자들은 (민족적 정체성과 민족 언어를 유행에 뒤떨어진 것으로 여기던 로테르담의 에라스무스와는 반대로) 민족적 비전에 열심을 내었다. 이를 통해 스위스 민족의 정체성은 문학에 의해 확인되고 유지되었다.[55] 민족 정체성의 의미를 확인하는 더욱 중요한 방식 중 하나는 연방 형성 시기의 이야기들을 통한 것이었다. 슈테판 쉬미들린(Stephan Schmidlin)은 그 시기 문화에 대한 자신의 중대한 연구를 통해 이를 보여주었다. 이 이야기들 중 가장 유명한 것은 1512년 최종적인 형태를 가진 것으로 추정되는 윌리엄 텔(William Tell)의 전설과 급속하게 추정된 민족 신화의 지위였다.[56] 연방 형성의 배경 이야기는 주장된 공동의 가치를 확인하였고, 공동의 정체성의 의미를 강화하였고, 외부의 위협에 직면하여 연방이 왜 방어할 가치가 있는지를 설명하였다. 그러므로 과거의 이야기는 통찰과 가능성 둘 다를 보여주면서, 현재의 상태를 밝혀주는 것처럼 보였다.

---

55) 예를 들면, 참고. McGrath, *Intellectual Origins of the European Reformation*, 38-48.
56) Schmidlin, *Frumm byderb lüt*, 102-24. 비슷한 언급들은 매우 정치적으로 논쟁거리가 된 드라마 *Das Spiel von den alten und jungen Eidgenossen* (1516)에(81-101쪽) 적용된다.

그런 공동의 기초적 이야기를 과거의 재사용을 위한 모델로서 다룸을 통해 얻어지는 통찰은 알래스데어 매킨타이어(Alasdair MacIntyre)의 『공로 이후』(After Virtue)와 연결하여 읽을 때, 특별한 중요성을 가진다.[57] 매킨타이어는 한 공동체의 세계관의 형성에 있어 이야기의 중요성을 강조한다. 이야기 안에서 그 공동체의 독특함을 역사 가운데 세울 수 있다. 이야기는 전통의 전달자로서 기능한다. 전통은 현재를 설명하고, 미래를 위한 선택들을 가능하게 한다. '아직 완성되지 않은 이야기를 계속하기 때문에 살아있는 전통들은 미래를 직면한다. 미래의 확정적이며 확정할 수 있는 성격은, 그것이 어떤 것을 소유하는 한 자신의 과거로부터 유래한다.'[58]

피렌체의 이미지 형성에 대한 벡의 분석은 '우리 자신의 삶, 그 각자의 역사는 일반적으로 그리고 특징적으로, 많은 전통의 더 크고 더 긴 역사들이라는 용어로 구현되었고 이해되었다'는 매킨타이어의 지적을 해설한다.[59] 피렌체의 역사는 고대 로마 이야기의 확장이었다. 그래서 피렌체 공동체의 성격은 그 이야기에서 유래한다. 그 공동체의 '지금 여기에서'(here and now)와 고대 로마의 '그때 그곳에서'(there and then) 사이에서 근본적 공명이 발견된다.

같은 방식으로 기독교 공동체는 나사렛 예수가 촉발시킨 사건에서 역사적 기원을 갖고, 기독교 공동체의 성격은 그 역사적 기원에서 발생한다. 또한 기독교 공동체의 성격은 그의 이야기가 자신의 역사적 상황과 자신의 미래에 대한 공동체의 이해를 지배하게끔 하는 기꺼움에서 발생한다. 권력과 자부심과 손해와 죽음과 슬픔과 절망에 대한 공동체의 태도들 모두 나사렛 예수의 이야기에 의해 지배된다. '예수'(Jesus)는 신앙 공동체 내에서 한 역할을 부여받는다. 이는 단테(Dante)나 조토(Giotto)에게 '피렌체'가 부여하였던 것에 상응하

---

57) 참고. Jones, 'MacIntyre on Narrative'.
58) MacIntyre, *After Virtue*, 223.
59) MacIntyre, *After Virtue*, 222.

는 역할이다. 그것은 '사건'(happening)의 깊은 의미와 기초적 이야기의 기억과 공동체를 위한 현재적 중요성을 일으켰고, 공동체의 정체성과 불가분하게 엮여 있었다. 그 이야기는 공동체를 위한 정체성의 초점을 제공한다.[60] 그리스도를 믿는 사람의 일치에 대한 신약의 주장은 (믿음을 통하여, 그리스도를 믿는 사람들은 어떻게든 그와 만났고, 그래서 그의 역사는 그들의 역사가 된다는 주장은[61]) 이야기들의 연관성에 대한 중요한 신학적 기초를 제공한다. 그의 죽음은 그들의 죽음이요, 그의 생명은 그들의 생명이다. 그리고 예수의 이야기는 살아온 삶을, 특정한 역사적 인물을 그 존재에 맞춤으로 그리스도인의 존재에 대한 몇 가지 특징들을 부여한다.

신앙 공동체와 개별 신자, 둘 다의 존재 구조를 예수의 존재에 일치시키는 이 과정은 이미 신약 자체에서 확실한 것이다.[62] 특히 바울 서신에서, 그리스도에 참여하는 것은 그의 존재를 한 사람의 존재에 일치시키는 것을 의미한다. 믿음을 통하여 신자는 예수 그리스도 안에서 전형적으로 구현된 삶에 대한 새로운 관점, 존재의 새로운 구조에 사로잡힌다. 그리고 그들의 선포와 인격 안에서, 신앙 공동체와 그 구성원들, 둘 다는 예수 그리스도의 이야기를 드러낸다. 예수의 이야기는 그래서 그리스도인 존재의 기초적 이야기로써 해석된다. 그리고 이는 그리스도의 삶 가운데 삶에 대한 사람의 관점이, 어떤 행동의 양식이, 어떤 도덕적 동기가 우리 자신의 삶과 공유되는 적절한 표현인지에 대한 몇 가지 모양과 특징을 제공한다. 이야기들은 역사에, 행동에 기초하며 우리로 하여금 기독교를 보편적, 추상적 개념의 용어로 생각하지 않도록 한다. 그리고 그 대신 기독교를 우리의 역사적 존재의 우발성에 기초하도록 했다. 우리가 바라보는 것은 나사렛 예수의 이야기에 의해 형성되고 알

---

60) 이 주제는 다음에서 분석되었다. Harned, *Creed and Personal Identity*; Wilder, *Early Chritian Rhetoric*, 63-78.
61) 이 주제는 철저하고 사려깊게 다음에서 분석되었다. Gaventa, 'Autobiography as Paradigm'.
62) 이어지는 내용에 대하여 참고하라. McGrath, 'Christian Ethics', 그리고 그 안의 참고문헌들.

려졌고, 그의 죽음과 부활의 성찬 시행과 우리에게 주어지는 이것들의 이해되는 유익들 가운데 다시 생각난다. 우리는 이것을 그리스도인으로서 우리의 삶과 공동체들의 모양과 유형을 구현하는 것으로 인정한다.

고대 로마와 피렌체 르네상스 이야기의 상호관계는 나사렛 예수 이야기가 현대 신앙 공동체의 존재와 세계관에 관계하는 방식에 빛을 던져준다. 그리고 과거가 현재와 관계를 가질 수 있는 길에 빛을 던져준다. 역사적 위치에 대한 의식이 동트던 시기에, 과거가 여전히 현재적 중요성으로 가득 차 있다는 것이 발견되었다. 의식적으로 단절된 이야기의 전통을 다시 복구하도록 결정했기 때문이다. 피렌체는 과거와 자신의 연결을 기억해야 했다. 피렌체는 (아마도 생성 시점에서도) 고대 시대와 자신의 연속성을 다시 주장해야 했다. 로마 이야기가 자신을 지배하도록 결정해야 했다. 하지만 신앙 공동체는, 자신의 (회상[anamnesis]으로써) 예배와 선포 가운데 주어진 회상의 다른 이야기와 단절되지 않은 전통 가운데 서 있다. 신앙 공동체는 자신의 사도적 선조와 함께 회상을 통한 결속 가운데 서 있다. 신앙 공동체는 이 연속성을 지어낼 필요가 없다. 이는 역사적으로 그리고 신학적으로 주어진 것이다. 예수 그리스도의 이야기는 성경과 성찬을 통해 중재되어, 현재하고, 선포되고, 신앙 공동체의 근본적이며 조정하는 이야기로써 받아들여진다.

이 이야기는 성경을 통해 전승되었다. 혹은 이 자료에서 직접 유래한 것으로 볼 수 있는 경로를 통해서 전승되었다. 그러므로 기독교 교리의 1차 자료는 나사렛 예수를 우리에게 중재하는 성경이다. 성경은 그리스도가 누인 구유이다(루터). 신학자들이 잠재적으로 다른 자료들을 자유롭게 탐구하고 싶을 수는 있으나, 교리는 역사적으로 성경과 관계된다. 교리를 공식화하는 공동체의 역사성 때문이다. 기독교 신앙 공동체는 자신을 성경과 일치하거나, 성경에서 유래한 권위적 자료들과 관계하여 자신의 방향을 정하고 일치시킨다. 교회가 신조들의 권위를 받아들이는 것은 신조들이 정확하게 성경에 들어있는 것을 표현한다는 믿음 때문이다.[63] 성경은 직접 접근하든, 신조들과 전통들의 여과 장치를 통해 접근하든, 기독교 교회의 근본적 문서를 구성하는 것으로 여겨진다.

성경은 일차적으로 신조적 교리적 진수들의 형태를 가지고 있지 않다. 비록 그 진술들이 구조 내에서 의심의 여지 없이 신조적 교리적 진술들과 섞여 짜여 있음에도 불구하고 그렇다. 성경의 일차적인 (결코 배타적이지는 않은) 관심은 어느 시기에 발생한 사건을 설명하는 것에 있다. 이 순간은 신앙 공동체의 자기-정의에 특별히 중요한 순간이다. 출애굽이나 나사렛 예수의 부활과 같은 순간들이 그것들이다. 성경은 우리에게 하나의 이야기를 가지고 보여준다.[64] 이 이야기는 하나님께서 사람을 다루시는 것에 대해, 나사렛 예수의 역사에서 절정에 이르는 것에 대해 (그러나 끝나지는 않은 것에 대해) 이야기한다고 주장한다.[65] 교리가 믿어야 혹은 믿는 것에 관계된다면, 성경은 일차적으로 발생한 것을 설명하는 것에 집착하는 것처럼 보인다.[66] (신약은 성격상 이야기가 아닌 재료들을 많이 포함하고 있지만, 이것은 나사렛 예수의 이야기와 관계된 결과물을 표현하는 것으로 주장될 수 있다.) 기독교가 나사렛 예수라는 인물에 중심을 둔다는 점에서, 구조적으로 그 역사를 표현할 수 있는 논의의 방식이 요구된다. 성경은 추상적 원리들의 묶음을 설명하지 않는다. 오히려 살았던 삶을 가리키고, 특정한 역사적 존재를 가리킨다. 어떤 의미에서 그런 원리들의 묶음을 구현하고 실체를 부여하는 것이다.

이 요점은 많은 문학적 예들과 관계해서 설명될 수 있을 것이다. 아마 가장 흥미로운 설명은 알레산드로 만초니(Alessandro Manzoni)의 『I Promessi Sposi』에

---

[63] 이 점에 대한 신중한 논의는 참고. Harvey, 'Attending to Scripture'.
[64] 이에 대해 참고하라. Frei, *Eclipse of Narrative*. 이 저작의 울림은 이 단락에서 쉽게 감지될 수 있다.
[65] 칼 바르트 신학에서 이 주제에 대하여 참고하라. Ford, 'Barth's Interpretation of the Bible'.
[66] 예를 들면, 참고. Harvey, 'Christian Propositions and Christian Stories'; Frei, *Eclipse of Biblical Narrative*.

의해 제공된다. 이는 이야기 형식으로 미학적 원리들을 해설한 것으로 이해될 수 있다. 『I Promessi Sposi』는 기본적으로 가치들의 체계를 이야기적으로 변형한 것이다.[67] 가치들이 역사적 본질에 주어지기 때문이다. 만초니의 방법론을 평가하는 데 있어, 현대 문학 비평가 프란체스코 데상크티스(Francesco de Sanctis)는 추상적 신념이나 가치들의 진술은 현실적으로 별로 적절하지 않다고 주장했다. 이는 거의 이론에 지나지 않게 머무를 운명이었기 때문이다. 이 신념들을 '현실 사회'(una società reale)에 그리고 '역사상 특별한 시간'(un tempo particolare della storia)에 구체화하는 것이 필요하다.[68] (I Promessi Sposi라는 고전적 표현의) 이야기 형식은 신념이나 가치를 연결하고, 역사와 역사적 형식의 현실화를 제공한다. ([우연하게도, 만초니의 유일한 소설인] 『I Promessi Sposi』의 리소르지멘토(Risorgimento, 이탈리아 반도의 여러 도시 국가들을 통일하고자 하는 정치적 사회적 운동, 대략 1815년~1871년]이다.-역자주)에 대한 영향은 역사를 진술하고 관계하는 가운데 이야기의 유효성을 증거한다. 이야기는 단지 일어난 일이나, 지금 일어나고 있는 일을 다시 말하는 것이 아니다. 이야기는 가능성들을 말한다.[69] 추상적 가치들을 우리 자신의 특정한 역사상의 위치에 관계시키는 것은 구체적인 예로 인해, 어떻게 이 가치들이 살이 붙여지고, 역사적 실체를 받는지에 대한 이야기로 인해, 매우 용이해진다. 이론과 실제의 상호관계는 신념의 영역과 역사의 영역 사이의 연결 확립을 요구한다. 그래서 이야기 형식을 그들 사이에 논리를 분석하는 일차적 수단으로써 나타낸다.

그리고 나서 성경은 실제 역사적 존재의 이야기를 제공하고, 신앙 공동체에 근본적 의미가 되는 것을 확정하며, 가치와 신념들, 둘 다를 구체화한

---

67) Cottignoli, 'I "Promessi Sposi" nella storia del realismo de sanctisiano', 456-7.
68) 같은 책, 458-9.
69) Branca, 'Realismo desanctisiano e tradizione narrativa', 특히 9, 이야기는 *quale storia non solo e non tanto di fatti esistiti o esistenti madi fatti possibili*로서 다뤄진다.

다.[70] 그러나 어떻게 이야기로부터 교리로의 이행이 영향 받아야 하는가? 교리의 기원과 관련하여 이 질문의 중요성은 두 가지 역사적 예를 참고하여 설명될 수 있다. 그 예들은 이야기로부터 교리로의 이행을 행함에 있어 부딪히는 난제들을 보여준다.

나는 속죄에 대한 소위 승리자 그리스도(Christus Victor, 구스타프 아울렌은 그리스도의 속죄 사역의 핵심이 대속이 아니라, 죄와 마귀에 대한 승리라고 주장한다.-역자주) 이론에 대해 살펴보면서 시작하려 한다. 이 이론은 교부 시대에 유명한 것이었고,[71] 근본적으로 이야기이고, 심지어 극적이기까지 하다.[72] 신약의 구원론적 표지들과 비유들은 인류의 구원 드라마에 대한 이야기적 설명을 얻기 위해 확장되고 재구성된다. 이 이야기는 분명한 전제를 가지고 있다. 예를 들면 인류는 독재자들이나 적대적 권력의 노예라는 전제이다. 하지만 이 전제들은 그 이야기 자체로 확인된다. 나사렛 예수의 죽음과 부활은 그들을 노예로 만드는 악한 권세들에 대한 하나님의 전투와 승리를 보여준다. 이런 방식을 다시 이야기하는 과정 가운데 이 전제들은 확인된다.

우리의 관심은 내용보다는 구조에 있다. 구스타프 아울렌(Gustaf Aulén)은 이를 부적절하게 '속죄의 고전적 이론'이라고 불렀다. 그 이야기는 그가 대답하는 것보다 더한 질문을 불러 일으키는 것이 입증되었다. 왜 인류는 악마의 권세에 매여 있었는가? 어떤 방식으로 십자가와 부활은 하나님의 전투와 승리를 나타내는가? 왜 하나님은 그냥 마귀를 제거할 수 없었을까? 그리고 이 난제들에 직면하여, 그 이론의 지지자들은 그 이야기가 해석될 수 있는 빛 가운데, 개념적 하부구조를 제시해야 한다. 그래서 마귀의 법(ius diaboli) 개념은 더욱 당황스럽게 만드는 지점들에서 그 이야기를 이해하려는 시도로써 발전하

---

70) 기독교 윤리와 나사렛 예수의 이야기 사이의 관계에 대하여 참고하라. McGrath, 'Christian ethics'.
71) 이 이론의 가장 유명한 해설은 다음에서 찾을 수 있다. Aulén, *Christus Victor*. 비교. Gunton, 'Christus Victor Revisited'.
72) Aulén, *Christus Victor*, 4.

었다.73) 그렇게 승리자 그리스도 이론에 의해 이야기된 드라마를 해석하는 수단으로써, 교리 공식화의 하부구조가 드러나기 시작한다. 11세기 후반과 12세기 초반의 신학적 르네상스와 함께, 이 하부구조는 열정적이며 비평적인 철저함을 가지고, 안셀름(Anselm)과 아벨라르(Abailard)와 같은 신학자들로부터 생겨났다.74) 그러나 결국 이는 불만족스러운 것으로 거절되었고, 구속에 대한 (이야기라기보다는) 하나의 교리로 대체되었다. 그러나 우리의 관점은 승리자 그리스도 이론의 구조와 관계된다. 이 구조는 성경 이야기와 교리 공식화 사이의 중간 단계로 보여질 수 있다. 이야기가 의미가 있어야 했다면, 그 이야기는 공리들의 전제를 요구한다. 이 공리들은 교리의 생성 과정에서 확인되고 발전된다. 이야기가 무엇이 부족한지 혹은 무엇을 전제했다고 타당성 있게 주장될 수 있는지는 교리의 하부구조에 의해 제공되었다.

우리의 두 번째 예는 오리겐의 기독론적 전통이다.75) 이 전통에서 '신화'(mythology)와 '형이상학'(metaphysic)은 (즉 궁극적으로 플라톤에게서 기원한 이야기와 다양한 개념성들의 체계들은) 상호 관계를 요구했다. 어떻게 성경의 이야기가 그런 해석적 체계와 관계될 수 있는가? 그리고 다양한 체계 중 어떤 것이 가장 적절한 것으로 가능할 수 (혹은 생각될 수) 있을까? 아리우스 논쟁은 다른 해석 체계들 사이의 긴장을 비추어준다. 아리우스와 아타나시우스 둘 다 같은 이야기의 해석자들이라고 주장한다. 아리우스가 철학자가 아님에도 불구하고, 그가 읽은 성경 이야기는 일원론(monist, 일원론은 존재의 개념에 단일성을 적용한다. 존재하는 것은 단일한 실체와 물질로 설명할 수 있다는 철학적 입장이다.-역자주)과 형이상학 절대주의(absolutist metaphysic)를 요구했다.76) 그가 보기에 성경 이야기는 피조물에 초점을 맞추고 있지, 창조주에게 맞추고 있지 않다. 아타나시우스가 보기

---

73) 이에 대하여 참고하라. de Clerck, 'Droits du démon'.
74) McGrath, *Iustitia Dei*, 1.55-62.
75) 참고. Williams, *Arius*, 117-57 그리고 그 안에 참고문헌들.
76) Williams, *Arius*, 231.

에 같은 이야기는 하나님의 아들의 성육신에 초점을 맞추고 있고, 이에 상응하여 다른 형이상학적 내용을 암시한다.

이 논쟁은 교리의 기원에 있어 중대한 단계를 보여준다. 성경 이야기의 해석 체계로써 교리 공식화의 적절성을 시험할 필요가 생겼다. 아리우스와 아타나시우스, 둘 다에 의해 제안된 체계는 충분히 내적으로 일관성이 있어, 다른 근거들에 대한 그들의 평가를 필요로 했다. (더하여 린드벡의 교리에 대한 '문화-언어적' 접근과 관계하여 한 요점이 중요하다. 린드벡의 접근은 각각의 선택이 자신의 사용 가능한 범주의 기초에서 동등한 가치를 지닌 것으로 다루어야 하는 것처럼 보인다) 그 근거들은 성경 이야기 자체와 기도, 예배, 경배 가운데 표현된 신앙 공동체 내의 이야기에 대한 평가, 둘 다와의 상호관계의 정도를 포함했다.[77] 기도의 법, 해석의 법(lex orandi lex interpretandi, 기도와 신앙이 서로 통합되고, 예배는 신학에서 구분되지 않는다는 의미의 표어이다.-역자주)의 격언의 중요성에 대한 아타나시우스의 강조는 그로 하여금 이 점에서 아리우스와 구별되게 한다.[78] 아타나시우스에게 예배는 신학적 진술들이 정제되는 장소에서 결정적인 것이다. 아리우스에게 신학은 예배의 비판을 위한 체계를 제공하는 것이었다.

그렇다면, 어떻게 이야기와 교리가 관계되는가? 더 상세한 설명에 앞서, 교리가 성경 이야기와 가진 관계는 잠정적으로 다음과 같이 요약될 수 있다. 교리는 개념적 체계를 제공한다. 그 체계를 가지고 성경 이야기는 해석된다. 그러나 이것은 임의적 체계가 아니다. 오히려 이야기에 의해 제안되고, 성경 자체에 의해 (하지만 잠정적으로) 암시된 체계이다. 이 체계는 이야기를 이용하기보다는 그 이야기 안에서 분별되어야 한다. 이야기는 일차적이고, 해석적 체계는 이차적이다. 신약은 나사렛 예수의 이야기와 원시 기독교 공동체의

---

77) 일반적인 요점은 최근에 새로운 관심을 받게 되었다. Ebeling, 'Die Notwendigkeit des christlichen Gottesdientes'; Schlink, 'Die Struktur der dogmatischen Aussagen'; Wainwright, *Doxology*.
78) 초기 기독교 교리의 형성에 있어 기독교 예배의 중요성에 대하여 참고하라. Wiles, *Making of Christian Doctrine*, 62-93.

존재를 위한 이야기의 타당성에 대한 해석, 둘 다를 포함한다. 교리는 신약 내에서 발견되는 유사-교리적 암시, 표시, 표지판의 확장을 보여준다.

이야기는 해석을 요구한다. 대부분의 이야기는 (예를 들어, 윌리엄 골딩([william Golding]의 소설 『파리대왕』[Lord of Flies]은) 하나 이상의 수준에서 행해지는 해석임이 동의된다. 성경 이야기도 예외가 아니다. 구약은 고대 근동의 유목민 중에서 자신의 정체성을 위한 요구의 한 이야기로 읽혀질 수 있다, 공관복음들은 잘못 이해된 갈릴리 사람의 혁명이나 좌절된 유대 랍비의 이야기로써 읽힐 수 있는 것과 마찬가지이다. 교리는 기독교 공동체의 자기-이해에 적절한 성경 이야기의 특별한 해석을 표현한다. 혹은 그 해석들의 범위를 표현한다. 그리고 다른 사람들에게 질문하도록 한다. 그래서 '예수는 그리스도이다'라는 주장은 나사렛 예수의 이야기를 특별한 빛 아래 보도록 하는 교리적 확언이다. 그러나 이 주장은 임의적인 것이 아니다. 이는 그 이야기 자체의 빛 안에서 정당한 것으로 고수된다. 로마서 1:3-4은 나사렛 예수의 이야기와 관련하여, 예수가 그리스도라는 바울의 주장을 정당화한다. 이 이야기의 하부구조는 바울의 다른 신학적 혹은 윤리적 주장들에서 발견될 수 있는 것과 마찬가지이다.[79]

'두 본성' 교리는 두 가지 필수적인 통찰을 확인한다. '예수는 하나님이다'와 '예수는 사람이다'. 어떤 형이상학적 혹은 존재론적 함축이 이 주장들에 의해 제시될 수 있다. 그렇다 하더라도, 처음에 그 주장들은 나사렛 예수 이야기의 해석과 관련된 것을 인식하고 있었다. 그것이 중요하다. 이 이야기의 맥락 안에서, 예수는 두 가지 역할을 (사람과 하나님의 역할을) 수행하는 것으로 판단될 수 있다. 여기에서부터 상호 간에 배타적인 것으로 여겨지는 두 역할은, 각기 다른 행위자들을 요구하면서, 초점을 맞추는 이야기에 의해 예수라는 단일한

---

[79] 참고. Hays, *Faith of Jesus Christ*, 특히 193-246.

인격에 긴밀하게 관계되고 초점을 맞춘다. 이야기의 맥락 안에서, 예수는 하나님처럼 행동한다. (예를 들면, 죄를 용서함으로, 막 2:5-7) 뿐만 아니라, 더욱 전형적인 인간적 행위자의 역할도 전제된다. 두 본성 교리는 그래서 성경 이야기를 해석하는 도구를 제공하여 내적 일관성을 보장하게 된다.

비슷하게, 삼위일체 교리도 기독교 이야기의 해석으로 간주될 수 있다. '아버지와 아들과 성령'(Father, Son and Holy Spirit)은 하나님의 일치되는 표현이다, 하나님은 신약에서 활동하시는 것으로 이해된다.[80] '아버지', '아들', '영'은 신약 이야기 내에서 연관된 역할들로 확인된다. 삼위일체 교리는 구약과 신약의 이야기를 정확하게 해석하기 위한 해석학적 열쇠를 제공한다. 그렇지 않으면 세 가지 다른 신성에 대한 것으로 이해될 수 있기 때문이다. 삼위일체 논의는 성경 이야기의 중심에서 하나님을 확인하려는 시도이다. 전반적으로 교리와 마찬가지로, 성경 이야기는 형이상학적 진술들을 명백하게 만들지도, 명백하게 불가능하게 하지도 않는다. 이는 먼저 이야기의 해석과 관련된다.

이 점에서 규범적 담론으로써 교리에 대한 린드벡의 분석은 생산적 역할을 하며, 성경 이야기의 일관된 해석을 결과로 보장한다. 린드벡의 예를 사용하면, 만약 '덴마크'가 햄릿의 이야기에 의해 '햄릿이 살았던 나라'가 됨으로 확인된다면, 체계내적 일관성에 따라 '덴마크'가 갑자기 어떤 다른 의미를 가져서는 안 된다.[81] (비슷한 방식으로, 나는 '나니아'[Narnia]를 '아슬란[Aslan]이 살고 있는 나라'로 정의할 수 있을 것이다. 우리가 이 단계에서, '나니아'가 어떤 외부적 근거를 가지는가와 관련된 질문보다는, 일관성을 다루고 있다는 점을 강조하려고 한다. '나니아'는 그 이야기에 의해 자신의 의미가 확인되고, 주어진다.) 이야기의 분석은 관계들의 네트워크를 불러일으키며, 체계 내적 일관성을 요구한다. 만약 나사렛 예수가 '하나님'으로 정의된다면, 그때에 일관성은 전통적 단일신론이 최소한 두 신이 있다는 것을 인정하

---

80) 이 주제에 대한 통찰력 있는 해설은 참고. Jenson, *The Triune Identity*, 1-56.
81) Lindbeck, *Nature of Doctrine*, 65.

거나, 혹은 이 이야기 내에 내포된 '하나님'이 실제로 존재하는지에 대한 질문을 재고하기를 요구한다.

그래서 교리와 성경 이야기의 관계는 역동적이다. 이야기는 교리적 주장들을 암시하는 해석학적 하부구조를 가지고 있다. 이야기 구조와 연관된 개념적 체계가 성경 내에 존재한다는 것은 확실하다. 이것들은 교리 공식화의 중 좀 더 정교한 개념적 체계들의 생성 과정의 시작점들로써 기능한다. 성경적 암시, 표시, 표지판의 기초에서, 교리적 주장들은 만들어질 수 있다. 그리고 그 주장들은 이야기의 해석을 위한 개념적 체계로서 적용된다. 그러고 나서 이야기는 이 개념적 체계의 빛 안에서 다시 읽히고, 다시 보여진다. 그 과정 중에 체계의 수정은 제안된다. 그래서 교리와 성경 사이에, 해석적 체계와 이야기 자체 사이에 역동적 상호작용의 과정과 피드백의 과정이 있다. 마치 수학적 반복의 연관된 과정들과 유사하다. 여기에 상상(Vorstellung)과 개념(Begriff)의 관계에 대한 헤겔의 이해와 유용한 유사성이 있다. 진리의 철학적 중재는 표현과 개념 사이의 지속적인 역동적 움직임에 의해 특징지어진다. 마치 한 가지가 다른 것과 비교되고, 그에 따라서 정제되고, 수정되는 것과 같다.[82] 그 대신에, 피아제 이론(사람의 인지 발달은 환경과 상호작용한다는 인지 심리학의 이론이다.-역자주)의 용어로 이 논리적 관계를 흡수와 적응으로 묘사할 수 있다. 이야기는 개념에 흡수된다. 그리고 그 개념은 이야기에 적용된다. '해석학적 소용돌이'의 과정 가운데,[83] 해석의 새로운 수준은 성경의 생성하는 이야기와 교리의 해석적 체계 사이에 진행되는 상호작용의 움직임을 통해 달성된다.

이 요점들을 염두에 두고, 우리는 와일스(Wiles)의 진술과 같은 한 진술을 생각할 수 있다. '성육신은 완전하고 적절한 의미에서, 성경에서 직접 나타난

---

82) Hegel, *Vorlesungen über die Philosophie der Religion*; in Werke 11.26. 비교. Clark, *Logic and System*, 57-63.
83) Hart, *Unfinished Man and the Imagination*, 99.

것은 아니다.'84) 정말 그렇다. 더해질 수 있다. 참나무가 하나의 도토리에 직접 나타나지 않는다. 85) 본질적인 질문은 성육신의 교리가, '완전하고 적절한 의미에서', 성경 이야기의 적합한 해석인지에 대한 것이다. 형이상학과 이야기가 다르다면, 그러나 상호 배타적이지 않은 논의 방식이라면, 그런 진전된 형이상학적 주장들은, '완전하고 적절한 의미에서' 성육신과 관계된 주장으로써, 성경 이야기 내에서 발견될 것이다. 논쟁에서 진짜 요점은 그런 형이상학적 진술이 이 이야기와 일관성이 있는가, 그리고 이 이야기에 의해 적법하게 생성되었는가이다. 그것은 그 이야기와 연속적이며 인접한 것인가? 이야기는 해석을 주장한다. 그리고 이야기 안에서 자신의 씨들을 분별한다. 이야기와 개념화들의 체계 사이의 전이가 정당화되는가? 내가 확인해왔던 이야기와 해석학적인 체계 사이의 상호작용하는 움직임의 과정은 기본적인 것을 허용한다. 그러나 그럼에도 불구하고 이미 존재하는 개념성들과, 미묘한 방식으로 성경과 해석 과정의 추론들 사이에는 기본적이지만 결정적인 차이가 허용된다. 많은 학자들에게, 성육신의 견해는 이미 성경에 있는 것이다.86) 다른 사람들에게, 그것은 합리적인, 아마 심지어 필연적인 추론이기도 하다. 도토리와 참나무 사이의 본질적 생물학적 연속성은 그 유전자 코드에 의해 보장된다.87) 우리는 예수의 이야기와 성육신의 교리적 체계 사이에 정체성의 해당되는 체계를 분별할 수 있는가? 만약 급진적 불연속성 혹은 불인접성이 입증될 수 있다면, 성육신의 교리는 한편으로 부적절한 것이 될 수 있다.

그 질문은 자주 주장된 것처럼, 성육신 교리가 성경의 전제에서 적절한 추

---

84) Hick, *Myth of God Incarnat*, 3.
85) 교리의 발전과 관련한 생물학적 유사점들은 참고. Blondel, *Letter on Apologetics*, 255-6. 그러나 Woods의 평가('Doctrinal Criticism',91)에 대해 할 말이 많이 있다. '나는 우리가 아직 교리 발전의 과정을 묘사할 때에 가장 적합한 어떤 비유를 찾았다고 확신하지 않는다.'
86) 예를 들면, Marshall, 'Incarnational Christology in the New Testament'.
87) RNA/DNA 추론의 사회학적 의미에 대하여, 특히 종교의 사회적 기능의 관계에 대하여, 참고. Luhmann, *Funktion der Religion*, 21.

론인지에 대한 것이 아니다. 이것은 성경과 관계된 논의에서 문학적 장르와 방식을 오해한 것이다. 성경 내에서 마주치는 일차적 문학 형식은 명제적 진술이 아니라, 이야기의 형식이다. 적절한 분석 방식은 연역보다는 추론이다. 성경이 이야기를 연역적인 것보다는, 특별한 것들의 한 묶음으로, 추론의 한 과정으로 다시 이야기하는 동안, 분석은 분명하게 드러난다. 문제는 어떤 개념성들의 체계가 이 이야기에서 추론될 수 있는가에 대한 것이다.

나는 성육신과 관련된 논쟁 내에서 자주 간과되고, 오해된 몇 요점들에 관심을 두면서 이 진술을 작성하고자 한다. 성경은 일차적으로 연역들을 만들어내는 전제들의 묶음이 아니다. 성경은 특별한 논의 방식이고, 사고의 패턴이며, 그 패턴은 해석학적 체계로의 전이를 요구한다. 이것은 담론의 방식과 사고 패턴에서의 전이를 포함한다. 그 전이 안에서 상당히 다른 두 가지 장르는 (이야기와 형이상학은) 상관관계를 요구한다.

고대 그리스에서 형이상학을 생겨나게 하는 결정적인 전이는 자주 신화에서 로고스(logos)로의 전이로 그려진다. 달리 말하면, 이야기로부터 개념적 체계로 이동한다.[88] 신화와 관계된 담론의 이야기 방식을 떠나 담론과 사고의 논쟁적이며 개념적 방식으로 전이된 것은 소크라테스 이전의 철학자들(the Pre-Socratics), 플라톤, 아리스토텔레스를 통해 추적될 수 있다.[89] 여기에서 언급할 가치가 있는 중요한 논쟁은 사람의 존재의 이야기적 구조가 존재론적으로 주어진 것인가, 아니면 역사적으로 우발적으로 획득된 것인가에 대한 것이다.[90] 이 논쟁의 결과가 나의 분석과 직접적인 관련성을 가진 것은 아니다. 나의 분석은 이야기의 구조가 (주어졌든 혹은 획득되었든) 구조적으로 시간과 공

---

[88] Burkert, *Greek Religion*, 305. 이야기와 개념성들의 관계에 대한 가치있는 분석은 참고. Jüngel, *God as the Mystery of the World*, 299-314.
[89] 플라톤에 대한 Pieper의 연구와 아리스토텔레스에 대한 Ritter의 종합적인 연구들을 참고하라. Pieper, *Über den Begriff der Tradition*, 20-35; Pieper, *Über platonischen Mythen*; Ritter, 'Aristoteles und die Vorsokratiker'.
[90] 이 논쟁에 대한 중요한 공헌은 White, *Metahistory*이다.

간을 표현할 수 있는 매개체를 구성한다는 견해에 기초한다. 이 매개체를 통해 나사렛 예수의 역사는 우리에게 전달된다. 교리가 이야기의 해석과 관계되고, 그래서 문학적 장르와 사고방식에서 다른 것으로 전이한다는 것은 우리에게 그와 관련된 '헬레니즘'(Hellenism)의 기초에서 교리의 비평들의 잠재적 무용성을 경고한다.

성육신의 교리는 아마도 담론의 이야기와 형이상학적 방식 사이의 오래된 상호작용의 결과로, 교리의 기원에 핵심적으로 중요한 상호작용의 고전적인 예이다. 비평적 고찰이나 사고의 다른 패턴이나 담론의 방식들과 상호 관계를 무시하고, 단순하게 기독교 이야기를 다시 말하는 것을 주장하려고 하는 사람들은 항상 있을 것이다. 교리 공식화는 성경 이야기의 단순한 반복만으로 충분하지 않다는 초기 교회의 바른 이해의 결과물이다. 플라톤주의와 관계된 것들처럼, 이야기와 개념적 체계를 상호 연관시키는 다른 방식의 담론과 상호작용하는 것이 필요했다.

내가 전에 주장한 바와 같이, 기독교 교리는 오랫동안 성장한 전통의 현재적 결과물로 간주될 수 있다. 그 전통 안에서 기독교 공동체는 자신의 근본적 전통들에 대한 해석에 도달하려 노력해왔다. 이는 신약에서 구현되었다. 신약은 전통 가운데 자기 자신의 현재 위치를 공정하게 다루면서도, 부적절한 것으로 판단될 수 있는 교리적 예단들을 제거하려 시도한다. 이 해석은 해석학적 체계를 발견하려는 시도 가운데, 혹은 이미 신약 내에 암시된 그런 체계들의 범위에서, 성경 이야기와 교리 공식화 사이의 지속적인 상호작용을 포함한다. 이 기초에서 나사렛 예수의 이야기는 향상된 의미 수준에서 보여질 수 있다. 성육신의 개념을 포함하는 교리 체계는 유대적 유일신론의 분명한 암시 때문에 어느 정도의 망설임에 이르게 되었다. 그리고 계몽주의 시대와 후기-계몽주의 시대에 가장 지속적인 비판을 받아왔다. 그럼에도 불구하고, 한편으로 나사렛 예수의 이야기와 다른 한편으로 신약 내에 포함된 원시적 해석 체계들, 또 다른 한편으로 성육신 교리 사이에 급진적인 불연속성은 여전히 발견된다.

1장에서 나는 교리의 기원을, 신약의 선포에 신실하게 남아있기 위해, 교리의 생성을 신약의 제한으로부터 옮기려는 신학적 고찰의 필요성 내에 놓인 것으로, 신약의 상황과 용어를 정의하는 것으로 위치시켰다. 반복 신학은 그 보적함을 고통스럽게 분명히 드러냈고, 비판적 신학적 고찰의 필요는 곧 인정되었다.

그러나 이 고찰적 발전이 어떤 형식을 취할 수 있을까? 성경 이야기의 보충이나 축약은 말할 필요도 없이, 수정에는 잠재적인 왜곡이 동반하여 영향을 준다는 점에서 결함이 있었다. 진지한 유일한 가능성은 성경 이야기를 다른 (그러나 완전히 무관하지 않은) 담론의 방식으로 재구성하는 시도를 통해, 새로운 이미지와 용어들을 만들어내어, 개념적으로 전달하는 데 있다. 이것은 나사렛 예수의 의미를 기술하는 이차적 움직임이며, 그런 점에서 불안정한 움직임이다. 그러나 이것은 만약 복음선포가 자신의 첫 세기 팔레스타인 기반에 경직되지 않으려면, 피할 수 없다. 그러므로 미토스(mythos)에서 로고스(logos)로의 전이는 역사적으로 고대 그리스의 철학적 담론 방식의 기원과 관계된 역사적 유사성을 내포하였다. 이를 '헬레니즘'의 해로운 영향으로 보고 버리는 것은 특정한 역사적 상황에서 가능한 사고의 다른 방식들을 유감스럽고, 참을 수 없다고 표현하는 것이다. 그래서 다른 역사적 상황에서 복음을 효과적으로 선포하는 것을 방해하게 된다. 나사렛 예수와 관련된 성경 이야기의 형이상학적 그리고 존재론적 암시들은 사라지지 않을 것이다. 그리고 단지 몇몇 개인들이 그것들을 어렵거나, 이해하기 쉽지 않다고 생각한다 해서 그것이 손쓸 수 없이 무시되거나 떨쳐 버려질 수 없다.

이야기로부터 사고의 개념적 체계로의 전이는 기독교 신학에게 잠재적인 파괴적 영향을 가질 수 있다. 만약 나사렛 예수에 대한 이야기가 특정한 개념성의 체계를 생성하도록 허용하고, 그리고 나서 이 이야기가 잊혀진다면 그렇게 될 것이다. 만약 기독교에 대한 개념적 접근이 (성육신의 개념과 관련된 것처럼) 자기 충족적이며, 자동적인 것으로 간주되어 왔다면, 원래 그것을 촉발시켰던 이야기는 역사의 안개로 사라져 버렸을 것이다. 이 현상이 발생했다면, 필연적으로 심각한 우려가 이 체계의 타당성과 부적절성과 관련하여 발생하였을 것이다. 그것은 가시적 지지없이 유보된 채로 남겨졌다. 경쟁하는 사상들에 의해 외부로부터 부과된 것들을 제외하고, 어떤 기준도 평가에 있어 제시될 수 없다. 그러나 기초가 되는 이야기는 신앙 공동체에 의해 보전되어 왔고, 교리적 고찰에서 일차적 상태를 일치시킨다. (특별히 종교개혁 교회들 내에서 그런 것처럼) 오직 성경(sola scriptura)의 원리는 결국 근본적인 성경 이야기가 생성하는 개념성의 체계에 대한 성경 이야기의 탁월성에 대한 주장이다.[91] 우리는 예수의 역사를 전체로써 접근할 수 없다. 우리는 예수에 대한 전통들 전체를 소유하고 있지 않다. 그럼에도 불구하고, 우리는 첫 기독교 공동체들이 근본적이며 정체성을 부여하는 것으로 여긴 역사와 전통들의 일부에, 가능한 해석적 체계들의 암시를 따라 접근할 수 있다. 우리에게 복음의 개념적 묘사들을 (과거와 현재와 미래를) 결과로 내는 평가를 허용한다. 우리는 제안된 개념성들의 체계를 생성하거나 평가할 수 있는 기준을 여전히 소유하고 있다. 결국 기독교 교리는, 어떤 특정한 개념들의 관계가 아니라, 성경과 관계하여 서고 넘어진다.

이야기와 형이상학의 관계는 루터의 '십자가 신학'(theology of the cross)을 생각할 때 더 탐구될 수 있다. 이는 아마도 신학적으로 이 주제에 대한 가장

---

[91] 종교개혁은 마땅히 그들의 근원 이야기의 빛 가운데 개념성들의 중세 카톨릭 체계를 늦게나마 다시 시험한 것으로 해석될 수 있다. 유사하게, 종교개혁의 구호인, *ecclesia reformata, ecclesia semper reformanda*는 근원 이야기와 그 결과 개념들을 지속적으로 상호 연관시킬 필요에 대한 주장으로 해석될 수 있다.

정확한 설명 중 하나일 것이다.[92] 루터의 신학은 자주 '반-형이상학'(anti-metaphysical)이라며 부정확하게 묘사된다. 이는 자주 어떤 사람들로 하여금 그의 신학에 대한 비역사적 판단을 하도록 이끌어왔다. 하지만 루터의 근본적 요점은, 십자가에 못 박히신 그리스도의 이야기는 이야기 자체에 의해 세워진 체계의 기초에서 해석되어야 한다는 것이다. 이질적으로 부과된 체계의 기초 위에서 해석되어서는 안된다. 아리스토텔레스의 형이상학에 대한 루터의 혐오는, 그것이 성경 이야기를 심각한 왜곡으로 이끌 해석학적 체계를 부여한다는 자신의 확신에 기초한다.

루터의 특별한 관심은 '하나님의 영광', '하나님의 권능', '하나님의 의'와 같은 신적 속성들을 중심으로 진행된다. 만약 이 속성들이 (유추의 원리의 무비판적 사용을 포함하여) 이전에 있던 형이상학적 전제들의 기초에서 정의된다면, 복음은 왜곡된다. 어떻게 '하나님의 의'(iustitia Dei, 롬 1:16-17)에 대한 계시가 (의 [iustitia]에 대한 아리스토텔레스의 분석의 기초에서) 오직 정죄를 암시할 때에, 이 계시가 죄인을 위한 좋은 소식이 될 수 있을까?[93] 루터의 신학적 돌파구는 (1515년의 언젠가로 추정되는데) 나사렛 예수의 이야기가 십자가에 못 박히신 그리스도를 중심으로 진행된다는 그의 깨달음에 중심이 있다. (십자가에 못 박히신 그리스도에 대한 이야기의 변수들 안에는 십자가에 못박히시고 숨겨지신 하나님[Deus crucifixus et absconditus]의 기능과 정체성이 가정된다.) 그 이야기는 '하나님의 의'와 같은 용어들의 의미를 정의한다.[94] '십자가의 신학자'는 성경 이야기의 기초에서 개념적 체계를 만들어 내는 사람이다. '영광의 신학자'는 성경 이야기를 미리 결정된 개념적 체계의 기초에서 해석하는 사람이다.

그래서 루터는 형이상학에 반대하지 않는다. 1515-21년 기간의 그의 저

---

92) 참고. McGrath, *Luther's Theology of the Cross*, 148-81.
93) 아리스토텔레스에 대한 루터의 비판에 대하여, 참고하라. McGrath, *Luther's Theology of the Cross*, 136-41.
94) 풍부한 분석에 대해 참고하라. 같은 책, 95-181.

작들을 대강 읽어 보아도 이것이 드러난다. 그의 관심은 나사렛 예수에 대한 성경 이야기를 받아들이는 것이다. 즉 십자가에 못 박히신 그리스도에 초점을 맞추는 것이다. 성경 이야기는 그렇게 자신만의 개념성의 체계를 생성한다. 성경 이야기의 자율성에 대한 루터의 주장은 형이상학을 반대하는 것을 포함하지 않는다. 단지 미리 형성된 형이상학에서 성경을 해석하는 체계를 찾아보려는 권리를 거부한 것이다. 루터에게 '하나님의 의'와 같은 개념성들은 성경 이야기에 의해 정의되었다. 심지어 '하나님'도 이 방식으로 정의되었다. '십자가에 못 박히시고 숨겨진 하나님'(Deus crucifixus et absconditus)이라는 루터의 유명한 언급에서 볼 수 있는 것처럼 말이다.[95] '하나님'에 대한 아리스토텔레스의 정의는,[96] 루터에 따르면 성경 해석에 직접적으로 관계가 없다. 그 정의는 다소 다르게 최고 대리인으로서 하나님을 정의한다. 루터의 용어 '십자가만이 우리의 신학이다'(crux sola nostra theologia)는[97] sola scriptura 원리의 정교한 진술로써 간주될 수 있다. 이 용어는 역사적으로 기초가 된 이야기가 신학적 고찰에서 (신성의 추상적 개념보다) 우선하고 있음을 보여준다.

경험의 해석으로써 교리

기독교는 사람의 경험과 관계한다.[98] 그러나 이것은 보편적인 개인적 경험과 관계된 것이기 때문에 모든 종교에 일반적이라고 말하는 것은 아니다.[99]

---

95) WA 1.613.23-8.
96) 이에 대해 참고하라. Hamlyn, 'Aristotle's God'.
97) WA 5.176.32-3.
98) 신학적 범주에서 '경험'에 대한 일반적 연구에 대해 참고하라. Ebeling, 'Die Klage über das Erfahrungsdefizit'; Lange, *Erfahrung und die Glaubenswürdigkeit*; Ritter, 'Theologie und Erfahrung'; Schaeffler, *Fähigkeit zur Erfahrung*.
99) 교리에 대한 린드벡의 '경험적-표현주의' 모델의 설명에 대한 나의 비판을 참고하라. pp.20-6

오히려 기독교 공동체 내의 공동의 경험과 관련된 것이다. 논의의 접촉점으로써 소외에 대한 사람의 경험, 모국에서 떨어져 나간 느낌을 가지고 이야기를 다루어보겠다. 그들을 변화시키고자 하는 그리고 예수 그리스도를 통한 구원의 경험의 모양이 어떠할지를 가리키기 위해 그런 경험을 다룬다.[100] 그러나 어떻게 경험이 언어로, 깨어지고 조각난 단위로 이루어진 사람의 언어로 표현될 수 있을까? 만약 언어가 단지 사람의 논리의 대상이라면, 삼단논법의 형태로 표현할 수 없는 것은 어떻게 묘사될 수 있을까? 비트겐슈타인이 비꼬며 지적한 것처럼, 사람의 언어는 커피의 향조차도 표현할 수 없다.[101] (아마도 현지의 비엔나커피에 대한 전형적 기억의) 경험 묘사의 실패가 주는 의미는, 만약 사람의 경험이 언어의 울림으로 전달되어야 한다면, 도저히 얻을 수 없게 더 나은 어휘가 필요하다는 것이다.

여기에서 근본적 통찰은 지난 장에서 언급된 것처럼, 사람의 언어가 경험을 적절하게 정의할 수 없다는 것이다. 그러나 그럼에도 불구하고 언어는 표지로서 그것을 향할 수는 있다. 교리의 경험적 측면에 대한 강조가 특히 후기 르네상스와 경험에 초점을 맞춘 낭만주의 시대 신학들의 출현과 연관되어 있는 것이 분명하지만, 사실 그런 통찰들의 암시는 히포의 어거스틴(Augustin of Hippo)의 저작들과 중세의 해석자들의 저작들에도 분명히 존재한다. 기독교 교리는 기독교 경험 생성의 근거를 제시하고, 결과적으로 해석의 근거를 제시하여 기독교 삶을 형성하려고 시도한다. 이 의미에서 슐라이에르마허가 기독교 교리는 개인적으로 기독교 종교 감정의 설명이고, 말에서 시작된다고 주장하는 것은 옳다.[102]

---

100) 믿음으로 말미암은 칭의 교리의 경우에서 그런 예를 볼 수 있다. 참고. McGrath, 'The Article by which the Church stands or falls'.
101) Kerr, *Theology after Wittgenstein*, 162-7. '현대의 커피 감각'(current coffee sensation)에 대한 블랙번(Blackburn)의 논의는 이 점을 발전시킨다. 'Private Experience', 203-4.
102) Schleiermacher, *Christian Faith*, 76-8.

예수의 자기-의식의 전달성에 대한 슐라이어마허의 강조는 중요한 전제들을 기초로 가지고 있다. 예수의 자기-인식은 자연적인 (혹은, 이렇게 말할 수 있을지 모르겠는데, 구속되지 않은) 자기-인식으로부터 구분될 수 있다. 절대적으로 정의할 수는 없지만, 역사 가운데 다른 시점에, 다른 사람에게 자신의 의사를 소통하도록 하는 그런 방식으로, 자신의 발전으로 인식될 수 있는 그런 방식으로, 표현될 수는 있다. 나사렛 예수라는 특정한 역사적 존재에서 이 자기-의식의 결정적인 실현은 발견될 수 있다. 그래서 예수는 구속된 삶의 모습을 정의하는 것으로 다루어질 수 있다.[103]

'예수의 자기-인식'의 개념은 '예수의 생애'(life of Jesus) 운동에서 파생된 연관성을 가진다. 그러나 이 운동은 현대 역사적 연구에서 의문스러운 것으로 여겨진다. 그래서 이 개념은 오늘날 시대에 뒤떨어지는 것으로 여겨진다. '종교적 경험'의 기준은, 현대에 교리의 성격에 대한 슐라이에르마허의 시각을 설명하는 수단으로써 의심의 여지없이 매우 적절한 것이다. 그럼에도 불구하고, 현대의 논쟁들에서 교리에 대한 슐라에르마허의 경험적 설명의 중요함은 분명하다. 기독교의 연속성은 (경건한 지각있는 개인의 경험적 수준이 아니라)[104] 기독교 공동체의 경험적 수준에서 세워져야 했다. 그리고 이는 교리의 수준에서 순전히 묘사적 방식으로 기술되어야 했다.

사람의 경험과 만남의 근본적인 심오함에는 풀리지 않는 긴장이 있다. 경험을 말로 표현하고자 하는 바램과 그 경험을 말로 완전히 이해하게 할 수 없는 말의 무능력 사이의 긴장이 있다. 사람의 소중하고 의미있는 모든 경험은 사라질 위협을 받는다. 그 경험 안에 어떤 의미에서 언어를 뛰어넘는 그리

---

103) 여기에서 야기되는 기독론적, 구원론적 요점들은 참고. McGrath, *Making of Modern German Christology*, 19-26; McGrath, *Iustitia Dei*, 2.154-8과 그 안에 참고문헌들.
104) 개인적 경험을 표현하는 것과 관련된 어려움들에 대한 간략한 설명은 참고. Blacknorn 'Private Expreience'.

고 언어 안에서 그것이 사람의 지식이 되기 위해 언급될 필요가 있다.[105] 유아론(solipsism)으로 인해 경험을 다른 사람과 소통할 수 없게 된다면, 그 불안으로 개인의 사적인 경험 세계 내에 사로잡히는 위협을 받게 된다. 언어는 경험을 가리킬 수 있다, 언어는 그 윤곽을 그리기 시작할 수 있다. 존 울먼(John Woolman)의 언급은 이 점을 보여준다. "나는 당신에게 이것에 대해 말할 수 있다. 그러나 당신은 그것을 내가 느낀 대로 느끼지 못할 것이다."[106]

언어는 자기 자신을 넘어, 자신의 손으로 잡을 수 없는 더 큰 어떤 것을 가리킨다. 사람의 언어와 그것이 표현하는 범주는 언어로 축소될 수 없는 어떤 것을 함축적으로 소통하려고 할 때, 한계를 드러내고 만다. 이는 사람의 경험을 온전하게 이해하는 데 존재하는 난제요, 언어적 틀 안에 경험을 가두는 것에 대한 완강한 거절이다. 이것은 시, 상징, 교리와 같은 것들이 필요한 근거를 제공한다. 정확하게 이해하기 어렵다는 것에 대한 초조함은 교리 공식화들에서 인지적 요소들을 거절하는 근거가 되는 것 같다.

경험 너머에 있지만, 경험에 의해 표시된 저 너머의 어떤 것에 대한 암시는 사람의 경험에 있어 특징적이다. 우리는 저 너머의 어떤 것의 경계에서 살아간다. 즉 암시된 어떤 것, 궁극적으로 우리의 이해의 한계를 넘어서는 어떤 것, 하지만 가끔 우리의 인식에 침범하는 어떤 것의 경계에서 살아간다. 경험과 언어는 그 자체를 넘어 존재하는 것을 가리킨다. 어떤 것이 자신의 한계를 넘어 존재한다는 것을 증거하면서, 하지만 그 안으로 우리가 안타깝게도 들어갈 수 없음도 증거한다. 매일의 언어가 경험적이며 관찰할 수 있는 것의 한계점을 넘어 이해하려고 시도할 때에, 언어는 저 너머에 있는 자신이 아는 것을 붙잡으려 할 때에, 일상의 언어는 실패한다.

---

105) 이것이 필연적으로 사고(thought)가 언어를 요구한다고 말하는 것은 아니다. 참고. L. Weiskranz (ed.), *Thought without Language* (Fyssen Foundation Symposia 2: Oxford, 1988). 오히려 사고의 표현과 소통이 언어를 요구한다고 주장한다.

106) Woolman, *Journal*, 542.

워즈워스(Wordsworth)가 주장한 것처럼, 인류는 '경계자들'(borderers)이다. 인류는 분명하게 사람의 경험의 실제 세계에 기초한, 그러나 그 한계를 넘어서는 염원에 이르려고 하는 경계자들이다.[107] 도달할 수 없고, 암시된, 아직은 경험에 의해 전달되지 않은 어떤 것에 닿으려는 이 감각은 강력한 종교적 함축들과 의미있는 종교적 결과들을 갖는다. 그러나 그것은 우리가 합리적으로 '종교적' 경험이나 '종교적' 상황으로 표기하는 것에 한정하는 것과 아무런 관계가 없다. 이 견해는 자주 사람으로 하여금 자신이 고상한 신념을 즐긴다고 생각하게끔 한다. 그러나 그는 반복적으로 (그리고 자주 비극적으로) 그 신념을 만족시키지 못한다. 도덕적 수준의 결함과 유한한 피조물 사이의 긴장이 있다. 우리는 유한한 피조물일 뿐이다. 그리고 우리는 우리를 부른다고 느끼는 높은 운명 사이에 긴장이 있다. C. S. 루이스가 이해한 유사한 긴장은 아름다움에 대한 탐구에서 심미적 수준으로 존재한다.

> 우리가 아름다움이 있다고 생각했던 책이나 음악은, 만약 우리가 그것들을 신뢰한다면, 우리를 배신할 것이다. 아름다움은 그 안에 있지 않았다. 단지 그것을 통해 왔다. 그리고 그것을 통해 온 것을 갈망하는 것이다. 이것들은 (아름다움, 우리 자신의 과거의 기억들은) 우리가 정말 바라는 것에 대한 좋은 그것들이다. 그러나 만약 그것들이 그 자체라고 잘못 이해한다면, 그것들은 경배하는 사람들의 마음을 깨면서, 멍청한 우상들로 변한다. 왜냐하면 그것들은 그 자체가 아니기 때문이다. 그것들은 단지 우리가 발견하지 못했던 한송이 꽃의 향기이

---

107) Wordsworth, *The Borders of Vision*, 1-35. 같은 주제가 Watson의 '임계성'(liminality)의 연구를 참고하여 탐색된다. Watson, *Wordsworth's Vital Soul*. 이 생각들은 간단하게 시대에 떨어진 19세기 낭만주의로서 묵살될 수 없다. 라일리(Reilly)가 관찰한 대로(Romantic Religion), 많은 중대한 영어권 낭만주의의 사상들은 채용되어왔고, 창의적으로 20세기 영어권 종교, 문학 작품들에서 발전되었다. 그래서 오웬 바필드(Owen Barfield)와 톨킨(J. R. R. Tolkein)은 창의적 상상에 대한 콜러쥐(Colerdige)의 원리를 사용하였다. 반면 루이스(C. S. Lewis), 찰스 윌리엄스(Charles Williams), 톨킨 모두 '낭만적'(romantic) 경험 (동경(Sehnsucht)과 같은) 것이 종교적 경험이거나 그렇게 될 수 있다고 동의한다.

고, 우리가 듣지 못했던 한 선율의 울림이며, 우리가 지금까지 한 번도 가지 못했던 한 나라의 소식들이다.[108]

달콤 씁쓸한 갈망, 동경(Sehnsucht), 그것이 약속하는 것을 전달하는 경험과 그 경험과 그것을 낳는 호흡을 붙잡으려는 사람의 언어, 둘 다의 무능함에 대한 감각은 에벌린 워(Evelyn Waugh)의 작품에 스며들어 있다. 아마도 Brideshead Revisited의 매우 정교한 날카로움에서 가장 강력하게, 과거의 기억이 현재를 침범하고, 밝히며, 변화시키는 것으로 스며들어 있다.

아마도 우리의 모든 사랑은 순전히 암시와 상징일 것이다. 방랑-언어는 다른 사람들이 우리에 앞서 터벅터벅 걸어갔던 지루한 길을 따라 있는 문기둥 포장석에 휘갈겨 써 있다. 아마 당신과 나는 모형들(types)이고, 때로 우리 사이에 떨어지는 슬픔은 우리의 탐구 안에 있는 실망으로부터 튀어나오며, 각각의 다른 사람들을 통하여 그리고 넘어 짜내면서, 때로 항상 우리 앞에 있는 한 걸음, 두 걸음의 모서리를 도는 그림자의 한 순간을 잡는다.[109]

기독교 교리는 이 감동적인 시와 유사한 제한 아래 존재한다. 역사적 형태로, 언어로 표현할 의무가 있다. 그러나 그들의 바로 그 성격으로 인해 이런 형태로 축소되는 것에 대한 반대가 있다. 그럼에도 불구하고, 언어와 경험 사이에 근본적인 공명이 있다. 채프먼(Chapman)의 호머(Homer)를 읽는 키엣(Keat)의 경험, 캠브리언 수선화(Cumbrian daffodils)의 엄청난 확장을 보는 워즈워스(Wordsworth)의 경험, 둘 다는 언어를 통한 표현과 소통을 요구했다. 아마 근본

---

108) Lewis, 'The Weight of Glory', 98. 여기에서 종교적 상상의 역할에 대하여 참고하라. Reilly, *Romantic Religion*, 98–147.
109) Waugh, *Brideshead Revisited*, 288.

적으로 그들의 목적에 적합하지 않은 수단이었을 것이다. 그러나 언어는 그들이 쓸 수 있는 유일한 수단으로 남아 있었다.

슐라이에르마허는 기독교 교리의 기능이 기독교 공동체의 언어 내에서 시적이며 수사학적인 언어로부터 '설명적-교훈적' 언어로의 결정적 전이에 영향을 주는 것이라고 주장한다.[110] 시의 언어와 교리의 언어는 이와 같이 구분된다. 그러나 신앙 공동체에게 가능한 대화의 수준에서 관계된다. 정확하게, 기독교 공동체의 일차적 언어가 시적이며 수사적이기 때문에, 교리는 그 일차적 언어 안에 있는 공동체에게 책임으로 맡겨진 선교를 위하여 필수적인 것이다.[111]

이 통찰은 교리의 변증적, 복음전파적 측면을 고려하는 것으로 발전될 수 있다. 설교는 신앙 공동체 바깥에 있는 사람들을 향한다. 단지 내부에 있는 사람들의 이해를 야기하기 위한 관점과 그들의 편에서의 대답을 가진 것만이 아니었다. 이는 아마도 C. S. 루이스에게서 발견되는, 종교의 언어에 대한 시적 언어의 관계에 대한 가장 뛰어난 논의들 중 하나에서 볼 수 있다. 그는 다음과 같이 쓰고 있다.

> 이것은 시적 언어의 가장 주목할 만한 능력이다. 시는 우리에게 우리가 가져 보지 못했던 혹은 결코 가지지 못할 경험을 가져다준다. 시는 우리의 경험 안에 있는 요소들을 사용하여 그 요소들이 우리의 경험 바깥에 있는 어떤 것을 가리키도록 한다. 한 지도 위에 두 개 이상의 길들이 우리에게 지도 바깥에 있는 도시가 있어야 할 곳을 보여주는 것처럼 말이다. 우리 중 많은 사람들은 결코 워즈워스가 전주곡 13권(Prelude XIII)의 마지막 즈음에 기록한 것과 같은 경험을 가질 수 없다. 그러나 그가 '환영적 황량함'에 대해 말할 때에, 나는 우리

---

110) Schleiermacher, *The Christian Faith*, 78–83.
111) Gerrish, 'Nature of Doctrine', 92.

가 그것에 대한 짐작을 얻고 있다고 생각한다.[112]

시적 언어가 감성과 교통하는 능력을 언급하는 것에 더하여, 루이스는 그 언어가 다른 사람들 안에 있는 감정을 불러일으키는 능력을 지적한다. 이는 워즈워스의 독자들이 시인의 느낌을 이해할 수 있다는 것이 아니다. 그 느낌들은 그가 읽을 때에 그 안에서 야기되고 일어난 것이다.[113] 여기에서 우리는 언어를 통한 감정과 느낌의 교통성의 원리를 발견한다. 비록 언어로 환원시킬 수 없는 내적 성격에도 불구하고 그렇다. 공동의 기독교 경험은 언어적으로 아직 그것을 발견하지 못한 사람들과 소통한다. 그러한 방법으로 한 개인은 먼저 그것을 경험할 수 있고 이어, 이 경험이 무엇에 대한 것인지 깨닫는다.

그렇다면, 기독교 교리를 간단한 그림으로 표현하는 것은 순전히 말장난이거나, 혹은 하나님의 신비를 명제들로 축소시키려는 시도로, 언어가 우리에게 도움을 주는 방식의 진가를 알아채는 데 실패한 것이다. 나의 경험이 표현되고, 또 다른 곳에서 소통되거나 불러 일으켜지기 위해, 인식적인 형태의 진술이 요구된다. 이 인식적 형태들이 그 경험을 전체적으로 이해하게 하는 데 실패한다는 점은 자명하다.

하지만 이것이 단지 수사학적 과장의 문제라고 할 수는 없다. 그것은 역사 안에 살아있는 것과 역사적 모양으로 교통해야 하는 것의 필연적 결과 중 하나이다. 슐라이에르마허는 교리가 기독교 공동체의 언어로 구성된 경험을 나타낸다고 인식하였다. 그래서 교리 공식화에서 인지적이며 경험적인 요소들

---

112) Lewis, 'Language of Religion', 169. 비트겐슈타인의 파울 엥겔만(Paul Engelmann)에 대한 아리송한 언급은 (Kerr, *Theology after Wittgenstein*, 166에서 인용) 같은 점에 대한 암시로 보인다. '만약 당신이 말로 형언할 수 없는 것을 말로 하려고 시도하지 않는다면, 아무 것도 손실되지 않는다. 그러면 말로 형언할 수 없는 것은 (말로 형언할 수 없이) 말로 표현된 것 안에 담겨져 있을 것이다.'
113) Lewis, 'Language of Religion', 167.

의 섬세한 상호작용을 지적한다. T. S. 엘리엇의 'The Dry Savages'의 표현은 이에 대한 통찰과 활용의 상황을 표현한다.

> 우리는 그 경험이 있지만 그 의미는 놓쳤다.
> 그리고 의미에 접근은 경험을 회복시킨다.

'경험'과 '의미'는 동전의 양면으로, 우리로 하여금 한편으로는 기본적인 명제들로 축소하지 못하도록 혹은 다른 한편으로는 시작 단계의 경험으로 축소하지 못하도록 한다. 모든 경험은 해석적인 요소를 포함하고, 해석적인 요소로 수정된다.[114] 현대의 과학적 관찰 이론들이 강조하는 것처럼, 경험은 선-이론적 정보가 아니다. 오히려 실제로 이론을 싣고 있다.[115] 그것은 해석적 요소를 동반한다. 순전히 경험을 해석이 필요한 원자료로 다루는 '씁쓸한 경험주의'(the brute empiricism)는[116] 부적절한 것이다. 경험은 실제로 해석적 체계 안에서, 다만 잠정적으로 '주어진' 것이다. 이론은 우리의 경험에 대한 접근에서 순전한 경험주의가 주장하는 것보다 더 많은 구성적 역할을 수행한다. 이론 자체는, 최소한 어느 정도, 그 이론이 설명하고 해석해야 할 경험을 결정한다. 후설(Husserl)의 현상학(phenomenology, 객체를 의식이나 사유에 의한 논리적 구성에서 찾지 않고, 객관의 본질을 진실로 포착하려 시도를 중심으로 하여, 경험과 의식의 구조를 철학적으로 연구한다.-역자주)이 강조하는 것처럼, 이론은 지식과 믿음에 앞서 우리가 관찰하고 경험하는 것을 결정하는 데 있어 구성적 역할을 수행한다. 이 이유로 린드벡이 교리를 '인지적'이고 '경험적' 모델로 다루는 것은 대조적으로 상

---

114) 예수 안에 주어진 구원의 경험과 관련하여 다음에서 철저히 분석되었다. Schillebeeckx, *Christ*, 49-54. 평가에 대하여 참고하라. Dupré, 'Experience and Interpretation'.
115) 이점은 처음으로 다음에서 강조되었다. Hanson, *Patterns of Discovery*. 비교. Carnes, *Axiomatics and Dogmatics*, 10-15; Hanson, *Perception and Discovery*; Hanson, *Observantion and Explanation*.
116) Hanson, *Observation and Explanation*, 131.

당히 불만족스럽다. 기독교 교리의 인지적 측면은 기독교 경험을 지지하는 체계이며, 경험이 전달되는 통로이다. 인지적 측면은 경험이라는 살에 힘을 주고 모양을 갖춰주는 뼈대이다.

교리는 또한 경험에 의해 제공되는 현실의 잠정적 암시가 해석되고, 비판될 수 있는 개념적 기구를 제공한다. (가다머[Gadamer]의 선입견[Vorurteil]에 대한 미묘한 이해를 사용하는) 경험에 대한 예비적 판단들은 그 자체로 한 개념적 체계 내에서 해석된다. 궁극적으로 성경 이야기와 그 교리적 암시에 기초하여, 교리로 표현되는 암시가 새로운 빛 가운데 보여질 수 있도록 한다. 이 점은 에벨링(Ebeling)에 의해 강조되었다. 그는 경험 자체에 접근할 수 있는 필요성을 지적했다. 그런 방식으로, 경험은 새로운 방식으로 경험될 수 있다.[117] 특정한 빛 가운데 비추어짐으로, 경험은 성경 이야기와 그 경험을 야기하는 개념적 체계와 상호 연결된다. 그리고 새로운 의미를 나타내도록 허용한다. 교리는 그래서 '경험을 가진 새로운 경험'(experience with experience)을 향한 길을 열었다(Jüngel).[118]

우리의 존재 근원에서 멀어지는 비극적인 느낌은 그래서 하나님으로부터 멀어지는 것으로 해석된다. 이것으로 구속의 가능성에 대한 예비적 시사점이 전달된다. 위대한 중세의 영적인 저자들은 사람들의 이 멀어짐의 감각을, 잃어버린 고국의 감각, 에덴에 돌아가고자 하는 바람으로 해석했다. 그래서 경험을 해석적 체계(타락 교리)를 가지고 상호 연관시켰다. 슐라이에르마허의 특징적 시작점으로 사용되는 절대적 의존의 느낌은 하나님에 대한 우리의 의존을 암시하는 것으로 해석된다. 그런 방식으로 교리는 사람의 경험을 기독교 선포의 요소들과 상호관계시킴으로 다루고, 해석하고, 변경할 수 있다. 기독교 선포는 그래서 사람의 경험과 접촉할 점들을 만들 수 있게 한다. 그래서

---

117) Ebeling, 'Klage über das Erfahrungsdefizit'.
118) Jüngel, *God as the Mystery of the World*, 32.

그 경험이 새롭고, 지금까지 기대하지 못했던 의미의 깊이로 받아들여지는 것을 허용할 수 있게 된다. 기독교 교리와 신앙 공동체의 경험 사이에 근본적인 공명은 그래서 전제된다.

그러나 경험의 예비적 암시들은 때때로 교리에 의해 반박될 수 있다. 이 점에 대한 가장 중요한 논의는 마틴 루터에 의해 제공된다. 특별히 그의 '십자가 신학'(the theology of the cross)에서 찾을 수 있다.[119] 루터에게 기독교 신학을 위한 규범적 패러다임은 십자가에 못 박힘의 유기 장면에 의해 제공된다. 루터는 전통적 용어 '경험이 가르친다'(experientia docet)를 십자가에 못 박히신 그리스도 이야기에 대한 호소를 가지고 경험의 원 자료를 수정하였다. '십자가가 모든 것을 시험한다.'(Crux probat omnia!!)[120] 무력함과 절망의 장면에 대한 경험의 예비적 판단은 십자가에 못 박힌 그리스도 안에 하나님께서 부재함을 보여준다. 그러나 이 경험에 대한 예비적 견해는 교리와 모순된다. 교리는 하나님께서 숨겨진 방식으로 계신다고 확언한다.[121] 경험이 기독교 신앙의 존재론적 측면에 대한 중심적 통찰을 제공한다고 해석되는 데 있어, 경험은 신학적 확증을 위하여 부적절한 근거로 드러난다. '십자가 신학'의 새로운 타당성은 몰트만(Moltmann)과 윙엘(Jüngel)이 상술한 것처럼, 현대적 상황에서 교리가 경험을 해석할 필요를 지적한다. 그 기준이나 경계를 예비적 암시로 축소시키지 않아야 한다.

---

119) 참고. McGrath, *Luther's Theology of the Cross*, 148-81.
120) WA 5.279.31.
121) *Deus absconditus*의 개념에서 이 견해가 표현된다. 참고. Bandt, *Luthers Lehre vom verborgenen Gott*; Dillenberger, *God Hidden and Revealed*; Kochler, 'Der *Deus absconditus* in Philosophie und Theologie'.

진리 주장으로써 교리

플라톤에게 철학자는 진리를 사랑하는 사람이다. 이 중립적인 정의를 받아들인다면, 대부분의 사람들은 자신을 철학자로 간주하고자 할 것이다. 그러나 '진리'의 개념 자체는 논박되어 있는 상태이다. 심지어 많은 철학자들은 하나의 보편적인 진리의 개념에 대한 탐구가 근본적으로 잘못된 것이라며 포기했다. '하나 뿐인 진리의 범주는 없다. 다른 분야는 다른 범주를 가진다. 때로 자주 특정되지 않고, 특정된 곳에서도 충돌하기 쉽다.'[122] 그럼에도 불구하고, '진리'의 개념은 도덕적인, 아마 계시적이기도 한, 암시를 가진다. 그것은 자신의 탐구나 소유에 상당한 사람의 성취를 부여한다. 그래서 마르크스(Marx)와 엥겔스(Engels)는 '진리'가 '현실과 갖는 상호관계'를 가리킨다고 이해한다.[123] 그렇게 함으로 지적인 것만큼이나 도덕적인 권위를 그들의 주장이 사회적 존재의 진실한 (예를 들면, 실제 상황에 부합하는) 설명을 나타내는데 기여한다. 마르크스 공동체는 사회, 정치, 경제 상황과 관련된 어떤 중요한 통찰을 소유했다고 주장할 것이다. 그 통찰은 '진리'라는 별칭을 받을 만하다.[124] 기독교 교리도 유사하게 하나님과 사람에 대한 중요한 참된 통찰의 소유를 공동으로 주장한다고 표현한다.[125] 그것은 살아있고, 사고하는 공동체의 지적인 자기-표현이다. 이 주장과 관련된 난제들이 있음은 자명하다. 그 주장이 지속적으로 그리고 끈질기게 기독교 역사의 전 기간 동안 주장되어왔다는 것도 분명하다. 역사적 사실의 문제로써, 기독교 교리의 어떤 현상학적 설명을

---

122) Lucas, 'True', 184. 이 연결에 대하여 더멧(Dummett)의 직관적 수학의 배후에 있는 어떤 사고들의 철학적 재구성이 2가 쌍(bivalence)의 개념을 중심에 두면서 관심을 갖는다. Dummett, *Truth and Other Enigmas*.
123) Kolakowski, 'Marx and the Classical Definition of Truth'.
124) 이어지는 마르크스주의의 진리의 성격과 이론들의 유효성에 대한 평가에 적용되는 범주에 대한 논의는 복잡하다. 비교. Bhaskar, *Dialectic, Materialism and Human Emancipation*.
125) 참고. Toinet, *Le problème de la verité dogmatique*.

포함하는 것이 필요하다.

진리에 대한 세 가지 고전적 개념들에 대한 예비적 설명은[126] 비트겐슈타인의 '가족적 닮음'(family resemblances)을 살펴보려는 시점에 적절한 것이다. '가족적 닮음'은 진리를 중요한 것으로 간주하는, 다양한 원리들을, 구분된다면, 같은 '진리'에 대한 호소에 관련되게 하는 것으로 보는 사람의 특징적 본능의 근저를 이룬다.

헬라어 단어 aletheia(진리)는 그리스 사람들에 의해, 그리고 전통적으로 동사 lanthanein에서 파생된 용어로, 부정접두사 α(a-privativum)가 붙은 것으로 해석되고 이해되었다. 이 단어는 '발견됨 혹은 숨겨지지 않음의 상태'로써, '드러나거나 벗겨진 것'으로써 자신에게 진리의 해석을 부여한다.[127] 일차적인 근거는 당연히 그 자체 안에 있다고 받아들여질 것이다. 그리고 그와 관련된 진술은 오직 이차적이다. 그러나 이 진술이 그것은 어떻게 있는지를 분명하게 보이거나, 선언하는 한, 그래서 그 진술은 '진리'로써 간주될 수 있다. Aletheia는 그래서 현재 있는 방식과 관련된다. 방식은 파르메니데스(Parmenides, BC 5세기의 고대 그리스 철학자로, 모든 진리의 기초는 이성이고, 이성이 생각할 수 없는 것은 존재하지 않는다고 주장했다.-역자주)의 주장에 의해 제안된 방식으로, 존재의 첫 번째 속성의 특징은 '현재하는 것'이다. 동시에 있는 것과 즉시 마음에 나타나는 것 둘 다의 의미를 갖는다.

라틴어 용어 'veritas'(진리)는 그러나 표현의 '정확함' 혹은 '정밀함'의 의미를 가진다. 'verum'(참)의 의미는 '신실함'과 '정확함', '완전함'과 '중대한 누락 없음'이다. 일차적 근거는 과거(과거의 이야기, 과거 사건의 기억)에 있다. 'Veritas'는

---

[126] 이하의 내용을 위해 참고하라. Marias, *Reason and Life*, 95-7. 더 자세한 분석을 위해 참고하라. Brunner, *Wahrheit als Begegnung*; Michel, 'Untersuchung über Wahrheit'; von Soden, *Was ist Wahrheit?*; Dodd, *Interpretation of the Forth Gospel*, 170-8. 또한 참고. Dummett, *Truth and Other Enigmas*, 1-24.

[127] Heidegger, *Platons Lehre von der Wahrheit*, 32.

과거와 관계된다. 특별히 'vera narratio'(참된 설명)로써 역사와 관계된 진리의 방식과 관계된다.[128] 혹은 증인이 발생한 일을 관찰한 것의 신실한 설명을 해야 한다는 법적 요구와 관계된다. 설명이 진실하다면 참이다, '진리를 말하는 것'이다. 역사는 이야기를 말한다.[129] 그리고 특별히 법적인 맥락에서 제기될 적절한 질문은, 과거와 관련된 이야기의 현재적 정확성에 대한 것이다. 그것은 실제로 발생했던 것과 일치할까? 정확하게 사건들을 다시 이야기함으로 이 증거가 진리를 말하는 것일까? 키케로(Cicero)는 아마 역사적으로 초점을 맞춘 이 진리 개념의 가장 유명한 대표자일 것이다. '역사의 첫 법칙은 저자가 진리가 아닌 어떤 것도 감히 다시 이야기하려 해서는 안 된다는 것임을 누가 알지 못하는가? 그리고 둘째 법칙은 그가 전체 진리를 다시 이야기하도록 노력해야 한다는 것을 누가 알지 못하는가?'[130]

히브리어 용어 emunah(진리)는 개인적 근거를 포함한다. 진리는 신뢰의 의미를 가진다. 진실한 하나님은 단순히 존재하는 한 신이 아니라 신뢰할 만하고, 그의 약속에 신실한 신이다. 그러므로 거짓된 친구는 존재하지 않는 인격이 아니라, 신뢰할 수 없는 인격이다. 이와 같이, emunah는 성취에서 믿을 만한, 현재에 근거하고, 미래를 향하는 내포된 미래의 근거를 가진다. '진리'(truth, emunah)와 '신실함'(faithfulness, emeth) 사이에 분명한 의미론적 연결이 있다.[131] 물론 emunah와 emeth가 어떻게 성경 이야기에서 관계되는가를 설명하는 것은 중요하다. 맥락은 의심의 여지없이 과거이고 (여기에서 veritas와 병행은 분명하다) 그 목적은 일차적으로 과거를 회상하는 것이 아니라, 예언적 희망의 패러다임을 통해 현재를 형성하는 것이다. 달리 말하면, 역사가 움직이

---

128) Jean Bodin(1590)의 정의는 유명하다. McGrath, 'Geschichte, Überlieferung und Erzählung', 234.
129) Danto, *Analytical Philosophy of History*, 111.
130) Cicero, *de oratore* II, xv, 62. 비교. de Fourny, 'Histoire et éloquence d'après Ciceron'.
131) 이 관계에 대한 지나치게 단순화한 접근들에 대한 중요한 비판을 가진 분석에 대하여 참고하라. Barr, *Semantics of Biblical Language*, 161-205.

는 방식을 이해하기 위한 패러다임을 제공함으로 과거의 이야기가 현재의 희망을 만든다.[132]

진리에 대한 질문에 접근하는 성경의 세 가지 방식은 우리에게 그 용어가 가진 다양한 의미들을 알려준다. 그리고 이는 현대의 진리 개념의 기저에 있는 가족적 닮음의 형성에 기여했다.[133] 그러므로 기독교 교리의 진리 주장들이 어떻게 이 진리의 이해들과 각각 관련되는지를 지적하는 것은 적절하다.

첫째, 교리는 역사적 사건이다. 아마 '그리스도-사건'(Christ-event)이란 용어는 존중을 받는 데 그리 기여하지 않는다.[134] 그럼에도 불구하고, 기독교 교리의 일차적 근거가 정적이며, 시간이 없는 개념이 아니라, 역사적 사건이라는 점을 강조하는 것은 도움이 된다. 에밀 부룬너(Emil Brunner)의 특징적 강조를 사용하면,[135] 진리는 발생하는 어떤 것이다. 요한 그룹(Johannie circle)의 특징적 통찰을 언급하면, 진리는 사람의 탐구로 드러났고, 드러나는 어떤 것과 관계된다. 예수는 진리이다(요 14:6).[136] 요한 그룹의 다른 통찰을 언급하면, 하나님은 정적이며 시간이 없는 실체들에 근거하여 정의되지 않는다. 오히려 나사렛 예수와 관계하여 정의된다. "나를 본 자는 아버지를 보았거늘"(요 14:9). 예수는 렌즈와 창으로 다뤄진다. 그것을 통해 실체가 비춰지고 보여진다. 나사렛 예수는 기독교 신학의 일차적인 'explicandum'(설명되어야 하는 것)이다. 진리는 역사에 기초한다. 그리고 이어 역사적 사건에 대한 고찰이다. 역사에 대한 계몽주의의 반대는, 예를 들면, 스피노자(Spinoza)와 레싱(Lessing)의

---

132) 이 주제에 대한 탐구는 참고. Pannenberg, 'What is truth?'.
133) 진리의 성경에 대한 최근의 논의는 참고. Puntel, *Wahrheitstheorien in der neueren Philosophie*. 여기에서 강조점은 소통의 과정을 통해 일치의 형성에 있다.
134) 참고. Macquarrie, 'Concept of a Christ-Event'; Macquarrie, 'Tradition, Truth and Christology', 40-2. 역설적으로 '그리스도-사건'을 강조하는 경향이 있는 신학자들은 (예를 들면 불트만) 나사렛 예수의 중요성을 비역사화(de-historicize)하려는 경향이 있다.
135) Brunner, *Wahrheit als Begegnung*.
136) 이 진술의 암시들에 대한 철저한 설명은 참고. de la Potterie, *La verité dans saint Jean*.

저작에서,[137] 분명하게 역사를 하나님께서 행동하시는, 그리고 그가 알려질 수 있는 무대로 평가하려는 성경적 경향과의 긴장 가운데 존재한다. 기독교 교리는 그래서 나사렛 예수의 역사의 중요성을 펼치고 드러내는 것과 관계된다. 이것이 실체의 성격에 대한 통찰을 준다는 믿음을 가지고 있다.

조지 바스(George Vass)의 인지적이며 자극적인 한 연구에서,[138] 그는 해석에 대한 주제에서 (기독교 교리는 의문의 여지없이 딱 맞는 사례이다) 주어진 답만큼이나 질문되는 질문을 고려하는 것이 핵심적으로 중요하다고 주장한다. 기독교 교리의 '진리'를 평가하는 시도 가운데, 그 질문은 단순히 시험을 요구하는 교리들의 인지적 내용을 묻지 않는다. 교리들은 그 질문에 대한 확인되어야 할 대답이다. 그리스도-사건은 교리가 답해야 할 질문들을 야기했는가?[139] 결국 교리 공식화로 이끄는 고찰과 구조의 질문과 과정을 촉진시킨 존재는 나사렛 예수이다. 우리는 아마도 이 논지를 좀 더 다뤄야 할 것이다. 그리고 역사를 통해 기독교 교리의 확언들의 근간이 되는 본질적 연속성은 기독교 교리들이 그리스도-사건에 대한 응답이라는 사실임을 주장할 것이다. 교리들이 확언적 응답을 가져야 하는 질문은 변함이 없다. 어떤 변화들이 주어진 대답들 가운데 발견될 수 있을지라도 그렇다.

그러므로 나는 역사적 현상으로 고려될 때에 기독교 교리에 변경할 수 없는 인식적 요소가 있다고 주장하는 것이 적절하다고 느낀다.[140] 그것은 부적절하거나, 임시적이지만, 진짜는 나사렛 예수의 역사로부터 나오는 질문에 대한 응답으로 있는 방식의 표현일 것이다. 물론 루터가 강조한 것처럼, 하나님을 철저하게 인지적 수준에서 표현하는 것을 불가능하다. 그러나 그를 기

---

137) 참고. Schwarz, 'Lessings "Spinozismus"'.
138) Vass, 'Historical Structure of Christian Truth'.
139) Vass, 'Historical Structure of Christian Truth', 279-80.
140) 어떻게 종교적 앎의 인지적 요소들이 분석될 수 있는가에 대한 최근의 중요한 논의에 대하여 참고하라. Kellenberger, *Cognitivity of Religion*.

독교 선포와 존재의 목적을 위해 적절히 표현하는 것은 가능하다. 기독교 교리는 관련된 중요한 통찰들을 가진다고 주장한다. 예를 들면, 하나님의 속성과 사람의 본성과 운명에 대한 통찰이다. 그러나 이 진리-주장들 안에 내포된 것은 종속된 주장이다. 교리들은 예수 그리스도의 인격을 통해, 아마도 그 안에 예시된 것을 통해 중재된다. 달리 말하면, 기독교 교리의 진리-주장들 안에는 내포된 기독론적 근거가 있다. 예를 들면, '하나님은 사랑이시라'는 선언에서 나는 하나님께서 실제로 무엇과 같은 것인가와 상관없이, 단지 '하나님은 사랑이시라'고 주장하는 공동체에 대한 나의 충성을 선언하는 것이 아니다. 나는 내가 '하나님은 사랑이시라'는 것이 하나님의 속성의 권위 있고, 유효한 통찰이며, 나사렛 예수의 역사 가운데 이 믿음의 근거가 되고, 지금까지 정의되지 않았던 '사랑'의 개념이 그 안에 내포되어 예시되었다고 이해함을 주장한다.

'진리'의 사건적-성격에 대한 강조는 중요하다. 그 성격이 일반적 원리들의 드러남으로써 계시의 어떤 이해에서 떠나는 전략적 이동을 표현한다는 점에서 그렇다. 기독교의 자기-이해에 핵심적인 '사랑'의 개념은 그렇게 정의되지 않은 채 남겨지거나, 허공에 달려있는 채 있지 않다. 이를테면, 나사렛 예수의 역사 중에서 오히려 구체화되고 본질을 입었고, 예시되었다. '사례들은 사고의 마지막 음식이다. 원리와 법칙은 우리를 잘 도울 수 있다. 그것들은 우리에게, 무엇이 지금 질문되고 있는지를 알도록 도울 수 있다. 그것들은 우리가 한 가지를 다른 것과 연결하도록 도울 수 있다. 그러나 이성의 입장에서 항상 마지막 호소는 사례들로 간다.'[141] 그러므로 기독교 신학은 결의론자 (casuist, 일반적 규범의 적용과 특정한 경우의 신중한 구분으로 도덕적 딜레마를 해결하려 시도하는 신학자를 가리키는 용어이다.-역자주)로 불릴 수 있다. 그것이 하나님과 관련된

---

[141] Wisdom, *Paradox and Discovery*, 102.

일반적이며 비시간적 원리에서 나온 것이 아니라, 나사렛 예수의 사건이라는 해석학적 소용돌이를 촉발하는 생성적 사건으로부터 나온다는 의미에서 그렇다. 나사렛 예수의 역사는, 교회의 기억 가운데 우리에게 전달된 것처럼, 하나의 사례 연구이다. 이 사례가 우리의 신학적 고찰을 자극하고, 조절하며 교정한다.

둘째, 역사는 이야기라는 문학적 형태로 전달된다. 그리고 구조적으로 시간과 역사를 표현할 수 있다. 교리는 이야기 형태를 띠지 않는다. 그러나 해석을 요구하는 이야기에 기초하고 있다. 나사렛 예수에게 직접 접근하는 것은 우리의 역사성 때문에 우리에게 불가능하다. 우리는 그에게 간접적인 형식으로 전달된 기독교 전승의 이야기를 통해 접근해야 한다. 그래서 이 이야기들의 사실적 성격에 대한 질문은 그래서 핵심적으로 중요하다. 그런데 이 사실적 성격에 대한 도전이 필연적이지 않다는 점은 강조되어야 한다. (성육신 한 하나님의 신화[The Myth of God Incarnate]의 어떤 저자들이 생각하는 것처럼) 그 이야기가 부분적으로 '신화적'이라는 주장의 도전은 필연적이지 않다. 이 이야기가 그 전달에 있어 사람의 언어를 채용한다는 점에서, 형식에서 있어 신화를 사용하는 것은 (무장해제가 되든 아니든) 사실상 피할 수 없다. 쉘링의 유명한 말처럼, '언어 자체는 단지 색 바랜 신화이다.'[142] 신화는 비유와 같이 단순히 비문자적 표현의 수준이다. 그 이야기의 해석자는 따라서 그 표현을 다루는 방법을 배워간다. 그리고 이야기 과정 중에 적용했을 문학적 언어적 도구들 때문에 이야기의 사실적 성격을 예단하는 것은 거절된다. 그래서 기독교 교리가 진리-주장들을 만든다고 주장하는 가운데, 우리는 암시적으로 그것이 과

---

[142] F. W. J. Schelling, *Sämmtliche Werke*, ed. K. F. A. Schelling (Stuttgart, 1856), II/1.52: 'die Sprache selbst sey nur die verblichene Mythologie'. 오웬 바필트(Owen Barfield)의 유명한 글 'The Meaning of "Literal"'에서 그는 많은 단어들의 비유적 (예를 들면 비-문자적) 기초들이 지금은 순전히 '문자적' 수준에서 이해된다고 지적한다. 비교. 장 파울(Jean Paul)의 자주 인용되는 문구, '모든 언어는 색바랜 비유의 (erblasseter Metaphern) 사전이다.': *Werke*, ed. N. Miller (Munich, 3rd edn, 1973), 5.184.

거 사건의 이야기에 기초한다고 주장하는 것이다. 과거 사건들은 현실에 대한 우리의 이해를 형성하는 데 일차적으로 중요하다. 그리고 그것의 확실성은 고찰을 요구한다. 나는 교리 이야기가 기초한 성격을 위에서 더 자세히 설명했었다.

셋째, 교리는 기독교 교리-주장들의 내적 일관성에 관계된다. 이 점에서 조지 린드벡에 의해 표현된 관점들은 환영 받을 수 있다. 사실 교리는 여러 기능 중 하나로, 기독교 신앙 언어의 내적 규범과 관련된다. 여기에서 중요한 점은 아마도 기독교 신학에 대한 슐라이에르마허의 가장 창의적인 공헌 중 하나인 그의 이단의 성격 이해를 살피는 것으로 가장 잘 평가될 수 있을 것이다.[143]

슐라이에르마허에게 기독교의 구분되는 본질은 나사렛 예수를 통한 인간의 구속이다.[144] 이 주장을 부정하는 것은 기독교 전통과의 단절을 의미하며, 비-기독교적 혹은 반-기독교적 이상을 만들어내는 것이다. 그러나 만약 나사렛 예수를 통한 인류 구속의 주장이 받아들여진다면, 이 주장에 의해 가정된 구성적 요소들의 부적절한 이해로 인해, 내적인 불일치가 발생할 위험이 있다. '사람의 본성은 엄격한 의미에서 구속이 성취될 수 없다고 정의되거나, 혹은 구속자는 그런 방식으로 구속을 성취할 수 없다고 정의될 것이다.'[145] 나사렛 예수를 통한 인류 구속의 원리는 그래서 유지된다. 그러나 이 원리의 구성 요소들은 그런 방식으로 내적 불일치를 만들어내는 것처럼 보인다. 사람의 본성이나 예수의 인격은 그런 방식으로 구속이 불가능한 것으로 이해된다. 예를 들면, 만약 나사렛 예수가 단순히 우리와 같은 사람이라면, (슐라이에르마허에 따르면 에비온주의가 그렇다) 그는 구속을 위한 우리의 필요를 공유한다.

---

143) 참고. Beckmann, *Begriff der Häresie bei Schleiermacher*, 36-62.
144) 다음의 내용은 *The Christian Faith*, 97-101에 기초한다. 더 자세한 분석을 위해 참고하라. Beckmann, *Begriff der Häresie bei Schleiermacher*, 85-114.
145) Schleiermacher, *The Christian Faith*, 98.

그리고 그래서 그는 우리를 구속할 수 없다. 그는 잠재적 해결책이라기보다는 오히려 문제의 일부로써 인식된다. 그래서 슐라이에르마허는 펠라기우스와 마니교 이단은 사람의 본성에 대한 부적절한 개념들에 관계한다고 주장한다. 가현설과 에비온 이단들은 예수의 정체성에 대한 부적절한 관점들을 가지고 있다. 그리고 이 네 가지 이단들은 동시에 기독교의 '자연적 이단들'이다.[146]

슐라이에르마허의 공헌의 중요성은 분명하다. 첫째, 그것은 우리로 하여금 불신(나사렛 예수를 통한 인류의 구속 원리를 받는 것을 거절함)과 이단(그 구성요소들이 이해될 때, 발생하는 그 원리 안에 내적 불일치) 사이의 구분을 가져왔다. 슐라이에르마허가 네 가지 자연적 이단에 대한 그의 설명이 그들의 정확한 역사적 형태들과 일치하지 않음을 분명히 하지만, (그리고 내가 이미 지적한 바와 같이, 이단의 사회적 측면을 무시하지만) 그의 의도는 이 역사적 형태들이 내적 불일치를 통해 나사렛 예수의 선포에 놓인 위협을 구현하고, 예시한다는 것을 보여주는 것이었다. 둘째, 그것은 교리 공식화의 역할을 분명하게 했다. 교리는 개념성의 일관된 체계의 생성과 관련된다. 그 안에서 각각 구성요소들은 개별적으로 고립된 교리들로 머물러 있지 않고, 다른 것들과 상호작용하고, 그들에게 영향을 준다. 예를 들면, 기독론, 구원론, 인간론은 분명하게 서로 함께 상호작용한다. 그리고 고립되어 논의될 수 없다.

마지막으로, 교리는 개인적인 개입에 대한 요구를 표현하면서, 수동적 동의보다는, 믿음을 향하여 방향을 맞춘다. 진리의 주관적 혹은 존재론적 측면에 대한 강조는 특히 키에르케고르(Kierkegaard)와 관계된다. 그럼에도 불구하고 그것이 이미 성경 자료 안에 암시된다는 것을 보는 것은 중요하다. '진리'는 개인적으로 자신의 것이 되어야 하는 어떤 것이다. 기독교 교리의 사회적

---

[146] 비교. McGrath, 'Article by which the Church stands or falls'.

혹은 공동적 기능이 무엇을 가지든 간에, 그것은 개인에 대한 호소를 포함한다. 그것은 믿을 가치가 있음에 대한 확증으로 믿음의 반응을 요청한다. 키에르케고르의 유명한 어구를 사용하면, 진리는 '가장 열정적인 내적인 것의 자기화 과정'을 요구한다.147) 교리는 믿음의 대상을 (하나님을) 정의한다. 하나님께서 이해되기 위해서가 아니라, 믿는 자가 믿음으로 하나님께 연결되기 위해서 정의한다. 기독교 교리의 진리-주장들에 인지적 측면 혹은 인지적 요소들만큼이나 존재적인 측면이 있다.148) 그것은 (적절하게, 그러나 과도하지 않게) 그 상황을 나타내기를 요구한다. 그리고 내적으로 자기 것이 되고, 그것에 동화된 반응을 요구한다.149) "기독교는 교리가 아니다, 오히려 존재적 모순에 관련된 존재적 소통이다… 기독교는 존재와 관련되어야 한다, 존재하는 것의 행동과 관련되어야 한다."150) 교리의 적절한 맥락은 (예를 들면, 성육신 교리는) 신인 연합의 사변적 철학이 아니다. (헤겔에게처럼) 오히려 구속받지 못한 사람의 상황에 대한 존재론적 도전이다. 진리는 단순히 누군가 그것에 대해 아는 어떤 것이 아니다. 오히려 누군가가 소유하고 있고, 소유된 어떤 것이다. 그래서 켈렌베르거(Kellenberger)는 종교적 통찰이 (자연과학에서처럼) 분리된 방식으로 오지 않는다. 그리고 감성적 영향과 인생을 바꾸는 능력을 갖는다. 설사 드물

---

147) Kierkegaard, *Unscientific Postscript*, 182. '진리는 주관성이다'라는 전체 부분(169-224)은 세심한 주의를 가질만 하다. 키에르케고르의 네 번째 복음서의 주장의 중요성에 대한 강조는, 예수는 진리이다는 의미에서, 중요하다. Malantschuk, *Kierkegaard's Thought*. 95-101. 또한 가다머의 '참여로써 이해'의 개념도 주의하라. Warnke, *Gadamer*, 64-72.

148) 참고. Gouwens, 'Kierkegaard's Understanding of Doctrine'.

149) 이 반응은 도덕적 수준, 영적 수준 둘 다에서 설명될 수 있다. 교리의 확증들을 '수행적인'(performative) 주장으로 다루면서 (Austin, 'Performative Utterances'에서 대중화된 의미에서), 확증된 하나님의 이해에 부합하거나 따르는 존재의 방식을 지적하면서.// 나는 그것을 이것이 일드벡이 'Christus est Dominus'가 '불신자의 머리를 쪼개는 권한을 주는 것'으로 사용될 때 틀렸다는 그의 주장에서 전달하고자 시도한 것이라고 생각한다. (Lindbeck, *Nature of Doctrine*, 64.)

150) Kierkegaard, *Unscientific Postscript*, 339. 키에르케고르의 명제에 대한 입장은 일반적으로 교리의 순전한 명제적 이해들에 대한 그의 특별한 적의를 이해하는 데 있어 중요하다. 비교. Holmer, 'Kierkegaard and Religious Propositions'. 키에르케고르는 '영원한 행복의 문제는 역사적인 어떤 것에 대한 관계에 의해 적절한 때에 결정되는 것으로 포함된 '존재적 모순'을 상술한다. *Unscientific Postscript*, 340.

게 과학적 발견과 관계될지라도 그렇다.[151]

교리를 '진리'로서 말하는 것은 마땅히 교리가 진실성, 합리성, 종합적인 설명과 관계 있어야 한다는 기독교의 근본적 확신에 대한 관심을 끌어온다. 그럼에도 불구하고, 그것은 또한 진리를 맞닥뜨리는 가능성을 유지하는 것과 관계된다. 기독교 전통은 확고하게 예수 그리스도 안에서 전통의 정체성의 원천을 찾는다.

제2차 세계대전이 발발했을 때, 윌리엄 템플(William Temple)은 진리의 개념들 사이에 존재하는 긴장을 확인하는 진술을 언급하였다. "이 세상과 관련된 우리의 책무는 설명하는 것이 아니라, 바꾸는 것이다."[152] 이 구절이 분명하게 (마르크스에게서 빌려온) 파생어임에도 불구하고, 템플에 의해 제기된 이 점은 중요하다. 교리는 단지 현실을 묘사하는 것이 아니다. 오히려 그 방식을 기술하는 것이다. 이로써 새롭게 될 수 있고, 변경될 수 있는 방식을 기술하는 것이다. 이를 통해 창조는 재창조될 수 있다. 이는 정적인 표현이 아니다. 오히려 사람을 역동적 변화로 초대하고 있다. 교리의 능력을 인식하는 것은 그것이 상징하는 것에 영향을 끼치는 것이다. 'homo peccator'(죄인)를 'homo iustus'(의인)로 바꾸는 것이 그 중요성의 근저에 있다.

키에르케고르는 기꺼이 기독교를 정의하는 데 있어 교리의 서술적 중요성을 인정한다. 그는 주장하기를, 기독교의 지적 내용은 공적으로, 하지만 잠재적이며, 부분적으로 묘사될 수 있다는 점이 중요하다고 했다. "그리스도인이 되지 않으면서, 기독교가 무엇인지를 아는 것의 가능성은 그러므로 긍정되어야 한다."[153] 달리 말하면 기독교를 공적으로 접근할 수 있도록 묘사할 수 있는 능력의 필요가, 그리스도인이 되지 않고 기독교에 대하여 아는 것이 가능

---

151) 이 주장에 대하여 참고하라. Kellenberger, *Religious Discovery, Faith and Knowledge*.
152) Temple, 'Theology Today', 330.
153) Kierkegaard, *Unscientific Postscript*, 332.

하다는 사실을 모호하게 만들도록 허용될 수 없다.

키에르케고르에게 교리는 보여지는 것이다. 단지 기독교의 묘사가 아니라, 오히려 존재적 명령법으로, 그리스도인이 되라는 도전이다. 교리는 사람의 존재 안에 현실화될 것을 제안하는 묘사이다. 교리의 내면화를 위한 요구가 있다. 교리는 그런 것으로 진리의 의미를 포함하지 않는다. 그러나 어떻게 개인이 '진리 안에서' 있는지 (혹은 있게 되는지)를 정의한다. 자신의 존재를 하나님과 예수 그리스도를 향하여 방향 맞추게 한다. 교리 공식화 내에 내포된 것은 하나님에 대한 '발견 관점'을 채용하려는 초대이다.[154]

교리가 진리-주장들을 만든다고 말하는 것은, 후자의 용어가 사람의 담론과 고찰에 적용될 때에, '교리'와 '진리' 사이의 중요한 근접성과 접촉점과 유사성을 언급하는 것이다. 그것은 결코 자신을 배타적으로 '진리에 상응하는 이론'에 혹은 진리의 다른 이론에 전념하도록 하는 것이 아니다. 오히려 그것은 이형동질(isomorphism)의 중요한 정도를 살피는 것이다. 그것은 본질적으로 다양한 형태의 교리 개념과 진리 개념 사이에 존재한다. 그리고 일의성(univocity)의 개념을 축소시키는 것은 역사적으로 잘 알려진 비자발적성을 표명하는 것이다.

교리와 진리의 개념들은 각자 넓은 의미의 스펙트럼을 가지고 있다. 우리의 관심은 그 스펙트럼들 사이에 어느 정도 겹치는 것이 있다고 주장하는 것이다. 그것은 의미가 충분하고 '진리-주장들'을 만드는 교리라고 계속하여 말하는 것이 의미있고, 적합함을 주장한다.

마지막으로, 교리가 진리-주장들을 만든다고 인정하는 것은 교리의 사회적 기능에 대한 더 중요한 통찰을 허용한다. 교리는, 우리가 다음 장에서 지적할 것처럼, 사회적 기능들을 돕기 위해 개발되지 않았다. 오히려 진리에 대

---

154) Kellenberger, *Cognitivity of Religion*. 켈렌베르거는 '관점 발견'은 최소한 합리주의자들과 신앙주의자들의 종교적 인식의 접근과 관련된 몇몇의 전통적 어려움들을 극복한다고 주장한다.

한 주장들은 그들의 사회적 기능에 있어 근본적이다. 교리는 신앙 공동체를 생성한다. 그리고 그런 공동체를 존재하도록 했다. 교리는 그 공동체의 정체성을 보호한다. 그리고 자신의 사회적 지적 대안들로부터 자신을 구분시킨다. 교리는 그래서 신앙 공동체를 생성하고, 유지시키고, 경계 짓는다고 말할 수 있다.

교리의 성격에 대한 예비적 분류들이 완료되었다. 우리는 교리 비평 분야의 근간을 이루는 좀 더 중요한 질문들을 다룰 것이다. 어떤 방식으로 교리들이 공식화되었고, 어떤 역사의 한 순간에서 다른 시기로 전달되었는가? 어떻게 과거의 사상들이 현재에 의해 자기 것이 될 수 있는가? 어떤 정도로 교리 공식화가 역사적 조건에 의해 그들이 생성된 역사적 조건 아래, 조건 지어졌는가? 생각해볼 첫 번째 문제는 역사의 흐름 내에 위치됨의 원리의 결과들에 대한 것이다. 교리 비평은 역사 안에 서 있지, 역사를 넘어 있지 않다. 교리와 교리 비평 모두의 편에서 역사적 위치는 어떤 의미를 주는가?

4장

역사로
운명지어짐

On Being
Condemned to History

우리는 모두 역사와 역사적 형식들 가운데 살고 말하도록 운명지어졌다. 마치 지적 감옥과 같이, 우리의 역사성은 바로 우리의 지적 선택들을 제한한다. 사람의 언어 자체가 가진 바로 그 사실은 우리로 하여금 우리의 대화와 상상의 방식이 과거로부터 물려받은 의사소통의 체계에 의해 제한됨을 기억하게 한다.[1] 언어는 전통과 마찬가지로, 과거의 여생을 확정 짓는다. 신학자는, 역사의 흐름 가운데 다른 모든 사람들과 마찬가지로, 한 전통 내에서 자신을 발견한다. 전통은 (상징과 가치와 선이해를 물려받은 한 복합체는) 의사소통을 위한 체계로써 세계관과 기능들을 고정시키고, 그 안에서 과거는 강력하게 현재에게 자신의 깊은 인상을 준다. 이번 장에서 나는 기독교 신학을 위하여 역사에 운명지어짐의 결과를 탐구하기를 제안하려 한다.

---

1) 참고. Hacking, *Why does Language matter to Philosophy?* 하만(Hamann)의 칸트 비판은 특히 이 주제에 특별히 '영원한 진리'에 대한 비역사적 개념과 관계하여 적합하다. Hempelmann, 'Hamanns Kontroverse mit Kant über Sprache und Vernunft'.

과거의 이상함

확신에 찬 그리고 지치지 않는 계몽주의의 문화에서, 과거는 자유를 방해하고, 창의성을 억누르는 짐과 족쇄처럼 여겨졌다. 과거에 권위를 부여하는 것, 혹은 심지어 과거의 특정한 특징들에 권위를 부여하는 것은 (불필요하게) 자기 자신이 만든 감옥에 투옥되는 것으로 보여졌다. 이는 지적인 노예 상태와 영적인 미숙함의 표시로 여겨졌다.

계몽주의의 지지자들은 계몽주의에 의해 우리가 지적 미신들로부터 해방되었다고 주장한다. 그 지적 미신들 가운데 한 관점이 있다. 그 관점은 한 질문에 대한 과거의 논의가 어떤 방식에서 구속력 있는 의미를 가질 수 있다는 것이다. 칸트가 '계몽주의'를 정의한 것처럼, 계몽주의는 '인간이 스스로 자초한 미성숙에서 나온 것이다'. 만약 그 이유가 이해의 부족이 아니라, 오히려 해결책의 부족과 다른 사람의 지도 없이 그것을 사용할 용기의 부족 때문이라면, 이 미성숙은 자신에게서 발생한 것이다. 그러므로 계몽주의의 모토는 다음과 같다: Sapere aude!(과감히 이해하라!) 당신 자신의 이해를 사용할 용기를 가지라!'[2] 과거는 죽었고, 쓸 수 없다.[3] 과거는 위협적일 뿐 아니라, 비이성적인 방식으로 우리를 해치려 하고 있다. 새로운 세상이 18세기 마지막 사분기에 옛 세상의 정치적 헤게모니를 버린 것처럼, 그렇게 계몽주의는 지적 식민주의의 마지막 자취들 또한 파괴하려 시도했다. 랠프 월도 에머슨(Ralph Waldo Emerson)의 1837년 파이 베타 카파(Phi Beta Kappa) 연설은 지적인 독립 선언으로 받아들여졌다. 과거의 구속으로부터 독립하고, 미래를 수용하는 자유

---

[2] *Kant's Political Writings*, 54. 이 입장에 대한 가다머의 비판에 대하여 참고하라. *Truth and Method*, 241-5.
[3] 토마스 제퍼슨(Thomas Jefferson)의 태도를 주목하라. Boorstin, *Lost World of Thomas Jefferson*, 225-6: '제퍼슨주의자들은 어떤 특정 전통에 의해 제한되지 않았다. 그는 기독교 전통을 개혁하려고 시도했다. 그는 인문주의자들의 전통을 부정했고, 스스로를 잉글랜드 전통의 밖에 두었다. 다른 사람들이 사람의 가능성들을 발견해왔던 과거는 그에게 부패하고 죽은 것이었다.'

를 선언했다.4) 계몽주의의 반전통주의적 수사법의 중심에는 급진적으로 자율적인 사람의 이성에 대한 믿음이 있다. 이 주제에 대한 화음들은 근대 내내 울려퍼졌다. 아이리스 머독(Iris Murdoch)은 그래서 그 유산에 대하여 다음과 같이 썼다.

> 그리스도를 만나고 나서, 자기 자신의 양심의 판단을 고려하기를 거절하고, 자기 자신의 이성의 소리를 듣기를 거절하는 그 사람이, 얼마나 이해될 수 있도록, 얼마나 우리에게 친숙할지, 그 기초에 있어 그렇게 아름답게 묘사되어 있는가. 칸트가 그를 허락하도록 준비했던 빈약한 형이상학적 배경을 벗겨내고, 이 사람은 여전히 우리와 함께 자유롭고, 독립적이며, 외롭고, 능력 있고, 이성적이며, 책임감 있고, 용감하며, 도덕 철학의 그렇게 많은 소설들과 책들의 영웅이다.5)

그러나 과거는 여전히 현재의 난감한 측면으로 남아있다. 우리는 진공 상태로 살지 않는다. 오히려 맥락 안에 산다. 과거에 의해 형성된 지적이며, 문화적이고, 사회적인 틀 안에 산다. 현재는 역사를 가지고 있다. 그래서 과거는 자신의 영향력을 현재에 확장시킨다. 과거의 영향이 가장 큰 곳은 역설적으로 과거의 영향이 정확하게 드러나지 않고, 인식되지 않는 곳이다. 사실 현재의 격언들이나 여러 전제들은 자명하게, 이전세대의 견고해진 선입견을 드러내는 것이다. 예를 들면, 미셸 푸코(Michel Foucault)는 '사회적 관리'(social management) 분야에서 자명한 것으로 간주되어 왔던 것들의 임의성을 해설했다. 범죄에 대한, 정신병에 대한, 개인적 성도덕의 코드에 대한 만연한 태도

---

4) Emerson, 'Phi Beta Kappa Address'.
5) Murdoch, *The Sovereignty of the Good*, 80.

들이 그런 것들이다.[6] 합리성에 대한 보편적 패턴과 거리가 먼(반영하는 것과 먼), 이것들은 자신을 낳은 특정한 사회적 상황들의 필요들과 선입견들에 기여하는 사회적 구조를 드러낸다. 사회 인류학자에게, '상식'(common sense)이란 동시대 문화에서 다른 문화까지 매우 다양한 사회적 구성 집합으로 여겨진다.[7] 사상사학자에게 이것은 자주 과거의 혼돈성과 명확성의 혼합으로 보일 것이다. 과거 세대들이 비판적 통찰뿐 아니라 또한 직관을 통하여 자명한 것으로 간주해왔던 것을 보존하는 것과 마찬가지이다.[8] 예를 들면, 교부시대나 중세시대의 사람들에게 자명했던 것 중 많은 것은 현대에 지지를 별로 받지 못한다.[9] '자명한 진리'는 자주 특정하고 제한된 사회적-역사적 상황 내에서만 '자명'한 것이라는 점이 상기된다. 공시적(synchronic) 혹은 통시적(diachronic) 수준에서 접근하든지, 사회학적으로 혹은 역사학적으로 접근하든지, 어떤 보편적인 합리성의 체계가 존재한다는 가정은 (그것을 '상식'으로 규정할 수 있다) 상당히 지지받지 못한다. 그러나 잉글랜드 이신론(English Deism)의 가정은 (그리고 추가한다면, 그때 이래로 많은 잉글랜드의 신학적 사색은) '이성'(reason)이 신학적 고찰을 위한 fundamentum inconcussum(흔들리지 않는 기초)를 제공한다. 마치 '이성'이 사상가의 역사적 위치와 독립적인, 비시간적이며, 보편적인 것인 것으로 여겨진다. '합리성'(rationality)에 대한 사회적 고찰의 표현은 지식 사회학의 가장 중

---

[6] 그의 가장 최근 모음집은 (*Politics, Philosophy and Culture*) 이런 주제들을 다루었다. 특별히 개인의 정체성과 지식과 권력 사이의 관계를 다루었다.

[7] 예를 들면, 참고. Cole et. al., *Cultural Context of Learning*; Douglas, *Implicit Meaning*. '상식적 지식'(common sense knowledge)의 사회학적 측면에 대하여 참고하라. Berger and Luckmann, *Social Construction of Reality*, 33-42. 이번 장의 나머지에서 나는 사회인류학을 '사회학'(sociology)의 용어에 포함하여 사용할 것이다.

[8] 여기에서 '인지적 상대주의'(cognitive relativism)의 개념이 특히 중요하다. 이 개념은 Steven Lukes, 'Relativism: Cognitive and Moral'에서 발전된 것이다. 더하여 참고하라. Trigg, *Reason and Commitment*.

[9] 이 점은 다음에서 지적된다. Wiles, *Making of Christian Doctrine*, 158-9. Wiles의 주장을 따르면, 교부들은 그들의 문화와 철학적 환경에서는 완벽하게 정당했지만, 지금은 우리가 추론의 오류들이라고 인정하는 것에 전념했다. 그들에게 자명한 것이 지금은 오류로 간주된다. 비슷한 요점이 Anthony Kenny가 토마스 아퀴나스의 하나님의 존재에 대한 주장을 다룰 때에 발견된다. Kenny, *The Five Ways*. 우리에게 논리적인 오류로 인식되는 것이 13세기에는 지혜로 받아들여졌다.

요한 성취 중 하나이다. 비록 합리주의 신학을 위한 이 고찰의 모든 암시들이 여전히 인식되어야 하고, 탐구되어야 할지라도 그렇다.

우리가 과거로부터 자유롭게 도망칠 수 있다는 대담한 주장은 (예를 들면, 우리 자신을 난로에 가둠으로, 우리 자신의 사고나 '합리성'을 제외한 모든 지식의 근원에서 고립될 수 있다는 주장은) 사실 순전히 지적 허세임이 드러날 것이다. 그 주장은 과거의 영향에 대한 환상과 다름없는 성격을 주장하고 있다. 오히려 우리는 과거에 더 깊이 매여 있음에 경험한다. 그래서 칸트의 '주체를 아는 것'(knowing subject)은 현실적 실체라기보다, 이상적 정신구조가 되는 것을 암시한다. 자신의 마음은 사회적 삶의 과정을 통해 공동의 전통과 사회적으로 전승된 합리성의 패턴들에 의해 만들어진 모양을 가진다.10) '그리스도를 만나고 나서, 자기 자신의 양심의 판단을 고려하기를 거절하고, 자기 자신의 이성의 소리를 듣기를 거절하는 그 사람'은 (상대주의에 대한 인식에 대체로 때묻지 않은 세대에 속해 있던 칸트가 무시하였던) 사회적 요소들과 관련된 가까운 의문을 피하도록 허용될 수 없다. 이는 그의 양심을 형성했고, 그가 전제한 합리성의 패턴에 영향을 주었다. 사상적으로 상당히 조건 지어진 합리성의 패턴의 요소가 존재하고, 이는 간과될 수 없다. 만약 '이성'과 '양심'이 필연적으로 완전하게 사회적으로 구성되어 있지 않는다면, '이성'과 '양심'은 최소한 상당한 공동의 전통들에 의해 영향 받는다. 그 전통들 또한 과거에 대한 전통의 기억에 의해 영향받았다. 그러므로 현재를 이해하고 미래를 생성하기 위해 과거를 살피는 것은 필요하다.

부분적으로, 과거의 탐구는 우리로 하여금 우리 자신의 역사적 위치를 기억하도록 기여한다. 과거와의 만남은 현재 경험의 한계 내에서 일어날 수 없

---

10) 이 점은 다음에서 강조된다. Stark, *Sociology of Knowledge*, 13-14. 다시 한번, 언어와 이성의 관계에 대한 칸트의 이해를 하만이 비판한 것은 주목되어야 한다. Hempelmann, 'Hamanns Kontroverse mit Kant'.

는 급진적인 의문을 허용하는 방식으로, 우리 자신의 상황에 대한 역사적으로 생성된 가정들에 의문을 갖도록 한다. 정확하게, 그것이 우리의 현재 경험과 가정들을 완전히 반영할 수 없고, 반영하지 않기 때문에, 과거의 바로 그 낯섦(strangeness)은[11] 경험과 가정을 상대화시킨다. 과거의 낯섦은 현재가 역사적으로 위치한 성격을 드러낸다. 현재는 어느 날 스스로 미래의 관찰자에게 낯설게 보이게 될 것이다. 과거가 낯설게 보인다는 사실은 과거 자체의 신념들만큼이나, 현재의 신념들에 의문을 제기한다. 현재는 특권을 가진 관찰자 지위를 가진다는 신념의 타당성은, 모든 시대가, 명시적으로 의식적으로 표현을 했던 안 했든, 그러한 믿음을 즐겼다는 역사적 인식을 통해 소멸된다.

과거의 연구는 우리가 현재를 평가하게 하는 비판적 요소들을 허락한다. 자신이 이전에 신념으로 가졌던 것, 자신이 가진 가정들의 '자명한' 성격들, 자신의 사고 체계의 '합리성'의 핵심적 '올바름'(rightness)을 향한 무의식적 태도를 뒤집게 한다. 그것은 우리로 하여금 우리 자신의 상황을 미래의 관점에서 보도록 초대한다. 그리고 미래의 관찰자들이 우리의 상황에 대하여 판단할 '낯설음'의 판정을 상대화할 것을 기대하도록 초대한다.

과거의 완전한 거절과 급진적 혁신의 요구의 근간에는, 최소한 그들의 더 정교한 형태들 가운데, 통시적 체계들 사이의 완전한 비교불가능성의 사상이 있다. 달리 말하면, 그 체계들은 진리, 수단, 합리성의 다른 개념들이다. 그래서 그들은 상호 간에 교통할 수 없다.[12] 진리는 그래서 상대적 문제로 인식된다. 'p는 참이다'는 A 상황에서 유효하다. 그러나 B 상황에서는 아닐 수 있다.[13] 파스칼의 bon mot(명언)은 이 맥락에서 회고할 가치가 있다. '피레네 산

---

[11] 이 문제의 여러 측면에 대한 고전적 표현을 위해 참고하라. Lowenthal, *The Past is a Foreign Country*.
[12] 참고. Lukes, 'Some Problems about Rationality'. 이 주제의 급진적 주장은 다음에서 찾을 수 있다. Feyerabend, *Science in a Free Society*, 65-70. 그럼에도 불구하고 완전히 비교 불가능한 개념적 체계에 대한 개념이 전적으로 비일관적이라는 데이비슨의 중요한 주장에 상당한 관심을 기울여야 한다. Davidson, 'On the Very Idea of a Conceptual Scheme'.
[13] 달리 말하면, 진리는 지배적 문화 체계의 구조를 단지 반영할 뿐 아니라, 능동적으로 구성하는 이론 내에

맥의 한쪽의 진리는 다른 쪽에서는 잘못이다.'(truth on this side of the Pyrennees is error on the other)[14] 그래서 에른스트 트뢸취(Ernst Troeltsch)에게 특정 역사적 맥락에서 교리적으로 참인 것이 다른 맥락에서 그렇지 않을 수 있다.[15] 과거는 다른 체계를 구성하고, 그 사상과 방법들을 사용하기는커녕 그 안에서 현재는 이해할 수 없다. 이 점을 더 설명하기 위해, 잘못 정의된 '문화적 상대주의'(cultural relativism)의 개념이 자주 소개된다. 각각의 교리 공식화는 자신이 제기하는 진실성에 다른 맥락에서 의문을 제기하면서, 특별히 자신의 역사적 문화적 맥락에 의해 조건 지어진다.[16] 현실에 대한 급진적 역사화는 한 세대에게 무엇이 '참'(true)인지가 특정한 문화적 체계를 반영한 것이고, 그 맥락 밖에서 효력이 없을 수 있다는 것을 인정할 것을 요구하는 제안이 있다.

이제 이 견해를 평가하고자 한다. 먼저 예비적 난제를 지적한다. '역사주의'(historicism)의 개념과[17] 그로부터 얻어지는 지식 사회학, 둘 다 다양한 형이상학적 주장들을 불러일으키고 보호한다. 형이상학적 주장들은 스스로 자신의 비판적 평가에 대한 서곡으로써 명백하게 만들어진 것이 틀림없다. '모든 진리-주장들은 역사적으로 조건 지어진다'(all truth-claims are historically conditioned)는 주장을 생각해보라. 이 주장 안에는 철학자들이 사랑하는 역설과 비슷하게, 당황케 하는 내재적 자기-참조가 있다. 모든 크레타 사람들은

서 유효한 것으로 이해된다. 참고. Kuhn, 'Reflections on my Critics', 특히 259-66.
14) Pascal, *Pensées*, Papiers classés III 60 (294); 51.
15) 참고. Sykes, 'Ernst Troeltsch and Christianity's Essence'; 같은 이, *Identity of Christianity*, 148-73.
16) 참고. Winch, 'Understanding a Primitive Society'. 신학적 측면에 대해 참고하라. Nineham, *Use and Abuse of the Bible*. Nineham은 불행하게도, '상대주의'라는 용어의 두 가지 의미를 (자신의 원래 맥락에서 진술을 생각할 필요와 주어진 진술이 특정한 맥락에서만 참이라는 주장) 혼동하는 것 같다. 참고. Coakley, 'Theology and Cultural Relativism'. 만약 여전히 비판적이라면 Nineham의 더 긍정적 평가를 위해 참고하라. Barton, 'Reflections on Cultural Relativism'.
17) '역사주의'(historicism) 자체의 개념과 관련된 어려움은 지적되어야 한다. 이 개념은 거의 정확하게 정의되지 않는다. 참고. Nabrings, 'Historismus als Paralyse der Geschichte', 157. 더 일반적으로, 참고. D'Amico, *Historicism and Knowledge*. 내가 Stout, *Flight from Authority*, 4-8에서 역사주의의 특징화에 대한 몇 의구심들을 가지고 있음에도 불구하고, 이것은 나에게 그 개념과 관련된 진짜 중요한 것을 많이 보여주는 것 같다.

거짓말쟁이라고 주장하는 크레타 사람, 혹은 칠판의 모든 진술들은 거짓이라는 취지의 딱 한 문장만 쓰여진 칠판이다. 버트런드 러셀(Bertrand Russell)이 밝힌 것처럼, 이 모순들의 오류는 진술들이나 객체들의 한 수준을 정의하는 사람이나 정의는 그 수준 바깥에 서야 한다. 정의하는 사람은 자신이 정의하는 객체의 수준에 포함될 수 없다.[18] 그러나 위의 주장은 명백하게 자기-참조를 포함한다. 모든 진리-주장들은 이것을 포함하여 역사적으로 조건 지어진다.

모든 진리-주장들은 역사적으로 조건 지어진다는 견해 자체는 역사적으로 조건 지어진 시각으로 다뤄져야 한다. 이 주장은 특정한 문화적 체계를 반영하면서, 그 체계 바깥에서 유효하지 않을 수 있다. 급진적 역사화는, 디드로(Diderot)와 볼테르(Voltaire)의 반-역사적 철학과 같이,[19] 역사적 현상 그 자체이다. 그것은 자기 자신의 역사적 위치를 알고 있고, 자신에게 특권적 지위가 없다는 것을 알고 있다. 이 점이 트뢸취에 의해 지적되었다. "역사주의는 모든 세대의 사상이, 그리고 자기 자신의 사상 조차도, 역사적으로 조건 지어진 것으로써 알고 있다. 이 이유로 규범적인 어떤 믿음도 알지 못한다."[20] 그래서 문화적 상대주의는 (사실 상대주의의 한 형태인데) 논리적으로, 만약 인식론적으로가 아니라면, 자기 파괴적이다. 만약 모든 진리가 완전히 문화-특정적이라면, 그래서 진리가 문화적 상대적 분석의 진리라면, 그런 이유로 그것은 결코 '참'되다고 말해질 수 없다.[21]

역사에 대한 이 태도가, 자기 자신의 범주로 인해, 자신을 시대의 산물로 만들고, 그렇게 함으로 자기 자신의 역사적 상대성을 피할 수 없음을 보여주

---

18) Russell, *Principles of Mathematics*, Appendix B.
19) Richardson, *History Sacred and Profane*, 90–9.
20) Troeltsch, 'Geschichte und Metaphysik', 68. 'a latent theology of historicism'(69쪽)의 구절을 주목하라.
21) 이 주장의 가장 명확한 진술은 Trigg, *Reason and Commitment*에서 찾을 수 있다. 만약 절대적으로 납득하기 어렵다면, 이 비판에 대하여 과학의 사회학에 특정한 기초를 가진 가장 정교한 답변 중 하나는 다음에서 찾을 수 있다. Hesse, *Revolutions and Reconstructions in the Philosophy of Science*.

고 있다고 지적하는 것은, 확실히 이 접근의 통찰을 비판하거나 과소평가하는 것이 아니다.[22] 그러나 그것은 그 접근의 보편성과 장기적인 관련성, 둘 다와 관련된 상당한 망설임을 일으키는 것이다. 역사 자체에 대한 강한 집착은 필연적으로 서양의 지적 지형의 영구적인 특징으로 간주될 수 없다.[23] 역사주의의 중요성은 절대적으로, 사람의 본성의 보편적 이론에 근거한 지식 구조와 구체적 역사적 경험에 근거한 구조 사이의 긴장의 창조적 이용을 통하여, 전환되는 철학적 문제들의 형성에 주로 관계될 수 있다.[24]

문화적 상대주의의 개념

좀 더 최근에, 역사주의의 신학적 암시들은 '문화적 상대주의'의 용어로 추구되어 왔다. 이 접근의 일반적 취지는 영국의 급진적 신학의 최근 저작(The Myth of God Incarnate)에 의해 설명될 수 있다.[25] 이 논문 모음집의 많은 공헌들의 근간에는 어떤 기독교 교리들이나 문서들도, '문화적 상대주의의 문제'(the problem of cultural relativism) 때문에 영구적으로 이해될 수 있는 명료성 혹은 유효성을 갖는 것으로, 혹은 영구적인 '진리'를 소유한 것으로 간주될 수 없다는 주장이 있다.[26] 주장되기를, 성육신의 기독론들은 '문화적으로 조건 지어진' 불가분하게 구식이 된 교부의 세계관(Weltanschauung)에 얽매인 것이다. 현대 신학자는 매우 다른 문화적 환경에 (계몽주의의 환경에) 갇혀 있다. 그리고 과

---

[22] 역사주의에 의해 제기된 쟁점들에 대한 연구에 대하여 참고하라. Faber, 'Ausprägungen des Historismus'; Nabrings, 'Historismus als Paralyse der Geschichte'.
[23] 이 점은 다음에서 강조된다. Stout, *Flight from Authority*, 5-7.
[24] Cumming, *Human Nature and History*.
[25] Hick (ed.), *The Myth of God Incarnate*.
[26] 이 견해를 설명하는 인용구들의 선택에 대하여 참고하라. Coakley, 'Theology and Cultural Relativism', 223-4.

거와 어떤 의미 있는 연결을 찾을 수 없다. '우리는 계몽주의에 의해 우리에게 남겨진 우리의 운명을 받아들여야 한다. 그리고 그것을 최대한 활용해야 한다.'(Leslie Houlden)[27]

이 점에서 사상적 운명론에 관련된 매우 분명한 난제가 지적되어야 한다. 어떤 주어진 사상의 으뜸은 역사적, 문화적 우발성의 문제이다. 그리고 그 지배력은 역사적 진화와 쇠퇴의 과정에 지배를 받는다. 우리가 우리의 문화적 상황에 갇혀 있다는 견해에는 풀리지 않는 역설이 있다. 만약 우리가 우리의 문화적 환경에서 탈출할 수 없다면, 어떻게 문화적 변화는 발생하는가? 홀든(Houlden)의 진술은 역설적으로 (저자의 의도를 고려할 때) 실제로 1750년경의 어떤 불특정한 시기 이래, 문화적 발전은 발생하지 않는다고 주장하는 것처럼 보인다. (그래서 우리는 계몽주의의 사고방식 안에 여전히 사로잡혀 있다) 혹은 발전이 아직 일어나지 않았다고 주장한 것처럼 보인다. (그래서 계몽주의의 사고방식이 아직 오지 않은 어느 날 유행에 뒤떨어진 것이 될 때에) 문화적 발전을 설명할 수 없는 문화적 상대성의 이해는 중대한 현상학적 부정확성으로 인해 마땅히 비판받을 것이다. 그런 발전이 일어난다는 사실은 무시될 수 없다. 그리고 바로 그 발전은 개인이 최소한 부분적으로라도 그의 현재 문화적 상황에서 탈출하는 것이 가능함을 제시한다. 부분적인 깨짐이 축적되어 결국 완전한 깨짐으로 이끈다. 그리고 새로운 문화적 상황의 여명으로 이끈다.[28] 패러다임의 이동이 있다. 질문들을 생각하고 다루는 우리의 방식에 혁명이 있다(Kuhn). 그러나 우리의 사고가 어떤 시기에 완전히 지배적인 역사적 문화적 상황에 의해 조건 지어진다

---

27) J. L. Houlden, in *The Myth of God Incarnate*, 125.
28) 그래서 루터는 자신을 매우 중세적인 사람으로 여기는 사람들을 공격하였다. 그러나 이것은 그가 중세적 외형을 더 완전하게 거부하는 방식을 열면서 새로운 패러다임을 소개할 수 있었다는 사실을 바꾸지 않는다. 루터나 마르크스와 같은 개인들이 '그들의 시대의 전제조건 가운데 도전없이 남겨둔 것이, 그들이 도전하거나 바꾼 것보다 매우 많다는 것'은 가능하다.(Nineham, *Use and Absue of the Bible*, 13) 그럼에도 불구하고, 그런 다수의 개인들의 축적된 힘은 지배적인 문화적 패러다임 가운데 변화를 일으킬 수 있다.

면, 여기에는 인식론적 회의주의가 내포된 것으로 보이고, 이성적 차별의 모든 가능성들과 새로운 사고가 도달하는 것을 제거한다. 아직은 우리의 사고에 사상적 요소가 있다는 바로 그 인식이 수단을 제공하고, 그 수단에 의해 우리의 사고방식들에 대한 숨겨진 사상적 요소들의 완전한 지배는 축소될 수 있다. 이는 정확하게 이성적 체계에 대한 사상적 요소가 무시되거나 거부될 때에, 그 영향이 최고의 정점에 있다는 것이 무시되거나, 거부되었을 때 정확하게 그렇다.

더하여, '문화적 상대주의'에 대한 저작에는 역사에 대한 핵심적 불연속적 접근을 암시하면서 '문화적 전체성'(cultural totality)의 개념이 암시된다.[29] 이 접근에 있어, 역사는 별개의 문화적 완전성들로 나뉠 수 있다, 각각은 통시적 공시적 이웃하는 문화들과 어울리지 않는다. 이 가정은 귀찮게 문화적 발전의 가변성을 무시하고, 사회사가의 지적 능력의 핵심적 부분을 무시한다. 예를 들면, '빅토리아주의'(Victorianism) 혹은 '빅토리아 세계관'(the Victorian world-view)을 말하는 것은 19세기 사고 패턴들의 어떤 측면을 18세기나 20세기와 구분하는 데 있어 도움이 될 수 있다. 그러나 그것은 또한 '빅토리아 문화'(Victorian culture) 내에 있는 넓은 다양성과 다툼들을 경시하는 것이고, 선행하는 그리고 계승하는 문화적 시대들, 둘 다에 존재하는 연속성의 정도를 경시하는 것이다. '계몽주의 세계관'에 대해 말하는 것은, 만약 우리가 양자론(quantum theory)의 영역에서 용어를 빌려온다면, 지성사를 지리적, 문화적, 역사적 단일성을 암시하면서 대충 임의적인 방식으로 양자화하는 것이다. (즉, 예전에는 연속적이라 생각되었던 것을 별개의, 구분된, 상호작용이 없는 단위들로 나누는 것이다) 이는 분명히 현대적 방식으로는 부족한 것이다.

현재의 문화와 과거의 문화 사이에 완전한 차이가 있다고 주장하는 것은

---

[29] 그러나 Nineham은 '획일적 문화 단위'(monolithic cultural units)가 있다 할 수 있는지에 대한 질문에 망설이는 것처럼 보인다. *Use and Abuse of the Bible*, 28, 30.

경험적이라기보다는 교조적(dogmatic)이다. 내가 강조하는 것처럼 예를 들면, 르네상스의 많은 작가들은 오래전에 죽은 고대 세계에서 그들의 사상과 방법을 선택적으로 채용하고, 만들면서 그들의 새로운 고전적 시대에 대한 비전 가운데 편안함을 느꼈다.30)

고대 세계의 '낯설음'은 기독교 자체와 고전적 문화, 둘 다 일반적으로 우리의 현대 문화에 영향을 주었다는 사실을 통해 상당히 감소되었다. 마치 우리가 고대 로마 혹은 신약에서 완전히 생경함을 느끼지 않는 점과 마찬가지이다. 한 문화의 측면들은 심지어 의도적으로 다른 것으로 사용되어 옮겨진다. 과거의 선택적 사용은 과거의 낯설음을 감소시키고, 과거 안에서 우리는 최소한 그 관점의 어떤 측면에서 친밀함을 느낀다. 그 이유는 자주 공시적 문화들보다 통시적 문화들 사이에 더 연속성이 있기 때문이다. 그 연속성 안에서 두 문화는 시대의 차이가 있지만 (키케로의 로마 사람들과 15세기 플로렌스의 사람들과 같이) 본질적인 공통의 사상적 유산들을 공유할 수 있다. 두 공시적 문화들에게 (예를 들면, 1930년대 미국의 '뉴딜'[New Deal]과 아잔데 부족의 사람들처럼) 이는 부정된다.31) 연대기적 문화적 거리 모두 때문에, 현대 기독교 교회는 신약 세계와 초대 기독교에 필수적인 연속성을 찾는다.

과거의 저작과 사건 혹은 사상을 이해하고 해석하는 데 진짜 난제들이 있다고 하는 것은 정말 적절하다. 이점은 역사가들에게도 비슷하다. 그들은 과거를 연구하는 것에 대하여 과도하게 겁먹는다고 느끼지도 않고, 그 결과 과거에서 완전히 떨어져 있지도 않다.32) 이는 '역사주의'(historicism)가 역사적 연구의 중요성과 역사적 지식의 획득과 이해의 가능성이 최소화된다고 칭하는

---

30) 나는 이 질문을 5장에서 더 다룰 것이다. 그러나 기본적 주제는 다음에서 연구되었다. Weiss, *Renaissance Discovery of Classical Antiquity*.
31) 비교. 이 기간 동안 수행된 연구에 기초한 Evans-Pritchard, *Witchcraft, Oracles and Magic among the Azande*.
32) 예를 들면, Danto, 'The Problem of Other Periods'.

것에 대한 혼란을 통한 것일 뿐이다.³³⁾ 지적인 공감적 상상의 노력을 통해, 역사가는 과거의 글과 사상을 이해하려 시도한다. 그가 그것에 동의할 수 있든 없든 그렇다. 과거와 현재 사이에 어떤 연속성도 없다고 주장하는 것은 우리에게 고대 그리스나 중세의 지성 세계에 대한 통찰을 거부함으로 과거의 지적 이해의 가능성을 배제하는 것이다. 과거에 대한 이 경멸적 접근은 사실상 그것을 '사전에 해법이 우리를 피할 수 있도록 정해져 있는 암호문'에 비한다.³⁴⁾ 더하여 다른 시기나 문화를 연구하는 역사가는 조사관처럼 행동한다. 그는 한 세계를 (자신의 시대와 문화를) 다른 사람을 위하여 변화시키는 참여자가 아니다. 그래서 관찰을 통한 이해로 얻어지는 소득도 전혀 없다.³⁵⁾ 또 다른 시기 혹은 또 다른 문화를 위한 비판적 평가는 조사관과 그 상황 사이에 어느 정도의 거리를 요구한다.

하지만 'The Myth of God Incarnate' 내에서 발견되는 분석의 근저에는 더 급진적 견해가 있다. 현대 사상가들은 그들의 다른 문화적 체계들 때문에, 교부 저자들에 의해 덧붙여진 예수 그리스도의 인격에 대한 의미를 공유할 수 없다는 견해가 그것이다. 과거와 현재 사이의 비교를 정당화할 충분히 절대적이거나 문화에서 자유로운 상태를 '바르다'(right) 혹은 '참되다'(true)는 용어로 사용한다면, '바르다' 혹은 '참되다'고 여겨질 수 있는 사건의 상태는 존재하지 않는다. 만약 기독교의 선포가 수학적, 논리적, 화학적 방정식의 용어로 표현될 수 있다면, 이 난점들은 아마도 해소되었을 것이다. 그러나 언어와 개념들이 선포의 표현에 적용되었다는 점에서, 현재에 과거의 신학적 자료를 사용하는 것은 불가능하다고 주장된다. 과거 의미의 식별은 그래서 빛을 잃

---

33) Oexle, 'Geschichtswissenschaft im Zeichen des Historismus'.
34) Walsh, *Introduction to Philosophy of History*, 68. 비교. 33-4. 정확하게 이 경멸적 관점은 Leslie Houlden의 *The Myth of God incarnate*, 132의 공헌에 근거한 것 같다. '어떤 기초에서 한 시대의 언어가 다른 시대의 말로 옮겨지는가?'
35) 예를 들면, Danto, Historical Language and Historical Reality'; Hanson and Martin, 'The Problem of Other Cultures'. 더 상세한 문제의 분석은 Hanson, *Meaning in Culture*에서 찾을 수 있다.

었다. 그리고 가치가 없어지거나 순전히 학문적 관심이 되었다. 과거의 의미를 선험적으로(a priori) 받아들일 수 없기 때문이었다. 교부 시대 저자들에게 예수 그리스도에 대해 인식된 의미는 그들의 문화적 맥락에 의해 결정된다. 다른 문화에 거주하는 우리는 그것을 공유할 수 없다. 과거는 암호이고, 그 암호는, 만약 조금이라도 밝혀질 수 있다면, 본질적으로 골동품에 대한 관심일 뿐이다.

물론 자신이 어느 정도 문화적 상대주의의 흐름에서 떠나 있다고 생각하는 것 같은 몇몇의 현대 학자들이 있다. 과거는 문화적 고려들에 의해 조건 지어지거나 결정될 수 있지만 현재는 아니다. 그래서 성육신의 사상에 대한 몇몇 비판가들은 성육신의 교리가 '문화적으로 조건 지어진' 것이고, 단순하게 '그것이 발생한 시대에 적합한 예수에 대한 해석'이기 때문에,36) 이 교리에 대한 그들의 현대 비판과 대안은 영구적으로 유효하다고 주장되거나 그렇게 이해될 수 있다고 여기는 듯하다. 그러나 이 입장은 지지될 수 없는 것이다.37) 그리고 그 주제에 대한 더 책임 있는 논의 안에서 찾을 수 없는 것이다.

문화적 상대주의는 일관되게 모든 진리-주장들이, 고대든 현재든, 형이상학적이든, 도덕적이든, 신학적이든, 그들의 전체 문화적 맥락에 의해 (요컨대 사상에 의해) 형성된다는 인식을 분명하게 가지고 있다. '사상'(ideology)이라는 용어가 데스튀트 드트라시(Destutt de Tracy)에 의해 18세기 프랑스에 소개된 것은 사회에 대한 (종교적인 것에 반대되는) 세속적 접근을 표기하기 위함이었다.38) 그리고 처음에는 '잘못된 인식'(false consciousness)에 대한 마르크스적 함축은39) 전혀 없었다. 현재의 연구의 목적을 위하여 (그리고 추가하자면, 거의 모든 다른 목적을

---

36) *Myth of God Incarnate*, 23; 4.
37) 다음의 파괴적 비판을 참고하라. Berger, *Rumour of Angels*. 특히 *bon mot* (p 62.)를 주목하라. '다른 분석적 분야들이 우리를 과거의 죽은 무게에서 자유롭게 하는 반면, 사회학은 우리를 현재의 독재에서 자유롭게 한다.'
38) Kennedy, *Destutt de Tracy and the Origins of Ideology*.
39) 이에 대해 참고하라. Lash, *Matter of Hope*, 125-34.

위해도) 엄격하게 제한된 해석적 가능성을 가진 함축이었다. 그래서 에른스트 토피취(Ernst Topitsch)는 진리-주장들이 단순하게 그들의 지지자들에 의해 그들의 편에서 지지됨에도 불구하고, 다양한 철학적 입장들은 어떤 사상들에 의지하고 그 사상들을 반영한다고 주장했다.[40] 유사하게, 성경 주해가 중립적이라거나 가치 판단이 없는 시도라는 생각은 거절되어야 한다. 성경 주해의 방법과 가정은 존재와 장소에 묶여 있다(seins- and ortsgebunden). 주해는 자신의 경험, 사회적 지위, 정치적 신념, 성별 등을 통한 요구에 조건 지어진 질문들을 본문에 가져온다. 사람의 사고가 (사회학이나, 신학이나, 윤리학이나, 형이상학이든지) 특정한 사회적 맥락에서 발생한다는 인식은 지식 사회학에서 근본적으로 중요하다. 모든 사회 운동은 종교적이든 세속적이든, 그것이 생산해 낸 문학을 포함하여, 암시적으로나 명시적으로 사상적 관점과 전략들을 가지고 있다. 그것으로 개인의 경험과 사회적 실제는 해석되고, 집단적 필요들과 관심들은 정의되고 정당화될 수 있다.[41] 그 주장은 분명하게 우리가 지식 사회학의 종교적 암시들을 고려하도록 요구한다. 이제 그것을 차례대로 보려고 한다.

신학과 지식 사회학

합리성의 체계들이 보편적이지 않고, 사회적으로 역사적으로 위치해 있다

---

[40] Topitsch, *Vom Ursprung end Ende der Metaphysik*. 또한 Geiger, *Ideologie und Wahrheit*; Kelsen, *Aufsätze zur Ideologiekritik*.를 참고하라.

[41] 성경 문서의 경우, 다음이 주목되어야 한다. Shalit, 'A Clash of Ideologies'; Miller, 'Faith and Ideology in the Old Testament'; Gager, *Kingdom and Community*; Gottwald, *Tribes of Yahweh*; Elliott, *Home for the Homeless*. Gerd Theissen의 작품은 특별히 흥미롭다. *Urchristliche Wndergeschichten; Sociology of Early Palestinian Christianity; Social Setting of Pauline Christianity*. 비판에 대하여 참고하라. Boers, 'Sisyphus and His Rock'; Achtemeier, 'An Imperfert Union'.

는 인식은 기독교 신학에게 상당히 중요하고, 특별히 계몽주의적 합리주의의 중요성을 평가하는 데 있어 중요하다. 예를 들면, 예수 그리스도 안에서 하나님의 계시의 전통적 기독교 개념에 대한 계몽주의의 비판을 생각해보라. 라이마루스(Reimarus)와 레싱(Lessing)에게 이 개념은 받아들일 수 없는 것이었다. 예를 들면, 연대기적으로 자신의 역사적 위치가 나사렛 예수의 탄생 이전에 있는 사람들에게 그런 계시에 대한 평가는 거절되기 때문이다.[42] 이 반대의 힘은 누군가의 추정을 따르면, 일차적으로 도덕적이다. 역사적 혹은 경험적 진리의 접근성은 자신의 진실성과 직접 관련되지 않기 때문이다. 레싱에게 이 점은 합리적 종교의 도덕적 우월성을 밝히는 데 도움이 되었다. 합리적 종교는 이성의 보편적 진리에 호소할 수 있다고 여겼다.

지식 사회학의 관점이 등장하면서, 레싱의 입장의 장점은 심각하게 약화되었다. 아마도 레싱의 입장을 허울만 있는 것으로 여기기 때문일 것이다. '이성의 보편적 진리들'(Universal truths of reason)은 사실 논리와 수학의 다소 제한된 경계 내에서만 발견될 수 있다. 그러나 일반적으로 합리성의 패턴은 사회적으로 역사적으로 위치되어 있고, 조건 지어진다.[43]

'이성'(reason)은 합리성의 체계들과 관계된 것으로 받아들여져야 하고, 보편적이며 지속적인 인간의 추론의 특징이 아니라 역사의 특정한 순간에 특정한 사회적 집단에게 적합하고 자명한 이치들의 개념을 예상해야 한다. 정확하게 같은 비판을 라이마루스는 기독교를 반대하여 내놓았고, 이는 보편적 이성의 허구적 개념에 대한 레싱의 호소에 반대하여 놓일 수 있다. 한 개인의 사회적 위치는 그에게 열린 지성적 선택권들을 결정한다. '이성'과 '계시', 둘 다는 역사성의 한계에 종속된다.

이 통찰은 상당히 중요하다. 그리고 당연히 합리성의 패턴과 자신의 사회

---

42) 예를 들면, McGrath, *Making of Modern German Christology*, 13-15.를 참고하라.
43) 이 점에 대한 균형잡힌 평가를 위해 참고하라. Stout, *Flight from Authority*, 149-76.

적 맥락의 관계에 대한 더 진전되는 고찰로 이끈다. 이전의 지식 사회학들은 칼 마르크스 저작의 사회학적 관심들의 기원을 많이 반영하면서, 특별히 '상부구조'(superstructure, Überbau)와 '하부구조'(substructure, Unterbau)의 개념에 해석적 무게를 두었다.44) 마르크스에 따르면, 사고와 지식은 본질적으로 하나의 상부구조로서 기저에 있는 사회적 현실 위에 서 있거나, 그 현실에 의해 던져진 것이다. 그것들은 취약한 사회적 집단화들에 의해 자신 주변을 둘러 보호하는 사상적 보호막(coccons spun)이다. 사상들이 자신의 사상적 잘린 조각들로 부서질 때, 필연적으로 어떤 딱딱한 독립적 핵심도 남지 않는다.45) 많은 마르크스주의 저작들에서, 사상은 본질적으로 경제적 하부구조 위에 세워진 지적인 상부구조이다.46) 그래서 종교개혁의 종교적 사상들은 초기 부르주아 혁명에서 축적된 중세 후기의 사회적-경제적 변화로 인하여 발생하였다고 해석될 수 있다.47) 뒤르켐주의자들(the Durkheimian, 뒤르켐의 사회학의 목적은 도덕과 질서이다. 그는 도덕과 질서의 사회를 위해 종교의 중요성을 강조하였다. 그는 종교의 세속적인 면을 보았고, 신을 사회라고 불렀다. 종교적 관념은 배제하고, 합리성과 세속주의의 기준에 맞는 관념을 제시하려 했다.-역자주)에게 종교적 사상들은 사회 구조들에 대한 잘못된 인지적 반응들이다.48) 역사주의자들은 지식의 Standortsgebundenheit(상황에 매

---

44) 참고, Lash, *Matter of Hope*, 112-24; Plekhanov, *Fundamental Problems of Marxism*, 70; Williams, 'Base and Superstructure in Marxist Cultural Theory'. Kautsky의 기독교의 기원에 대한 매우 특이한 관점들은 (그의 논문 'Das Verhältnis von Unterbau und Überbau'에서 채택한 입장을 반영하면서) *Der Ursprung des Christentums* (1921)에서 가장 연구된다. 참고, Keck, 'On the Ethos of Early Christians'. 마르크스-레닌주의의 이 문제에 대한 입장의 유용한 요약을 위해 참고하라. Stasiewski, 'Ursprung und Entfaltung des Christentums in sowjetischer Sicht'.
45) 이 점에 의해 발생한 난점은 Max Scheler에 의해 지적된다. 그에게 사회학은 본질적으로 *ancilla philosophiae*이다. 사회적 요소들이 현재를 결정했다. 그러나 사상들의 성격은 아니다. 달리 말하면, 관념적 핵심이 사회적 요소들과 독립적으로 존재한다. 비교, Berger and Luckmann, *Social Construction of Reality*, 19-21.
46) Lukács, *Geschichte und Klassenbewusstsein*, 이 저작은 이 믿음의 가장 뛰어난 진술들 중 하나이다.
47) 예를 들면, Steinmetz, *Deutschland von 1476 bis 1648*, 90에서 슈타인메츠는 루터의 종교적 사상들은 간단히 경제적 정치적 다툼의 신학적 표현이라고 주장한다. 종교개혁에 대한 마르크스주의자들의 해석에 대한 상세한 분석에 대하여, 참고, Dickens and Tonkin, *Reformation in Historical Thought*, 23-63.
48) Swanson, *The Birth of the Gods*는 어떻게 개인들이 초자연적인 것을 믿게 되는가에 대한 질문에 대한

여 있음)과 Sitz im Leben(삶의 자리)를 강조한다. (이는 사람의 삶에 대한 모든 관점들의 상대성의 강조로 이끌고, 어떤 역사적 상황도 그 자신의 특정한 용어를 제외하고는 이해될 수 없다는 인식으로 이끈다.) 이러한 강조는 사람의 어떤 사고도 사상의 지배적인 영향에서 제외되지 않는다는 사회학적 주장의 기초를 놓았다.[49] 그래서 예를 들면 (역사적 사실의 문제처럼) 철학은 사람의 합리성을 표현하는 어떤 지속적인 특징이나 보편적인 방식이 아니라, 특정한 사회적 계층에서 제한된 역사적 상황에서 일어난 하나의 '사고방식'(style of thinking)이라는 점은 주목할 필요가 있다.[50] 물론 사회학 자체가 역사적으로 19세기 초반의 서부 유럽의 철학적, 도덕적, 정치적 관심, 전제들과 방법들에서 발전하였다는 것을 보는 것도 동일하게 중요하다.[51] 사람의 지식에 대한 다른 모든 분야들과 마찬가지로, 그것은 Standortsgebundenheit(상황에 매여 있음)에 의해 특징지어지고, 또한 그것이 단지 개념적 기저에 있는 경제적, 정치적 사회적 현실들의 개념적 부수현상에 불과하다는 것을 드러낸다는 의혹으로 특징지어진다. 사회 이론에 방향을 둔 철학들 내에서 조차 발생할 수 있는 긴장들은 분명할 것이다. 그래서 특히 흥미로운 것은 최근 마르크스주의 인식론 내의 (예를 들면, 루이스 알트후저르[Louis Althusser], 루치오 콜레티[Lucio Colletti], 위르겐 하버르마스[Jürgen Habermas]의 저작들에서) 한편으로 '진리'로써의 사고와 다른 한편으로 역사적으로 위치된 것으로써의 사고 사이의 고유한 이원론의 지적이다. 이는 분명히 합리성의 체계들이 (마르크스 이론주의자들에 그려진 바와 같이) 간단히 주어진 역사적 상황의 결과이고, 비록 이것이 이론적 모순들을 암시하는 것 같을지라도, 그들이 더 폭넓

의식적인 뒤르케임주의 반응을 작성하는 것과 관계된다.
49) 고전적 연구는 다음과 같다. Berger and Luckmann, *The Social Construction of Reality*. 또한 Mannheim, *Sociology of Culture*.를 참고하라. 주목해야 할 것은 수학과 자연 과학은 일반적으로, 완전히 혹은 부분적으로 이 영향에서 제외된다는 것이다.
50) 사고의 헬라적 습관들을 고대 근동의 그들의 먼저 있던 사람들에게서 구분짓는 차이는 다음에서 볼 수 있다. Frankfort et al., *Before Philosophy*, 237-63; 비교 Burkett, *Greek Religion*, 305-37.
51) 이 점은 다음에서 강조되었다. Martin, 'Sociology and Theology', 36.

은 타당성을 갖는다는 완고한 믿음의 결과를 허용하는 어쩔 수 없음을 반영한다.[52]

그러나 사람의 지식에 대한 이 급진적 역사화는 사상들의 역사에 적절하게 맞물리지 못한 중요한 내적 모순들과 실패들의 빛 가운데 상당한 수정에 처하게 되었다.[53] 자신의 방어 가능한 형식 가운데, 역사주의는 모든 사상적 구조들을 사회적, 경제적 혹은 문화적 토대 위에 세워진 부수현상으로 감소시키지 않고, 그것을 암시하지도, 개념적 상대주의를 가정하지도 않는다. 오히려, 그것은 기본적으로 사람의 이해에 있어 본질적인 세 가지 단순한 생각들을 강조한다.

1. 모든 사상은 역사에 위치되어 있다.
2. 역사적 통찰은 자기 이해에 있어 본질적이다.
3. 역사에서 도피하는 것은 부적절하며 불가능하다.

그러므로 역사주의의 일차적 목적은, 자신의 역사적 우발성의 사고를 정화하여 역사적 위치의 한계를 뛰어넘으려는 시도를 행했던 데카르트와 칸트 전통의 특징적인 역사로부터의 위대한 후퇴라는 것이 분명하다. 사상과 이론은 (기독교 교리를 포함하여) 그 분석과 평가에 앞서 역사적으로 위치되어야 한다. 개인이나 공동체 사상의 역사적 맥락은 그 사상을 이해하기 위해 단순히 없어서는 안 될 배경 자료가 아니다. 사상의 평가는 사고가 본질적으로 비시간적인 쟁점들을 다루는 사회적으로 몸이 없는(disembodied) 과정이라는 의문스러

---

[52] 이 긴장은 마르크스 자신에게까지 추적될 수 있다. 이 긴장 안에서 그가 '본질'(essence)의 개념에 더했던 인식론적 무게는 사회적 주관주의에 의해 퇴색된 것으로 보인다.
[53] 다음의 내용들을 위해 참고하라. MacIntryre, 'Epistemological Crises, Dramatic Narrative and the Philosophy of Science'; MacIntyre, *Whose Justice? Which Rationality?*, 390; Stout, *Flight from Authority*, 4-8; 149-76; 256-72, 그리고 그 안의 참고문헌들.

운 가정의 기초를 따라 이뤄어질 수 없다. 사람의 사고가 전통으로 구성되고, 동시에 전통을 구성하는 것이라는 점에서, 그런 사고는 어느 정도 그들이 구현되는 공동체의 유형들과 실행의 형식들에서 분리될 수 없다.[54]

그래서 역사주의의 관점은 '영원히 참'(eternally true)임을 주장하는 교리의 개념에 의문을 제기한다.[55] 이 입장은 언어적 절대주의자들(linguistic absolutists)에 의해 주장된다. 조지 린드벡은 이들을 '인지주의자들'(cognitivists)라 칭했는데, 이 입장은 교리 기원의 역사적 현상과 관계를 맺는 데 실패한다. 즉, 교리가 어떤 역사적 환경 아래에 역사적 사건의 (기독교 전통 내에서 전승된 것으로서 나사렛 예수의 역사의) 응답으로 생긴다는 관찰에 관여하지 못한다. 데카르트의 영향을 받아 기독교 교리에서 역사적 우발성들을 제거하려는 계획은 자신의 역사적 우발성 때문에 일차적으로 실패하였다. (만약, 신학적으로 필요하다면 주장될 수 있을지 모른다.)[56]

기독교 교리가 역사 가운데 있다는 그 사실은 그것에 대한 역사적 탐구에 민감하도록 한다. 교리의 기원의 근저에 있는 요소들과 압력들에 대한 한 가지 설명이 주어질 수 있다. 그럼에도 불구하고 그 방어적 형태에서, 역사주의는, 특정 기독교 교리의 역사적 위치의 인식이나, 일반적인 교리 현상의 인식이 사상적 내용을 상대화하거나, 그 내용을 기술할 때, '참된'(true)이란 형용사를 사용하지 못하도록 하는 적절한 근거가 아니라는 것을 전제하거나 암시하지 않는다.

그러면 상대주의의 핵심적 논제를 포함하여, 교리의 기원이나 기독교 신학에서 과거의 권위와 같은 문제들에 대해, 지식 사회학이 중요한 이유는 무엇인가? 초창기 사회학은 기독교 교리를 다루는 경향이 있었다. 사회학은 기

---

54) MacIntyre, *Whose Justice? Which Rationality?*, 389-403, 특히 390-1.
55) 참고. Lindbeck, *Nature of Doctrine*, 47.
56) 비교. 이 점에 대하여 Ritschl에 대한 Brunner의 비판. Scheld, *Die Christologie Emil Brunners*, 105-11.

독교 교리를 단지 종교적 행위의 근간이 되는 경제적, 정치적 문화적 현실를 모호하게 하는 부수현상적 상부구조로써 어쨌든 다루기는 했다. 다행스럽게도 이 문제에 대한 좀 더 성숙한 접근이 지금 사회학 분야 내에서 발전되었다. 이 발전을 논의하려 할 때, 첫 난제가 언급되어야 한다. 현대 지식 사회학을 일반화하여 말하는 것은 어려운 일이다. 이 분야 내에 주목할 만한 다원주의가 분명하기 때문이다.[57] 예를 들면, 마르크스주의자들과 비-마르크스주의자들 사이에, 현상학자들과 경험론자들 사이에, 프랑스와 독일과 미국의 이 분야에 대한 접근들 사이에 근본적 차이가 분명히 존재한다.[58] '지식 사회학'이라고 말하는 것조차, 핵심적이며 필수적 의문을 불러일으킨다. '어느 것인가?' 현대 지식 사회학은 현대 신학적 다원주의와 비교를 불러일으키는 해로운 주제에 대한 일반화를 제공하는 다양성과 다형태성의 정도를 보여준다. '지식 사회학의 시각'을 말하는 것은 그래서 다소 무의미하다. 마치 그 분야가 이 어구가 암시하는 단일성에 접근하는 어떤 것을 가진 것처럼 말할 수는 없다. 그럼에도 불구하고, 현대 지식 사회학 내에서 어느 정도 최근의 발전에 관심을 가져보는 것은 적절하고 중요한 것처럼 보인다. 이 발전은 분명히 신학적 의미를 갖고 있다. 그러나 이 발전이 그 분야 내의 보편적 동의를 받을 만한 것이라고 주장할 필요는 없다.

피터 베르거(Peter Berger)는 신학자가 싸워야 할 중심적 질문을 다음과 같이 이해하였다. "모든 것이 상대화하는 범주들 아래 의문시될 때 (역사나 지식 사회학이나, 그런 종류의 것들이), 진리에 대한 의문은 거의 순전하게 자신을 다시 주장한다. 우리가 모든 사람의 주장들이 과학적으로 이해할 수 있는 사회적-역사적 과정들에 속한다는 것을 안다면, 어떤 주장들이 참이고, 어떤 것들이 거

---

57) 참고. Scroggs, 'The Sciological Interpretation of the New Testament'.
58) 예를 들면, Curtis and Petras (eds.), *The Sociology of Knowledge*.를 참고하라.

짓일까?"⁵⁹⁾ 이 점은 진리 주장들의 지지와 관련하여 치명적으로 중요하며, 자신의 중요성이 지금 인정되고 있는 지적 분야로써 지식 사회학의 성장하는 성숙성의 의심할 수 없는 표이다. 모든 믿음이 동일하게 참이라고 말하는 것은 분명하고, 사실상 극복할 수 없는 난제에 직면한다. 어떻게 서로 모순되는 믿음들이 다뤄질 수 있을까? 누군가 정말 갈릴레오(Galileo)와 벨라르민(Bellarmine)의 관점들이 똑같이 타당한 것이었다고 말할 수 있을까?⁶⁰⁾ 어떻게 누군가 허쉘(Herschel)의 복사열의 성격에 대한 변화된 관점들을 설명할 수 있을까?⁶¹⁾ 우주가 물리적 법칙에 기초하여 진화하였다는 과학적 이론이 세상을 개미 배설물의 무더기에서 창조된 것으로 여기는 서아프리카의 한 부족의 믿음과 같은 지위로 인정되어야 할까?⁶²⁾ 만약 어떤 믿음이 다른 사람의 주장을 부인한다면, 어떻게 둘이 참이 될 수 있을까?⁶³⁾ 보통 상대주의의 귀결로 받아들여지는 이 완전한 불가지론적 인식론은 진리 주장들의 평가를 위한 도구로써 자신의 잠재적 기능을 퇴색시키는 것처럼 보인다. 동일하게 모든 믿음은 똑같이 잘못이라고 주장하는 것도 상대주의자에게 심각한 난제들을 불러일으킨다. 상대주의자는 오류가 있다고 인정된 무리들 가운데 자신의 상대주의 믿음도 세어 넣어야 하기 때문이다. 이것이 불가지론이다. 최근에 이 논쟁에 참여한 사람들에 의하면, 이는 점점 더 불만족스러운 것으로 보여졌다. 나는 이 교착 상태에 대한 그들의 해결책을 곧 검토할 것이다.

이 점에서 현대 지식 사회학의 진짜 난제 하나를 드러내는 것이 또한 적절

---

59) Berger, *Rumour of Angels*, 57. (강조는 원래 있던 것이다)
60) 비교. Wisan, 'Galileo and the Emergence of a New Scientific Style'; Rorty, *Philosophy and the Mirror of Nature*, 328-31. Rorty는 그가 지식의 합리적 근거를 거절한다는 점에서, 두 견해들이 동일하게 '합리적'(rational)인 것으로 간주되어야 한다고 주장한다.
61) Hacking, 'Speculation, Berechnung und die Erschaffung von Phänomen'.
62) 언급된 비교에 대하여 주목하라. Dawnkins, *The Blind Watchmaker*.
63) 분명히 모순적인 진술들이 실제의 다른 관점들에 관계된다는 '관점주의'(perspectivism) 사상이 여기에서 언급되어야 한다. Coakley, 'Theology and Cultural Relativism', 229.

하다. 사회학자들이 만든 관찰자로서의 특권적 상태의 가정이다.[64] 마르크스의 포이어바흐에 대한 논제들(Theses on Feuerbach)은 사상가나 관찰자의 관점과 지위가 사고나 관찰의 과정에 내포된다는, 지금 널리 받아들여지는 시각을 발전시킨다. 이는 사고와 관찰 둘 다 편향되도록 하는 경향이 있다. 이는 당연하게 어떤 특정 입장이 규범적이거나 특권적이라고 간주될 수 있는가의 의문을 불러일으킨다. 특권적 관찰자 상태의 가정은, 자본주의에 대한 급진적 비판이라는 규범적 입장이 무산자 계급의 것이라는 정통적 마르크스 개념의 중요한 측면이다. 위르겐 하버마스(Jürgen Habermas)와 비판 이론의 프랑크푸르트 학파(the Frankfurt School of Critical Theory, 이 학파는 마르크스 이론이 20세기의 자본주의를 설명할 수 없음을 인정하고 비판하며 다른 사회 발전 과정의 가능성을 지적한다. 1960년대부터 하버마스의 의사소통적 합리성과 언어적 상호주관성 등의 연구를 중심으로 발전했다. 이 사상은 프랑스에서 있었던 68혁명의 배경이 된다.-역자주)는 이 개념을 결정적으로 거절했다. 이 거절이 하버마스가 '비판적 사회 이론을 위한 적절한 규범적 토대들'이라 칭한 것에 대한 요구를 수반한다는 점에서, 이 점은 상당히 중요하다.[65]

과거에는 사회학이 사실상 비판적이며 분석적인 사고의 과정을 독점하여 가로채는 경향이 있었다고 주장하는 것은 불공정한 것이 아니다. 대체로 똑같은 방식으로 신학과 철학이 예전에 특권 있는 입장을 가지고 비슷한 주장들을 지지하였던 것과 마찬가지이다. 그래서 포르테스(Fortes)는 서아프리카 탈렌시(Tallensi)의 종교에 대한 연구에서, 오직 외부 관찰자만이 상징주의의 진짜(real) 의미를 (자신의 사회적 분석을 위한 필연적 '문화적 자원들'을 갖지 않은 탈렌시에게

---

64) 이 점은 Hamnett의 두 논문에서 논의되었다. 'Sociology of Religion and Sociology of Error'; 'A Mistake about Error'. Gerd Theissen의 저작들 중에 많은 의문스러운 특징들 중 하나는 그가 신학자들의 편에서 어떤 '특권 있는 지식에 의지'를 강력하게 거절하는 것이(예를 들면, *On Having a Critical Faith*, 10-11) 현대 사회학에게 특권적 관찰자로서의 그런 지위를 무비판적으로 수용하는 것을 암시하는 것과 연결된다는 점이다.
65) Habermas, *Knowledge and Human Interests*; Habermas, *Legitimation Crisis*; 더하여 참고하라. Bottomore, *Frankfurt School*; McCarthy, *Critical Theory of Jürgen Habermas*.

거절된 의미를) 인지할 수 있다고 주장한다.[66]

특권적 관찰자의 지위에 대한 이 가정은 특별히 1960년대에 종교 사회학 내에서 분명했다. 당시 종교 사회학은 종교적 믿음들을 오류적이며 비이성적인 것으로 다루는 경향이 있었다. 아마도 이는 그 분야가 전반적으로 사실상 거의 반-종교적 가정들에 전념하였다는 사실을 반영한다. 종파 연구들의 확산은 분명히 기이한 어떤 것만큼이나, (그리고 이런 이유로 분명하게 그 믿음에 있어 오류가 어떤 것만큼이나) 사회적 설명에 다룰 수 있고, 처리할 수 있는 어떤 것을, 연구할 바람을 반영하였다.[67] 그래서 맬콤 브래드버리는 그의 종교 소설 『The History Man』에서 자신의 사회학적 반-영웅(anti-hero) 하워드 커크(Howard Kirk)에게 웨이크필드의 그리스도 형제파(Christadelphianism)의 연구에서, 자신의 역사주의자를 경험하게 했다.[68] 종파의 기원을 순전히 사회학적 용어로 설명하는 것은 그것이 파생하는 것에서부터 모교회에 대해 설명하는 것보다 더 쉽다. 그래서 확실히 그리스도 형제파와 같은 종파의 기원에 대한 연구에서 기독교의 기원을 추론하려는 저항할 수 없는 유혹이 있다. 마치 둘이 완전히 유사한 것처럼 말이다.[69]

그러나 최근의 사회학적 분석에서 다음의 인식은 커져가고 있다. 종교적

---

66) Fortes, *Oedipus and Job in West African Religion*, 66-8. 같은 점은 Trobiander에 대한 Malinowski의 연구에서 찾을 수 있다. *The Sexual Life of Savages in North-Western Melanesia*, 425-9. 그러한 접근은 당연히 유럽 중심적이라고 비판받았다. Wiredu, *Philosophy and an African Culture*. 또한 Fenn의 관점도 주목하라. 'The Sociology of Religion: A Critical Survey', 123. '종교 사회학에서 기능주의 통합은 사라졌다. … 기능주의는 사회학자가 집단들과 개인들 때문에 해석하고 초월할 수 있는 특권적 방법론적 입장을 제공했다.
67) 예를 들면, 참고. Wilson, *Religious Sects: A Sociological Study*. 그의 이전 연구는 그 장르의 전형적 예이다. *Sects and Society*.
68) Malcolm Bradbury, *The History Man* (London, 1977), 20.
69) 종교적 종파의 모델을 기초로 기독교의 출현을 분석하려는 시도에 대하여 참고하라. Scroggs, 'The Earliest Christian Communities as Sectarian Movements', (11세기의 그레고리 개혁까지 실현되지 않았던 기관하의 과정인) 성직자와 성례적 시스템들의 발전에 앞서 어떤 운동과 관련하여 '종파'(sect)라는 용어를 사용하는 것은 엄밀히 말해서 비역사적이다. 16세기 종파 운동들 사이의 '가족의 닮음'을 지적하는 것은 합리적이다. 그리고 초대 기독교 공동체들은 최근 학자들에 의해 드러난 것처럼('가족의 닮음'의 비유가 비교에 수반된 상당한 기간 때문에 늘어졌음에도 불구하고).

믿음의 시스템의 존재로 인해 야기된 난제들은 믿음의 모든 시스템과 관련된 더 근본적 난제를 가리킨다. 그것이 종교적인 문제이든 혹은 순전히 세속적인 문제든 그렇다. 어떻게 믿음의 시스템이 발생하는가? 최소한 몇몇 세속 사회학자들에게, 사회학적 설명이 지켜져야 한다는 것은 종교적 믿음이 확실하지 않고, 심지어 비이성적이라는 가정의 기초 위에 있는 것이다.[70] 세속주의와 반-종교적 태도의 초기 종교 사회학의 일반적 지배는 이 관찰을 설명하기 위한 어떤 중요한 길을 줄 수 있다. '문제가 되는' 것은 자주 사회학적 분석이 필요하다고 간주되는 것이다. 분명한 것은 그러한 설명을 요구하지 않는다고 주장된다.[71]

그러나 '분명한' 것은 그 분석의 전제조건에 달려있다. 그래서 프로이드는 기억하는 것이 아니라, 잊어버리는 것을 설명해야겠다는 의무감을 느꼈다. 기억하는 것은 분명히 합리적이라는 그의 전제조건의 기초에서 그랬다.[72] (우리는 여기에서 어떤 종교 사회학들이 직면한 분명한 난제들을 언급하는 것에 관심이 있지 않다. 예를 들면, 상부구조와 하부구조로써 종교와 사회 사이의 관계는 입증되는 것이 아니라, 더 일반적으로 주장되는 것이다. 특히 뒤르켐주의 전통에서, 우리는 사회적 구조와 종교가 기본적으로 원인과 결과로써 연결되어 있다는 주장으로 남는다. 그러나 이 인과관계의 순서가 어떻게 설명되고, 검증될 수 있는가에 대한 조명은 거의 없다. 이 인과관계 사슬의 두 끝은 잘 정의된다. 그러나 그들 사이의 연결과 이것들이 확증되거나 허위임이 드러나는 방식은 이해하기 어려운 것으로 남아 있다. 우리가 일차적으로 관심이 있는 것은, 다른 믿음들이 자명하게 '합리적'이라고 할 때, 왜 어떤 믿음들은 사회학적 '설명'을 필요로 한다고 간주되어야 하는가의 질문이다.)[73] (특권적 지

---

70) Sperber의 두 개의 중요한 최근 논의들을 참고하라. 'Is Symbolic Thought Prerational?'; Sperber, 'Apparently Irrational Beliefs'.
71) 예를 들면 Burrow, *Evolution and Society*.를 참고하라.
72) Timpanaro, *The Freudian Slip*, 168. 비교. M. Mulkay and G. N. Gilbert, 'Accounting for Error', *Sociology* 16 (1982), 165; '정확한 믿음은 사건의 보통 상태로 다루어진다. … 그리고 어떤 특별한 설명을 요구하지 않는다.'
73) 소위 '비합리성'(arationality)의 용어에 대한 고전적 진술은 다음에서 찾아진다. Laudan, *Progress and Its Problems*, 203. '한 믿음이 적절한 이유들로 설명될 때에는 언제나, 사회적 원인의 용어로 대체적인

위를 반대하지 않는) 현대의 학자에게, 마치 사회학 그 자체가, 혹은 현대 사회학 내에 어떤 흐름들이 분야내적인 '상식'의 개념을, 공리와 같이 다뤄지는 물려받은 자명한 전제조건들의 개념을 발전시킨 것처럼 보인다. 반면 '합리성' 개념의 사회적 기원들 자체는 사회학적 설명이 요구되었다. 관찰자의 전제조건들은 사실상 무엇이 '합리적'인 것으로 간주되는지, 무엇이 '비합리적'으로 간주되는지를 명시한다. 뒤르켐, 프레이져(Frazer), 말리노프스키(Malinowski), 테일러(Taylor)와 같은 종교적으로 거리가 있는 앞선 세대의 사회 인류학자들의 반-종교적 태도를 언급하면서, 에번스프리처드(Evans-Pritchard)는 계시된 종교 사상에 대한 그들의 분명한 적의를 지적한다.[74] '사회 인류학은 매우 적은 예외를 빼고, 모든 종교를 시대에 떨어지는 미신으로써 간주하는 마음의 생산물이었다.'[75] 그가 주장하기를, 그들의 종교적 전제들은 그들의 인류학적 질문들과 그 결과, 초래된 대답, 둘 다를 만들었다. 그러나 다음의 질문이 제기될 수 있다. 어떻게 관찰자의 전제들이 생성되었고, 유지되었는가? 내가 구식이라고 칭한 (그리고 그래서 상대주의의 혐의를 인정한) 사회 인류학의 반종교적 태도는 실제로 그들의 연구 주제에 대한 종교적 태도 만큼이나 설명될 필요가 있다.

그러한 질문들의 중요성 인지는 일반적인 사회학 내의 더 성숙한 관점의 발전을 위한 충분한 증거이다. 특히 종교 사회학 내에서 그렇다. 모든 믿음 혹은 가치 시스템들은 (종교적이든 세속적이든 불가지론적이든) 동등하게 사회학적 조사에 열려있는 것으로 인식된다. 과거에 주로 종교적 믿음 체계에 대해 사회학이 다루었던 혼란스러운 의문들은 이제 사회학이 그 자신을 포함하여 모든 믿음과 가치 시스템에서 다루어져야 함을 깨닫게 한다. 존 헨리 뉴먼(John

---

설명을 찾을 필요가 없다.'
74) Evans-Pritschard, *Theories of Primitive Religion*, 15.
75) Evans-Pritschard, 'Religion and the Anthropologists', 205.

Henry Newman)에게, 종교적 신앙은 인식론의 전체 문제의 전형적인 예였다. 어떻게 우리가 어떤 것을 아는가의 질문이다.[76] 어떤 다른 것에 대하여 우리가 어떤 것을 어떻게 아는가를 통하여 사고하는 것은 특별히 비판적인 도전을 대변한다. 여러모로 종교는 사회학에 비슷한 이의를 제기한다. 어떻게 어떤 믿음 시스템이, 종교적이거나 다른 방식으로 발생하는가, 그리고 어떻게 그것의 진리-주장들과 가치-주장들이 탐구될 수 있는가를 고려하라는 요구이다. 예외없이 종교는 믿음 시스템을 위한 특별히 빛나는 규범이 됨을 증명하고 있다. 인식론적 문제들이 종교 사회학에 의해 제기되고, 이는 사회학에 일반적으로 만연한 것으로 보인다. 예전에 그 분야가 자신을 위해 주장했던 특권화된 입장을 상대화하는 것이다. 사회학적 설명 이론들이 그들 스스로 가치중립적인 것이 아니라는 인식은 증가되고 있다. 제공된 설명들은 (이 것이 분명하게 언급되든 안 되든) 이전에 있던 어떤 이해들에게서 나온 것이고, 사람의 존재와 운명의 성격에 대한 이해를 표현한다.[77] 특정한 지식 사회학의 근간에는 자신의 기원을 '설명함'으로 대안적 사상들의 타당성을 약화시키려는 의식하지 못한 사상이 있을 것이다.

바로 이 점을 피터 윈치(Peter Winch)와 찰스 테일러(Charles Taylor)와 같은 이론가들이 강조해왔다. 그들은 사회 과학적 이해의 Standsortgebundenheit(상황에 매여 있음)에 주의를 기울였다.[78] 주어진 분야 내의 연구 방향과 가정들이 생성되고, 시험된 기준들과 자료의 중요성을 위한 범주, 이 모든 것은 가정과 관례와 목적의 규범적 체계와 관계된다. 그것이 체계에 의해 조건 지어진다는 점에서 그 이론가들은 가치 중립적인 것은 생각될 수 없다고 주장한다. 합

---

76) Prickett, *Words and The Word*, 218. 더하여 참고하라. Ferreira, *Scepticism and Reasonable Doubt*, 초기 근대의 '아는 것의 위기'(crisis of knowing)에 대하여 참고하라. Macintyre, 'Epistemological Crises'; Shapiro, *Probability and Certainty*.
77) 참고. Radcliffe, 'Relativising the Relativisers'.
78) Winch, *Idea of a Social Science*, 여러곳; Taylor, 'Interpretation and the Sciences of Man'.

리성의 체계와 관련된 앞선 질문들은 사회 과학에 의해 적용된다. 이는 다루어질 필요가 있다. 이 점을 인식하면서, 앤서니 기든스(Anthony Giddens)는 설득력 있게, 사회학이 '이중 해석학'(double hermeneutic)의 구조를 가진다고 주장한다.[79] 사회학은, 주어진 사회현상을 (종교라고 하자) 해석하는 것에 더하여 자기 자신의 해석 범주 자체가 한정된 사회적 상황 가운데 만들어졌다는 것을 인식해야 한다. 사회 이론은 합리성의 보편적 체계의 지위를 가정하기 위해, 그것이 형성된 해석학적 상황에서 분리될 수 없다. 사실상, 지식 사회학은 합리성의 옛 체계에 기초하여 다른 사회적 집단화의 사상들을 평가하는 하나의 사회적 집단화로 간주되어야 한다. '이중 해석학'에 의해 형성된 본질적 요점은 피관찰자와 관찰자, 둘 다의 합리성의 체계들이 사회적으로 조건 지어졌고, 사회적 설명을 요구한다는 것이다. 해석학적 상황에서 분리된 제3의 관찰자가 그들을 평가할 방법은 아직 없다. 제3의 관찰자는 다른 모든 사람들과 마찬가지로, 역사의 흐름 안에 갇힐 것이다, 그리고 같은 한계에 종속된다.

다양한 형태로 논리적 긍정주의의 발흥을 통하여 입증의 질문에 대한 예전 신학자들의 사로잡인 생각과,[80] 문화적 상대주의 문제를 통해 발생한 인지된 난제들에 대한 더 최근의 관심 사이에, 여러모로 유익한 병행점들이 존재한다. 그 타당성과 관련된 질문들을 제기함으로, 둘 다는 언어와 개념이 형성되는 방식과 현실을 설명하는 방식을 밝혀준다. 논리적 긍정주의에게, '세상의 관찰에 의해, 우리의 정의로부터의 연역에 의해 확인될 수 없는 공식화는 아무 의미가 없다.'[81] 이것은 자연스럽게 신학, 철학, 윤리와 정치이론, 어떤 의미의 미학을 제거해 버린다. 그것은 또한 역사화의 원리의 경우에 앞서 언

---

79) Giddens, *New Rules of Sociological Method*, 158.
80) 참고. Ayer, *Language, Truth and Logic*; Ayer, *Logical Positivism*; Braithwaite, *Empiricist's View of the Nature of Religious Belief*; Ferré, *Language, Logic and God*.
81) Gellner, *Words and Things*, 79. 더하면, 이것은 비트겐슈타인의 입장은 아니다.

급된 자기-참조에 대한 같은 경향을 입증하였다.

위에서 언급된 것처럼 입증 원리는 그 자신의 범주에 의해 의미없는 것처럼 보일 것이다. 그것이 세상의 관찰로부터 파생되지 않는다는 점에서, 그것은 정의로부터 연역된 논리적 혹은 수학적 진술이 아니다.[82] 그럼에도 불구하고, 비-경험적, 비-이론내적 진술들이 의미있는 것으로 간주될 수 있는 방식의 논의를 강제함으로, 논리적 긍정주의는 결국 해명을 위한 자극의 기능을 돕는 것으로 간주될 수 있다.[83]

비슷하게도 문화적 상대주의의 개념은 우리로 하여금 문화 간의 의사소통이 어떻게 발생하는지 명확히 해야 한다. 그것은 우리로 하여금 과거에 대한 호소를 포기하도록 하지 않는다. 오히려 그것은 과거를 모델로써, 사용하면서, 우리에게 현재의 상황을 다시 생각하도록 강제한다. 우리가 과거를 이해하는 데 있어 경험하는 진짜 난제들의 역할은 어떻게 우리가 관찰자로서 우리 자신의 상황에 부합하지 않는, 어떤 상황을 정확하게 연구하기 위한 패러다임으로서 도움을 주는 것이다. 그 차이들이 공간이나 시간이나 문화에 관계되어 있는지와는 상관없다. 왜냐하면 상대주의는 과거와 현재의 차이들과 관련하여, 단순하게 통시적이지 않기 때문이다. 그것은 바로 그 순간 존재하는 지배적 문화의 차이와 관련하여 공시적이다.

우리가 이어 받은 바로 그 언어는 우리의 세계에서 우리의 이해를 형성하며, 우리가 진지하게 즐기기를 기대할 수 있는 대안적 세계관들의 범위에 제한을 둔다. 우리는 이어받은 언어에 의해 형성된 피조물이다. 이는 우리에게

---

[82] 더하여 참고하라. Kolakowski, *Positivist Philosophy*; 비교. Stockmann, *Antipositivist Theories of the Sciences*.

[83] 여기에서 논리적 긍정주의의 결과들을 추적하는 것은 나의 목적이 아니다. 그 타당성에 대한 한 예는, Moritz Schlick, 'the meaning of a sentence is its method of verification'의 격언에 의한 자극을 고려할 때, '의미' 그 자체의 개념과 관계된다. Schlick, 'Meaning and Verification', *The Philosophical Review* 46 (1936), 261. 더 민감한 분석은 한 문장의 의미론적 해석과 인식적 평가가 어울리는 다른 문장들에 의존한다고 주장하려 한다. Glymour, *Theory and Evidence*, 145-55.

열려있는 상상적 그리고 개념적 가능성들의 범위에 한계를 부여한다. 언어는 '사고의 옷'(dress of thought, Johnson) 그 이상이다. 그것이 사고를 표현하는 것만큼 사고를 형성하기 때문이다.

예를 들면, 조지 스테이너(George Steiner)는 현대 언어들 사이에 어느 정도의 불확정성이 존재한다고 주장함으로, 노엄 촘스키(Noam Chomsky)에 반대하는 매우 중요한 요점들을 얻을 수 있다.[84] 언어들 사이에 간단한 번역은 불가능하다. 그런 점에서, 다른 언어에서 주어진 구절의 완전한 의미를 전달하는 것은 불가능하다. 그래서 '의미'(meaning)는 문화에 특정적이다. 그래서 미묘하다. 글 한 조각의 전체적 이해는 사실상 불가능하다. 그것은 단지 어떤 단어들, 어떤 사상들을 번역하지 못한다는 의미가 아니다. 그것은 의미의 어느 수준들, 언어적 신호들, 애매함의 미묘함 등등은 번역의 과정에서 간과되거나 오해될 수 있다는 것이다. 한 문장의 어휘적 핵심의 주변에 미묘함의 음영이 있다. 이는 언어를 공적 의미와 일치가 부분적이며, 예측불가능한 개인 언어(ideolet)로 변하게 하도록 위협한다.[85]

그래서 거기에 문화의 완전한 공약성(commensurability)과 완전한 비공약성(incommensurability) 사이의 가능성들의 스펙트럼이 존재한다. 이는 '문화'라는 용어가 단일한 사상을 암시하는 것으로 받아들여질 수 없음을 인정한다. 이 양극 사이에 전체가 아닌, 기껏해야 부분적인 이해가 차지하는 공간이 있다.[86] 그 의미에서 완전하게 표현되고, 소통되었다기보다는 불완전하고, 그

---

84) Steiner, *After Babel*.
85) 예를 들면, Steiner, *After Babel*, 136. '과거에 말해진 단어나 문장의 의미는 단일한 사건이 아니다. 예리하게 정의된 사건들의 네트워크이다. 거의 박식한, 거의 빈틈 없는, 이해할 수 있는 예감이나 원리에 따라 만들어진 재창조적 선택이다. 어떤 과거의 진술을 말하는 것의 힘은 어휘적 핵심을 둘러싸고 있는 복잡한 실용적 분야 내에 널리 퍼져 있다.'
86) 기독교 신학과 관련하여 특히 중요한 점이다. (린드벡이 '인지적-명제주의자'로 간주했던 신학들을 포함한다) 기독교 신학은 항상 하나님에 대한 표현의 불완전함과 임시적임을 강조해왔다. 이는 단지 하나님을 논리나 자연 과학과 병행하는 용어로 설명하기를 거절하는 부정의 방식으로 설명(apophatic)하는 전통이 아니다!

의미에서 '진리'는 최소한 부분적으로 문화에 특정적이다.

그러나 이는 상대주의자들을 포함하여, 우리 모두가 살고, 생각하고, 소통해야 하는 공간이다.

내가 나의 생각을 어떤 사람과 소통할 수 있다는 바로 그 사실은, 나의 정확한 (비록 변할지라도) 언어적, 문화적, 역사적 자리(niche)를 공유하지 않는 어떤 사람과 나 사이의 차이를 연결한다. 그 사실은 그 자체로 작은 기적이다.

그러나 상대주의는 이를 그저 서사적 부분으로 바꾸도록 위협한다. 과거의 상대성은 현재의 상대성과 유사하다. 이는 우리로 하여금 우리가 모두, 우리의 사상들을 전달하는 것만큼이나 왜곡할 위험이 있는 역사 가운데 그리고 역사적 형식들 가운데, 말하고 생각하도록 운명 지어진 것을 기억하게 한다.

우리가 역사 가운데, 역사적 형식 가운데 말하고 생각해야 한다는 것의 인식은 그래서 결코 완전한 상대주의를 수반하지 않는다. 상대주의는 우리에게 한 문화와 다른 문화 사이에 (사실, 한 인간 존재와 다른 존재 사이에) 소통과 관련된 난제들을 인지하게 만든다. 그것은 우리로 하여금 시간과 공간으로부터 독립적인 합리성의 보편적 체계들과 사고와 논의의 방식들로써 그런 개념들과 작별을 고하도록 한다.[87] 과거의 합리성 체계들과 논의 방식들은 현재의 것들과 완전히 공유되지 않는다. 마치 그들이 완전히 비공유적인 것은 아닌 것처럼 말이다. (전체보다 적다는 의미에서) 부분적인 과거의 사용은 현실적 선택으로 남아있다. 우리가 특정한 역사적 상황과 연결되어 있다는 인식이 우리로 하여금 강제적으로 과거의 믿음을 없애지 않는다. 그것이 과거라는 사실 때문에, 오히려 그것은 우리가 그것을 면밀하게 그 타당성에 대하여 질문할 것을 요구한다. 마치 그들이 가정하거나 표현하는 과거의 믿음들과 합리성의 체계

---

[87] 참고. Ebeling, 'Significance of the Critical Historical Method', 26-7. 이 논문은 논의 중인 문제에 대한 대단한 숙고이다. 그러나 다음에 의해 보충되어야 한다. Stout, *Flight from Authority*, 149-76; 256-72.

들이 우리에게 우리 자신의 믿음들과 합리성의 체계들을 다시 평가하라고 도전하는 것과 같다.

지식 사회학에 의해 제기된 핵심 질문은 그래서 다음과 같이 바꾸어 말할 수 있다. 어떻게 상대주의의 논지가 인지적 불가지론을 향한 급진적이며 완전한 경향으로 퇴락하지 않고, 유지될 수 있을까?[88] 모든 것을 믿을 수 없는 것으로 만드는 상대주의는 (사실상 의도와 달리) 모든 것을 믿을 만한 것으로 만들었다. 믿음 시스템의 진리나 가치 판단의 진리가 평가되는 기준을 표현하는 데 실패하거나, 먼저 그런 기준이 우선 의미 없음을 선언하기 때문이다. 현실이 관찰될 수 있는 특권적 아르키메데스 지점(Archimedean point, 관찰자가 탐구 주제를 객관적으로 지각할 수 있는 유리한 가정적 지점이다.-역자주)은 존재하지 않는다. 상대주의의 격렬한 바다에 보편적 진리의 바위는 없다. 모든 관찰자들은 그들의 상대화된 세상에 갇혔다. 그곳으로부터 특권을 가진 탈출 경로는 없다. 그래서 그리고 난 후 어떻게 세상과 관련된 관심이나 타당성이나 중요성의 어떤 것이 (종교적이든, 사회학적이든, 형이상학적이든) '참'되다고 말할 수 있을까? 혹은 우리 모두가, 만약 우리가 우리 자신을 과정하지 않는다면, 영원히 침묵에 처해져야 할까?

이 문제의 열쇠는 믿음의 타당성의 기초에 있는 것처럼 보인다. 달리 말하면, 어떤 요소들이 믿음을 믿을 만하도록 이끌었고, 이끌고 있는가? 왜 사람들은 그것을 믿었고, 믿는가?[89] 왜 사람들은 하나님을 믿는가? 왜 다른 사람들은 이 믿음을 비합리적이라고 믿고, 사회학적 설명을 요구하는가? 배리 바네스(Barry Barnes)와 데이빗 블로어(David Bloor)는 이 점을 최근에 명백하고 간결

---

[88] 이 질문은 Gadamer, *Truth and Method*, 345-447에서 이해에 대한 언어적 접근에 기초하여 진술된다. Gadamer는 상대주의적 논지가 의미에 대한 ('의미 그 자체') 결정적 개념의 내재된 가정 때문에 실패한다고 주장한다. 반면 특정한 역사적 상황은 이해가 처음으로 가능해진 그 지평선이나 관점으로 보여져야 한다.

[89] 비교. Campbell, *Towards a Sociology of Irreligion*, 8-9.

하게 진술하였다.

모든 믿음은 그 신뢰성에 이유에 관하여 다른 것들과 같은 수준에 있다. 이는 모든 믿음이 동등하게 참이거나 동등하게 잘못이라는 것이 아니다. 오히려 진리와 거짓에 관계없이, 그 신뢰성의 사실은 동등하게 문제가 있는 것으로 보아야 한다. … 이것이 의미하는 것은, 사회학자들이 믿음을 참되고 합리적인 것으로 평가하든, 아니면 거짓이고 비합리적으로 평가하든 상관없이, 그가 그 신뢰성의 이유를 탐구해야 한다는 것이다. 예를 들면, 모든 경우에 그는, 믿음이 세대에서 세대로 건네진 통상적, 인지적, 기술적 기능들의 부분인지를 질문할 것이다. 그것은 사회의 권위들에 의해 명령된 것인가? 그것은 사회화의 설립된 기관들에 의해 전승되었는가 혹은 사회 통제의 용인된 대항자들에 의해 지지되었는가? 그것은 기득권적 관심의 유형들에 매여 있는가?[90]

이 접근은, 사상들의 시작에서 잠재적 영향의 요소들을 설명하기 위하여, 상당히 오래된 사회학적 분석의 소득 없음을 피할 수 있게 한다. 교리의 기원만큼이나 믿음의 기원을 설명하기 위해, 우선적으로 그들의 타당성으로 이끄는 요소들만큼이나, 그것을 형성하던 것 아래 있던 제약들을 확인하는 것이 필요하다. 왜 어떤 사람은 그것을 믿어야 하는가 뿐 아니라, 어떻게 그 믿음이 그것이 가정하는 특정한 형식으로 표현되는지, 작성되는지 혹은 개념화되는지, 이것을 질문할 필요가 있다.

그래서 지식 사회학이 우리에게 시험을 요구하는 질문은 왜 기독교 교리가 믿을 만했고, 믿을 만한지이다. 어떻게 우리가 그 타당성에 대하여 설명할 수 있을까? 그 다양한 신학적 모양들과 형식들을 설명할 수 있을까? 어떻게 우

---

90) Barnes and Bloor, 'Relativism, Rationalism and the Sociology of Knowledge', 23.

리가 그것에 신뢰성과 일관성을 부여한 합리성의 패턴들의 출현을 설명할 수 있을까?

이 질문을 다루면서, 우리는 과거를 다루어야 한다. 현재의 합리성 유형과 사고방식을 잠시 옆으로 치워야 한다. 기존의 관심이 (예를 들면, 과거의 권위를 향하여) 종교적 태도의 생성에 개입되는가? 이 태도들이 사회적 통제의 대행자들을 통해 전승되는가? 그것들이 기존의 관심의 유형들을 반영하는가? 요컨대, 조작의 섬세한 과정을 통해 혹은 '소원 성취'(wish-fulfilment)의 어떤 형식을 통해 (특정 사회적 집단화의 필요를 돕기 위해) 그것들이 조작되었다고 의심할 어떤 근거가 있는가?

교리의 기원에 대한 사회학적 접근의 중요성을 설명하기 위해, 이 문제에 대한 한 가지 신학적 예가 언급될 수 있다. 니케아 정통주의(Nicene orthodoxy)를 원래 이교주의에서 파생된 위계적 정치적 구조에 사로잡힌 한 세대의 결과물로써 해석하는 것은 가능하다. 이 정치적 구조는 그 시대의 사회적 구조를 만들었다. 그리고 그것은 부수현상으로 니케아 기독론의 구성을 이끌었다.[91] 니케아 신앙고백은 그래서 단일한 전체주의적 사회 구조에서 발생하고, 그 구조를 표현하고, 정당화한다. 요약하면, 니케아 기독론은 한 특정한 권력 집단의 기득권적 관심사를 반영하는 사상에 의해 조건 지어진다. 이것은 분명히 신학적인 것만큼이나 역사적, 사회적 연구를 요구하는 주장이다. 그리고 이는 교리의 역사에서 잠재적으로 중요하고 이해를 돕는 역할을 지식 사회학의 역할을 시사한다.

믿음들은 의심의 여지없이 그 공식화의 사회적 조건들과 그것을 작성한 사람들의 기득권적 관심들에 의해 조건 지어진다. 그러나 그것들이 필연적으로

---

91) 참고. Laeuchli, 'Das "Vierte Jahrhundert" in Karl Barths Prolegomena'. 좀 더 수사적인 특성에 대한 유사한 주장들은 진지한 역사적 신학적 실증이 부족한 상태이고, Don Cupitt과 관계된다. Hick (ed.), *Myth of God Incarnate*, 139.

그 조건에 의해 결정되었다 주장하는 것은, 경험적 영역으로부터 순전히 사변적인 영역으로, 마치 도그마와 같이 움직이는 것이다. 니케아 기독론은 사실 지배적 사회 패러다임에 의해 조건 지어지거나 영향받을 수 있다. 그것은 사실 권력 집단의 기득권적 관심사를 반영할 수 있다. 이 가능성들의 확인은 당연히 그런 기독론의 지적 자격에 관련된 의심을 불러일으킨다. 그럼에도 불구하고, 사회학자 존 엘스터(Jon Elster)가 강조한 것처럼, '어떤 관심사들에 기여하는 믿음들이 또한 그 관심사들에 의해 설명되어야 한다고 가정할 어떤 이유도 없다.'[92] 모든 것이 말해지고 행해질 때, 기초적 질문은 남아있다. 니케아 기독론은 정당한 것인가? 그것은 예수 그리스도의 정체성과 의미에 대한 적절하고 정확한 고찰인가? 어떻게 우리가 이 기독론의 기원에 대해 설명할 수 있을까? 어떻게 우리가 그 타당성을 설명할 수 있을까? 그리고 이런 종류의 질문을 하는 것은, 우리가 접근할 수 있는 한, 나사렛 예수의 역사를 시험하는 것으로 이동한다. 이에 실패하는 것은 그것이 해석하려는 것과 상관없이, 니케아 기독론과 같은 한 교리의 권위성이나 비권위성을 원리의 문제로써 주장하는 것이다.

    그럼에도 불구하고, 어떤 신학적 태도, 방법이나 교리가 교회나 사회 내의 특정한 사회 집단의 필요를 반영할 수 있다는 주장은 강력하고 중요하게 남아있다. 그것은 의혹의 풍조를 만들어냈고, 가능한 사상적 조건화를 드러내기 위해, 우리가 그 기원과 관련된 그런 태도와 방법과 교리들에 의문을 제기하도록 요구하였다. 그들이 어떤 특정 사회 집단의 필요에 기여한다고 보여질 수 있을까? 우리는 이 질문은 다음 장에서 좀 더 상세하게, 이 연구의 주요 주제에 (과거의 교리적 유산에 대한 비판과 사용과 관련된 과거의 권위에) 초점을 맞추면서 시험해볼 것이다. 내가 제안하는 바와 같이, 이 비판적 질문에 대한 현

---

92) Elster, 'Belief, Bias and Ideology', 143.

대 신학의 태도는 명시적이거나 비밀스럽게 사상적 고려들로부터 영향을 받지 않는다는 것과는 거리가 있다. 과거에 대한 현대 기독교의 태도는 분명 기존의 관심들의 꽤 확실한 유형들을 반영하고, 그들의 사회적 뿌리의 결과로서 특정 사회 기능들에 기여하는 것처럼 보인다.

5장

현대 기독교 사상에서 과거의 권위

The Authority of the Past
in Modern Christian Thought

과거의 권위에 대한 질문을 다루면서 사상(ideology)의 더 넓은 질문을 고려하지 않는 것은 불가능하다. '사상'이란 용어는 여기에서 순전히 현상학적으로 다음과 같이 정의된다. '역사의 특정 시점에서 한 집단 혹은 한 계급의 필요와 관심을 반영하는, 필연적으로 참이나 거짓이 아닌 믿음들, 가정들, 가치들의 통합된 시스템'이다.[1] 혹은 '어느 정도 조직된 개인들의 집단에 의해 수용되고, 어쩌면 수행된, 특징적이며 대략적으로 일관적인 가정들, 태도들, 감정들, 가치들, 사상들, 목표들의 덩어리'를 포함하는 것이다.[2] 과거의 종교적 권위에 대한 개인 혹은 집단의 태도는 일반적으로 과거의 문화적 권위에 대한 더 일반적인 질문에 서 있는 그들의 입장을 반영한다. 과거의 신학적 권

---

1) Davis, *Problem of Slavery*, 14. 우리는 관념의 개념을 그 중립적 균형적 입장에서 사용해왔다. 그것은 잘못된 의식의 마르크스적 개념이나, 지배적 계급들의 지배적 사상이나 미실현된 상황에 따른 초월적 사상들의 만하임적(Mannheimian) 사고와 혼동되어서는 안 된다. '이념'이란 용어는 당연히 넓은 다양한 의미와 만난다. 자주 부정적 함축들을 갖는다. 예를 들면 참고. Geiger, *Ideologie und Wahrheit* Bell, *End of Ideology*. Thompson은 이념의 개념을 '지배적 관계들을 유지하는 데 도움을 주는' 의미와 상징의 가치를 가리키는 것으로 다시 개선하고, 다시 작성한다.

2) Kelley, *Beginning of Ideology*, 4.

위에 대한 현대적 태도를 기록하려는 시도는 (그리고 특히 교리 공식화들의 유산은) 그 신학자가 속한 사회의 (혹은 사회적 집단의) 믿음, 가정, 가치의 네트워크와 맞물려 있어야 한다. 이념적인 고려사항들이 결정적으로 중요하다고 할 때, 이 점은 계몽주의와 관련하여 특히 중요하다.

언제 '근대'(modern)가 시작된 것으로 생각할 수 있는가의 질문은 여전히 격렬하게 논의되고 있고, 이는 '근대성'(modernity) 자체의 개념에 대한 사전의 불일치를 반영한다. 현 연구의 목적들을 위해, 근대는 이탈리아 르네상스와 함께 시작된 것으로 간주된다. 이탈리아 르네상스는 지식의 역사적 성격에 대한 새로운 인식을 가져왔다. 종교개혁 자체는 지금 그 자체로 독립적 지위를 가진 구분된 운동이라기보다는 점차 르네상스의 통합적 부분으로써 간주되고 있다.[3] 그런 점에서, 르네상스가 종교개혁 운동 내에서 어떻게 변화되었는가를 고려하기에 앞서, 과거에 대한 르네상스의 일반적 성격을 논하는 것이 필요하다. 이번 장의 일차적 목적은 과거의 신학적 유산을 평가하고, 어떤 기준이 사용되었는지를 확인하는 것이다. 그리고 어떤 요소들이 그러한 기준을 사용하도록 하였는가를 알아볼 것이다.

르네상스

이탈리아 르네상스의 사회적 맥락은, 르네상스의 문화적 프로그램이 그 시기의 변화하는 정치적, 사회적, 물질적 조건들과 갖는 관계를 밝혀준다는 점에서, 최근 들어 상당한 관심을 받는 주제였다. 특별한 관심은 한편으로 보수적인 봉건귀족과 다른 한편으로 더 냉정하고 이성적인 상위 중산계급들 사이

---

[3] Spitz, *Renaissance and Reformation Movements*. 이것이 만들어낸 역사적 시대 구분에 대한 난제들에 대하여 참고하라. Oberman, 'Reformation: Epoche oder Episode?'.

의 문화적 소산과 긴장의 표현을 향하고 있다.[4] 경제 분야에서 이탈리아 도시 국가들의 경제적 번영은 자본이 예술로 흘러가도록 하여, 문화적 확장의 배경이 되었다.[5] 하지만 다른 사람들은 르네상스 기간이 경제적 불황으로 특징지어진다고 주장하면서, 아담 스미스의 국부론(Wealth of Nations)에서 찾을 수 있는 르네상스의 경제적 전제조건에 대한 관점을 논파한다.[6] 아래 지적된 것처럼 15세기 초반, 플로렌스 공화국의 정치적 상황은 고대 로마를 선호하는 사상의 영향을 받았다. 내가 이 책을 통해 강조하는 것처럼, 사상은 그것이 나온 사회적 맥락에서 분리될 수 없다. 르네상스도 이 규칙에 예외가 아니다. 우리는 과거에 대한 태도를 기술해야 할 뿐 아니라, 또한 어떤 사회적 요소들이 그 요청과 타당성을 설명할 수 있을지 나타낼 필요가 있다.

클로드 레비스트로스(Claude Lévi-Strauss)에 따르면, 역사적 관점에 대한 감각의 부재는 야생의 사고(la pensée sauvage)의 특징적 성격이다. 이 규범에 의하면, 중세는 완전히 원시적이었다. 자신의 시대와 과거 사이에 다른 점을 인식함에 있어 총체적인 부족함을 드러냈다.[7] 중세는 과거를 현재의 소급적 확장이라는 측면에서 보았고, 자신을 과거를 향하여, 과거로 투사하였다. 예를 들면, 고대 시대에 대한 중세 초기의 그림들은 자주 로마 시민들이 중세의 옷을 입고 있는 것으로 그렸다. 역사적 감정이입이란 세련된 이론 때문이 아니라 이 점에 있어, 단지 과거와 현재의 근본적 차이를 인지하지 못했기 때문이다.

중세 시대에 역사적 관점의 감각이 거의 완전히 부재한 것에는 많은 이유가 있을 수 있다. 발전은 있지만 느리게 발전한 사회에서는, 좀 더 넓은 과거에서 비교할 만한 변화를 보여줄 수 있는 개인의 삶 속에서의 급진적 변화에

---

4) 예를 들면, Antal, *Florentine Painting and its Social Background*.
5) Weisinger, 'English Origins of the Sociological Interpretation of the Renaissance'.
6) Lopez, 'Quattrocento genovese'. 그러나 참고하라. Cipolla, 'Economic Depression of the Renaissance?'.
7) Burke, *Renaissance Sense of the Past*, 1-6.

대한 축적되는 인식이 없었다.[8] 과거를 상상하는 데 사용된 패러다임은 한 개인의 경험이었다. 이 기간에 상대적으로 작은 변화만이 경험되었다는 점에서 불변성과 유사한 유형이 과거를 특징화시켰을 것이라고 가정된다. 더 의미가 있는 것은 당시 시간을 측정하는 기술은 아직 발전을 필요로 했다는 점이다.[9] 기계로 만들어진 시계는 14세기에 처음으로 등장했다. 그 전에는, 희미하고, 일에 따르는 시간 개념들이 지배적이었다. 그래서 16세기 프랑스의 시골은, '아베'(Aves)의 수를 세는 관습이 ('성모송'[Hail Mary]을 낭송하는 수의 양) 널리 퍼졌다. (일에 따르는 변수와 반대되는 의미로) 절대적 개념으로서 시간을 측정하는 도구가 부족했던 사회들은 바로 시간의 경과라는 개념을 모르고 있는 것처럼 보인다. 그러나 만약 기계적 시계들이 확산되었던 사회가 있었다면, 그 사회는 르네상스 시대 이탈리아였다.[10] 시계는 1450년경 볼로냐(Bologna)의 시청에 등장했다. 밀란(Milan)의 스포르체스코성(Castello Sforzesco)에는 1478년, 베네치아(Venice)의 산 마르코 광장(Piazza San Marco)에는 1499년에 생겨났다. 천문학자(astrologer) 자코모 다 피아첸차(Giacomo da Piacenza)는 1463년에 알람시계를 밀란의 자기 침대 곁에 두고 있었다.[11] 그 시기의 회화(paintings) 연구가 보여주는 것처럼, 역사와 회화, 이 둘의 새로운 의미가 이탈리아 르네상스에서 나란히 발전한 것처럼 보인다. 프란카스텔이 지적한 것처럼 역사, 시간, 공간 의식의 새로운 의미는 15세기 예술에서 분명해졌다.[12] 우리는 이 역사

---

8) 다양한 시대 범위에 대한 고전적 연구는 다음에서 찾을 수 있다. Braudel, *Mediterranean World in the Age of Philip II*. 브로델은 단기간의 변화를 특정 사건과 연관시키고, 동시대인들이 인지하는 것으로 보았다. 장기간의 변화는 당시에는 거의 알아차릴 수 없는 것이지만, 역사적으로 지나고 보니 인식할 수 있는 것으로 보았다. 브로델은 둘 사이의 구분을 한다. 또한 초기 르네상스에 (예를 들면 다른 것에서 어떤 것을 추론하는) 귀납적 개념의 부재가 역사적 인식의 부족에 공헌하였다. 비교. Hacking, *Emergence of Probability*, 31-8.
9) 이 점은 다음에서 강조된다. Bloch, *Land and Work in Medieval Europe*.
10) '이탈리아', '독일', '스위스'와 같은 용어들은 16세기와 20세기에 같은 대상을 가리키지 않는다. 일반적인 사용을 따라, 이 용어들은 정치적인 의미에서보다 지정학적 의미로 여기에서는 사용하였다.
11) 비교. Cipolla, *Clocks and Culture*.
12) Francastel, 'Valeurs socio-psychologiques et de l'espace-temps figuratif de la Renaissance'; Francastel,

적 관점의 새로운 의미가 필연적으로 기술 혁신의 결과라고 주장하지는 않지만, 시간과 공간의 새로운 인식이 역사적 위치에 대한 새로운 의미와 나란히 발전했다는 것은 분명하다. 르네상스 시기 동안 역사적 의식의 성장은, 역사적 증거와 문서들에 대한 새로운 태도의 발전을 수반하는 것에 더하여, 필연적으로 중세의 역사 이해의 종말을 수반한 역사적 위기를 촉발하는 것으로 간주될 수 있다. 그리고 과거가 현재와 관련을 맺고, 영향을 주는 방식에 대한 지속적인 재고찰이 필요하도록 만들었다. 마치 과거는 더 이상 현재와 동일한 것으로 볼 수 없는 것 같았다. 이런 이해의 시작과 더불어 근대성(modernity)이 도래했다고 말해질 수 있다.

역사적 관점의 의미가 발전하면서,[13] 과거와 현재를 구분하는 새로운 의식이 과거를 향한 르네상스의 태도의 기초가 되었다. 그러나 과거는 과거이기 때문에 죽은 것처럼, 없어져 버린 것처럼 보이지는 않았다. 오히려 현재에 대한 이해뿐만 아니라, 현재의 창조적 개조를 위한 패러다임으로 보였다. 과거는 현재의 가능성들을 열었다. 이 입장을 가장 잘 표현한 아마도 가장 유명한 주창자는 플로렌스의 수상(Chancellor of Florence, 1331-1406) 콜루초 살루타티(Coluccio Salutati)일 것이다. 그는 "나를 믿으라. 우리는 어떤 새로운 것을 창조하는 것이 아니다. 다만 재단사처럼 가장 오래되고 가장 호화로운 옷을 개조해서, 그것을 이제 새로운 것으로 내놓는 것이다."[14]라고 썼다. 어떤 거부할 수 없는 유사성이 이에 대하여 자기 자신을 주장한다. 르네상스 건축가들은 자주 고대 로마의 폐허들을 원재료를 위한 채석장으로, 특히 자기 자신의 설계를 위한 대리석으로 사용하였다. 다시 한 번, 고대의 재료들은 근대적 구조물로 합쳐졌다. (덧붙이자면, 잘 속는 사람이었던, 14세기 여행가 루돌프 폰 쥐드하임[Ludolf

---

L'ordre visuel du quattrocento.
13) 이 점에 대하여 좀 더 참고하라. Struever, *History in the Renaissance*.
14) Salutati, *Epistolario*, 2.45.

von Südheim]은 실제로 제노아[Genoa]가 아테네의 폐허에서 건설되었고, 베네치아가 트로이[Troy]의 폐허에서 건설되었다고 믿었다는 일화는 널리 알려져 있었다.)[15] 옷을 만들고, 건물을 짓는 데 사용된 같은 원리가 세계관의 형성에서도 발견될 수 있다. 살루타티의 군더더기 없는 비유에 내포된 근본적 원리는 과거에 대한 비판적 재사용의 원리이다. '가장 오래되고 다채로운' 사상들은 다시 사용되고, 다시 작업되어, 현재에 적합한 사상들로 제시된다. 고대의 잣대는 비유 안에 내포되어 있는 반면 '풍성함'의 개념은 명확해져야 한다. 나는 이제 이 개념을 살펴보려 한다.

만약 우리가 '과거의 지나감'(pastness of the past)에 대한 새로운 인식이 과거를 쓸모없는 버려진 것으로 만들었다고 주장한다면, 우리는 심각하게 르네상스의 사고를 잘못 표현한 것이다. (비록 역사적 지각의 새 의미에도 불구하고) 과거의 완전한 불침투성(impermeability)의 의미, 혹은 문화들의 완전한 공유성(incommensurability)은 아무 의미 없다. 오히려 과거는, 비록 정확하게 현재와 관련된 것이 아닐지라도, 현재를 밝혀주는 내적 능력을 가진 인간적 (그리고, 꼭 더해져야 하는데, 신적) 행동의 패턴을 보여준다. 상당한 정도의 이형동질이 과거와 현재 사이에 발견되기 때문에, 안목 있는 역사가는 현재를 이해하기 위한 연구의 과정에서 과거의 적절한 요소들을 사용하게 된다. 살루타티는 이 원리를 다음과 같이 언급한다.

"만약 어떤 사람이 부지런히 완전하게 역사를 살피려 한다면, 그는 분명히 인간사에서 동일한 순환적 패턴을 보게 될 것이다. 비록 완전히 같은 것이 다시 일어나지는 않지만, 그럼에도 매일 우리는 과거 사건과 같은 이미지가 새롭게 되는 것을 본다(videmus tamen quotidie quandam preteritorum imaginem renovari)".[16]

---

15) Weiss, *Renaissance Discovery of Classical Antiquity*, 133.
16) Salutati, *Epistolario*, 1.326.

고대 사건들의 힌트와 흔적들을 현재 사건들에서 찾아볼 수 있다.[17]

플로렌스와 로마 공화정의 역사적 상황들의 유사성 인식과 상당한 정도의 현상학적 이형동질은 한 사상의 기원을 발전시키고, 그 사상은 르네상스 후기에 플로렌스의 대내외적 싸움에서, 한편으로는 정치적, 사회적 타당성을 부여하고 다른 한편으로 역사적 위엄을 주는 상징적인 세계를 제공하였다. 고대 그리스 도시국가와 같이 플로렌스의 르네상스는 역사가들의 강력한 연구의 주제인 문화를 발전시켰다.[18] 도시국가 플로렌스는 일차적인 특징은 대도시적 불안정이었다. 단테(Dante)는 이를 온 몸이 불편하고, 몸을 뒤척거리며 아파 누워 있는 환자의 상황에 비유했다.[19] 1400년경 밀란의 공작(duke) 잔 갈레아초 비스콘티(Giangaleazzo Visconti)는 플로렌스 주변의 도시들을 성공적으로 점령하였다. 볼로냐(Bologna), 파두아(Padua), 페루자(Perugia), 피사(Pisa), 시에나(Siena), 베로나(Verona), 비첸차(Vicenza)가 그 도시들이다.[20] 플로렌스 사람들은 자신들이 독립적인 도시 국가로써 소멸될 위험에 직면했다고 느꼈다. 그러나 다른 도시 국가들이 항복하는 것을 선택한 반면, 플로렌스는 저항을 선택했다. 바론(Baron)은 비스콘티에 의한 공화국의 자유에 대한 심각한 위협이 플로렌스 사람들로 하여금 그들의 집단적 정체성과 그들 사회의 구분되는 특징들을 알게 했다고 주장한다. 그들의 사상들을 방어해야 한다는 인지된 필요성은 이 사상들에 대한 공동의 관심을 증대시켰다. 하지만 바론의 주장처럼, 1402년이 플로렌스의 자기-의식을 형성하는 데 결정적으로 중요하다는

---

17) '... mansit tamen in proximis successoribus similitudo quedam et aliquale vestigium antiquitatis' *Epistolario*, 3.80.
18) 참고. Brucker, *Civic World of Early Renaissance Florence*; Gilbert, 'Florentine Political Assumptions'; Goldthwaite, *Building of Renaissance Florence*; Martines, *Social World of the Florentine Humanists*; Plaisance, 'Culture et politique à Florence de 1542 à 1551'; Stephens, *The Fall of the Florentine Republic*, 1512-1530.
19) *Purgatorio* conto vi. 149-51줄.
20) 참고. Baron, *Crisis of the Early Italian Renaissance*.

것은²¹⁾ 논란의 여지가 있다. 반면, 1390년-1420년의 기간의 일반적 사건들이 그 세대의 사상가들의 태도를 형성하고, 사회적 역사적 과정을 통해 자신들의 공동의 위치를 인식하는 연령대들을 만들어주었다고 주장하는 것은 충분히 근거가 있다.

찰스 7세(Charles VII)가 이탈리아를 침공하고 인문주의가 성취한 많은 것을 파괴하려고 위협했던 1494년의 늦은 재앙은 단지 (플로렌스의 주 프랑스 대사들 중 한 명인) 마키아벨리(Machiavelli)의 정치적 이론에 영감을 주는 것 이상의 일을 했다. 그 사건은 많은 사람들에게 플로렌스 공화국의 문화적 가치의 본질적 연약함을 절실히 깨닫게 했다. 그리고 고대와 현대 사이의 유사점들에 대한 인식을 강화하였다. 르네상스의 과거에 대한 호소는 정확하게, 한편으로는 역사적 사건들에 의한 자신의 지속적인 강화 때문에, 그리고 다른 한편으로는 이탈리아 도시 국가들의 내적 구조와 외적 관계들 때문에, '객관성'(objectivity)을 가졌다고 인정되었다. 그래서 1527년 로마의 약탈은, 문화의 소멸과 새로운 암흑 시대(Dark Ages)에 대해 재개된 위협으로, 천 년도 훨씬 이전에 있었던 비슷한 사건과 불길하게 닮은 점이 있다고 널리 인정되었다.²²⁾

다양한 위협에 직면한 공동의 자기-정체성 인식은 플로렌스로 하여금 그들의 상황과 고대 세계의 위대한 공화국들의 (아테네와 로마) 상황 사이에 분명한 유사성을 보았다. 르네상스의 플로렌스와 로마 공화국 사이의 역사적 연결이 다소 빈약함에도 불구하고 (그리고 아테네와 연결은 사실상 존재하지 않음에도 불구하고) 고대 문화와 일치시키기 위한 분명한 시도는 문서로 이를 충분히 입증하려는 경향으로 발전하였다. 그것이 당대의 사회적 역사적 필요들에 의해

---

21) 비교. Seigel, '"Civic Humanism" or Ciceronian Rhetoric?'; McGrath, *Intellectual Origins of the European Reformation*, 32-8.
22) 물론, 사실상 이 침공은 프랑스에서 인문주의의 발전을 자극하였다. 페트라르카(Petrarch)의 아비뇽(Avignonese) 시대에 시작된 과정을 견고하게 했다. Simone, 'Il contriobuto degli umanisti veneti al prima sviluppo dell'umanesimo francesce.'

주도된 지어낸 이야기일지 모르나, 일반적인 허구적 이야기들에 비하면 매우 그럴 듯했다. 귀족이었던 난니 스트로치(Nanni Strozzi)의 장례식 연설에서, 레오나르도 브루니(Leonardo Bruni)는 분명히 플로렌스를 고대 아테네와 일치시켰다. 브루니의 장례식 연설은 페리클레스(Pericles)의 연설을 모델로 한 것 같다. 이 연설 내내, 플로렌스를 위한 모델과 영감으로써의 고대 아테네 문화에 대한 지속적인 호소가 있었다. 인문주의 학자들의 편집적, 교육적 노력을 통해 브루니는 그리 좋지 않은 번역을 통한 간접적인 것 대신에, 직접 그들의 언어로 고대 그리스의 저자들을 만나는 것이 이제는 가능하다고 주장했다. 바울의 성구를 사용하여, 브루니는 원래 본문을 통해 얼굴과 얼굴로 만날 수 있는 곳에서, 더 이상 어떤 사람도 서투른 번역이라는 왜곡된 안경을 통해 어둡게 보지 않아도 된다고 주장했다.23) 브루니에게 로마 공화정의 마지막은 로마 문화의 종말을 의미하는 것이었다. 플로렌스의 문화적 유산은 플로렌스 공화정의 자유를 방어하는 것을 통해서만 안전하게 보전될 수 있었다. 자신의 국가 도시의 상황과 사상들과 위대한 고대 공화정들 사이를 연속성을 가지고 관찰하는 플로렌스의 인식은, 자신의 고대 선조들을 따라 15세기 플로렌스의 문화와 정치적 사회적 기관들을 형성하는 경향이 강해지도록 이끌었다.24)

그래서 점차 더 과거와 현재 사이의 역사적 차이를 인식함에도 불구하고, 이탈리아 르네상스의 작가들은 고대 시대를 재건하면서, 그 시대를 편하게 느꼈다. 1337년 봄, 페트라르카가 로마를 처음으로 방문한 동안, 그는 그의 여행 동료 지오반니 콜론나(Giovanni Colonna)와 함께 고대 도시의 폐허들을 다녀볼 기회를 얻었다. 분명히 그는 활용성 있는 최고의 안내 책자(the Mirabilia Romae Urbis)를 준비하고 있었다. 콜론나에게 보내는 몇 주 후의 편지에서,25)

---

23) Bruno, 'Oratio in funere Nannis Strozzae', *Stephani Baluzii Miscellanae* (Lucca, 1764), 4.4.
24) 비교. Burke, *Italian Renaissance*, 28–39.
25) *Rerum Familiarum libri* VI.2.

페트라르카는 그가 고대 로마의 현장에서 느꼈던 놀라움과 경외감을 베르길리우스(Virgil)와 리비우스(Livy)의 기억으로 인해 유발된 그의 상상력으로 다시 살려냈다. 고대 로마와의 역사적, 문화적 공감에 대한 페크라르카의 감각은 14세기 많은 사람들의 마음을 사로잡았고, 이는 그 시기 파두아 학파(the Paduan school)의 회화들에서 찾아볼 수 있다.[26]

고대에 대한 존경을 불러일으키는 이탈리아의 고대 유적들의 중요성은 간과해서는 안 되는 것이 되었다. 고대를 다루었던 중세 작가들에게 고대는 주로 유명한 교회나 유물들의 모음들을 찾으려는 여행자들을 안내하기 위한 편리한 지형물로, 혹은 질 높은 건축 자재들의 값싼 공급지로 남아있었다. 14세기와 15세기에는 역사적 공감의 완전히 새로운 의미가 발전하고 있었다.[27] 고대는 고대 문명과 문화에 대한 연결점을 제공하며, 역사적 과정의 연속성과 과거의 가능한 현재적 가치에 대하여 고찰하게 하는 구체적인 자극을 주었다. 로마의 정신은 로마의 폐허를 걷는 것으로, 그 문학을 읽음으로, 그 언어를 통달함으로 다시 소환될 수 있었다. 유적들과 문서들의 역사적 조사에 대한 관심은 증가하였고, 역사적 재건에서 증거의 중요성에 대한 인식도 증가하였다. 이는 과거의 탐구에 대한 관심을 증가시켰고, 여기에는 근대 고고학의 기원도 포함되어 있다. 카이사르(Caesar)가 건넜던 루비콘(Rubicon)이 현대 이탈리아의 어떤 강인가에 대한 15세기와 16세기의 토론은 (피우미치노[Fiumicino], 피스키아텔로[Pisciatello], 우소[Uso]가 가장 가능성이 있다고 빈번하게 언급되는데)[28] 이 발전을 보여준다. 과거는 고대 로마의 항상 존재하는 폐허들 안에, 혹은 건축가들, 보물 사냥꾼들, 아마추어 고고학자들에 의해 발굴된 고대 유물들 안에, (실제로 1485년 4월 19일 한 석관에서 발견된 로마 소녀의 온전한 사체와 같이) 물

---

26) 비교. Schmitt, 'Zur Wiederbelebung der Antike im Trecento'.
27) 이 발전에 대한 훌륭한 설명은 다음에서 찾을 수 있다. Weiss, *Renaissance Rediscovery of Antiquity*.
28) 같은 책, 111-12.

리적으로 현재한다.29)

  이탈리아 인문주의자들이 현재와 과거를 일치하는 것으로 다루려하지 않았다는 것은 강조될 필요가 있다. 그들이 추구한 것은 고대 로마의 문자가 아니라, 정신이었다. '고대성'(antiquity)은 일차적으로 정신적 혹은 문화적 실체로 이해되었다.30) 과거는 도덕적 미학적 현재를 가진다고 믿어졌다. 18세기 초 독일 신고전주의(neoclassicism, 고대 그리스와 로마 문화의 예술로부터 영감을 받은 문학, 예술의 갱신을 위한 운동이다. -역자주)의 '헬라적 이상'(Hellenic ideal)의 영향은 이 현상의 또 다른 실례이다.31) 이탈리아 통일운동(the Risorgimento)에서 르네상스의 문화적 용어가 부분적으로 재전용되었던 것과 마찬가지이다.32) 역사적 거리를 인식함에도 불구하고, 앞선 시대의 기준과 가치들이 나중 시대의 문화 내에서, 이전 시대의 가치들의 정확한 사회-역사적 위치를 재현할 필요 없이, 되풀이 될 수 있다는 믿음이 존재했다. 예를 들면, 플로렌스와 로마 공화정 사이에 상당한 유사점들이 있는 반면, 15세기의 사상가들은 그들의 직접적 일치를 불가능하게 하는 상당한 차이도 알고 있었다. 과거의 비판적 부분적 재전용은 그래서 과거와 현재의 다른 역사적 위치를 인식하는 것으로 표현된다.

  그러나 과거가 완전히 재생산될 수 없다는 역사적 통찰과 함께, 과거가 재생산되어서는 안 된다고 규정하는 감각에 대한 추가적인 생각이 있다. 피에트로 벰보(Pietro Bembo)와 안젤로 폴리치아노(Angelo Poliziano) 사이의 논쟁은 이 점을 완전하게 보여준다. 벰보는 당대 문학이 키케로(Cicero)를 (최소한 그의 스타

---

29) 이 발견에 대한 설명은 다음에서 찾을 수 있다. Biblioteca Laurenziana, MS Ashburnham 1657, fol. 107v-109r.
30) Newald, *Nachleben des antiken Geistes*, 2-4.
31) 예를 들면, 참고. Butler, *Tyranny of Greece over Germany*; Hatfield, *Aesthetic Paganism in German Literature*.
32) Marti, 'De Sanctis e il realismo dantesco'; Bonara, 'L'interpretazione del Petrarca e la poetica del realismo in De Sanctis'; Tateo, 'Il realismo critico desanctisiano e gli studi rinascimentali'.

일을 모방을 위한 모델로써 취하는 의미에서) 모방해야 한다고 주장한 반면, 폴리치아노는 이 주장이 예술가들을 앵무새와 까마귀로 바꾸어버리는 비창조적인 것이라며 반대했다.[33] 그러나 이 논쟁에 있어, 일차적 질문은 어느 정도까지 과거가 현재를 위한 모델로서 기여하는가였다. 그런 패러다임적 기능을 가정했던 사실은 부인될 수 없었다. 그러나 어떤 잣대를 기초로 하여 고전적 시대의 유산들이 재생될 수 있었을까?

지배적인 대답은 한마디로 언급될 수 있다. 바로 능변(eloquence)이다. 인문주의 운동 내에서 주목할 만한 다양성을 분명하게 하나로 만드는 이 근본적 원리는 목적들과 (쓰여진, 말해진 능변의 추구와) 수단들(헬라어와 라틴어 둘 다의 고전 연구)에 대한 공동의 일치이다.[34]

르네상스 인문주의는 철학적 시스템이 아니었고, 심지어 특정 철학적 경향들에 의해 특징 지어지는 시스템도 아니었다. (그리고 확실히 반-종교적 운동도 아니었다. 르네상스의 반종교적 의미는 '인문주의자'[humanist]라는 단어가 르네상스 시대에 가진 적절한 의미라기보다는, 20세기의 의미에서 이해한 것이다.) 르네상스는 본질적으로 studia humanitatis(인문주의 연구)의 수용된 전통에, 추구되어야 하는 목적으로써 고전의 기준들을 제시함으로 새로운 방향의 감각을 부여하는 문화적 프로그램이었다. 그리고 이 목적을 추구할 수단으로 고전적 연구들을 제시하였다. 만약 우리가 르네상스를 단순히 고전적 학문과 철학에 헌신된 운동으로 다룬다면, 우리는 르네상스를 매우 부당하게 다루는 것이며, 인문주의가 우선적으로 그 시기를 연구하고자 했었던 이유를 이해하는 데 실패한 것이다. 르네상스 인문주의자들은 자신을 고대 시대의 문학적 계승자로, 중세의 문화적 야만주의로 인해 거부되었던 능변(eloquence)을 현대 시대에 회복하는 역사

---

33) 이 논쟁에 대하여 참고하라. Fumaroli, *Age de l'éloquence*, 91-2; Greene, *Light in Troy*.
34) 짧은 요약에 대하여 참고하라. Gray, 'Pursuit of Eloquence'. 좀 더 일반적인 분석을 위해 참고하라. McGrath, *Intellectual Origins of the European Reformation*, 32-43.

적 책임을 가진 사람들로 이해했다. ad fontes!(원전으로) 이 구호는 그들의 계획과 이를 성취될 수 있는 수단 모두를 요약하였다. 고전을 원래 언어로 연구하여, 고대 시대의 기록되고 말해진 능변으로 돌아가는 것이다. 이 계획을 위해 고전들의 새로운 편집본들의 생산이 필요했다. 그리고 라틴어와 헬라어 둘 다에 더 폭넓은 친숙함이 필요했다. 이 필요는 새롭게 자신감을 얻고 있는 인쇄 산업에 의해 신속히 충족되었고, 15세기 후반 인쇄술의 발전을 통해 더해진 자극을 받았다.

이 프로그램을 채용하면서, 르네상스는 의식적으로 중세의 문화와 전제들을 몰아내었다. '중세'(Middle Ages)라는 용어와 개념 모두 이탈리아 르네상스 사상의 소산이다. 헤겔(Hegel)이 나중에 칭찬한 기법을 사용하면서, 이탈리아 인문주의자들은 고대의 영광들로부터 15세기 안에서의 문화의 재탄생으로 바로 발돋움하기 위해, '마법의 장화'(seven league boots, 유럽 민속담화 중 하나로, 이 부츠를 신은 사람은 매우 빠른 속력을 낼 수 있다. 이는 종종 중요한 일의 완성을 돕는 인물을 가리킨다.-역자주)를 신기 원했다. '중세'는 그래서 주로 이 기반 위에서 개발된 것이었다. 역사적 분석이 아니라 사상적 조건에 의한 것이다. '능변'(eloquence)의 범주도 완전히 사상적이다. 그래서 그 범주는 사회적, 문화적 수용성의 개념을 압축한다. 일찍이 1430년대에, 플라비오 비온도(Flavio Biondo)가 이탈리아의 역사적 발전의 일반적 이론을 발전시킨 것은 사실이다. 그의 이론은 고대와 자신의 시대 사이의 중간 시대(media aetas)를 삽입시켰다.[35] 그러나 일반적 르네상스의 경향은 우선 중세를 문화적 범주와 (르네상스 작가들에 의해 적용된 다소 모호한 범주에 따르면, 중세의 비능변성(ineloquentia)과) 관계하여 정의하고 또한 평가 절하했다. 바디안(Vadian)과 베아투스 레나누스(Beatus Rhenanus)는 16세기 초반 저작에서 media aetas(중간시대) 혹은 media antiquitatis(고대의 중간)와 같은 용어

---

35) Hay, 'Flavio Biondo and the Middle Ages'.

를 고대와 근대 사이에 위치한 문화적 문학적 암흑의 시대를 가리키기 위해 사용하였다.[36] 중세 시대는 사실상 근대 이전으로 낙인찍혔다. 그래서 중세는 새로운 시대의 전제들과 수단들을 공유하지 않았다.

'ad fontes'라는 이 구호는 특히 기독교 신학과의 상관성과 관련하여, 좀 더 조심스러운 관심을 요구한다. 이 구호에 함축된 것은, 당시 주석들과 번역들을 의도적으로 회피하면서 원어로 원 저작에 직접 돌아가는 계획 그 이상이다. 세 가지 주요 전제들이 우리의 연구와 관계에서 발견될 수 있다.

1. 한 흐름은 정말 순전하게 그 자료에 있다. 통찰과 지혜의 축적이라 불리는 전통에 대한 중세적 관점은 (예를 들어, 성경 본문 위에 복잡한 해설들을 발전시키는 가운데, 각 주석가들이 자신의 사고를 이미 존재하던 사상들에 더하는 방식.[37] 당시의 대표적인 주석 방식 중 하나인 glossa는 본문이 쓰여 있는 큰 책을 아래에 두고, 그 본문의 밑에 바로 해석을 적는 방식이다. 이는 중세의 학문과 지식의 방식을 그림처럼 보여준다. -역자주) 의심받게 되었다. 르네상스에서, 전통의 흐름에 중세적으로 추가하는 방식은 매력적이지 않고, 이해하기 힘들며, 성경의 의미를 드러내기보다는 감추는 것이었다. 기독교 신앙의 근원과 직접 관계하기 위해, 해설과 주석은, 성경에 대한 것이든 유스티니안 법전(the Justiniam Pandects)에 대한 것이든,[38] 해석에 장애가 되는 것으로 접어두어야 했다.

2. 진리는 보편적이라기보다 역사적으로 위치한다. 르네상스 후기의 특징

---

36) 그래서 이탈리아 북부의 르네상스 시대 작가들이 그들을 '중세'로 여기지 않은 것은 중요하다. 비교. Voss, *Das Mittelalter im historischen Denken Frakreichs*; Smalley, *English Friars and Antiquity*. medium aevum이라는 특정 용어는 du Cange의 *Glossarium* (Paris, 1678)에서 처음으로 발견된다.

37) Bertola, 'La Glossa Ordinaria biblica ed i suoi problemi'; Smalley, 'The Problem of the Glossa Ordinaria'; Smalley, 'La Glossa Ordinaria, quelques prédécesseurs d'Anselme de Laon'; Smalley, 'Les commentaires bibliques de l'époque romane'.

38) mos gallicus와 mos italicus의 유명한 긴장은 중세 후기의 법률가 집단 내에서 이 경향을 보여준다. Kisch, *Humanismus und Jurisprudenz*, 9-76.

인 역사에 위치하는 새로운 의미는[39] 보편적 진리 개념에 대한 우려를 크게 하였다. 인간 존재의 핵심적 특징은 논리적 분석보다 역사적 묘사에 더 적합한 것으로 간주되었다. 신약은 기독교 신학의 논리적 표현으로 읽혀져서는 안 된다. 오히려 특정 문학과 역사적 형식이라는 점에서 근본적으로 기독교 경험의 기록으로 읽혀져야 한다. 알맞은 문학과 언어학적 역사적 기술들의 적절한 사용으로, 사도 시대의 활력과 즉각적 경험이, 대체로 외적이며 피상적이었던 종교의 형태로 쇠락한 시대에 회복될 수 있다고 믿어졌다.

3. 원전은 새로운 정신 가운데 읽혀져야 했다. 예를 들면, 베르길리우스(Virgil)의 아이네이드(Aeneid)는 역사적 공감의 새로운 의미로 읽혀졌다. 베르길리우스에 의해 다시 화자되는 아이네아스(Aeneas)의 경험은 새롭고, 낯선 땅들을 발견하기 위한 항해로 시작한다. 그의 경험은 15세기 후반에 되찾을 수 있었던 것 중 하나였다. 1492년 아메리카 대륙의 발견은 다음 세기에 이어지는 일련의 발견 항해들의 정점을 가져왔고, 유럽 르네상스의 인식에 깊은 인상을 주었다. 과거는 현재에 의미가 있는 것으로 보였다. 그래서 과거는 현재의 가능성으로 재생산될 수 있는 경험을 기록하였다. 역사는 가능성의 반복으로, 경험과 존재의 현재적 가능성의 반복으로 읽혀졌다. 대체로 동일하게 신약도 새로운 관심을 가지고, 부활하신 그리스도를 만난 사람들의 경험의 재진술로 읽혀졌다. 현재적 가능성의 경험이지, 1세기의 역사적 특수성들에 사로잡힌 경험이 아니었다.

그런 다음, 과거는 (더 나은 용어가 없어 다만 기독교 경험으로서 정의하는) 현재적 가

---

[39] 비교. Struever, *History in the Renaissance*; Kelley, *Foundations of Modern Historical Scholarship*.

능성의 자료와 전형으로 다루어졌다. 신약은 특정 문학적 형태로 재사용될 수 있는 가능성과 수단들에 관한 형태의 설명을 포함하였다. (고대의 문학적 문서로 여겨지는) 신약 자체보다, 신약에 의해 묘사된 경험을 이해하는 것이 르네상스를 위한 의미를 갖는다. 이 태도의 자취들은 르네상스의 매우 초기 단계에서 파악된다. 예를 들면, 콜루초 살루타티(Coluccio Salutati)는 '명성'(fame)의 개념을 생각하면서, 그 원인은 '즉 달이 스스로 빛나는 것이 아니라 다른 빛에 의해 빛나는 것처럼, 유명함 그 자체가 아니라 그들의 축하자의 증인이다'라는 점을 주장했다.[40] 현재는 ('지나감'[pastness] 자체의 순전한 특성보다는) 자신의 현재적 중요성을 부여하는 과거를 평가하고 전용할 수 있다는 사실이다.

과거에 대한 르네상스의 태도 내에 분명한 난제들과 모순들이 존재하는 것은 분명하다.[41] 두 가지 예가 언급될 수 있다. 첫째, 로마 공화정의 종교적 관점과 신약의 관점 사이에 분명한 긴장이 존재한다. 고대와 능변의 범주를 적용하는 데 있어, 어떻게 고전적 신화와 신약의 완전히 다른 종교적 주장들이 평가될 수 있을까? 실제로 보카치오(Boccaccio), 페트라르카(Petrarch), 살루타티(Saltutati)와 같은 저자들은 도덕적 가치를 드러내는 '시적인 신학'(poetic theology)으로 고전적 신화를 해석하는 경향이 있다.[42] 만약 연대를 무시하는 것이 허용된다면, 아마 우리는 그들이 도덕적 핵심을 얻기 위해 신화성을 없애 버렸다고 주장할지 모른다. 살루타티의 de laboribus Herculis(헤라클레스의 수고, 약 1391년)는 아마도 이 접근을 적용하여 기독교와 이방 신화 사이의 잠재적 긴장을 제거한, 가장 인상적인 초기 르네상스 작품일 것이다.[43] 마르실리오 피치노(Marsilio Ficino)는 고대 모든 신들은 순전히 도덕적 혹은 물리적 성질의 상

---

40) Salutati, *de laboribus Herculis*, I, x, 10.
41) Von Leyden, 'Antiquity and Authority: A Paradox in the Renaissance Theory of History'. 특히 Vives의 태도를 주목하라(490쪽). 그는 고대(antiquity)를 '진리'(truth)와 동일어로 다루는 경향이 있다.
42) Trinkaus, *In Whose Image and Likeness*, 689–721.
43) 비교. Newald, *Nachleben des antiken Geistes*, 38; 408–24.

징으로 다루어진다고 주장했다. 예를 들면, 비너스(Venus)는 인간성을 상징하고, 미네르바(Minerva)는 지혜를 상징한다. 르네상스의 초상화가[44] 로마의 신화들을 예수 그리스도의 복음만큼이나 되살렸다는 주장을 거의 지지되지 않는다. (이탈리아 르네상스에 대하여 동시대 북유럽에서 비판들이 자주 제기되었다.) 보티첼리(Botticelli)의 비너스가 그의 성모 마리아상들(Madonnas)과 우려할 만큼 닮은 것은 분명 사실이다. 반면 미켈란젤로(Michelangelo)의 마지막 심판(the Last Judgement)의 그리스도는 분명히 고전적 아폴로(Apollo)를 모델로 삼은 것이었다. 그럼에도 불구하고, 이것은 의식적인 이교화(paganization)라기 보다, 고전적 취향을 반영한 것이다. 이교 신화와 복음은 둘 다 같은 패러다임의 시기와 관계될 수 있다. 그러나 둘은 결코 같은 권위를 가진 것으로 다루어지지 않았다. 다만 이상하게도, 르네상스 사상을 위해 발생한 이 범주적 난제들은 한 번도 완전하게 탐구되지 않았다. 에라스무스는, 어떻게 기독교 신앙의 중심 통찰들이 키케로적인 체계 내에서 순응될 수 없는지를 주목하면서, 그러한 긴장을 언급했다.[45] 그럼에도 불구하고 그 긴장은 실제적이라기보다, 잠재적인 것으로 인지되었다고 보인다. 실제적이기보다는 이론적이다.

두 번째 난제는 능변의 범주와 관계된다. 대부분의 르네상스 작가들에게 고대와 능변의 이중 범주는 신약으로 하여금 중세적 해석들을 넘어서는 우선성을 갖도록 하는데 아무런 어려움이 없도록 기여하였다. 바울은 많은 15세기 작가들에 의해 특별히 능변적 작가로서 지목되었다. 비록 대부분 사람들이 헬라어 원어로 연구할 능력과 도구들이 부족했고, 그들의 문학적 평가가 벌게이트(Vulgate)에 포함된 상당히 불충분한 라틴어 번역에 기초하였다는 사실에도 불구하고 그렇다. 그러나 교부 시대에 대해서는 어떠한가? 대부분의 르네상스 신학자들은 (편리하지만 잘못 정의된 개념인) '교부 시대'(patristic period)의

---

44) 이에 대하여 참고하라. Burke, *Italian Renaissance*, 162–74.
45) 참고. Bainton, *Erasmus of Christendom*, 248–52.

작가들에게 공동의 고대성과 능변 때문에 집합적 권위를 부여하는 데 만족하는 것 같았다. 그러나 에라스무스는 처음에는(1503년) 오리겐을, 그리고 이어서(1515년) 제롬(Jerome)을 능변 때문에 교부들 중 최고로 여겼다.[46] 어거스틴(Augustine)에게는 어떤 탁월성의 지위도 주어지지 않았다. 사실 에라스무스의 편집 활동은 (아르노비우스[Arnobius]와 같은) 히포(Hippo)의 현자에게 주어진 동일한 무게가 어거스틴의 초기 비판가들에게 주어져야 한다고 주장했다. 제롬과 오리겐, (혹은 어거스틴와 아르노비우스) 사이의 상당한 교리적 차이들을 볼 때에, 르네상스의 신학적 잣대의 실행 가능성에 대한 어떤 망설임이 발생할지 모른다. 그러나 이것은 대부분 르네상스 작가들에 의해 문제로 인식되지 않았다.

르네상스에 있어 기독교는 일차적으로 삶의 방식이었다. 그리고 교리는 덜 중요한 것으로 인식되었다. 우리가 앞서 언급한 것처럼, (르네상스가 계승하는) 중세 기독교는 본질적으로 사회적 연합이었다. 성향에 있어, 일반적으로 종교적인 사람들이었던 르네상스의 작가들은 교리의 문제에 별로 관심이 없었다는 사실은 강조되어야 한다. 교리의 문제는 야만적 라틴어를 가지고, 논리적 세부사항에 집착하며, 사회적 존재인 실제 세계와 관계가 부족한 수도사적인 스콜라주의의 전유물로 간주되는 경향이 있었다. 만약 어느 한 가지 관심이 르네상스 인문주의자들에게 가장 우선되는 관심으로 인정된다면, 그것은 바로 종교를 내면화할 필요이다. 교리는 (대부분의 교회 규범과 구조의 문제들과 마찬가지로) 외적인 것으로 여겨졌다. 가장 중요한 것은 기독교 신앙의 내적 역동성과 주관적 활력을 다시 가져오는 것이었다. 중세의 종교는 대개 빈 껍질로 인식되었다. 그 껍질의 외형에 대해서는 특별한 싸움도 없었다. (비록 다른 형태들은 분명히 가능성들이었음에도 불구하고 그렇다). 관심의 이유는 그것이 비어 있다는 사실이었다. 껍질은 채워질 필요가 있었다. 오리겐과 제롬이 신학의 문

---

46) Oberman, *Werden und Wertung der Reformation*, 93-5.

제에서 차이가 있다는 점은 중요하지 않았다. 그들은 중세 교회가 잃어버린 것 같았던 기독교 신앙의 초기 활력에 대한 증거를 지닌다는 점에서 하나였다. 그 활력은 르네상스에 의해 현재적 회복에 열린 역사적 가능성으로 간주되었다. 그리고 결코 1세기의 특정한 역사적 환경에 연결되지 않은 것으로 간주되었다.

여기에서 로마의 유적들과 기독교 교회에 대한 르네상스의 태도 사이에 거부할 수 없는 유사점이 있다. 페트라르카는 로마의 유적들을 만족스럽게 거닐면서, 그러한 유적들이 사람이 사는 건물들이었다면, 당시의 삶을 어떠했을까 궁금해 했다. 리비우스를 만나면 어떠했을까? 리비우스가 페트라르카와 그의 동시대인들에게 무엇을 말하고 싶었을까? 과거가 생명을 얻을 수 있는, (다만 부분적인 방식이라도) 현재로 바꿀 수 있는 어떤 방식이 있을까? 현재가 과거의 공헌으로 자극되고, 풍성하게 되지 않을까? 15세기의 많은 작가들에게 중세 교회는 과거의 생명력을 현재적으로 증언하는 파괴된 건물과 같았다. 그러나 그 활력이 현재로 회복될 수 있지는 않을까? 신약이 재건축을 위한 안내자로서 돕지 않을까? 아니면 최소한 그 유적에 다시 거주하도록 돕지 않을까? 사실, 신약이 중세 교회에 의해 제공된 것보다 종교에 대해 더 받아들일 만한 접근들을 캐낼 수 있도록 돕지 않을까? 사도 시대가 그것에 도전하고 새롭게 만들기 위해, 다시 생명을 얻고, 현재로 바꾸도록 할 수 있지 않을까?

르네상스 후기의 인문주의자들은 키케로, 호라티우스(Horace), 베르길리우스(Virgil)가 다뤄진 방식과 같이, 신약과 교부 시대의 작가들을 글로 표현된 능변의 모델로 인정하는 데 관심이 없었다. 그럼에도 불구하고 그들은 패러다임적 기능을 가정하는 것으로 간주되었다. 신약은 기독교 신앙의 초기 시기와 관계된 사람의 경험적 패턴을 드러냈다. 그리고 기독교 신앙은 여전히 현재적 가능성들이다. 교부 시대는 신약의 능변적이며 단순한 설명의 종류를 표현했다. 이것은 중세 시대의 길고 복잡한 그리고 상스러운 논리적 사색들과 대조된다. 그래서 신약은 고전적 상황을 가정했다. 르네상스에게 이 상황은 고전적인 것을 회복하고 혁신하는 것으로 간주되었다. 시대의 행동은 기울어졌다. 그리고 현재와 새로운 관계 가운데 지금 다시 나타났다.[47] 고전 시기가 르네상스의 '취향'(taste)의 개념을 형성하는 데 도움을 준 것과 같이,[48] 그렇게 신약은 기독교 존재의 내적 윤곽을 형상하는 것으로 이해되었다.

교리적 비평주의의 기원에서 르네상스의 가장 중요한 공헌 중 하나는 '성경'(scripture)이 벌게이트 본문과 동일시 될 수 없고, 가능한 최고의 사본들로부터 얻어진 원래 언어로 된 구약과 신약이라는 주장이었다.[49] 교리적 비평주의의 현상은 로렌조 발라(Lorenzo Valla)의 비평적인 저작들에서 관찰될 수도 있다. 발라는 (특히 마리아학[Mariology]과 성례 신학과 관련된)중세 교리의 상당한 수가, 지금 신약의 헬라어를 잘못 번역한 것으로 인정되는 벌게이트 구절에 근거했다는 점을 주목했다.[50] 1505년 에라스무스에 의해 출판되고, 후에 1516년 Novum instrumentum omne로 (이 책은 신약의 첫 번째 완전한 헬라어 본문을 사용할 수 있게 했고, 더하여 벌게이트와 상당히 다른 새로운 라틴어 번역도 함께 있었다.) 보충된 발라의 작품은 많은 중세의 신학 발전들에 대한 의혹의 분위기를 조성했다. 서방의 중세 신학자들은 헬라어에 무지했고, 그들의 신학적 사색은 벌게이트 본문에 기초했다. 이 본문의 부적절함을 깨닫는 것은, 중세 시대의 거짓된 교리적 발전들을 지나쳐, 고대 기독교로 돌아갈 필요를 더욱 널리 퍼지게 했다. 이는 교부들이 고상함을 가지고 썼을 뿐만 아니라, 신약에 대한 관심 덕분이었다. 교부들은 헬라어 본문에 접근하고 다룰 수 있었기 때문이다. 에

---

47) '고전'(classic)의 이 이해에 대하여 참고하라. Kermode, *The Classic*, 21.
48) 이에 대해 참고하라. Burke, *Italian Renaissance*, 143–61.
49) McGrath, *Intellectual Origins of the European Reformation*, 122–39.
50) 참고. Chomorat, 'Les Annotations de Valla'; Bentley, 'Erasmus' *Annotationes in Novum Testamentum*'.

라스무스는 교부에 대한 중세 교회의 태도를 경멸했다. 그가 쓰기를, 중세 교회는 그들의 유물을 숭배하였지만, 그들의 책들은 무시하였다고 했다.

과거에 대한 르네상스의 태도가 현재 연구에 갖는 중요성을 평가함에 있어, 몇몇의 잠재적으로 모순되는 흐름들이 식별되어야 한다. 첫째, 역사적 인식의 진정한 의미의 여명은 과거와 현재 사이의 차이점에 주목하도록 했다. 고전적 로마는 과거에 속했다. 그리고 그것이 15세기의 플로렌스인 것처럼 다뤄질 수 없다. 둘째, 그러나 과거의 어떤 측면은 그 고대성 때문에, 문화적, 도덕적, 종교적, 정치적 권위를 가지게 되었다. 15세기의 르네상스 인문주의에, 키케로, 호라티우스, 베르길리우스의 사상들은 윌리엄 오캄(William of Ockham)과 같은 근대 작가들의 사상보다 상당히 더 의미가 있고 중요했다. 인문주의의 전제 때문에, 고전 시대를 르네상스로부터 구분하는 시간적 간극은 동시에 과거의 관련성을 약화시키고(diminished), 현재를 위한 과거의 권위를 강화시켰다(increased). 공감적 연대성의 주목할 만한 행위 가운데, 르네상스는 자신과 자신의 가치를 고전적 시대에 맞추었다. 이 태도는 로마 공화정만큼이나, 1세기 팔레스타인으로도 확장되었다. 전자의 이교주의는 앞서 언급한 것처럼, 기독교의 체계 내에서 창조적으로 재해석되었다. 이례적으로 창조적이었던 이 시기 동안 나왔던 근대 역사의 방법론은 기독교 교리 공식화의 변경을 위한 요구를 갖도록 인식되지 않았다.

중세 후기 교회의 영성과 도덕성은 (아마도 권위의 구조들조차) 새로운 기독교 정체성의 패러다임의 빛 안에서 분명히 의문시되었다. 그러나 만약 인문주의자들이 교리를 단지 무관한 어떤 것으로 여겼다는 점에서, 교리는 비판의 주제가 아니었다.[51] 그럼에도 불구하고, 교리적 비판주의의 씨앗은 심겨졌다.

---

51) 이 태도가 16세기 초 대부분 이탈리아 주교들에 의해 공유되었다는 점을 주목하는 것은 흥미롭다. 그들은 사실상 왜 루터가 교리와 같이 그렇게 무관한 것에 대해 그렇게 호들갑을 떠는지 이해할 수 없었다. 비교. Alberigo, *I vescovi italiani*, 388-9.

그것이 싹트기까지 오래 걸리지 않았다.

종교개혁(the Reformation)

열정적인 학문 활동은 종교개혁의 기원과 그에 따른 발전을 설명에 공헌해 왔다.[52] 종교개혁이 단지 종교적 사상과만 관계된 것이 아니라, 정치적, 사회적, 경제적 발전에 기초하고, 반영하여 초기 근대 유럽을 형성하는 데 핵심적이었다는 것은 의심할 수 없는 사실이다. 종교개혁의 사회적 환경에 대한 심도 있는 비판적 연구는 16세기 초반 도시 주민들을 향한 종교개혁 사상의 호소와 그들이 다음 세대에서 전달되고 수정된 방식을 분명하게 해왔다. 그럼에도 불구하고, 이 사상들의 기원은 사상적 근거 위에서 여전히 만족스럽게 설명되지 못했다.[53] 이는 일반적으로 16세기 초반의 유럽과 우리가 '종교개혁'(the Reformation)이라고 칭하는 그 운동의 다양한 요소의 지적 형성에 있어 영향력을 행사한 개인들의 사회적, 문화적 이질성 때문이다. 예를 들면 르네상스와 종교개혁 시대의 대중적 종교에 대한 연구들은 한편으로 지리학적 지역들 사이에서 다른 한편으로 그런 관점들이 영향을 가졌던 사회적 계층들 사이에서 상당한 변이를 보여주었다. 사상적 수준에서 자기 자신을 특히 잘 설명하는 계몽주의와의 차이는 상당하다.

이 일반적 난제에도 불구하고, 폭넓은 차이는 종교개혁의 관료적(magisterial) 그리고 급진적 날개들 사이에 그려질 수 있다.[54] 전자는 사회적, 정치적으로

---

52) 참고. Dickens and Tonkin, *Reformation in Historical Thought*, 179-321.
53) 예를 들면, 독일 종교개혁이 농민 전쟁에서 분명하게 드러난 계급 투쟁의 사상적 표현이라는 주장이 있다. (마르크스주의자의) 일반적 주제를 모은 논문은 다음에서 볼 수 있다. Steinmetz, *Der deutsche Bauernkrieg*. 이 책과 비교하여 더 통찰력 있고, 비평적인 논문 모음은 다음에서 볼 수 있다. Scribner and Benecke, *The German Peasant War*, 1525.
54) Laube, 'Radicalism as a Research Problem'.

보수적이다. (지역 상황에 이미 존재하던 정치 체계를 지지한다는 의미에서 그렇다. 루터, 츠빙글리, 칼빈의 경우들에서 다소 다르게 발생하였다) 반면 후자는 급진적이며, 자주 원시 공산주의적 신앙과 기존의 사회, 정치적 권위 구조들에 대한 부정적 태도와 관련되었다. 이 넓은 사상의 차이는 그들의 전통에 대한 태도에서 반영된다. 관료적 개혁자들은 전통에, 특히 testimonia patrum(교부의 증거들)에 긍정적으로 접근한다. 반면 급진파들은 일반적으로 부정적으로 접근한다.55) 대부분의 급진파들에게 교부는 중요하지 않은 것이었다. 각 개인은 그에게 정당하게 보이는 모든 방법으로 성경을 해석할 자유로운 권리를 가졌다. 우리는 이 분리 경향들을 종교개혁 운동 내에서 개별적으로 고려할 것이다.

관료적 종교개혁

관료적 종교개혁의 복잡한 지적 기원들은 그 운동에 대한 일반화를 위험한 것으로 여기게 한다.56) 그럼에도 불구하고 1520년대 기간 동안 이 운동 내에 있던 두 가지 큰 요소들을 구분하는 것은 도움이 된다. 두 요소들은 나중에 종교개혁의 개혁파와 루터파 날개로 발전하였다. 취리히(Zurich)의 개신교 파당은 훌드리히 츠빙글리(Huldrych Zwingli)를 중심으로 하여, 사회적, 정치적, 종교적 개혁 프로그램의 작성에 관심이 있었다. 이 개혁은 그 시기의 스위스 인문주의자 조합들의 넓은 관심들과 스위스 연방(the Helvetic Confederation)의 사회-정치적 현실들을 반영하였다. 그 지역 내에서 정치권력 구조의 근본적 이동들 때문에, 츠빙글리와 관계된 개혁 프로그램은 상당한 변화를 갖게 되었다. 그 운동의 무게 중심은 나중에 베른(Berne)이 되고, 결국 제네바(Geneva)가 되었다.57) 비텐베르크 대학의 신학 분과 내의 개신교 파당은 마틴 루터

---

55) Fraekel, *Testimonia Patrum*, 77-82.
56) 예를 들면, 참고. McGrath, *Intellectual Origins of the European Reformation*.
57) 비교. Locher, 'Von Bern nach Genf'.

(Martin Luther)와 안드레아스 보덴슈타인 칼슈타트(Andreas Bodenstein von Karlstadt)를 중심으로, 처음에는 단지 대학의 신학 학제의 개정 정도에만 관심이 있었다. 상당히 많은 역사적 사건들 때문에, 이 파당은 사회적, 정치적 종교적 개혁 프로그램을 위한 핵심으로써 돕게 되었고, 비텐베르크 신학 분과의 다소 좁은 한계를 넘어 상당히 확장되었고, 독일 사회와 그 이상으로 깊이 침투하였다.

츠빙글리를 다루는 것으로 돌아와서, 우리가 15세기(Quattrocento) 인문주의에 깊이 영향을 받은 한 개인과 만난다는 결론은 피할 수 없다. 그는 세기의 전환기에 빈(Vienna)과 바젤(Basle)의 대학들과 분명하게 연관되어 있었다.[58] 이탈리아 르네상스가 알프스 북쪽으로 옮겨갔을 때, 과거에 대한 르네상스의 태도들에 소개된 미묘한 변화가 있었다. 그 변화 가운데 고대의 종교적 관점들의 의미의 조심스러운 경시가 있었다. 그리스와 로마 고전들은 1516-1518년 아인지델른(Einsiedeln)에 있는 츠빙글리의 도서관에 교부들과 나란히 공간을 차지하려고 했다. 더하여 그곳에는 그의 보물과 같은 새로운 소유물이 (신약의 헬라어 본문의 사본이) 있었다.[59] 항상 고전적인 이교 저작들의 능변을 감상하며, 어거스틴의 격언인 '모든 진리는 하나님에게서 온다'(all truth is from God)는 것을 마음에 두면서, 츠빙글리는 그럼에도 고대 저작들을 성경 아래 두었다. 심지어 그 저자들의 종교적 관점들을 성경의 빛 가운데 해석하기도 했다. 그래서 핀다로스(Pindar)의 다신론(polytheism)은 유일신론의 복음적 주장의 빛 안에서 다시 작업된다.[60]

에라스무스의 작품들은 (모두 철저히 읽어 왔음을 가리키는 많은 주석이 달려 있는데)

---

58) 참고. Bonorand, 'Die Bedeutung der Universität Wien für Humanismus und Reformation'; Bonorand, *Aus Vadians Freundes-und Schülerkreis in Wien*. 또한 참고하라. Ankwick-Kleehoven, *Der Wiener Humanist Johannes Cuspinian*.
59) Farner, *Huldrych Zwingli*, 2.114-24.
60) Z 4.870.8-871.15. 비슷한 전략이 오리겐과 어거스틴과 관계된다. 아마도 이 점에서 츠빙글리에게 영향을 주었을 것이다.

1520년대 츠빙글리의 개인 도서관의 가장 중요한 부분이었다. 루터에 대한 그의 커져가는 관심에도 불구하고 말이다. 츠빙글리는 에라스무스를 바젤에서 1516년 만났다. 그때 에라스무스는 헬라어 신약 편집본의 마지막 작업에 몰두하고 있었다. 츠빙글리는 그에게 깊이 영향을 받았던 것으로 보인다.[61] 그는 이미 1513년에 헬라어를 배웠고, 1516년부터 신약을 그 언어로 통달하였다. 그리고 다른 많은 사람들처럼, 벌게이트 본문의 결점들을 정확하게 알게 되었다. 그럼에도 불구하고, 츠빙글리는 그 결과로 인해 교리적 개혁자가 되지는 않았다. 이 단계에서 츠빙글리의 성경의 충분성에 대한 강조는 아마도 교리보다는 영성(spirituality)이라는 용어로 가장 잘 이해된다. 신약을 읽는 경건한 개인은 기독교 영성의 근본적 자료에 접근하는 것이다.

개혁자로서 그의 이른 시기에, 츠빙글리는 교부 시대의 유산에 대한 에라스무스의 태도를 가지고 있었다. 어거스틴은 특별한 중요성을 부여할 만큼 뛰어난 사람으로 간주되지 않았다. 츠빙글리에게는 제롬과 오리겐이 'summus inter theologos'(최고 신학자)라는 타이틀을 두고 다투고 있었다. 더하여 츠빙글리가 1520년대 교리적 종교개혁의 프로그램과 관계하여 어거스틴을 진지하게 사용하기 시작할 때에, 그의 관심은 은혜 교리와 연결된 것이 아니었다. (루터의 오직 믿음에 의한 칭의 교리를 생기게 한 질문들에 관심을 보인 흔적이 없다.)[62] 츠빙글리는 어거스틴의 상징 이론이 1520년대 중반에 (츠빙글리에게 실제적 부재(real absence)보다 더한 것인) 실제적 현재(the real presence)에 대한 그의 이론을 분명히 기술하는 데 유용함을 발견했다.

1510년대, 츠빙글리의 과거에 대한 태도는 일반적인 르네상스 인문주의와 유사점을 보인다. 특히 (1516년부터) 에라스무스와 유사하다.[63] 과거에 대한 호

---

61) 참고. Goeters, 'Zwinglis Werdegang als Erasmianer'.
62) McGrath, *Iustitia Dei*, 2.32-3.
63) Goeters, 'Zwinglis Werdegang als Erasmianer'; Stauffer, 'Einfluß und Kritik des Humanismus in Zwinglis "Commentarius de vera et falsa religione"'.

소는 츠빙글리가 이의를 제기했던 당대의 종교적 이론과 실체를 파괴하기 위해서 발생하였다. 역사적 수단들과 발라(Valla)와 관계된 유사한 증거의 이론들을 사용하여, 츠빙글리는 당대의 종교적 실천들을 (예를 들면, 사제 독신주의와 빵만의 성찬식) 조건법적 서술로 기록함으로 약화시켰다. 그는 사제 독신주의에 관련된 전통은 여러 점에서 명백히 잘못되었다고 주장했고, 스위스 회중들이 과거에 결혼한 사제들의 도움을 받았다는 증거가 있다고 주장했다. 그들은 예전에 떡과 포도주의 성찬식을 받도록 했던 것처럼 말이다.[64]

역사는 츠빙글리가 이의를 제기한 실천들의 신빙성을 떨어뜨리기 위해 사용한 무기였다. 츠빙글리는 수용된 교회의 전통과 교리를 평가하는 데 어떤 기준을 사용했는가?

츠빙글리에게 일차적 기준은 신약이다. 그의 초기 저작들에 르네상스가 고대성과 능변과 관련하여 신약에 호소하는 것이 정당하다는 암시들이 발견되지만, 이 호소가 츠빙글리에 의해 정당화되는 일차적 근거는 신학적인 것이다. 신약은 하나님의 말씀이다. 이 가정은 자명한 것으로 다뤄지며, 어떤 증명도 요구하지 않는다. 츠빙글리가 르네상스의 공통적 관점을 따라, 종교를 지적인 표현보다는 현실적 존재의 문제로 다루는 것은 의미가 있다. 에른스트 찌글러(Ernst Ziegler)는 스위스 동부의 종교개혁에 대하여 일반적 논평을 하고, 특히 바디안(Vadian)의 상 갈렌(St Gallen) 도시를 논평하면서, 설득력 있게 종교개혁을 '삶과 도덕의 개혁'(a Reformation of life and morals)이라고 기술했다.[65] 그것은 교회의 실천이요, 영성이요, 구조였다. (그리고 츠빙글리는 뒤이어 사회를 추가하였을 것이다.) 이것들은 신약의 빛 아래 개혁을 필요로 했다. 에라스무스를 따르는 (부분적으로 오리겐에 기초한) 해석학적 방법은 상당히 성경의 도덕적 의미를 강조하도록 채용되었다. 신약은 일차적으로 그의 백성들을 향한 하나님의

---

64) Z 1.236-7; 247.5-23; 2.132-5.
65) Ziegler, 'Reformation des Lebens und der Sitten'.

자비와 구원의 약속으로써 다루어지지 않고, (이는 루터의 특징적 입장이다.) (위클리프[Wycliffe]를 연상시키는 방식으로) 'lex divina'(하나님의 법)의 근원으로써 다루어졌다. 이것은 교회법의 'lex humana'(사람의 법)과 후기 기독교 전통과는 대조되는 것이었다.[66] 성경은 이론보다는 실천을 정의하면서 행위를 위한 규범을 정한다. 명시적으로, 과거의 교리적 유산이 비판적으로 전용될 수 있는 어떤 신학적 기준도 작성되지 않았다. 하지만 심지어 그런 기준이 신약을 하나님의 말씀과 일치시키는 것에 내포되어 있음에도 그러했다. 츠빙글리의 초기에, 그는 교리적 비판 문제에 상당히 침묵했고, 이는 개혁의 취지가 다른 곳을 향한다는 공동의 인문주의 믿음을 반영하는 것이었다. 취리히에서 첫 해(1519년) 동안, 츠빙글리는 대성당(the Grossmünster)의 설교단에서 도덕과 영적 개혁 프로그램을 (에라스무스의 Enchiridion[그리스도인 군인을 위한 편람]에 있는 것과 유사하게) 분명히 정통교리(orthodoxy)보다는 정통실천(orthopraxy)과 관계하여 설교한 것처럼 보인다. 사제 독신주의, 떡 만의 성찬, 죽은 사람을 위한 기도, 성상숭배의 실천들은 성경의 패러다임의 빛 아래 비판을 받았다. 그러나 츠빙글리는 이 단계에서 실천에 대한 비판을 넘어 그것들을 뒷받침하거나 생성시킨 (이제는 논쟁의 문제와 관련된 인과관계의) 이론을 비판하는 데에는 주저하였다. 츠빙글리의 교리적 개혁자로서 소명의 기원은 1520년 이후의 언젠가로 기록되어야 한다.[67] 그리고 이는 아마도 루터의 영향 아래 놓여야 할 것이다. 그래서 츠빙글리가 교리적 개혁 프로그램을 향한 이동이 본래적이라기보다는 파생적이었다고 하는 것이 가능하다. (저자는 1520년 이후 츠빙글리에게 교리가 문제가 된 이유는 무엇인지 설명이 않고 성급하게 일반화하는 경향이 있다.-역자주)

---

[66] 에라스무스에게 특징적이던 이 입장은 또한 Bucer와 관계된다. 비교. McGrath, *Intellectual Origins of the European Reformation*, 154-72. 그리고 그 안에 참고 문헌들. 이 강력한 도덕주의는 또한 오직 믿음으로 의롭게 되는 교리에 대한 츠빙글리의 흥미없음을 설명하는 길을 준다. 이 교리는 (더하여 말하자면, 일반적으로) 반-도덕주의로 이해될 수 있다.

[67] 참고. Neuser, *Die reformatorische Wende bei Zwingli*, 38-74.

교리적 비판을 향한 매우 상반된 태도는 (그리고 더하여, 교리적 비판은 급속도로 종교개혁의 보편적 흐름이 되어버렸다.) 1510년대 비텐베르크의 개신교 파당과 관계된다. 현대의 학자들은 1513-19년의 기간에 비텐베르크 신학 분과 내의 개혁에 협조하려는 성격을 강조하려는 경향이 있었고, 오직 루터에게만 초점을 맞추려는 설명들의 균형을 바로잡으려는 시도를 했다. 반면 츠빙글리는 처음에는 사회 개혁의 프로그램에 관심이 있었다. 그리고 나중에는 교리적 비판에도 관심을 갖게 되었다. 비텐베르크의 신학 분과는 처음에는 대학 개혁 프로그램에 관심을 두고 비텐베르크의 신학 학제의 개선을 중심에 두었다.68)

초기의 개혁 운동의 서로 다른 사회적 맥락들을 돌아볼 필요가 있다. 츠빙글리는 주요 도시를 개혁하려고 시작했고, 이 도시는 최근에 루체른(Lucerne)을 스위스 연방(the Helvetic Confederation)의 주도시(Vorort)에서 몰아냈다. 그동안 루터는 자기 사람들과 함께(cum suis) 유럽에서 가장 하찮은 대학들 중 하나였던 대학의 신학 분과를 개혁하려는 초기 목적을 가졌었다. 루터와 츠빙글리가 그들의 개혁 프로그램들을 시작한 사회적 맥락의 엄청난 큰 차이는 왜 츠빙글리가 처음에 그토록 신학적 기준에 무관심했는지를 설명하는 중요한 길을 제시한다. 반면 그런 고려사항들은 루터에게는 그의 관심의 핵심부에 가까운 것이었다. 츠빙글리가 1510년대 신학적 기준 문제에 관심을 가질 필요가 없었던 반면, 루터의 목적은 정확하게 이 질문에 주어진 관심을 요구했다. 새로운 신학 학제를 그리기 위한 본질적 전제조건은 기존의 학제나 그 계승자들과 함께하는 것을 배제하는 관점을 가지고, 주제와 본문들이 평가될 수 있는 명백한 기준들을 작성하는 것이었다. 학제의 개선을 위해 선택된 기준의 중요함은 순전히 학문적 관심에서 나온 것일 수도 있다. 만약 정확하게 같은 기준이 루터파 종교개혁의 신학적 입장을 지배하게 되었다는 사실이 없었

---

68) McGrath, *Luther's Theology of the Cross*, 27-53.

다면 그것이 사실이었을 것이다. 그리고 그 뒤에 그 운동의 다른 진영들에 대한 상당한 영향력도 행사할 것이었다. (스위스 종교개혁에 대한 루터의 커져가는 영향력과 취리히에서 제네바로의 영향력의 점진적 이동과 교리적으로 자각하는 개혁자 존 칼빈이 여기에서 언급되어야 한다. 제네바로 이동은 다른 문제다. 취리히의 불링거의 영향력은 칼빈 생존 당시에도 이후에도 여전하다. 후대 영향력과 당대 상황을 일치시키는 것은 무리한 것이다.—역자주)

비텐베르크 개혁 자체는 1518년 3월이라고 날짜를 정할 수 있다. 바로 신학 분과의 구성원들이 학장, 칼슈타트(Karlstadt)의 숙소에서 만났을 때이다.[69] 채택된 개혁안은 1513-18년 동안 분과 내에 있던 자료와 방법론에 대한 커져가는 공감대의 생성을 반영한다. 이 공감대의 첫 번째 주요 요소는 성경과 관련된다. 신학은 원래 언어로 읽혀진 성경에 기초한다. 비텐베르크에 3개 언어를 가르치는 대학(trilingual college)을 설립한 것은 다른 지역의 유럽 대학들의 발전들과 유사하다. 그리고 이는 인문주의의 커져가는 영향을 반영한다고 볼 수 있다.[70] 사실상 학제에서 중세 신학의 작품들을 완전히 없애고, 교부 시대에 대한 새로운 관심을 갖는 것은[71] media aetas(중간 시대)가 지적인 빈틈(lacuna)과 같은 것이라는 인문주의 확신을 반영한다. 이전 해 5월, 루터는 요한 랑(Johann Lang)에게 보낸 유명한 편지에서 그런 학제의 윤곽을 그렸다. (그리고 그 초기의 성공을 보여주었다.)

> 우리의 신학과 성 어거스틴은 하나님의 일하심으로 번성하고, 우리 대학을 다스립니다. 아리스토텔레스는 지속적으로 쇠락하고, 아마도 미래에 영구히 망할 것입니다. 명제집(Sentences)에 대한 강의는 경시되고, 만약 강사가 이 신학,

---

69) WABr 1.153.3-154.1.
70) 비교. Grossmann, *Humanism in Wittenberg* 1485-1517.
71) 루터의 변화 목록에 대하여 참고하라. WABr 1.155.41-5.

즉 성경과 성 어거스틴을 향하지 않는다면 누구도 청중을 얻을 희망은 없을 것입니다.[72]

비텐베르크 신학 분과 내의 개혁하는 파당에 대한 인문주의의 영향은 모든 면에서 분명하며, 동시에 다른 유럽 대학들에서 발생하는 유사한 발전들을 반영하고 있다.

비텐베르크의 개신교 파당에 의해 사용된 기준은 과거의 신학적 유산을 재사용함에 있어, 그러나 여러 면에 있어 인문주의의 사용과 차이가 있었다. 성경의 권위는 그 고대성과 능변에 귀속되지 않고, 그것이 하나님의 말씀이라는 것에 근거했다. 루터와 칼슈타트는 츠빙글리와 같이 이 정체성을 자명한 것으로 간주했고, 더 이상의 증명을 요구하지 않았다. 그러나 지적해야 할 것은 기독교 교리를 위한 성경의 재료적 충족성의 주장은 중세 신학의 공통 유산으로 동일한 것이었다는 점이다. 그 테두리 안에 루터와 칼슈타트 둘 다 한번에 포함될 수 있는 것이었다.[73] 이 명백한 신학적 기준을 사용하는 것은 성경을 기독교 신학의 유일한(sole) 기초로써 인식하는 데 도움을 주었다.[74] 그러나 이것과 함께, 어거스틴의 반-펠라기우스 저작들의 중요성에 대한 새로운 강조가 있었다. 인문주의 작가들이 능변과 고대성의 기준을 채용하여 교부들의 적절한 가치를 평가하는 경향이 있는 반면, 루터와 칼슈타트는 공공연하게 신학적 기준을 사용하여 어거스틴을 최고 신학자(summus theologus)로 인정하였다.

어떻게 루터의 기준이 설명될 수 있을까? 자료들에 대한 루터의 태도를 지배하는 핵심적인 관심사는 개인과 예수 그리스도 사이의 인격적인 변화를 가

---

72) WABr 1.99.8-13.
73) de Vooght, *Les sources de la doctrine chrétienne*; Schüssler, *Der Primät der Heiligen Schrift*.
74) Moeller, 'Die deutschen Humanisten', 53-4.

져다주는 만남의 가능성을 확인하는 것이다. 이 주제는 후기 르네상스 사상에서 흔한 것이다. 특히 1490-1520년 기간의 북유럽 인문주의에서 그렇다. 옥스퍼드(Oxford)의 존 콜렛(John Colet)과 파리의 자크 르페브르(Jacques Lefèvre d'Etaples)는 그 지지자들 가운데 한 명으로 언급될 수 있다. 자신의 경력 전반에 걸쳐, 루터는 의롭게 하는 믿음의 능력(fides apprehensiva, 붙잡는 믿음)에 대한 강조를 그리스도를 붙잡는 데 두었다. 성경의 내용은 다름 아니라 예수 그리스도이다. 그리스도는 '거룩한 성경의 수학적 점'(punctus mathematicus sacrae scripturae)이다.[75] 성경은 '그리스도께서 누이신 강보와 구유'가 된다.[76] 성경은 그리스도를 심겨준다는 점에서 정경적(canonical)이다.[77] 그런 확증의 근간에는 성경을 통하여 신자가 그리스도를 만난다는 일관된 믿음이 있다.

신약은 그래서 그리스도와 만남이 발생할 수 있는 수단이다. 두 주제는 성경의 기독론적 내용에 대한 루터의 확증들 안에서 발견될 수 있다. 한편으로 성경은 이 만남이 발생할 수 있는 조건들을 세운다. 다른 한편으로 성경은 이 만남의 형태를 설명하며, 그 결과인 기독교 존재의 윤곽을 그린다. 1513-15년의 기간 동안 시편의 주해에서[78] 사용된 루터의 해석학적 계획은, 근본적으로 신자에 대한 그리스도의 영향을 확인하는 것으로 향한다. (성경의 교훈적 의미는, 루터에게 이 점에서 일차적으로 간주된다. 그리고 에라스무스와 부쩌의 방식과 매우 다른 방식으로 해석된다.)[79] 그리고 변화시키는 만남의 방식에 대한 해명이 촉발될 수 있다. 이 만남을 묘사하는 루터의 선호하는 이미지는 신랑인 그리스도

---

75) WATr 2.439.25 (no. 2383).
76) WADB 8.12.5. 이 참조는 특별하게 구약에 대한 것이라기보다는, 일반적으로 성경에 대한 것처럼 보인다.
77) WADB 7.385.25-30. 독일어 단어 'treiben'은 (여기에서는 심어주다(inculcate)로 번역되었다) '하게 만들다'(impel)와 '몰아가다'(propel)를 포함한 다양한 의미 차이를 가지고 있다.
78) 이에 대해 참고하라. Ebeling, 'Die Anfänge von Luthers Hermeneutik'; McGrath, *Luther's Theology of the Cross*, 76-81.
79) McGrath, *Intellectual Origins of the European Reformation*, 153-4; 160-2; 171.

와 신부인 그리스도인 사이의 영적 결혼이다.[80] 그들 사이를 묶는 것으로 믿음이 있다.[81] 이 점에서 루터는 르페브르에게서 유래하여 역사적으로 놓여 있는 성경의 의미와 그 존재적 중요성 사이의 구분을 개발할 수 있었다. 루터의 해석학적 계획은 성경의 역사적으로 상황 지어진 내용에서 의도적이며 조직적인 이탈을 향했고 (르페브르는 이를 sensus literalis historicus[역사적 문학의 의미]라 칭했고, 루터도 이를 따라) 그 역사의 현재적 중요성에(the sensus literalis propheticus, 예언적 문학의 의미) 찬성하였다.[82]

성경의 기능은 그러므로 그리스도를 후대에 중재하는 것이다. 해석학적 계획은 (만약 내가 루터가 그렇게 싫어했던 아리스토텔레스의 용어들을 사용하는 데 양해를 구할 수 있다면) 역사의 사건들로부터 본질적인 그리스도를 떼어내는 능력에 기초하여 평가되어야 한다. 그래서 루터의 신학적 범주의 기초는 사실상 고대성이나 능변과 같은 문제들과 관계없다. 비록 피상적인 유사성이 발견된다 할지라도 그렇다. 그러나 르네상스 범주의 흐름을 채용하기를 거절하면서, 루터는 의도적으로 다른 것을 지지하는 것 같다. 즉 성경이 보여주는 특징적 개념으로 특정 문학과 역사적 형식에서, 그리스도의 경험은 문학적, 역사적 기술들을 전용하는 회복을 허용할 수 있다는 것이다.

이 점에서 비텐베르크 개혁자들과 츠빙글리는 매우 의미 있는 차이점이 있음이 언급되어야 한다. (여기에서는 에라스무스를 따르는) 츠빙글리에게 중세는 중요하지 않은 것이며, 기독교의 근본적 시기에 접근을 막는 장애물이다. 그것은 피할 수 있고 피해져야 하며, 고전적 시대로 가는 중에 지나가야 하는 어떤 것이다. 그러나 루터에게는 중세 시대에 대한 비판적 대화에 참여하는 것

---

80) 예를 들면, WA 3.211.23-5. 그의 Dictata 그런 그림의 다른 경우에 대해. 참고하라. WA 3.131.15-16; 132.21-3; 212.27-35; 254.24-32.
81) WA 55 II.105.6-9.
82) McGrath, *Intellectual Origins of the European Reformation*, 154-8. 거의 마찬가지의 요점이 좀 더 최근의 독일 신학에서 *Historie*와 *Geschichte* 사이의 유명한 구분의 근간이 된다. 비교. McGrath, *Making of Modern German Christology*, 77-80.

이 필수적이다. 후기 중세 사상과 루터의 상호작용은 스위스 개혁자들을 놀랍게 하는 것으로 간주되었다. 스위스 개혁자들의 인문주의 전제들의 설명에 따르면, 중세 신학은 멋없고, 중요하지 않은 것들로 섞여 있다. 그럼에도 불구하고, 매우 저명한 via moderna(새로운 방식, 유명론의 다른 이름이다.–역자주)의 작가들과 루터가 가진 지속된 관계는 그의 신학의 중요한 요소를 표현한다. 과거의 유산과 관련된 현재와의 대화에 관계된 필요이다. 루터는 놀랍게도 '근대적'(modern) 사상들의 얼마를 (특히 논리와 인식론의 분야에서) 자신의 사고로 통합한다. 그러면서 그는 과거의 패러다임적 성격을 주장한다.

기독교 신학에 대한 루터의 이해는 신약을 교리적 고찰을 위한 필연적 시작점으로 인정한다. 신학이 일반적 원리를 다룬다는 사상을 분명하게 거절하면서, 루터는 기독교 신앙과 기독교 교리가 특정 역사적 사건에 기초한다고 주장한다. 신학은 Deus in se(자신 안에 하나님)이 아니라, Deus pro nobis(우리 위한 하나님)의 의미와 관계된다. 그리고 루터에게 '하나님'(God)은 기독론적으로 정의된다. Nullum Deum scito extra istum hominem Iesum Christum(사람이신 예수 그리스도를 제외하고는 어떤 하나님도 나는 알지 못한다).[83] 하나님은 (말씀의 인지적인 면에서와 개인적 의미 모두에서) 오직 나사렛 예수를 통해서만 완전히 알려질 수 있다.[84] 그래서 신학의 적절한 주제는 '하나님'이다. 그는 예수 그리스도의 구원 사건으로 정의된다.[85] 신학이 일반적 원리나 신성의 보편적인 선험적(a priori) 개념들보다 예수 그리스도와 씨름해야 한다는 것이 루터의 전제라는 점에서, 신약의 우선성은 그래서 역사적, 문서적 근거로 보증된다.[86]

---

83) WA 40 I.78.16.
84) 모든 관료적 개혁자들과 같이, 루터는 하나님에 대한 자연적 지식을 허용한다. 그러나 이것은 이 점에서 그의 기독론적 집중을 타협하는 것은 결코 아니다. 참고. McGrath, *Luther's Theology of the Cross*, 161–4.
85) WA 40 II.328.17–18. 이 구절을 주석하며 Wolf는 이렇게 쓰고 있다. '그것은 형이상학적 존재가 아니다. 오히려 구체적인 역사적 사건이다. – 하나님의 죄인을 향한 구원 행위이다. 그것이 신학의 대상이다.' Wolf, 'Rechtfertigungslehre', 12.
86) 구약의 주해의 기독론적 방식도 또한 제시된다.

그러나 루터와 그의 동료들 (특히 칼슈타트)에 의해 어거스틴에게 부여된 명예가 갖는 특별한 지위를 설명하는 것이 여전히 남아있다. 어거스틴에게 주어진 우선성은 논쟁의 문제가 아니다. 1513년부터 줄곧, 교부들의 본문들은 비텐베르크에서 수없이 사용가능해졌고,[87] 고대 기독교에 대한 새로운 관심을 권장했다. 그럼에도 불구하고 신학 분과 내에서 특별한 관심의 대상으로 선정된 사람은 어거스틴이었다. 이 발전의 배경에 중세 후기의 어거스틴 르네상스가 있던 것이 인식될지도 모른다. 이를 통해 그의 저작들과 (특히 반-펠라기우스 저작들과) 그런 저작들에 대한 새로운 접근이 모두 가능하게 되었다.[88] 1516년 9월 루터와 칼슈타트 사이의 유명한 논쟁은 은혜에 대한 어거스틴의 관점을 해석하는 것이 핵심이었다. 그 논쟁은 어거스틴 해석의 중요성이 그 분과를 통합하는 관점을 형성하는 데 중요했다는 것을 밝혀주었다. 1517년 5월 어거스틴의 151 논제를 방어하는 행동은 (어거스틴에 대한 루터의 해석이 가진 정확성을 인정한 후에) 단호하게 비텐베르크에서 발전하는 종교개혁 신학에 대한 아프리카 주교의 인상을 각인시켰다. 대학의 이어지는 학기에 칼슈타트의 de spiritu et littera(영과 문자에 대하여)에 대한 매우 적절한 유명한 강의들을 통해 견고해진 과정이었다. 루터의 인격적 형성에 대한 어거스틴의 영향이 결정적이지는 않았다고 주장하는 것이 가능하기는 하지만,[89] 전체적으로 신학 분과의 공동적 신학적 고찰들에 대한 그의 영향이 정말 결정적이었다는 것은 분명하다. 그러나 이것이 단지 비텐베르크의 특이한 지역 환경을 반영하는 하나의 역사적 우연이었을까?

이 질문은 부정적으로 대답될 수 있다. 비텐베르크 대학의 신학 분과에 대한 어거스틴의 중요성은 루터의 사고의 한 측면을 더 그려봄으로 평가될 수

---

87) Friedensburg, *Geschichte der Universität Wittenberg*, 154.
88) Oberman, *Werden und Wertung der Reformation*, 82-140.
89) 예를 들면, McGrath, *Intellectual Origins of the European Reformation*, 183.

있다. 위에 언급한 것처럼, 루터에게 기독교 신앙의 본질은 개인적 신자에 의한 살아있는 그리스도의 만남과 관계된다. 그리고 어떻게 무슨 조건 하에서 이 변화시키는 만남이 일어날 수 있는가의 문제는 루터에 의해 특히 칭의의 그림과 관계에서 설명되었다. 그 문제는 그래서 상당히 중요한 위치를 차지한다. 기독론은 예수 그리스도가 누구인지를 정의할 수 있다. 그러나 기독론은, 그가 누구이고, 무엇인가가 그에게 거리를 두고 서 있는 사람들에게 어떻게 중요해지고, 가능해질 수 있는가를 역사적 변화 가운데 정의한다. 비텐베르크 신학에서 어거스틴의 중요성은 주로 그의 반-펠라기우스 저작들에 있다. 그 저작들에서 그는 어떻게 개인이 자신을 정확하게 그리스도-사건을 향하여 방향을 맞출 수 있는지 (혹은 좀 더 정확하게, 방향 맞추게 할 수 있는지[enabled]) 에 대한 부적절한 이해들을 (마니교와 펠라기우스의 이해들을) 비판하였다.

과거에 대하여, 그리고 좀 더 구체적으로, 나사렛 예수의 역사에 대한 상당히 다른 태도들이 츠빙글리와 루터의 신학적 고찰의 근저에 있다. 취리히의 츠빙글리와 상 갈렌의 바디안은 과거를 일차적으로 존재의 패러다임으로 정의했다. 비텐베르크의 루터와 칼슈타트에게, 과거는 그런 존재의 패러다임을 정의하는 데 도움을 줄 뿐 아니라, 우선 그 존재가 세워지는 도구로써 도움을 주었다. 그래서 과거에 대한 초기 개혁파의 태도는 강력하게 도덕적 분위기와 관계되었다. 이는 도덕적 행위 혹은 존재의 현대적 가능성들을 가리키고 정의하도록 한다. 그러나 비텐베르크 파당은 기독교 경험을 과거의 패러다임의 용어로 그 존재를 구성하거나 방향을 잡기에 앞서, 성취되거나 영향 받은 어떤 것으로 간주했다. 루터의 선행에 대한 태도는 이 믿음을 잘 요약한다. 부활하신 그리스도와 창조적인 만남을 통한 개인적 존재의 변화는 나사렛 예수 자신에 의해 제시된 존재의 패러다임을 향하는 성향을 가져온다.[90] 새로

---

[90] 이에 대한 상세한 논의를 참고하라. Peters, *Glaube und Werk*.

운 존재를 가능하게 만드는 것은 만남이다. 반면 츠빙글리와 바디안에게, 그 만남을 가능하게 만드는 것이 새로운 존재라는 주장은 명백히 내포된 것이다. 혹은 이것을 칭의의 일반적 그림으로, 제안된 언어로 표현하는 것이다. 루터에게, 개인적 의는 칭의 때문에 가능하다. 반면 초기의 츠빙글리는 칭의가 개인적인 의 때문에 가능하다고 주장했다.

비텐베르크 파당에게 어거스틴의 중요성은 (그리고 츠빙글리와 바디안의 그에 대한 상대적 평가절하는) 그래서 비텐베르크 개혁가들의 믿음에서 비롯된 것이다. 그들은 doctor gratiae(은혜의 박사)가 신자와 그리스도 사이의 만남을 가능하게 하는 구조를 정확하게 기술하였다고 믿었다. 심지어 1513-14년 시기에 루터의 초기 저작에서도, 루터는 고집스럽게, 만약 그가 그리스도를 통해 살아계신 하나님을 만나야 한다면, 신자는 무엇을 행해야 하는가의 질문을 다룬다. 비슷하게 멜란히톤의 Loci Communes 초판은 (1521년) 구원의 이야기의 주요 요점을 표현한 것에 불과하다. 특히 바울에 의해 표현된 것이다. 멜란히톤이 강조한 것처럼, 중요한 것은 마음껏 신학적 공상의 비행을 하는 것이라기보다는, '그리스도를 아는 것'(know Christ, Christum cognoscere)이다. 좀 더 구체적으로는 '그의 유익들을 아는 것'(know his benefits)이다.[91] 교리는 벌거벗은 지적 믿음으로써 이해되지 않고, 부활하신 그리스도를 만나고 알고, 그의 유익을 전용하기 위한, 기대의 분위기를 생성하고, 장애물을 없애는, 적절한 방법으로 방침을 세우는 수단으로써 이해된다. 교리는, 그리스도가 '파악될 수' 있기 위한, 행동을 향하는 믿음이다. 그것은 존재론적 의미를 갖는다. 그런 점에서 그것은 통로이자 뼈대의 역할을 한다. 이를 통해, 그리고 이 위로 더 큰 어떤 것이 향할 수 있다. 비텐베르크 개혁자들에게 어거스틴의 권위는 그래

---

[91] Melanchthon, *Loci Communes* (1521), praefatio. 이 참조된 부분은 이후의 편집본(1533년 판)에서 누락되었다. 멜란히톤은 (점차 교육적 고려에 기초한) 증가하는 압력을 받게 되어 그의 조직적 신학을 확장시켜 성육신과 삼위일체와 같은 문제들을 포함하게 되었다. 그러나 멜란히톤의 첫 관심은 완전히 구원론적이었다는 사실은 여전히 남아있다.

서 신약, 특히 바울의 지지자로서 그의 신뢰성에 기초하였다.

이 시각은 또한 우리에게 특징적으로 관료적 개혁자들의 어거스틴에 대한 모순적 접근을 이해하도록 한다. 왜냐하면 어거스틴의 신학은, 자주 관찰되듯이, 완전한 상태로 여러 요소들에 드러난 동일한 열정을 가지고, 개혁자들에 의해 전용되지 않는다. 예를 들면, 종교개혁은 정당하게 어거스틴의 교회에 대한 교리를 넘어 어거스틴의 은혜 교리의 승리로 간주될 수 있다.[92] 어거스틴의 은혜 교리는 개혁자들에게 결정적인 의미를 갖는 것으로 인정되었다. 최소한 부분적으로 개별 신자가 부활하신 그리스도와 만남의 중심성과 관련하여 종교개혁 영성들에게 중요했기 때문이다. 어거스틴의 사고의 다른 측면은 개혁자들에게 꽤 같은 정도의 의미를 가지지 않았다. 사실 그의 신학의 또 다른 측면은 이것과 조화를 이루지 못하는 것처럼 느껴졌다. (최소한 16세기의 상황 때문이다) 그때에 개혁자들은 자유롭게 전자를 한쪽으로 제쳐두었다. 비텐베르크 개혁자들이 어거스틴을 그렇게 높고 소중한 존재로, 첫째 자리로 이끈 기준은 또한 그를 선택적이고 비판적으로 수용하도록 이끌었다.[93]

비텐베르크에 의해 어거스틴에게 부여된 우선성의 두 번째 이유가 있다. 비텐베르크의 개혁가들은, 특히 멜란히톤은 자신의 상황과 어거스틴의 상황 사이에 분명한 유사성을 주목하였다. 멜란히톤에게 있어, 5세기 초 어거스틴의 펠라기안주의에 대한 공격은, 개입된 주제와 다루어진 수단들과 관련하여, 16세기의 루터파 종교개혁(the Lutheran Reformation)의 전조가 되었다.[94] 멜란히톤에 따르면, 첫 4세기는 primum et verum(시작과 참)으로부터의 점진적인 이탈로 표시된다. 원인은 특히 오리겐의 알레고리 방법론 때문이다. (반

---

92) Warfield, *Calvin and Augustine*, 322.
93) 또한 같은 기준 세트가 다른 교부들의 비판적 평가에서 사용된다는 것을 주목해야 한다. 루터파 교부학의 새로운 문학 장르의 발생이 이를 명료하게 했다. Fraenkel, *Testimonia Patrum*, 283-306. 모든 교부는 그의 신학적 신뢰성의 용어로 평가된다. 분명히 신학적 범주를 사용하였고 (그것은 에라스무스도 경악하게 만들지 모른다) 비텐베르크 개혁자들의 관심들을 반영하였다.
94) 다음의 통찰력 있는 논의를 참고하라. Fraenkel, *Testimonia Patrum*, 70-96.

면 초기의 에라스무스와 츠빙글리에게 매우 높게 평가되었다) 최소한 부분적으로라도, 참 복음의 회복은 어거스틴으로 인한 것이었다. 마치 더 최근의 참 복음의 회복과 중세 왜곡의 제거가 비텐베르크 파당으로 인해 발생한 것처럼 말이다. 역사적 동형이성(isomorphism)의 인식은 멜란히톤으로 하여금 어거스틴과 비텐베르크 사이에 의미 있는 유사점들을 그리도록 했다. 전자의 명성 때문에 후자에는 위엄과 목적과 신학적 신뢰성을 부여하였고, 전자에 대해서는 후자 측의 (tout simple 일치보다는) 역사적 공감의 의미를 불러일으켰다.

초기 비텐베르크 종교개혁 신학의 짧은 분석의 기초에서, 분명한 것은 대략적으로 일관성 있는 기준들이 과거에 대한 비텐베르크의 특징적 접근의 기저를 이룬다는 것이다. (그리고 사실, 자신의 역사적 역할에 대한 인식은 멜란히톤과 같이 이미지를 만드는 사람이나 선동자들에 의해 어거스틴의 역할을 여러 점에서 의도적인 모델로 삼았다) 개혁자들은 (루터파이든 개혁파이든) 교부들의 본질적 연합 혹은 삼위일체에 대한 도그마에는 다툼이 없었다. 그들은 이것들이 성경에 근거하여 충분히 옳다고 여겼다.[95] 문제가 되고 있는 실제 핵심은 신약에 의해 기술되었고, 기껏해야 개략적으로 알려졌으며, 최악의 경우 중세 교회의 가르침에 의해 부정되었던, 진정한 기독교 존재가 이루어질 수 있는 이론적 체계였다. 비텐베르크 개혁가들에게 교리의 개혁은 본질적으로 교리의 혁신이었고, 직접 기독교 신앙의 근본적 사건으로 그리고 신약의 가장 초기의 해석들로 돌아가는 것이었다. 교부들이나 중세 작가들이 신약에 신실하다면, 그들은 존중되어야 한다. 그렇지 않다면 그들은 비판받아야 한다. 그래서 루터와 멜란히톤은 둘 다, 그들이 신약의 정당한 해석이라고 여기는 어거스틴 신학의 측면들은 유지하면서도, 은혜 교리와 관련하여 그를 비판할 수 있다고 느꼈다.[96]

신약에서 제시되고 해석된 나사렛 예수의 역사는 대부분의 초기 종교개혁

---

95) 뛰어난 분석을 참고하라. Meijering, *Melanchthon and Patristic Thought*.
96) McGrath, *Iustitia Dei*, vol. 2, pp. 11-19; 23-5.

사고의 기초요 목표로써 기능하였다. 이 과거 사건은 권위적인 것으로 이해되었다. 그래서 기독교 존재의 가능성을 세우고 그 윤곽들을 보여주었다. 그것은 기독교 삶의 근본적 사건이며 패러다임이다. 성경의 권위와 성경의 해석 방식은 부활하신 그리스도의 경험을 후대에 중재하는 인식된 능력에 의존한다. 예를 들면, 칼빈의 신학은 그 핵심 사안 중 하나로써, 그리스도와 신자사이의 개인적 연합을 확립한다.[97] fides apprehensiva(붙잡는 믿음)의 개념은 루터의 그리스도 중심적 영성의 핵심인데, 같은 주제에 대한 칼빈의 더 철저한설명에서 그 자리를 찾는다. 구원하는 신앙은 접붙이는 신앙이다. 이 신앙은그리스도와 신자들 사이의 연합에 영향을 준다.[98] 그리스도로 연합되는 것을통해 신자는 그리스도를 따른다. 그래서 믿음은 성경의 실체인 그리스도를향하고 있으며,[99] 성경은 그리스도가 현재로 전달되는 통로로 간주된다.[100]신앙은 현재가 과거를 만날 수 있도록 적절하게 해석하고 변화시키기 위한수단들을 제공한다.[101] 적절한 해석학적 도구들을 사용하고, 성령의 지도를조건으로,[102] 성경의 독자와 복음의 선포를 듣는 사람들은 (이것이 성경에 기초하는 한) 부활하신 그리스도를 만나는 것을 기대할 수 있다.

---

97) Brunner, *Vom Werk des heiligen Geistes*, 38; Kolfhaus, *Christusgemeinschaft bei Johannes Calvin*, 11-23; Krusche, *Das Wirken des heiligen Geistes bei Calvin*, 266.
98) Kolfhaus, *Christusgemeinschaft*, 36.
99) 예를 들면, OC 47.64; 321-2; 354; 50.205; 51.183.
100) 그의 시대의 가정들 때문에, 칼빈은 어떻게 성경에 대한 믿음과 그리스도에 대한 신앙이 관계되는 지의 문제에 대해 거의 말하지 않았다. Dowey, *Knowledge of God in Calvin's Theology*, 161-4. Rist는 그의 명쾌한 연구에서, 칼빈의 말씀과 영의 연결은 그런 수수께끼에 대한 열쇠가 될 수 있다고 주장한다. 'Méthode théologique de Calvin', 24.
101) 이 병행에는 분명한 결점이 있는 반면, 루터와 칼빈의 나사렛 예수의 역사에 대한 접근의 일반적인 요지와 불트만의 요지 사이의 분명 눈에 띄는 유사성들이 있다는 것은 분명할 것이다. 예수의 역사는, 바르게 해석된다면, 본질적인 의미를 소유하는 것으로, 자신과 다른 세대들에게 말씀과 선포를 통해 중재될 수 있는 것으로 다루어진다. 선포(kerygma)는 새로운 존재의 가능성과 모양 둘 다를 드러낸다. 이는 나사렛 예수의 역사에 기초하고, 그 역사로 의해 설명된다.
102) 비교. Rist, 'Méthode théologique de Calvin', 24. 해석학적 보증으로써 성령에 대한 호소는 종교개혁 해석학을, 단지 언어학적, 본문적, 문자적 도구들에만 의존하는 경향이 있는 르네상스 후기의 해석학과 구분하는 데 도움이 된다.

그래서 루터와 칼빈 같은 권위 있는 개혁자들의 저작 내에는 과거에 대한 분명하고 일관된 태도가 있다. 기독교 신앙의 근본적 사건은 예수 그리스도의 역사로 이해된다. 이 역사에 접근하는 것, 그리고 그 중요성을 해석하는 정당화된 범위는 신약에 의해 제공된다. 그러나 이에 더하여 신약을 읽는 전통은 그것을 접근하고 해석하는 특별한 방식이다. 그것은 기독교적 경험에 대한 접근을 용이하게 한다. 그 핵심은 바깥의 동심원들을 통해 접근되어질 수 있다.

개혁자들이 그들의 신학적 숙고에서 전통을 위한 자리를 가지고 있지 않다고 종종 주장되더라도, 이 판단은 분명히 정확하지 않다. 성경 바깥의 계시 자료로써 전통의 개념은 배제되는 반면, 성경을 읽고 해석하는 특별한 방법으로써 전통의 고전적 개념은 유지된다.103) 성경, 전통, 선포(kerygma)는 본질적으로 함께 내재하는(coinherent) 것으로 간주된다. 그리고 신앙 공동체에 의해 전승되고 전파되며 보호되는 것으로 간주된다.104) 그래서 성경 해석에 대한 관료적 개혁자들의 이해에는 강력한 공동의 차원이 있다. 성경은 교회론적 틀 내에서 해석되고 선포되어야 한다. 종교개혁이 개인주의의 승리와 전통에 대한 완전한 거절을 대변한다는 주장은 계몽주의의 이미지 만드는 사람들에 의해 선전된 의도적인 허구라는 점은 강조되어야 한다.105)

나사렛 예수의 죽음과 부활로 막을 내리는, 그의 역사의 중심성을 강조하면서, 기독교 신앙을 위하여 개혁자들은 그 역사에 대한 접근이 얻어지는 방

---

103) 깊은 분석에 대하여 참고하라. McGrath, *Intellectual Origins of the European Reformation*, 140-51.
104) 루터의 교회론에서 난제들을 발생시키는 것이 바로 이 점이다. 루터는 중세 교회사 사실, 말씀과 성례로 선포(kerygma)를 전승하고 전파했다고 인정한다. 이것은 단지 그런 교회의 외적인 모습만 유지한다는 것이, 사실은 루터가 (불만족스러운) 대답을 해야 하는, '참 교회'(true church)임을 주장하는 것처럼 보일 수 있다.
105) 이 허구의 도입은 1788년으로 기록될 수 있다. 레싱(Lessing)이 루터파 작가 Melchior Goeze를 불신임하기 위한 시도의 과정 중에 나온 것이다. Bornkamm, *Luther im Spiegel der deutschen Geistesgeschichte*, 14-15; 199-202.

식을 보여주는 것을 무시하지 않았다. 일련의 동심원은 아마도 이 접근을 상상하는 데 가장 도움이 되는 방식일 것이다. 중심핵은 나사렛 예수의 역사이다. 두 개의 바깥쪽 원들 중 첫째는 그 역사에 대한 신약의 해석이다. 둘째는 신약을 접근하고 해석하는 공동의 방법이다.[106] 이 핵심에 대한 접근은 직접적으로 얻을 수 없다.[107] 오직 바깥쪽 원들을 통해서만 가능하다. 첫째, 신자는 (그 언어, 예식, 전통들, 권위의 구조로 특징지어지는) 공동의 전통 내에 서 있다. 전통은 신약에 대한 특정한 입장을 (혹은 제한된 범위의 입장을)[108] 취한다. 둘째, 신약은 이 기대의 틀 안에서 접근되고 읽히면서, 부활하신 그리스도와의 만남과 경험을 허락한다. 종교개혁 자체는 성경과 초대 교회에서 자신의 근거들과 관련된 서방 교회의 공동의 전통에 대한 급진적 의문제기로 간주될 수 있을 것이다. 기대와 해석의 공동의 틀이 (그 위에 상당한 해석학적 무게가 놓여져) 적절하고 권위적이기도 했다는 것을 확신시키기 위해서이다. 이 과정의 결과는 공동의 전통을 제거(elimination)하거나, 새로운 전통의 생성을 의도하지 않았고, 사실 그렇게 하지도 않았다. 다만 (필요한 곳에서) 서방 교회의 공동 전통의 혁신과 개혁을 원했다. 곧 살펴볼 급진주의자들과 차이는 더 이상 날카로워질 수 없었다.

급진적 종교개혁

베른하르트 로트만(Bernhard Rothmann)은 1530년대의 과거에 대한 지배적 견해를 말끔하게 요약하고 있다. '1400년 동안 기독교인은 이 땅에 없었다.'[109] 토마스 뮌처(Thomas Müntzer)와, 그의 지지자들과 같은 영향력 있는 급진주의

---

106) 여기에서 칼 바르트(Karl Barth)의 '삼중 형식에 있는 하나님의 말씀'(the Word of God in its three-fold form)의 개념과 분명한 병행점들이 있다.
107) 이것이 가능하다는 주장은 특히 급진적 종교개혁과 관계되어 있었다.
108) 비교. Lohff, 'Limits of Doctrinal Pluralism'.
109) Stayer, 'Christianity in One City', 117 n.1.

자들에게 기존의 사상들 혹은 기관들의 개혁의 개념은 이전의 상태를 규범적으로 회복하는 것이 가능하다는 주장만큼 불합리한 것이었다. 그들의 요구는 처음부터(ab initio) 완전한 사회적 신학적 혁명이었다. 이 혁명은 이 땅 위에서 하나님의 직접적인 통치, 평화와 자유의 확립을 야기한다.[110] '과거의 권위'(authority of the past)의 개념은, 기껏해야 중요하지 않은 것으로, 그리고 좀 더 현실적으로 현재의 부당한 사회적 조건들을 영구화하는 짐처럼 보인다. 1520년대 후반과 1530년대 초반의 급진적 팸플릿은 과거에 대한 계몽주의 비판의 측면을 생각하지 않고는 이해하는 것이 어렵다.

급진적 종교개혁의 사상적 뿌리는 사회에서 대개 급진적-중산층적 요소들에 있는 것처럼 보인다. 사실, 이 운동이 이따금 자주적인 신학적 기초가 부족한 것처럼 보이는 것은 의미가 있다. 이는 일차적으로 독일 사회의 소외된 부류들 내에 널리 퍼진 사회적 태도와 기대들을 반영한다. 세바스티안 프랑크(Sebastian Frank)의 강력한 반-권위주의 관점들은 그들 가운데 보았던 급진적인 사회적 관점들에 대한 신학적 정당화를 확립하는 가능성이 공동체의 이 부분 내에서 열렬히 수용되었다. 중세 후기의 사회적 질서와 수반하는 사상은 크게 신학적 사상들로부터 정당성을 받았다.[111] 그래서 사회적 혁명은 사회 구조 내에서 혁명적 변화를 위한 신학적 정당성의 어떤 형태를 요구하였다. 이 필요의 인식은 (모든 신자들이 좋은 대로 성경을 해석할 권리와 그리고 임박한 사회적 변화의 기대를 높이는 묵시적 형상화에 대한 강조와 같은) 내재된 신학적 원리들의 서술에 앞서 있었던 것 같다. 처음에, 이것은 분명하고 구체적으로 연결된 사회적, 법적, 정치적 필요들의 모양을 취했다. 기사들의 봉기(the Knights' Revolt, 1522 : 종교적 인문주의 기사인 프란츠 폰 지킹엔[Franz von Sickingen]을 중심으로 다수의 개신교도들이 로마 카톨릭과 신성로마제국을 대항하여 일어난 봉기이다. 이 사건은 인문주의와 종교

---

110) Laube, 'Radicalism as a Research Problem', 20, 그리고 문서.
111) 다음에서 강조된다. Laube, 'Radicalism as a Research Problem', 13.

개혁이 얼마나 가까웠는가를 보여주는 대표적인 사건이다.-역자주)와 농민전쟁(1524-5, 독일 남부의 농민들은 아주 열악한 사회적 경제적 상황에 놓여 있었다. 그들의 상황과 토마스 뮌처를 비롯한 급진적 종말론자들의 주장이 결합되어 농민들의 봉기가 일어났다. 농민들은 루터의 지지를 원했지만, 루터는 그들의 상황을 이해하지만, 그 신학적 동기에는 반대하였다. 농민 전쟁은 초기에는 성공을 거두는 것 같았지만, 영주들의 잔혹한 진압으로 끔찍한 최후를 맞이했다. 19세기와 20세기 들어, 농민전쟁은 마르크스와 사회주의 이론가들에 의해 다시 주목을 받기도 했다.-역자주)의 시기가 그렇다. 이어서 포괄적인 사회적 변화의 추구는 희미한 기대와 요구들의 덩어리로 녹아들었고, 과거의 압제를 급진적으로 변화시키고 단절하는 것과 거의 다르지 않게 되었다.[112]

특별히 급진적 종교개혁의 신학적 관점들은 그래서 그들 모두의 영광스러운 다양성 가운데, 사회의 소외된 집단 내의 사회적 태도와 기대들의 복잡하고 지배적인 망에서 분리될 수 없다. 급진적 종교개혁의 사고에 사상적으로 조건 지우는 상당한 정도가 존재한다. 성령을 통한 신적 계시의 임박성과 개인성에 대한 급진적 강조는 과거에 대한 호소의 필요성을 없애버렸다. 심지어 성경 자체도 급진적으로 주관화된 노선에 서 있는 해석에 굴복하였고, 전통이나 공동체들을 고려하지 않았다. 하나님은 문자보다는 오히려 영을 통해 직접 그의 택자에게 말씀하신다. 많은 급진주의 저작들의 강력한 묵시적 분위기는 과거의 질서가 단지 무관한 정도가 아니라, 새로운 경제적, 사회적 시대의 설립과 함께 곧 엎어질 것임을 주장했다.[113] 과거는 권위를 가질 수 없었다. 그래서 갱신이나 개혁이 아니라, 파괴될 직전에 있다고 전해졌다.

---

112) Val Dülmen, *Reform als Revolution*.
113) 뮌처에 대한 타보르파(Taborite) 종말론의 영향을 수용한 경우는 확실하다. Schwarz, *Die apocalyptische Theologie Thomas Müntzers*.

독일 계몽주의

18세기의 아메리카와 프랑스의 혁명은 계몽주의의 지배적인 사상의 상징으로 받아들여진다. 과거의 압제로부터 떠날 필요를 인식한 것이다.[114] 과거는 부패하고 죽은 것으로 경험되었고, 기득권의 낡은 (정치적, 도덕적, 지적) 권위 구조를 돕는 것이다. 계몽주의는 과거의 패권(hegemony)을 전복시키고, 옥죄는 것에서 벗어나고, 그 사슬을 산산이 부수려는 결연한 시도로 간주된다. 시대에 뒤떨어진 정치적 구조와 그것이 기초한 사상들은 사라져야 하고, 새로운 시대가 왔다.

독일 계몽주의 혹은 Aufklärung가 기독교 교회의 교리적 유산의 대화에서 비판적으로 관계된다는 점은 이 연구에서 특히 중요하다. 계몽주의의 새로운 방법들이 가진 신학적 잠재성은 프랑스의 계몽주의 운동과 관련된 종교적 사상들에 대한 획일화된 증오와 근본적으로 대조되는 진지함을 가지고 탐구되었다. 그러나 강조되어야 할 것이 있다. 계몽주의(Aufklärung) 사상과 방법들을 그 운동의 사회적 맥락과 관계없이 논의하는 것은 불가능하다는 점이다.[115] 그 운동은 선도적 사상들을 조성하고 조건지우며, 그리고 아마도 (지성사의 유물론적 한 가지 독법보다 더 많은 기반에서) 그 사상들을 불러일으키는 데까지 기여하였다.[116]

많은 신학자들은 그런 사상을 사회적 기능과 관계없이 순전히 그들의 관념적 체계와 선행 사건들의 용어로 평가하는 경향이 있다. 이런 경향은 반대되

---

114) 일반적인 계몽주의에 대하여 참고하라. Porter and Teich, *Enlightenment in National Context*; Yolon et al., *Blackwell Companion to the Enlightenment*. 교회와 관련된 부분에 대하여 참고하라. Cragg, *Church and the Age of Reason*. 철학, 신학, 윤리학의 영역에서 '권위로부터 도피'(flight from authority)의 현상은 다음에서 상세히 문서화되고 분석되었다. Stout, *Flight from Authority*.
115) 정치적 사조에 대하여 참고하라. Valjavec, *Entstehung der politischen Strömungen*.
116) 그리고 이어 낭만주의 사상이 있다. 예를 들면, Brunschwig는 1790년대 낭만주의 사상의 생성이 사회적 좌절에 대한 비이상적 반응으로 무시되었다고 주장하는 것 같다. *La crise de l'état prussien*.

어야 한다. 이는 결코 계몽주의자들의 진리를 추구하는 열심을 비난하는 것이 아니다. 그들은 한 가지 면에서 자신의 방법들과 사상들이 또한 그 운동의 사회적 태도와 기대들에, 즉 극도로 과거의 권위 문제에 대해 부정적인 태도를 표현하고 정당화하는 일에 도움이 되었다고 주장한다. 사상이 '역사의 특정 시기에 한 집단이나 계급의 필요와 관심을 반영하는, 필연적으로 참이나 거짓이 아닌, 믿음, 전제, 가치들의 통합된 시스템'으로 정의될 수 있다는 것을 다시 생각하게 한다.[117] '계몽주의'(the Enlightenment)라는 표현에 의해 총괄적으로 언급된 사회적 집단들의 필요와 관심을 인식함으로 (종교적 관점을 포함하여) 그것과 관련된 '믿음, 전제, 가치들의 통합된 시스템'의 기원에 대한 사회학적 설명이 가능하다. 그러므로 여기에서 계몽주의 사상이, 그것을 특징으로 한 사회의 사회적 구조들에 의해 강화되었다는 점에서, 어떻게 '객관성'(objectivity)을 가진다고 인식되었는지를 보여주는 성경의 사회-역사적 재료를 포함할 것을 나는 제안한다. 계몽주의 사상은 자신의 앞선 사회적 정치적 프로그램에 정당성을 주는 상징적 세계를 제공하였다.

18세기를 마무리하는 10년은 독일의 많은 영토에 걸쳐 있는 사회의 전문적 계층에 심각한 위기가 있음을 증거하였다. 18세기 후반 급격한 인구 증가는 교회나, 정부나, 학계 내에 있는 전문적 지위들의 증가에 필적하지 못했다. 사회적 혼란, 분열, 전문적 계급의 문화적 정통성의 상실은 1780년대와 1790년대에 극심하게 되었다. 이 현상은 지식층 안에서 상당한 불만을 야기했다.[118] 이 계급들은 한 결과로써 앙시앙 레짐(ancien régime, 1789년 프랑스 혁명 이전의 절대군주제를 가리킨다. 이 책에서는 절대적 지배와 같은 의미로 사용된다.-역자주)과 그 전통에 묶인 외형을 벗어 던지는 가운데 상당한 기득권에 대한 관심을 발전시켰다. 과거와의 단절, 그리고 개인적 가치와 자율성에 대한 강조를 발전

---

117) Davis, *Problem of Slavery*, 14. 이전의 논의를 참고하라.
118) 예를 들면, 참고. Gerth, *Die sozialgeschichtliche Lage der bürgerlichen Intelligenz*, 80-95.

시킨 사상은 이 위기의 시기에 있는 많은 언짢은 지성인들과 다른 전문가들의 관점을 표현했다. 종교의 영역에서, 이 태도는 종교의 (그리고 좀 더 분명하게, 교리의) 거절, 그리고 과거의 권위의 거절, (사람의 도덕적, 인식론적, 구원론적 근거의 적절성에 의문을 갖게 하는) 원죄 개념의 거절, (도덕적이든 종교적이든 개인의 공로에 의한 칭의의 개념에 찬성하면서) 은혜로 인한 칭의 교리의 거절,[119] 그리고 이성이 나사렛 예수의 가르침과 행위들을 지지하는 다소 제한된 범위에서 존경하는 뚜렷한 경향에서 드러났다.

이 사상은 정치적 영역만큼이나 지적 영역에서도 나타났다.[120] 18세기 독일에서 정치적 행위의 가능성들은 확실하게 제한되어 있었고, 계몽주의는 자신을 일차적으로 지적인 형태로 표현하였다. (프랑스와 대조를 이루는 것이 재차 중요한 의미가 있다) 18세기 독일의 사회 구조의 더욱 눈에 띄는 특징 중 하나는 사회적 구조들 위에 있는 자본주의적 생산 방식과 시장 관계에 대해 엄격하게 제한된 영향이다. 여러 세기 동안 경제는 실질적으로 농업이었고, 국가와 공무원들에 의해 조절되었다. 대학은 일반적으로 국가 기관 내에 사회적 유동성과 성취를 위한 도구로써 여겨졌다. 그 결과 독일 앙시앙 레짐(ancien régime)의 정치적, 사회적 긴장들은 실제로 발생하지 않았더라도, 그 시기의 대학들 내에서 학문적 다툼들 가운데 예견되었다.[121] 지적 앙시앙 레짐(ancien régime)에 대한 급진적 도전은 그 시기 독일 대학들 내에서 공공연하게 더 정치적인 수준에서 거부된 자유의 지적 표현으로써 규정되었다. 개인의 자율성의 주장은 정치적 사회적 해방을 위한 본질적 전제조건으로 여겨졌다. 과거의 해로운 영향은 개인의 계몽된 이성에 대해 호소를 통해 제거되어야 했다. 지적 앙시앙 레짐(ancien régime)의 전복은 대학의 사회적 기능에서 볼 때 정치적, 사회

---

119) 비교. McGrath, *Iustitia Dei*, vol. 2, 136-47.
120) 계몽주의의 지적인 면에 대하여 참고하라. Hazard, *La pensée européenne au XVIIIe sieècle*. 더 신학적인 측면에 대하여 참고하라. McGrath, 'Reformation to Enlightenment', 206-29.
121) Walker, *German Home Towns*, 119-33, 특히 129; Krieger, *German Idea of Freedom*, 8.

적 변화의 선제조건으로 여겨졌다.[122]

1968년 5월 학생의 생활의 의기양양한 나날과의 비교는 계몽주의(Aufklärung)의 높이에서 그 시대의 정신을 붙잡으려는 시도 가운데 그 자체를 주장한다. 독일 계몽주의의 비판적 단계는 1789-1796년으로 간주된다.

프랑스 혁명의 소식이 독일의 대학들에 도달했을 때, 새로운 시대의 문턱에 서 있다는 느낌이 여명처럼 보인다.[123] 유럽은 성숙하게 되었다. 계몽주의의 사상들은 사회적 정치적 행위로 곧 변화될 것처럼 보였다. 집합적이고 역사적인 변화는 가능한 것처럼 여겼다. 1792년 프랑스와 독일 공작들 사이의 전쟁은 최종적으로 이 이행에 영향을 줄 태세를 가진 것처럼 보였다. 더 이상 어린이들은 그들 자신을 권위적 구조와 그들의 부모 세대의 관점에 맡길 수 없었다. 아버지에 반항하는 아들의 오랜 주제(비교. 눅 15:11-24)는 새로운 의미를 가정한다. 1790년대에 아들들은 단지 그들의 아버지를 거역한 것이 아니었다. 오히려 그들의 아버지 세대들이 대표했던 세계 질서를 거역한 것이었다. (단지 넷[four]이라 칭하는) 휠더린(Hölderlin), 폰 하르덴베르크(von Hardenberg), 폰 훔볼트(von Humboldt), 쉴레겔(Schlegel)은[124] 그들의 부모와의 개인적 위기들과, 이제 유럽의 문명화에 직면하는 엄청난 위기 사이의 직접적인 상관관계를 보았다. 둘은 변화시키는 가능성들을 낳았다. 마치 어린 시절의 소수성이 성년기의 자유를 위한 길을 주었던 것과 같다. 다루기 힘든 아들들과 같은 유럽은 곧 성숙하려고 했다, 그리고 그 유산으로 들어갔다.

합리주의는 그래서 좁은 학문적 세계에 제한된 운동으로 보이지 않았다. 오히려 중앙 집권화된 국가의 견고함, 그리고 권력 구조와 전통적 자산들의

---

122) 비교. Gerth, *Die sozialgeschichtliche Lage der bürgerlichen Intelligenz*.
123) Bertaux, *Hölderlin und die französische Revolution*, 이 책은 이 점에서 역사적 공감의 의미를 불러일으키는 데 도움이 된다.
124) Shelton, *Young Hölderlin*, 107-18; Samuel, *Friedrich von Hartenberg*, 64-89; Behler, *Friedrich Schlegel*, 20-9; Haym, *Rudolf von Humboldt*, 32-66.

관심과 가치로부터 온 근대화와 현대화의 과정에 긴밀히 연결된 것으로 보였다.125) 크고 무정형의 집단은 18세기 후반 독일 사회 내에서 발전하여 (언론인, 변호사, 의사, 작가와 같은) 전문가들로 그리고 초기의 자본주의 중산층을 구성하였다. 이 집단은 과거의 사소한 제한들과 억압하는 관습들을 참을 수 없었다. 순수하게 사회적 수준에서, 계몽주의는 이 계급들의 영향이 커져감으로 보일 수 있다. 그것은 완전히 부르주아 운동이었고, 독일 전문가 계급들의 18세기 후반의 사회적 정치적 위기에 대한 대답을 반영하였고, 1780년대와 1790년대에 막을 내렸다. 사실 루터파 신학자들 가운데 계몽주의(Aufklärung)에 대한 넓은 지지는 견해를 형성하는 학문적 공동체의 구성원과 그들의 정치적, 사회적 근대화와 관련된 프로그램에 대한 지지 둘 다를 반영한다.126) 계몽주의(Aufklärung)는 학문적 기관을 중심으로 한, 그러나 거기에서 부분적이고 단편적인 방식으로 전용될 수 없는 사회적, 정치적 권위의 위치에 있는 사람들에게 영향을 주기까지 확장된, 근대화의 일반적 프로그램으로 여겨진다. 신학적 보수주의와 정치적 급진주의는 그래서 그 시대의 복잡한 정치적 상황 내에서 상호 반대되는 것으로 여겨졌다. 이에 대한 분명한 예외는 먼저 뷔르템베르크의 공작령(the duchy of Württemberg)에서 제공되는 것 같다. 그곳에서 대부분의 신학자들은 뚜렷하게 계몽주의에 적대감을 가졌다. 그러나 이것은 특별히 이 지역의 교회와 대학들과 앙시앙 레짐(ancien régime) 사이에 보수적인 연결을 반영하고, 전문가 계급의 기득권자들에 대한 위협으로 인식되는 근대화로 이끌었다.127) 독일 계몽주의의 문화적, 사회적 정치적 요소들에 대한 지적 측면의 중요성은 그래서 대체로 18세기 후반 독일의 (대학과 전문가 계급들의 역할과 같은) 사회적 구조들 때문이다. 그러나 계몽주의(Aufklärung) 지식인들의

---

125) 참고. Epstein, *Genesis of German Conservatism*, 41-4; 52-3.
126) Schlingensiepen-Pogge, *Sozialethos der lutherischen Aufklärungstheologie*.
127) 예를 들면, 참고. Hasselhorn, *Der altwürttembergische Pfarrstand im 18. Jahrhundert*.

역할을 다른 모델의 기초에서 설명하는 것은 가능하다. 예를 들면, 헤겔은 철학자에 대해 자신의 시대에 객관적 혹은 보편적 자기-의식에 대하여 표현하는 사람이라는 개념을 가지고 있다. 이 개념으로 인해 그는 지식인(intelligentia)을 공동체의 집단적 실천을 자기-의식의 수준까지 끌어올리는 지시적 집단으로 생각하게 되었다. (이 개념은 그람시[Gramsci]의 '유기적'[organic] 지성들의 개념과 상당히 유사하다.)[128] 지적 엘리트들은 문화적 공동체의 자기-의식의 사상을 (도입하기보다는) 표현하여, 그리고 그 결과를 탐구하여 향상시킨다.[129] 이 모델에서 계몽주의(Aufklärung)의 철학자들과 신학자들은 기존에 존재하던 사상에 조직적인 표현을 할 것으로 예상되었다. 이는 중산층(bourgeoisie)의 지배적인 문화를 반영하였다. 계몽주의(Aufklärung)에 대한 헤겔의 시간적 근접은, 그의 철학과 문화의 통합에 대한 관심에 더하여, 사상을 직접 표현하는 지식인의 역할 해석을 입증한다.

그때 독일 계몽주의는 확고히 독일의 지배적인 사회적, 정치적 상황에 기초하고, 지향하는 삶, 사상에 대해 꽤나 제한적인 관점의 표현으로 간주될 수 있다.[130] 좀 더 구체적으로, 특정 역사적 세대 내에서, 특정 사회-정치적 문화적 시스템 내에서 어떤 특정 사회 집단의 구성원들에게 특별한 세계의 경험으로 조건 지어진 대답이요, 그 세계의 관점으로 간주될 수 있다. (독일과 프랑스 같이) 국가의 경계를 넘고 대양을 넘는 (1776년 혁명의 이전, 동안, 이후에 북 아메리카에 프랑스 합리주의의 영향은 확실하다) 그 운동의 주목할 만한 능력은 18세기를 마감하는 10년 동안, 서유럽의 많은 곳과 다른 곳에서 정치적 위기와 혁명적 기대의 일반적 분위기를 반영한다. '옛 질서'는 그 마지막 파멸의 끝에서 비틀거리는 것 같았다. 독일 계몽주의가 교리적 진술들에 대한 진지함은 잉글랜

---

128) Gramsci, *The Modern Prince*, 118-20.
129) 참고. Toews, *Hegelianism*, 72-5.
130) 비슷한 패턴은 19세기 초에도 발생한다. Ayconberry and Droz, 'Structures sociales et courants idéologiques dans l'Allemagne prérévolutionaire'.

드와 프랑스와 직접적인 유사점을 갖지 않는다. 그리고 주로 독일의 특수한 종교적 상황으로 기인한 것이다. 부분적으로 개인적 경험에 종교적 타당성을 부여한 (모라비안주의 같은) 경건주의의[131] 영향에서 나온 것이다. 그리고 그것에 일관성 있는 지적 체계를 부여한 루터파 전통주의의 영향에서 나온 것이다. 새로운 계몽주의는 경건주의 영성과 접촉하는 간편한 지점에 기반을 둔 개인을 강조하였다. 반면 정통주의의 교리적 진술들은 계몽주의 방앗간을 위한 적절한 지적 양식이었다.[132]

계몽주의의 지적 결과물을 충분히 주의 깊게 읽지 않은 것은 과거의 지적 유산이 전체적으로 거절되지 않았고, 단지 자율적인 사람 이성이 가진 기준에 기초하여 엄격한 비판적 정밀조사를 당했다고 주장할지 모른다. 그러나 실제로 이 비유가 주장하는 대화는 참으로 절대 일어나지 않았다. 과거는 쓸모없고, 지금은 없는 것으로 다루어졌다. 사람의 이성은 완전한 능력을 가지고 무엇이 새로운 것(de novo)에 대한 권리인지를 세우고, 과거의 유산과 대화를 나누어야 하는 필요를 제거하면서, 혹은 사실 그것이 무엇이든 그것을 알도록 할 필요를 제거했다. 과거가 권위를 가진다는 주장은 독이든 성배와 같이, 잠재적으로 타율적 결과들이 가득한 것으로 여겨졌다. 과거의 유산은 때때로 현재의 믿음을 지지할 수 있다. 그러나 그 믿음은 과거와 상관없이 세워졌다. 그 자격은 그들의 내재된 합리성에 기초한다. 솔직히, 과거는 무시될 수 있고, 일반적으로 무시되는 하찮은 것이었다.

이 저작에서 언급하는 두 가지 질문에 대한 (교리의 기원과 과거의 권위에 대한) 계몽주의의 독특한 공헌은 다음과 같이 요약될 수 있다.

---

[131] 뷔르템베르크의 경우가 다음에서 유용하게 설명되었다. Lehmann, *Pietismus und weltliche Ordnung*.
[132] 잉글랜드와 비교는 유익하다. Dyson, 'Theological Legacies of the Enlightenment'. 경건주의와 동등한 것이 발전하지 않았던 프랑스에서 종교는 간단히 하찮은 것으로 배제되었다.

1. 교리 공식화들은 역사적으로 조건 지어진 것으로 간주되어야 한다. 아마도 자기 시대에는 적절했을 것이다. 그러나 근대에 타당한지는 의심스럽다. 역사적 비평주의가 교리 공식화들의 평가와 수정을 위한 적절한 도구이지만, 역사는 합리적 진리를 드러내지 못한다.
2. 이성의 진리는 자율적이다. 그리고 일반적으로 역사에 대한 어떤 호소 없이, 혹은 특별한 어떤 특정 요소 (나사렛 예수의 역사와 같은 것) 없이도 확인될 수 있다.
3. 과거는 단지 파편적으로, 상대적으로, 교정할 여지가 있는 방식으로 알려질 수 있다. 과거는 단지 키에르케고르의 유명한 말인, '근사 지식'(approximation knowledge)을 기대할 뿐이다.

이 모든 문제들은 우리의 주제에서 핵심적으로 중요하다. 그리고 개별적으로 논의될 것이다. 그러나 분명한 것은 이 문제들이 좀 더 일반적인 가치와 태도들의 집합을 표현한다는 것이다. 이는 특별히 서술된 종교적 전제들에 앞서는 것들이다. 교리의 기원과 과거의 권위에 대한 특별한 종교적 질문들에 대한 계몽주의의 태도는 좀 더 일반적인 가치와 태도들의 결과이지 원인이 아니다! 이는 그 날과 시기의 사회-정치적 상황에서 볼 때, 계몽주의 그룹 안에서 자명하고 정확한 것으로 가정되었다.

이 시도는 과거를 거절하는 결정이 경험적, 이론적 증거 축적의 결과물임을 주장하려는 것이다. 이는 과거가 현재에 의해 사용될 수 없다고 주장한다. 그러나 사실 현재가 과거를 사용해서는 안 된다는 결정은 과거를 믿지 않는다는 전략적 표현에 대해 연대적으로, 그리고 논리적으로 선행하여 취한 것으로 보인다. 계몽주의(Aufklärung)에게 공리(axiomatic)는, 과거에서 어떤 것도 근거로 삼을 본질적인 요소가 없는 것으로, 패러다임을 조절하거나, 규범적인 진술로 간주될 수 없는 것이다. 모든 것은 그 권위를 이성과 경험의 빛 가운데 파생적으로(derivatively) 세울 수 있어야 한다. 그 안에 자신의 권위의 궁극적 기초들이 위치되어야 한다. 과거의 유산에 대한 전쟁의 결정은 그래서 이 싸움을 추진하는 지적 무기들을 구축하는 일에 앞선 것처럼 보인다.

도그마의 역사적 비평

로프스(Loofs)는 '도그마의 역사는 독일 계몽주의 시대의 자식'이라고 기술했다.[133] 그 시작부터, 도그마의 역사는 그것을 제거하려는 사람들에 의해 작성되었다. 그들이 믿는 바에 따르면, 교리의 기원에 대한 역사적 연구는 교리 공식화들이 문화적, 역사적 환경들의 특정 한 집합에 대한 대답이고, 시대에 뒤떨어져 무시될 수 있음을 드러낼 것이다. 이 시각들이 자유주의 신학(liberal Protestantism) 내에서 특별한 힘을 가지고 발전되었지만, 그들의 기원은 18세기 말로 올라간다. 중요한 것은 교리 비평의 기원을 18세기 후반 독일 사회에 설정하고 이를 순전히 지적인 발전으로 다루는 오류를 피하는 것이다. '도그마'는 교회 권위주의를 예시하는 것으로 간주되었다. 과거의 뒤떨어진 시스템을 영속시키는 것으로, 그리고 개인적 자율성을 위협하는 것으로 간주되었다. (그래서 개인은 독립적으로 도그마를 세우거나 확인할 수 있는 존재가 아니라, 다른 권위에 의존하여 그런 도그마를 받아들이도록 요청되는 존재였다.) 교리적 비평은 계몽주의(Aufklärung) 사상의 핵심적인 부분이다. 독립된 존재로 취급될 수 없었다. 그 시작부터, '도그마의 역사'는 명확한 사상적 이유들 때문에, 그 현상들을 완전히 없애기를 원했던 사람들에 의해 작성되었다.

교리 비평이라는 프로그램은 처음에는 모순된 것처럼 보이지만, 사람 이성의 전권(omnicompetence)의 원리와 모순되지 않았다. 대부분 계몽주의 작가들이 과거를 무시하려고 하는데, 왜 굳이 과거를 비판하느냐는 질문이 나올

---

133) Loofs, *Leitfaden*, 1.

수 있다. 그러나 교리 비평이 의도한 청중은 정통주의이다. 정통주의는 일반적으로 그 시대의 열정적인 합리주의 세계관을 수용하지 않았고, 계몽주의(Aufklärung)가 명칭한 '초자연주의자'(supernaturalist)의 관점을 유지하고 있었다. 교리 공식화들을 그 역사적 발전에 기초하여 비판함으로, 이에 대한 정통주의자들의 태도가 의심스럽다고 믿어졌다. 교리의 역사적 비평은 두 가지 목적을 가졌다. '이성의 종교'의 견고화, 그리고 '초자연주의'의 불신화(the discrediting)였다.

교리 비평의 초기 프로그램들은 슈타인바르트(Steinbart)의 행복교리(Glückseligkeitslehre, 1778)에서 설명될 수 있다. 여기에서 구원론의 영역에 속한 많은 고전적 개신교 교리들은 역사적 맥락의 용어로 '설명'된다. 어거스틴의 원죄 교리는 그의 마니교적 유산으로 설명되어야 한다. 펠라기우스는 사람의 본성에 대한 정확하고 더 오래된 견해의 훨씬 더 확실한 이해를 가졌다. 아담의 범죄가 그 후손에게 전가된다는 사상은 논리적 혼동을 일으킨다. 그리고 성경과 직접적으로 연관 없다. 대리 속죄의 개념은 어거스틴의 사상의 후기 발전을 통해 켄터베리의 안셀름(Anselm of Canterbury)에 의해 생겼고, 매우 의심스러운 전제들에 기초하였다.[134] 슈타인바르트의 주장은, 도처에서 한 때 믿음의 기원들이라고 주장되었던 것을 거짓으로 제쳐 놓아야 한다는 것이다. 그의 방법과 결론들이 대충 만들어진 것처럼 보인다 하더라도, 교리 비평을 위한 의미 있는 새로운 역사적 도구가 형성되고 있는 것처럼 보인다. 구원론에 대한 비평의 사상적 중요성 또한 간과될 수 없다. 이 방식으로 비판의 대상이 되었던 교리들은 모두 사람의 결핍의 개념과 연관된 것으로 인식되었다. 예를 들면, 상황을 이해할 수 없는 무능력이나, 어떤 것에 대답할 수 없는 무능력이나, 도덕적 의로움의 부족이다. 이 믿음에 의해 사람의 자율성에 놓

---

134) Steinbart, *Glückseligkeitslehre*, 87-9; 146-9. 비교. McGrath, *Iustitia Dei*, 2.146-7.

인 내포된 위협은 그래서 그들의 역사적 기원에 대한 비평으로 제거되었다.

비슷한 발전들을 기독론의 영역에서 볼 수 있다. '두 본성' 교리와 같은 것들은 점차 역사적 오해 탓으로 돌려졌다. 계몽주의 역사학은 이를 확인하고 제거할 수 있었다. 유명한 '역사적 예수의 탐구'(Quest of the Historical Jesus)는 17세기 잉글랜드 이신론에 그 기원을 가지고 있고, 그리스도의 도그마적 관점을 제거하려는 결연한 시도 가운데, 그 의미에 있어 좀 더 역사적이며 평범한 관점을 선호하였다.135) 예수 자신과 그의 첫 추종자들이 품고, 선전한 그에 대한 승화된 도그마적 관점들 사이에 괴리가 존재한다. 비평 역사적 접근은 후자를 버리도록 한다. 그리고 전자를 다시 재배치한다. 다시 한 번, 이 비평의 사상적 기능이 강조되어야 한다. '두 본성' 교리의 비평은 그리스도의 신성에 의해 놓인 개인의 자율성에 대한 잠재적 위협을 제거하였다. 그래서 그리스도의 권위는 그의 도덕적, 종교적 가르침에 머물게 되었다. 그것은 이미 존재하는 이성적 믿음과 일치하는가의 여부에 근거하여, 자율적인 개인에 의해 평가되고 전용될 수 있다. 사실 어떤 사람들은 복음의 이야기 배후에서 합리주의가 뒤늦게 알아차린 '역사적 예수'(historical Jesus)가 근본적으로 합리주의적 가치의 투영이며,136) 예수가 계몽주의 프로그램에 놓을 수 있는 어떤 위협도 해제해버리는 것이라고 주장했다.

이성의 필연적 진리들

계몽주의 사고의 만연한 특유의 특징은 합리주의이다. 인류는 필연적인 인식론적 능력을 소유하고 추론의 기관을 자율적으로 활동하여 실체의 합리적 구조를 드러낼 수 있다고 이해된다. (신적 계시와 같은) 외부 자료들에 의한 보충

---

135) Reventloh, *The Authrority of the Bible and the Rise of the Modern World*, 289-308. Schweitzer, *Quest of the Historical Jesus*, 이 책에서 저자는 한 세기 후의 토론에 대한 자신의 분석으로 시작한다.
136) 참고. Pelikan, *Jesus through the Centuries*, 182-93.

은 불필요할 뿐 아니라, 사람 이성의 자율성의 잠재적 위협으로 간주되었다. '계시'(Revelation)는 강력하게 권위주의적인 함축적 의미를 가졌고, 시대정신은 이를 받아들일 수 없었다. 그것이 잠재적으로 타율적 방식으로 개인에게 매여 있다고 이해되었다는 점에서 그렇다.[137] 이성적 진리는 영원성, 보편성, 필연성의 필수적 성격들을 소유했다고 주장되었다. 기독교의 메시지와 같은 종교적 표현은 이미 합리적 개인 가운데 존재하는 사상들과 '찬동되는'(chimed in) 한, 마음을 끌 수 있다. 그래서 자신의 지적 자율성에 어떤 위협도 주지 않게 된다.

현실에 대한 이해라는 점에서, 분명한 것은 계몽주의 사상가들이 진리가 역사적 혁신을 통해 중재될 수 있다는 사상에 별 관심이 없었다는 점이다. 어떻게 일련의 우연들이, 역사의 우발적 사건들이 보편적이며 필연적인 진리를 드러낼 수 있을까? 레싱의 유명한 격언은 이 점을 명쾌하게 표현한다. '역사의 우연한 진리들은 결코 이성의 필연적 진리들의 증거가 될 수 없다.'[138] 역사적으로 중재된 합리적 진리의 개념은, 합리성의 성격에 대한 계몽주의 이해라는 점에서 볼 때, 실질적으로 용어에 있어 모순적으로 다루어졌다. 예를 들면, 레싱은 '역사적 진리'(historical truth)라는 개념을 결정적인 어려움 없이 사용했다. 문제의 핵심은 그런 진리들이 합리성의 보편적 체계와 갖는 관계에 있다. 레싱은 질문한다. 어떻게 우리가 진리를 한 수준에서 다른 수준으로 전승할 수 있을까? 예를 들면 어떻게 '그리스도께서 죽은 자 가운데 부활하셨다'는 역사적 진술에서 '그리스도는 하나님의 아들이다'라는 합리적 진리로 이동할 수 있을까?[139] (그들이 확인했다고 가정하는) 역사적 주장들과 보편적 합리

---

137) 종교적 메시지에 대한 사람의 반응에 관계에서 레싱의 '묶임'(binding)의 비유 사용에 대한 유용한 논의를 참고하라. Michalson, 'Faith and History', 283-7.
138) Lessing, 'Über den Beweis des Geistes und der Kraft', in *Werke*, 8.8. 비교 Michalson, 'Faith and History'; Michalson, *Lessing's 'Ugly Ditch'*.
139) Lessing, 'Über den Beweis des Geistes und der Kraft', in *Werke*, 8.14.

적 진리 사이에 상당한 인식적 거리가 존재한다. 레싱은 그 거리가 그들을 비교할 수 없게 만드는 그런 것이라고 주장했다.

이것이 지닌 의미는 고려할 만한 것이며, 가장 먼저 나사렛 예수의 역사를 세우는 것과 관련하여 인식된 어떤 난제들보다 큰 것이다. 십자가에 못 박힘과 부활을 추정하는 것은 레싱의 뒤뜰에서 신중하게 선택된 증인인 청중 앞에서 발생해야 한다. 이 사건의 종교적 의미는 무엇일까? 레싱의 논지들은 우리로 하여금 그가 다음과 같이 대답할 것이라 주장하게끔 한다.

"나는 예수 그리스도가 십자가에 못 박혔고, 그가 다시 죽은 자들로부터 부활했다는 것을 역사적 진리로 받을 준비가 되어 있다. 그러나 나는 이것이 어떤 형이상학적 의미를 가졌다거나 그것이 어떤 이성의 보편적, 필연적 진리들에 접근하도록 하는지는 알지 못한다."

이 난제는 역사적 사실과 관계된 것이 아니다. 그것은 역사의 형이상학적 지위 혹은 계몽주의 시대에 인정된 부족한 지위와 관련된다.

1780년 여름, 프리드리히 하인리히 야코비(Friedrich Heinrich Jacobi)는 레싱이 스피노자 파(Spinozan)가 되었다고 비난하였다. 이것이 일반적으로 레싱이 무신론자라는 것과 동일한 의미로 받아들여졌음에도 불구하고, 그 논평은 상당한 신학적 통찰을 표현한다.[140] 스피노자는 (헤겔과 같은 다른 위대한 사상적 시스템의 설립자들과 범논리주의자들과 공통적으로) 모든 현실을 하나의 큰 논리적으로 일관성 있는 시스템으로써, 자율적인 사람의 이성에 의해 이해될 수 있는 것으로 예상했다. 진리는 단지 하나의, 논리적으로 통합된 현실 이론에서 얻어질 수 있었다. 그들의 보편적, 내재적 필연성('직관적 지식'[intuitive knowledge])을 파악하기 위해, 사상들('공동 개념들'[common notions]) 사이의 일반적 관계를 확인하는 것은 가능하다. 그의 윤리학(Ethica ordine geometrico demonstrata)에서 스피노자는

---

140) Schwarz, 'Lessings "Spinozismus"', 비교. Hermann, 'Lessings religionsphilosophischer und theologischer Problematik'.

수학의 비유를 사용하여 어떻게 그런 시스템이 구성될 수 있는지, 상상될 수 있는지를 설명했다. 유사하게, 레싱은 현실(reality)을 사람의 이성에 접근 가능한 합리적 시스템으로 보는 것 같다. 그래서 하나님은 우발적이고 역사적인 구체적인 것들보다는 보편적이며 일반적인 사상이라는 개념에서 접근되고, 상상될 수 있다. 이 접근의 근저에는 합리성의 보편적 체계에 대한 믿음이 있다. 이는 역사적 사건들 안에서 공명될 수 있다. 그러나 완전히 독립적인 존재이다. 비슷한 요점은 레싱이 1774-78년 동안 출판한 라이마루스(Reimarus)의 Schutzschrift의 파편들에서 알 수 있다. 계시의 바로 그 개념은 옹호할 수 없는 것으로 간주되어야 한다. 역사적 성격이 필연적으로 합리적 진리의 보편, 필연적 성격과 불일치하기 때문이다.[141]

과거의 지식

레싱과 라이마루스와 같은 계몽주의 사상가들의 합리주의적 추정들은 그 독특함 때문에 역사적 사건들의 보편적 의미를 부정한다. 역사의 우발성은 이성의 필연적 진리에 요구되는 인식론적 무게를 감당할 수 없다. 현재든 과거든, 한 사건은 기껏해야 이성을 통해 무엇이 세워지는지를 입증할 수 있을 뿐이다. 역사에 대한 호소는 그래서 어떤 잠재적 신학적 의미를 갖지 못하도록 방해한다.[142] 이런 부정 후에, 그러나 레싱과 라이마루스 둘 다 강조하기를, 어떤 경우에도, 일반적인 과거의 사건에 대한 우리의 '지식'은 특별히 나사렛 예수의 역사에 대한 지식은, 파편적이고 교정해야 하는 것이며, 죽은 사람의 증거에 의존해야 한다고 했다.

라이마루스는 (상상컨대, 신적 계시로 간주될 수 있는) 한 역사적 사건과 다음 세대

---

141) Reimarus, 'Von verschreiung der Vernunft auf den Kanzeln', in Lessing, *Werke*, 7.673-85.
142) 이 중대한 점의 사실성의 부정은 하비(Harvey)의 가치를 감소시킨다. Harvey, *Historian and the Believer*. 그렇지 않다면, 이는 역사적 지식의 시간적 거리 때문에 역사적 지식의 특정한 주제를 수반하는 문제들에 대한 뛰어난 소개를 제공한다.

들이 의존해야 하는 이 사건의 역사적 기록들을 구분 지었다. 어떻게 우리가 이 기록들을 믿을 만하다고 확실할 수 있을까?[143] 이 질문에 대한 레싱의 접근은 감각 세계의 즉각적 정보와 동일한 강조점을 보여준다. 과거는 직접 경험될 수 없고, 잠재적으로 믿을 만하지 않고, 파편적인 이차적 보고들을 통해 살아남는다. 레싱의 개인주의는 일반적인 계몽주의의 특징이며, 이는 그로 하여금 세상에서 직접 얻은 개인적 경험에 우선권을 부여하게 한다. 예를 들면, 부활에 대해 직접 얻은 개인적 경험은 한 가지이다. 이차적 증거에 의존하는 것은 오직 사람의 증거를 통해 중재되는 것이고, 이는 꽤 다른 것이다.[144] 과거 사건과 관련된 공동의 전통은 별로 중요하지 않다. 만약 그 사건이 현재에서 확인되지 않는다면 그렇다.

과거의 지식에 대한 레싱의 논의의 근저에는 오늘날의 경험이 과거 사건과 관련된 기록들을 교정하는 기준으로써 도움을 준다는 내포된 가정이 있다. '나는 18세기에 살고 있다. 이 시기에 기적은 더 이상 일어나지 않는다'[145] 그러므로 레싱의 주장에 따르면, 1세기에 기적이 발생했다고 주장하는 기록들은 현재적 경험의 자료의 빛 가운데 교정되어야 한다. 오늘날 세계의 경험은 과거와 관련된 보고들보다 더 큰 무게가 주어져야 한다. 과거에 관련된 공동의 전통보다 질적으로 뛰어난 것이다. 뿐만 아니라, 과거에 독특하게 발생했던 의미 있는 것은, 사람 이성의 자율성의 공리를 위태롭게 하는 타율성에 의해 희생된다. 내포된 가정은 역사의 동질성이며, 종교의 일반화이며, 그 안에서 급진적 새로움은 제외된다. 오늘날과 유사함이 부족한 과거에는 어떤 것도 발생할 수 없다.[146]

---

143) Reimarus, 'Verschreibung der Vernunft', 689.
144) Lessing, 'Über den Beweis des Geistes und der Kraft', 11-12.
145) 같은 책, 11.
146) '유추의 원리'(principle of analogy)를 역사적 도구로써 적절하게 사용하는 것은 트뢸취(Troeltsch)와 판넨베르크(Pannnberg)의 부활의 역사성에 대한 다른 입장의 근거가 된다. 비교. McGrath, *Making of Modern German Chritology*, 81-5; 170-2; Michalson, 'Pannenberg on the Resurrection and

우리가 '나사렛 예수'라 칭하는 과거 역사의 순간의 권위는 그래서 그의 부활 같은 것에 근거할 수 없다. 왜냐하면 이는 현재적 유추가 없기 때문이다. 그의 권위는 그의 가르침 안에 남아있다.[147] 그러나 그 가르침은 일반적 합리적 원리들의 빛 가운데 평가된다. 그 권위는 내재하는 것이 아니라, 이미 존재하는 도덕적 원리들과 상관관계로부터 파생된다. 계속하여 레싱은 개인 이성의 자율성을 옹호한다. 이성은 예수를 그의 가르침의 합리성에 따라 판단한다. 그가 무슨 권위를 가졌던 그것은 파생적이지, 내재적인 것이 아니다. 한 개인이 예수의 가르침을, 그가 누구인지 때문에 혹은 그가 가진 지위 때문에 수용해야 한다고 주장하는 것은 지적인 타율성을 주장하는 것이나 마찬가지이다. 예수는 그가 종교적 혹은 도덕적 가치를 세웠다는 점에서 권위를 갖는 것이 아니라, 수용할 수 있는 종교적 혹은 도덕적 가치로써 이성이 지지하는 것을 그가 반영한다는 기존에서 권위를 가진다. 이성은 그 자체로 권위적이다. 예수는 그의 말씀과 행위들이 합리성에 대한 사람의 보편적 패턴을 반영한다고 인정되는 정도에서 파생적 권위를 가진다. 예수의 가르침의 유효성을 위한 기준은 바로 자율적이며 합리적인 개인이다. 이 경우, 레싱은 특히 프랑스 계몽주의 철학자들(philosophes)의 역사에 대한 태도를 보여준다. 곧 계몽주의(Aufklärung)의 공동 통화가 되었다. 역사는 비역사적 진리들, 역사적 드러남의 의미와 독립적인 유효성의 표현을 위한 편리한 운송수단이다. 반면 그것은 사람의 이성의 기관에 대한 그들의 순응성에 완전히 의존한다.

개인의 합리적 자율성에 대한 강조는 교리 비평의 원리를 위한 의미 있는 결과들을 가진다. 교리가 판단되는 일차적 기준은 사람의 이성이다. 사람의 자율성과 믿을 만한 종교는 자율적인 자신을 정당하게 다룬다는 레싱의 요구와 같이, 그런 기준을 만족시키지 못하는 교리는 거절되어야 한다. 이는 특

Historical Method'.
147) Lessing, 'Über den Beweis des Geistes und der Kraft', 15.

별히 원죄의 교리에서 분명하다. 원죄 교리는 이 두 요구들을 타협시키는 것이라고 주장된다. 반면 볼테르(Voltaire)와 루소(Rousseau)는 교리를 사회-정치적 결과들 때문에 (그것이 다루기 쉬움과 복종의 정신을 고무시켰다는 점에서) 비판했지만, 계몽주의(Aufklärung)의 많은 작가들은 사람의 도덕성 혹은 인식론적 결핍과 관련하여 반대하였다. (칸트의 급진적 악의 개념은 이 일반적 규칙에 대한 중요한 예외가 되었다.)[148] 원죄 교리와 같은 교리가 받아들일 수 없다는 점에서, 그 역사적 기원의 질문은, 그렇게 받아들일 수 없는 교리들이 후대와 연결되지 않는 어떤 특정한 역사적 환경들의 결과라는 것을 보여주는 관점을 가지고 추적될 수 있다. 달리 말하면, 일차적 기준은 순전히 이성의 기준이다. 둘째 기준은 역사적인 것이다. 순전한 이성의 종교를 높이는 곳에서, 역사는 순전히 전술적 목적을 위해 사용되어, 이를 지지하기 위한 역할을 한다. 그럴 수 없는 곳에서는 배제된다.

과거의 교리적 유산에 대한 계몽주의 사고방식의 분석은 우리로 하여금 나중에 다룰 논의를 위한 의미 있는 질문을 던지게 한다. 계몽주의의 종교적 관점은 그 운동의 사상을 반영한다. 특별히 권위 구조와 과거의 합리성의 체계들을 파괴하는 방향으로 결연히 이동하여 근대적 개인의 (정치적 그리고 지적) 자율성을 세우고자 한다. 그 관점들과 그 관점들이 기초하는 방법들과 그 관점들이 표현하는 사고방식은 별개로 받아들여질 수 없다. 즉 그 관점들은 넓게 일관성이 있는 세계관의 부분이며, 18세기 후반의 직접적인 사회, 정치, 지적 현실들과 관계되었다. 과거에서 자유롭게 되어야 한다는 어떤 사회적 집단들의 인지된 필요는 이 목적을 이루고자 하는 지적인 전략들의 진술을 생성한다. 이 관점들은 분명히 사회적 기능을 돕고, 18세기 후반 독일의 특정 사회적 상황에 기초한다.

---

[148] Fackenheim, 'Kant and Radical Evil'. 더 최근 신학에서 이 개념에 대한 반대에 대하여 참고하라. Scheld, *Die Christologie Emil Brunners*, 117-22.

그러나 만약 사상에 있어 중요한 변화가 있다면 무엇이 발생하는가? 예를 들면, 올리버 웬델(Oliver Wendell)의 홈즈의 (과거의 지적, 영적 식민주의에서 자유할 필요에 대한) 파이 베타 카파회(Phi Beta Kappa, 미국의 오래된 학술적 명예협회로 권위가 있다.-역자주) 연설에서 표현된 패러다임이 알렉스 헤일리(Alex Haley)의 (과거와 연속성을 세울 필요에 대한) 소설『뿌리들』(Roots)에서 발견되는 것으로 대체된다면 무슨 일이 발생할까? 계몽주의의 종교적 관점들이 가정하고 표현하는 합리성과 가치들의 체계를 포함하여, 그 관점들이 발생하는 사상적 틀이 (계몽주의의 전제들을 고려할 때) 그 자체로 이른바 존재하지 않는 과거의 일부일 때, 계몽주의의 종교적 관점들이 유지될 수 있을까? 더하여, 지식 사회학의 분과에서 나온 (하지만 논란이 많은) 시각들은, '이성'과 합리성의 체계들이 레싱이나 다른 사람들이 가정하는 것처럼, 보편적이고 영원한 것인지에 대한 심각한 의문을 던진다. 합리성의 패턴들은 현재 사회적 존재 요소들에 의해, 그리고 언어에 의해 형성되는 것으로 인정된다. 그래서 '자율적 합리적 개인'(autonomous rational individual)은 (계몽주의 인식론이 매우 중요하게 중점을 둔 기준은) 아마도 사회적 사고로 인정되어야 할 것이다. 우리는 다음 장에서 과거에 대한 태도의 사상적 조건들에 대해 상세히 다룰 것이다. 우리의 관심은 지금 우리의 주제에 대한 교리사(Dogmengeschichte)의 공헌을 상세히 검토하는 것에 있다.

도그마의 역사가들

앞서 언급한 대로, '도그마의 역사'는 (독일 용어 Dogmengeschichte의 전통적 영어 번역을 사용하였다.) 계몽주의 시대부터 기원한다. 그 분과의 확립은 자유주의(Liberal Protestantism) 시대에서 시작한다. 특히 19세기 후반 동안 확립되었다.149) 놀랍게도 레싱은 도그마의 역사에 대해 어떤 특별한 관심도 없었다.150) 이 분과는 일반적으로 18세기 요한 프리드리히 빌헬름 예루살렘(Johann Friedrich Wilhelm Jerusalem)에 의해 시작된 것으로 여겨진다. 그는 두 본성 교리와 삼위일체와 같은 도그마는 신약에서 발견되지 않는다고 주장했다. 오히려 이 도그마들은 사복음서에서 발견되는 플라톤의 logos(로고스) 개념과 예수가 이 logos를 예시하기보다는, 전형적으로 보여주었던 것을 잘못 이해한 혼동으로 인해 발생하였다.151) 도그마의 역사는 그래서 실수의 역사이다. 그러나 원칙적으로 가역적인 실수들은 그런 재건을 위한 제도적 교회들의 획일적인 반대를 위한 것이 아니었다.

도그마의 역사들을 작성하려는 첫 시도들은 다소 미덥지 못했고, 거의 저자들에게 인상적인 정보의 인용들이나 조각들의 체계적이지 못한 목록들일 뿐이었다. 이들 가운데 베르톨트(Bertholdt)의 안내서(Handbuch, 1822), 루페르티(Ruperti)의 도그마의 역사(Geschichte der Dogmen, 1831), 렌츠(Lenz)의 기독교 도그마의 역사(Geschichte der christlichen Dogmen, 1834), 엥겔하르트(Engelhardt)의 교리사(Dogmengeschicht, 1839), 바움가르텐-크루시우스(Baumgraten-Crusius)의 기독교 교리사 편람(Compendium der chritstlichen Dogmengeschichte, 1840)이 있다.152)

이 대규모 작업의 구조를 구성하고, 도그마의 역사 내의 발전의 일반적 원리들을 파악하려는 첫 번째 진지한 시도는 페르디난트 크리스티안 바우어(Ferdinand Christian Baur)에 기인한다.153) 바우어의 역사 이해에 헤겔이 준 영향

---

149) 전체 분야에 대한 유용한 조사는 다음에서 찾을 수 있다. Steck, 'Dogma und Dogmengeschichte'; Kantzenbach, *Evangelium und Dogma*; Lohse 'Was verstehen wir unter Dogmengeschichte'; Lohse, 'Theorien der Dogmengeschichte'; Neufeld, 'Liberale Dogmengeschichtserforschung'; Flückiger, *Der Ursprung des christlichen Dogmas*.
150) Kantzenbach, *Evangelium und Dogma*, 81-91. 이 질문에 대한 그의 매우 짧은 진술들은 Kantzenbach, 82-4쪽에 요약된다.
151) 같은 책, 98-101.
152) 비교. 같은 책, 61-114.
153) 같은 책, 114-30.

의 성격과 정도는 이의가 여전히 남아있지만,[154] 분명한 것은 그가 교리의 발전을 사상적 프리즘을 통해 보고 있다는 점이다. 바우어는 교리의 발전들을 분명히 일련의 관계없는 이야기들이 아니라 통일된 것으로 간주한다. 계몽주의와 이성주의의 영향을 받은 도그마의 역사들은 역사를 우울하게도 아주 적은 빛줄기로 퍼진 비합리성들의 망으로 다루는 경향이 있다.

계몽주의의 도그마 역사가들은 자신을 합리적이라고 간주하면서, 그들의 주제는 비합리적으로 간주하는 경향이 있었다. 바우어의 연구들은 (화해에 대한 기독교 교리[Die christliche Lehre von der Versöhnung, 1838]와 삼위일체와 하나님의 성육신에 대한 기독교 교리[Die christliche Lehre von der Dreieinigkeit und Menschwerdung Gottes, 1841-3] 같은 것들은) 그러나 과거의 합리성을 향한 획일화된 증오의 경직된 전통을 영구화하지 않고, 역사 내에서 연속성과 발전을 파악하기 위해, 헤겔의 역사 철학을 사용할 수 있었다.

역사는 어딘가로 가고 있다. 그리고 안목이 있는 역사가는 그 통일성과 역동성을 이해할 수 있다. 한편 동시에 그 의미를 이해하고 그래서 자신의 현재 상황을 밝히는 시도가 있다.[155] 과거의 교리적 유산이 근대에 사용될 수 없다는 계몽주의 관점을 유지하면서, 그는 교리의 발전이 그럼에도 불구하고 근대적 관점들의 발전 방식에 대한 통찰들을 제공했다고 주장했다.

이 분야의 정점은 일반적으로 아돌프 하르낙(Adolf von Harnack)에게서 이른다고 주장된다. 그의 교리사(Dogmengeschichte)는 자유주의 역사 학문(Liberal Protestant historical scholarship)의 한 기둥으로 자리매김한다. 기독교 교리의 발전에 대한 그의 역사적 연구의 기초에서, 하르낙은 강력하게 다음과 같이 주장한다. 복음은 히브리적인 사고와 합리성의 방식이 지배적이었던, 팔레스타인

---

154) 비교. 다른 접근과 평가들을 참고. Hodgson, *Formation of Historical Theology*와 Geiger, *Spekulation und Kritik*.
155) 비교. *Lehrbuch der christlichen Dogmengeschichte*, 59.

환경으로부터, 현격한 차이가 있는 헬라적 환경의 특징적인 사고방식으로 전이하였다. 이는 기독교 사상의 역사에서 결정적인 전환점을 대표하였다.[156] 하르낙의 주장에 따르면, 도그마의 개념은 특정한 역사적 위치에 기인하고, 특히 헬라적 사고방식과 대화 패턴들로 특징지어진다. 그 안에서 초대 교회의 교리적(dogmatic) 진술들이 작성되었다.

> 개신교와 카톨릭이 '도그마'(dogmas)라고 부르는 것은 단지 교회의 가르침만이 아니라, 또한 (1) 개념적으로, 전체적으로 하나로 통일성을 형성하는 것을 표현한 것이다. 이 논지들은 하나님과 세상에 대한 지식으로 기독교 종교의 내용을 세우고, 입증된 진리로써 거룩한 역사에 대한 내용을 세운다. 더하여 (2) 이 논지들은 기독교 종교의 역사 가운데 한정된 단계에서 나온 것이다. 그 논지들이 인정되는 방식과 많은 세부사항들에서, 그것들은 이 단계(헬라 시대)의 영향을 입증한다. 그리고 그것들은 모든 이어지는 세대들에서, 비록 조건들과 부가물이 있지만, 이 성격을 보존하였다.[157]

이 과정에 대한 하르낙의 역사적 문서화는 어마어마한 것이다. 그러나 그는 이것이 자신 홀로 책임져야 할 통찰이 아니라는 점에서 단호했다. 모스하임의 18세기 Platonisme des pères dévoilé는 교부 신학에서 헬라적 전제들의 숨겨진 영향을 입증하는 데 있어 선구자적인 작품으로 인용된다.[158] 하르낙은 명쾌하게 초기 카톨릭주의의 성격과 발전에 대한 그의 연구들이 리차드 로테(Richard Rothe)의 저작에서 예시된다고 진술한다.[159] 하나님에 대한 교리와 그리스도의 인격과 사역에 대한 분석에서, 하르낙은 명백히 두 주제를 알

---

156) Harnack, *Dogmengeschichte*, 3rd edn, 1.69-70.
157) 같은책, 1.15-16.
158) 분석을 위해, 참고하라. Meijering, *Theologische Urteile über die Dogmengeschichte*, 87-101.
159) Schmitz, *Frühkatholizismus bei Adolf von Harnack*, 51.

브레히트 리츨(Albrecht Ritschl)의 연구들을 의지하고 확장하였다.160) 우리의 주제에 대한 하르낙의 독특한 공헌은 그의 연구들의 기념비적 성격에 있다. 그리고 그의 역사적 연구들에서 나온 의미 있고, 지대한 영향을 가져오는 신학적 영향들을 그리려는 그의 의도에 있다.

하르낙에게, 복음은 예수 그리스도 자신일 뿐이다.161) '예수는 복음의 한 요소로 복음에 속하지 않는다. 오히려 복음의 개인적 실현과 능력이었다. 그래서 우리는 여전히 그를 그렇게 인지한다.'162) 예수 자신이 기독교이다. 그러나 이 주장을 함에 있어, 하르낙은 예수에 대한 어떤 교리(doctrine)를 암시하지는 않는다. 이 주장의 근거는 부분적으로 (기독교의 기원의 분석에 기반한) 역사적이고, 또 부분적으로 하르낙의 개인주의 종교적 가정들의 결과이다. (예수의 의미는 일차적으로 그가 개인들에게 끼친 영향에 기인한다) 그럼에도 불구하고, 헬라적 환경 내에서 복음의 전승은, 그 합리성의 뚜렷한 패턴들과 논의 방식들을 가지고, ([그가 그것에 부여한 중점으로 볼 때] 신기하게도 하르낙은 이를 결코 매우 섬세한 정확성을 가지고 정의하지 않는다.) 예수의 의미를 개념화하고, 형이상학적 본질을 부여하려는 시도로 이끌었다. 하르낙은 『교리사』(Dogmengeschichte)의 초판에서 이 흐름을 특히 영지주의(Gnosticism), 변증가들(Apologists), 그리고 특히 오리겐의 logos(로고스) 기독론과 관련하여 설명하였다.163) 하르낙의 관점에서, 교리의 발전은 어느 정도까지, 만성적 퇴행성 질병에 비유될 수 있다.164) 예를 들면, 기독론의 경우, 하르낙은 구원론에서 (예수의 개인적 영향에 대한 분석에서) 사변적 형이상학으로 이동하여, 추상적인 것으로 물러나는 헬라적 경향의 고전적 사

---

160) Meijering, *Theologische Urteile über die Dogmengeschichte*, 12–24; 34–59.
161) 예를 들면, Harnack, *Dogmengeschichte3*, 1.14; 79.
162) Harnack, Wesen des Christentum, 92.
163) Meijering, *Hellenisierung des Christentums*, 19–48.
164) 주요 흐름에 대한 분석위해 참고하라. 같은 책, 99–102.

례를 찾았다.[165]

 그럼에도 불구하고, 하르낙은 이를 역사적으로 되돌릴 수 없는 과정으로 여기지 않았다. 아타나시우스(Athanasius)는 오리겐에 대한 그리스 역사의 과도함을 교정하는 것으로 보인다. 어거스틴은 일반적으로 헬라의 사변적 신학의 개혁자로 보였다. 그리고 루터는 후기-어거스틴 서방 신학전통의 개혁자로 선언된다. 하르낙이 루터에게 부여하였던 역할은 특별히 흥미롭다. 이 독일 개혁자는 하나님, 그리스도, 신앙의 사변적이고 도덕적인 개념들에 반대하는 근본적 비판자로 보인다.[166] 분명히 하르낙은 도그마의 역사의 학문을 근대에 비교할 만한 작업의 수행으로 보았다. 1879년 3월 한 편지에서, 하르낙은 그의 역사적 연구 프로그램의 목적을 '우리 구세주의 철학적 증발'을 향한 흐름의 전환으로 언급했다.[167] 도그마는 역사로 교정되어야 한다.

 많은 비판들은 이 간단한 설명의 범위를 분명히 넘어서야 하는 '교리의 역사'를 향한 반대를 드러냈다.[168] 그럼에도 불구하고, 이 연구에 있어 즉각적으로 중요한 한 가지 결정적인 비판이 생겨났음은 틀림이 없다. 하르낙은 의식하지 못한 채, 자신의 특정한 역사적 위치에 대한 인식론적 결론을 보이고 있다. 예를 들면, 지식의 본성에 대한 자신의 깊은 반-형이상학적(anti-metaphysical) 전제들은 그로 하여금 다소 다른 이해를 자명한 것으로 받아들이는 세계관과의 대화에 들어가는 것을 불가능하게 만든다. 지식의 본성에 대

---

165) 좀 더 일반적인 내용을 참고하라. Schmitz, *Frühkatholizismus bei Adolf von Harnack*, 50-93.
166) 하르낙이 루터를 찬양하는 주 요점들의 요약에 대하여 참고하라. Meijering, *Der 'ganze' und der 'wahre' Luther*, 17.
167) 다음에서 인용. Neufeld, *Adolf von Harnack*, 109.
168) 특정 비판은 '그리스화' 주제의 우선순위에 반대하였다. 그 개념에는 명료성이 부족하기 때문이다. 참고. Grillmeier, 'Hellenisierung-Judaizierung des Christentums'. 더 일반적인 평가에 대하여 참고하라. Lohse, 'Theorien der Dogmengeschicht'; Neufeld, 'Liberale Dogmengeschichtserforschung'. 좀 더 최근의 비판적 평가에 대하여 참고하라. Flückiger, *Der Ursprung des christlichen Dogmas*(마지막에 언급된 슈바이처(Schweitzer)와 베르너(Werner)에 집중한다). 세 권으로 된 *Handbuch der Dogmen-und Theologiegeschichte* (ed. Andresen)은 하르낙과 로프스에 대한 중요한 비판들을 포함하고 있다. 반면, '도그마'가 실제로 무엇을 지칭하는 지에 대한 질문과 관계하여 특이한 침묵을 표현하고 있다.

한 칸트의 가정들은 (하르낙이 물려받은 '자명한'[self-evident] 전제들의 일부는)[169] 필연적으로 헬레니즘(Hellenism)의 정도와 관계되는 회의주의를 어느 정도 즐기도록 만드는 경향이 있다. 근대의 가치들과 규범들은 효과적으로 도그마의 개념에 대한 하르낙의 평가를 조절한다. 하르낙 자신의 기독교의 본성에 대한 관점은, 그의 역사적 방법과 지식의 본성에 대해 이해한 만큼이다, 19세기 독일에 분명하게 위치된다. 하르낙은 여기에서 개개인의 순진한 경향들의 희생자가 되는 것 같았고, 그들의 특정 역사적 위치를, 그것과 연관된 대화 방식들과 합리성의 체계들을 포함하여, 다른 사람들을 평가할 수 있는 특권적 입장을 제공하는 것처럼 보인다.

여기에서 언급되는 난점은 '이중 해석학'(double hermeneutic)과 관련된다. 이로 인해, '해석되어야 하는 것'(interpretandum)과 '해석하는 것'(interpretans) 둘 다는 외부적 관찰자에 의해, 똑같이 은밀한 문화적 조건화에 열려있는 것으로 인식된다. 비록 해석하는 것의 편에서 해석되어야 하는 것의 객관적 평가가 실제로 제공되고 있다는 가정에도 불구하고 그렇다. 내가 강조하는 것처럼, '객관성'(Objectivity)은 역사적으로 조건 지어진 개념이다. 하르낙이 그 질문을 면밀히 고려하지는 않았지만, 아마도 그의 프로그램에 덜 중요한 것으로 여겼기 때문에, 하르낙이 대충 '헬레니즘'이라 칭했던 것과 관계된 지식과 표현의 이론들이 역사적으로 시대에 뒤떨어진 것으로 배제될 수 있는지, 혹은 그것들이 근대 신학적 고찰 가운데 진정한 선택을 표현하는지는 질문되어야 한다. '영원한 철학'(philosophia perennis)의 개념은 확실히 지식 사회학의 입장에서 비판에 취약하다. 그럼에도 불구하고 기독교 신학이 교부의 기독론적 사색을, 시대에 뒤떨어진 골칫거리라기보다는, 이 시대의 가치 있는 자료라고 지

---

[169] 리츨(Ritschl)의 칸트주의에(이는 그로 하여금 자신의 교리사적 연구에서 반형이상학적 태도를 취하게 영향을 주었다) 대하여 참고하라. Wrzecionko, *Die Philosophische Wurzeln der Theologie Albrecht Ritschls*.

속적으로 여기는 기독교 신학에 대한 형이상학적 접근을 적용시키는 오래된 전통이 존재한다. 하르낙은 때때로 합리성의 '헬레니즘적'(Hellenistic) 체계들은 역사적으로 무너졌고, 도그마는 근대에 더 이상 유용한 목적에 도움이 될 수 없다고 주장하는 것 같다. 그런 체계들이 타당하다고 여기는 사람들을 위해, 더 믿을 만한 판단은, 도그마가 계속하여 나사렛 예수의 의미를 분명하게 기술하는 유용하고 적합한 도구들이 될 수 있으며, 하르낙에 의해 언급된 우려를 발생시키지 않는다는 것이다.

내가 앞서 주장한 바와 같이, 이야기와 해석학적 체계 사이의 전이는 역사적으로 불가피한 것이며, 신학적으로 이해할 수 있고, 정당한 발전으로 간주되어야 한다. 복음의 선포는, 마치 다른 합리성의 체계들이, 최소한 어떤 형태에서, 나사렛 예수의 의미를 잘 표현하지 못하고, 할 수 없는 것처럼, 단지 이야기 형태로만 생각하도록 준비된 문화적 단위들로 국한될 수 없다. 그러나 전이는 역사적으로 되돌릴 수 없지 않다. 하르낙이 루터를 교리 역사에 있어 변곡점과 같은 인물로 인식한 것은 옳다. 루터는 기독교 이야기가 만들어 내는 해석학적 형이상학 체계를 넘어서는 기독교 이야기의 우선성을 주장하고 있는 것으로 간주되기 때문이다.

그럼에도 불구하고, 하르낙의 주장, 즉 역사가 도그마에 비판적이어야 한다는 것은 여전히 한 가지 주요 측면에서 중요하다. 만약 역사적 기초에서, 해석학적 체계의 한 요소가 정당하게 그 근간에 있는 이야기에서 나오는 것임을 보일 수 있다면, 그 요소는 합리적으로 의심할 만한 타당성이 있는 것으로 간주될 수 있다. 하르낙에게, 성육신의 사상은 헬라적 형이상학의 직접적인 결과였고, 복음 자체에서는 어떤 위치도 갖지 않았다.[170] 이 특별한 판단의 신뢰성은 의심스럽다. 그럼에도 불구하고 하르낙은 우리가 기독교의 교리

---

170) Harnack, *Das Wesen des Christentums*, 126-8; 144-6.

적 전통을 그 지적 계보와 관련하여 엄중하게 추구한다는 그의 요구에서 옳다고 여겨지는 것이 틀림없다. 그는 이 요소들이 분명히 헬라 형이상학적 공리들의 반복들이지, 복음의 통찰이 아니라고 보았고, 그 요소들을 제거하려는 관점을 가졌다. 모리스 베베노트(Maurice Bévenot)는 그의 통찰력 있는 연구에서, 교리적 발전의 과정을 '처음부터 교회에 의탁된 요소들의 확장의 한 종류로써, 그리스도께서 스스로 심으시는 씨앗의 확장이나 열매 맺음으로' 생각하는 일반적 경향을 언급한다. 그러나 베베노트는 그 발전이 또한 다른 형태를 가질 수 있고, 그것이 일반적으로 간과된다는 점을 지적한다. '확장이 되거나, 성경의 심겨짐의 열매 맺음 대신에, 반대로 너무 활발한 발전에 대한 가지치기가 될 수 있다'.[171] 생물학적 비유는 난제가 없는 것은 아니다. 그러나 이는 교리사가로 하여금 유사점을 찾도록 돕는다. 교리사가는 그들이 인식한 부당함들에 비추어, 이전의 교리 공식화들의 철회 가능성을 인식한다. 역사는, 현재 기독교 신학 가운데 어떤 개념들의 지적 계보를 세워서, 기독교의 교리 공식화들에서 거짓된 것으로 제거되어야 한다고 주장하는 위치에 있다.

불행히도 하르낙이 충분한 무게를 두지 않은 뛰어난 한 가지 예는 신적 아파테이아(apatheia, 스토아 학파의 견해로, 정념에서 해방된 혹은 초월한 상태를 가리킨다.-역자주)에 대한 교부적 공리이다.[172] 하나님의 절대 불변성의 개념은 선택된, 그러나 결코 대표적이지 않은, 성경적 통찰들을 하르낙이 '헬레니즘'이라 칭한 것과 관련된 신적 완전함의 공리들과 혼합시킨 결과이다. 그 결과 기독교 전통은 하나님의 활동, 전능, 전지에 심각한 제한을 가하는 하나님에 대한 관점에 전념하게 되었고, 기독론과 관련된 전통적 논의에 대해 결정적 영향을 행사했고 (성육신이 변화하는 하나님을 포함했는가?) 그리고 고통의 문제가 생겼

---

171) Bévenot, 'Primacy and Development', 407.
172) 비교. Edwards, 'Pagan Doctrine of the Absoluteness of God'; Pollard, 'Impossibility of God'.

다. (하나님께서 고통받는다고 말할 수 있는가?)173) 이 공리가 성경 이야기 자체에서 기원한 것이 아니라, 결과적으로 헬라 형이상학에서 완전한 표현을 갖는 신성의 이방 개념에서 기원한 것이라는 인식은, 바로 이 점에서 자진해서 헬레니즘에 매여 있는 것으로부터 자유롭게 해주는 기독교 신학으로 간주될지도 모른다. 루터의 '십자가에 못박히신 하나님'(Deus crucifixus)의 개념은 그의 십자가 신학의 핵심에 있는데, 이는 이 발전에 대한 의도적인 도전으로 간주될 수 있다.174) 비슷한 상황이 '하나님의 의'(the righteousness of God)라는 성경 구절을 키케로의 분배적 정의의 개념 용어로 해석하면서 발생하였다. 그에 따라 낯선 합리성 체계의 도입은 근본적 신학 개념의 급진적 의미 변화를 야기했다. 다시 한 번 이 왜곡의 폭로에 대한 언급은 루터에게 주어질 수 있다.175) 하르낙이 비판적 역사적 방법을 교리의 지적 계보에 적용함은 또한 당시 많은 신학적 공리들의 데카르트적 기원들을 드러내는 데 도움이 된다. 예를 들면 알래스데어 매킨타이어(Alasdair MacIntyre)는 악의 문제에 대해 근대 토론에 내포된 근본적인 하나님의 데카르트적 개념을 지적한다. 그는 다음과 지적한다. '19세기와 20세기 초반에 불신하게 된 그 하나님은 단지 17세기에서 고안되어 왔다'.176) 최근 기독교 교리 논쟁들과 신학적 고찰에서 거슬리는 데카르트적 요소들의 역사적-비평적 식별은 필연적으로 그 제거나 재작성에 앞서 있고, 아마도 비트겐슈타인 노선 위에 있다.177)

많은 교리사(Dogmengeschichte) 내에 내포된 주장, 즉 교리가 기독교 통찰들을 작성한 시대에 뒤떨어진 형식이라는 주장은 타당하지 않은 것으로 간주되어

---

173) 예를 들면, Surin, 'Impassibility of God and the Problem of Evil'.
174) McGrath, *Luther's Theology of the Cross*, 161-75.
175) McGrath, '"The Righteousness of God" from Augustine to Luther'; McGrath, *Iustitia Dei* 1.4-16; 51-70; McGrath, *Luther's Theology of the Cross*, 93-147.
176) MacIntyre, *Religious Significance of Atheism*, 14.
177) 이에 대해 참고하라. Kerr, *Theology after Wittgenstein*.

야 한다. 반면, 역사는 교리를 비판하도록 허용되어야 한다는 주장은 여전히 유효하게 남아있다. 이는 기독교 전통의 교리적 유산을 평가하고, 다시 전용하는 현대의 작업에서 핵심적으로 중요한 점이다. 이 유산의 지적 그리고 역사적 자격들은, 주어진 교리가 어떻게 그리고 왜 타당성을 신앙 공동체 내에서 획득하였는지를 알아내고, 부족하다고 발견된 것들을 제거하기 위한 목적을 가지고, 조사되어야 한다. 이 과정의 에큐메니컬적이고 변증적인 암시는 잠정적으로 생각해볼 만하다. 교회를 분리시키는 많은 교리들이[178] 혹은 외부인을 당황케 하는 어떤 것이 그들의 기원에 있어 얼마나 복음에 맞지 않는 전제들에 빚지고 있는가? 만약 그런 질문들이 제기되어야 한다면, 신학은 하르낙의 질문들이 필요하다.

과거의 권위: 이념의 숨겨진 영향

이번 장은 근대에 만난 과거의 교리적 유산에 대한 입장들과 이 유산을 평가하는 데 적용된 기준을 기술하고 있다. 기독교 신학을 이념적 현상, 즉 사회–경제적 기초에 세워진 이념적 상위구조로 축소하지 않기를 바라면서, 이 분야의 역사는 이념적 요소들이 과거에 대한 신학자들의 태도를 형성하는 데 있어 주요한 고려사항이라고 주장한다. 과거에 대한 태도들과 관련된 '진리'(truth)의 질문들은 그래서 궁극적으로, 최소한 부분적으로, 보수적이거나 진보적인 한 이념이 주어진 상황에서 주도적으로 발생할 수 있는가의 질문으로 축소될 것이다. (나는 '보수'[conservative]과 '진보'[progressive]의 용어를 마르크스의 독일 이념[German Ideology]에서 정의된 대로, 그것이 야기하는 필연적, 개념적 제한들을 수용하면서

---

178) 성모신학(Mariology)는 특히 이 면에서 취약해 보이는 교리적 차이의 영역이다. 비교. Johnson, 'Marian Devotion in the Western Church'.

사용한다).

보편적으로 유효하거나 구체적으로 합리성의 특권을 받은 체계는 존재하지 않는다는 점에서, 다양하게 경쟁하는 합리성들 중 어떤 것이 채택되어야 하는가의 질문은 강렬하고 긴급하게 중요해진다. 이 부분에서 중립성이나 헌신의 부재는 불가능하다. 경쟁적 개념들의 상당한 수 중 하나를 채용하는 결정은 필연적이다. 알래스데어 매킨타이어(Alasdair MacIntyre)가 강조한 것처럼, 자유주의와 근본주의와 연관된 합리성의 체계들도 똑같이 도전에 열려 있다. 비록 이미 자유주의로 자신의 입장을 정한 사람들이 전자의 우월성에 대한 순진한 가정을 가지고 있음에도 불구하고 그렇다.

> 부유하고 자기 만족을 추구하는 자유 계몽주의의 지역 신문을 쓰는 사람들의 전제들을 공유하는 뉴욕타임즈(New York Times)의 독자들에게 혹은 최소한 그 일부에게 개신교 근본주의 회중들은 어울리지 않게 계몽되지 않은 것처럼 보인다. 그러나 그 회중들에게 그 독자들은 그들 자신들처럼 이성을 사용하기 이전의 신앙의 공동체나 다름없는 것처럼 보인다. 그러나 그 구성원들은 자신들과 달리 그들이 누구인지 깨닫는 데 실패한다. 그런 이유로 그들은 자신이나 다른 사람들에게 비합리성이라는 혐의를 씌울 위치에 있지 않다.[179]

의심의 여지없이 신학자들 가운데 르네상스로부터 줄곧 과거에 대한 태도를, 특히 그들의 특정한 역사적 세대 내에서, 그들의 특정한 사회정치적 그리고 문화적 시스템 내에서 그들의 특정 사회 집단 세계의 경험에 일치하여, 그리고 그들의 관점에서 채택하려는 일반적 흐름이 있다. 예를 들면, 중세 시대에 대한 신학적 집착과 결론들에 대한 르네상스의 태도는 역사적 고려라기보

---

179) MacIntyre, *Whose Justice? Which Rationality?*, 5.

다는 사상적 고려들로 조건 지어진다. 계획적으로 중세 시대는 문화적 가치가 없다고 선언되었다. 그 지적 자격들에 대한 지배적인 의혹의 분위기는 이념적 기준에 기초하여 생성되었고, 심지어 20세기의 마지막 10년에도 여전히 유지되고 있다. 중세 시대에 대한 이 이념적 접근은 츠빙글리와 바디안과 같은 초기 개혁파(Reformed) 신학자들의 저작에 반영되었다. 그들은 그 시대의 신학자들과 대화를 시작함으로 얻어지는 것은 아무것도 없음을 (자명한 진리로) 가정한다. 이는 초기 루터파와 개혁파 파당들 사이에 이념적 긴장들을 강조하도록 했다. 루터는 (이탈리아 르네상스 사상과 그 신학적 영향들을 채용하기를 거절하였고) 중세 후기 신학의 대표들과 (그러나 비판적으로) 대화의 시작을 주장했기 때문이다. 물론 이 둘은 과거와 완전한 단절을 주장하는 급진적 사상에는 반대하였다. 급진적 사상가들의 신학적 변화는 직접적 개인적 계시를 찬성하여 과거의 권위에 대한 거절을 포함했다. 종교개혁 운동 내에서 나누어지는 이 세 가지 흐름들은 단지 신학적 방법이나 본질의 차이라기보다는, 사상들의 근본적 충돌을 나타난다.

그러므로 과거의 권위를 평가하기 위한 기준을 '선택하는'(selecting) 그림과 관련된 망설임의 정도를 표명할 필요가 있다. 이 그림은 대리인의 편에서 능동적 선택을 주장하기 때문이다. 이 과정에 대한 좀 더 미묘한 설명은 과거의 권위에 대한 어떤 특정 관점은 신학자들이 속한 집단 내에서 (아마 무의식적으로) 전제되며, 그 사회적 필요와 열망을 반영한다. 그리고 이는 따로 설명할 필요 없이 정확한 것으로 수용되고, 가정된다. 예를 들면, 츠빙글리가 의식적으로 스콜라 신학을 하찮게 여기는 것은 받아들일 수 없는 방법과 교리 때문에 그렇게 결정했다는 주장에는 아무 증거가 없다. 그는 단순하게 중세 신학은 중요하지 않다고 가정하는 것 같다. 그가 속한 (1510년대 스위스와 오스트리아 인문주의 동료들의) 또래 집단적 일반적인 지적 분위기에 기초한 것이다. 그런 태도는 사회적 집단의 지적 교양의 일부였고, 결과적으로 신학적 확언들로 옮겨졌다. 과거에 대한 태도는 신학적 결과보다는, 전제로써 기능한 것처럼 보이고, 근대 신학은 사상적 조건화의 대상이 된 정도를 반영한다.

과거의 권위에 대한 개인 혹은 집단의 태도에 상당한 이념적 요소가 있음을 언급하면서 예를 들면, 나는 보수적인 정치적 태도가 필연적으로 과거의 교리적 유산에 대한 전통주의적 접근과 연결된다고 주장하고 있는 것은 아니다. 오히려 나는 니콜라우스 몬젤(Nikolaus Monzel)의 무시된 교리적 전통주의의 연구에서 발견되는 것과 유사한 문화적 분석을 활용하고 있다. 여기에서 그 현상은 현상학적 수준 그리고 사회학적 수준 둘 다에서 조사되었다. 비록 어쩌면 지나치게 만하임(Mannheim)의 특이한 이념적 개념에 의존하였음에도, 몬젤은 종교적 (좀 더 구체적으로, 교리적) 그리고 정치적 보수주의 사이의 의미 있는 상호관계를 입증할 수 있었다.[180] 이것을 설명하기 위해 사회학적 설명이 발전될 수 있을지 모른다. (그리고 정치적, 종교적 급진주의 사이의 동등한 상관관계도 설명할 수 있을 것이다). 그 현상은 의심의 여지없이 그런 상관관계의 존재를 보여준다.

구체적으로 과거에 대한 종교적 태도와 좀 더 일반적으로 과거에 대한 문화적 태도 사이에 중요한 유사점은 어느 한 수준에서 근대 기독교 신학이 좀 더 일반적인 문화적 흐름의 한 측면을 반영하는 것과 마찬가지로 다뤄질 수 있다고 주장한다. 만약 이것이 정확하다면, 헤겔의 철학과 문화에 대한 (그리고 좀 더 구체적으로, 지성인들의 문화적 역할에 대한) 통찰의 중요성은 인정되어야 한다. 보수적이며 진보적인 이념들은 그들의 적절한 신학적 표현을 찾는 경향이 있다. 분명히 예외는 존재한다. 그러나 일반적 경향은 결정적이다. '진리'의 탐구로 표현되는 긴장들은 분쟁하는 근본적 이념들의 필연적인 결과물로써 좀 더 적절히 묘사될 수 있다. 이 점을 묘사하기 위해, 우리는 대학의 신학

---

180) Monzel, *Phänomenologische und religionssoziologische Untersuchungen über den Traditionalismus*, 41-6. '전통주의'(traditionalism)의 네 가지 의미가 구분된다. 13-14쪽.

자들과 교단의 지배층 사이의 있었던 근대적 분쟁을 고려해야 한다.

학문(academy)과 교회의 긴장은 한편으로 학문적 자유와 통합의 긴장으로, 그리고 다른 한편으로 공동의 전통 내에 있는 의식의 긴장으로 자주 그려졌다.[181] 이 관점에서, 학문적 신학은 전통이나 공동의 충성심과 같은 제한적 요소들에 규제받지 않는다. 그리고 자유롭게 정해진 입장 없이 현실을 탐구한다. 반면 교회는 과거의 교리적 유산에 대하여 무비판적이고 무고찰적으로 확언하는 경향이 있다. 이는 빈틈없는 원리의 문제로 보호된다.

그러므로 교리의 발전에 대한 책임 있는 설명은 교회의 기여를 하찮은 것으로 만들고, 그것이 무비판적이고, 비지식적이며, 회고적이기 때문에 (이는 급진적으로 미래에 열려있고, 정해진 입장이 없는) 학문적 신학의 발전들에만 집중한다. 의심의 여지없이 이 특징화에는 어떤 진리가 있기도 하지만, 이는 또한 잠재적으로 심각하게 부적당하기도 하다. 이 특징화가 1770년에서 1796년, 1830년대, 1960년대와 같은 (단지 세 시기만 언급하겠다.) 지적 역사의 중대한 시기에, 대학과 교회에 의해 가정된 상당히 다른 사회적 역할들에 주의를 기울이는 데 실패했기 때문이다. 지면의 제한으로 이 점을 상세하게 논의하는 것은 불가능하다. 내가 생각하는 바, 그 요소들을 설명하기 위해, 나는 이 형성기들 중 두 시기의 독일 대학들과 지성인들의 사회적 역할을 생각해보려고 한다.

계몽주의 시대(Aufklärungszeit)에 대학들은 이미 기술된 이유 때문에, 일반적으로 계몽주의의 진보적이고 근대적인 이념을 조성하였고, 의식적으로 앙시앙 레짐(ancien régime)의 사상을 반대하였다. 이 사상은 종교적인 과거에 대해

---

181) 예를 들면, Thiselton, 'Academic Freedom, Religious Tradition, and the Morality of Christian Scholarship'. 티셀톤은 아마도 그의 '학문적 자유'(academic freedom)의 이해에 있어 기관적(institutional) 자율성의 중요성을 인정하는 데 실패한 것처럼 보인다. 학문적 자유의 개념은 1890년에서 1933년 기간의 독일 학문 공동체의 역사에서 유용하게 탐구되었다. Ringer, *Decline of the German Mandarins*.

비판적 태도를 보이며, 현재의 종교적 경험과 합리적 고찰에 우선순위를 두었다. 옛 질서로부터 지적인 그리고 문화적인 무기들을 빼앗으려는 인지된 필요는, 현재 개인적 사상가들에게 부인되고 있는 개념, 즉 과거가 어떤 권위와 통찰을 부여받았다는 개념에 대하여 지속적인 공격을 가했다. 과거의 지적 권위를 무장해제시키겠다는 의식적인 결정은 그래서 이 목적을 성취할 학문적 전략을 고안하는 것에 선행한다. 다른 한편, 때때로 예외가 있지만, 독일 루터파 교회는 보통 설립된 질서에 대한 기존의 관심과 선입견을 공유하는 것으로 간주되었고, 일반적으로 그 질서의 부분으로써 과거의 교리적 진술들을 높이 존경해왔다. 어느 정도 루터파 교회는 자신의 사회적 지위와 종교적 관점들을 전통에 호소함으로 정당화하였다. 이는 계몽주의가 잘라낼 수 있다고 느꼈던 아주 어려운 문제(a Gordian knot)였다. 사상들의 충돌은 그래서 그 시기의 학문(the academy)과 교회 사이에 신학적 불일치를 조건 지었다. 좀 더 일반적으로 보면 과거의 질서와 미래의 질서 사이에 있는 더 일반적인 대치 안에서의 한 특정한 분쟁처럼 보였다. 이 대치에서 중립성 혹은 불일치는 일반적으로 생각할 수 없다고 여겨졌다.

이 긴장은 계몽주의의 쇠락과 함께 사라지지 않았다. 그러나 상당한 정도 수정되었다. 기존의 교회와 그 교리 공식화들의 비평이 대학들을 넘어 확대되었기 때문이다. 나폴레옹 이후 시대는 많은 사람들에게, 18세기 중반과 같이, 순전하게 같은 반작용의 상황으로 돌아가는 것 같았다. 사회적 불안정은 1830년대의 새로운 정치적 활동을 동반했고, 이는 한편으로 문화적 그리고 정치적 급진주의와 다른 한편으로 1830년대와 1840년대에 발전하는 보수주의 사이의 양극화로 이끌었다. 그리고 이는 헤겔주의의 좌측, 우측 날개의 출현에 반영되었다. 헤겔 시스템의 강력한 문화적 제휴는 (관념론자 입장에서 보든, 유물론자 입장에서 보든) 필연적으로 '헤겔주의'(Hegelianism)가 문화적 긴장들을 반향시킨다는 것을 의미했다. 칼 로젠크란츠(Karl Rosenkranz)의 1840년 희극

(comic drama)은 (헤겔 학파 내에서 계승의 문제가 베를린에서 충격전으로 끝장나야 했다는 이야기는)¹⁸²⁾ 그 당시 독일 사회 내에서 사회적 그리고 정치적 분열의 심각함을 넌지시 보여준다. 이는 헤겔의 죽음 이후 헤겔주의 내의 긴장을 반영하였다. 슈트라우스(Strauss)의 『예수의 생애』(Life of Jesus, 1835)의 출판에 뒤따른 돌풍은 부분적으로 그 작품의 사회적 종교적으로 낯설어진 진보적 요소들에 기인했다. 그는 이를 독일 지배층의 모든 측면에 대한 결연한 공격 가운데 유용한 선동적 무기로써 인식하였다.¹⁸³⁾ 이 양극화의 중요한 동시대의 증거는 릴(W. H. Riehl)이다. 그는 그 시기가 새로운 '지적 무산계급'(intellectual proletariat)의 출연을 증거한다고 주장했다. 지적 무산계급은 옛 사회적 지적 질서와 단절하였고, 자신을 새롭 전투하는 교회(ecclesia militans)로 보았다.¹⁸⁴⁾

이 주장의 증거는 인상적이다. 그리고 특히 신학의 특정한 경우에서 그렇다. 1830년대 독일 대학들의 총 졸업자 수 중에서 1/5이 신학자였다.¹⁸⁵⁾ 교회의 직책들은 점차 찾기 힘들어졌다. 1830년대 독일 사회 역사의 매우 중요한 특징이었던 인구의 급격한 증가에도 불구하고, 채용할 수 있는 교회 직책들의 수는 1815-40년 기간에 감소하였다.¹⁸⁶⁾ 아마도 3/10이나 4/10정도의 신학 졸업생들만이 전공에 맞게 취업하기를 희망할 수 있었을 것이다.¹⁸⁷⁾ 대학들의 상황은 심지어 더욱 암울했다. 축소되고, 지불유예(moratoria), 임금 삭감이 일상적인 모습이 되었다.¹⁸⁸⁾ 그러나 동시에, (농촌의 귀족들과 같은) 지배층들은 특별히 도시와 교회 관리의 지위를 얻는 것을 선호했다. 이는 그 공동

---

182) Rosenkranz, *Das Zentrum der Spekulation*.
183) Massey, 'Literature of Young Germany'.
184) Riehl, *Die bürgerliche Gesellschaft*, 특히 299.
185) Conrad, *German Universities*, 71. 번호사들은-졸업자들 중 다음으로 많은 수이다-3/10으로 설명된다. 그러나 그 10년의 마지막에 신학 졸업자들의 수는 감소하기 시작했다. (74쪽)
186) 같은 책, 88.
187) Dieterici, *Geschichtliche und statistische Nachrichten*, 117.
188) 예를 들면, 참고. Busch, *Geschichte der Privatdozenten*, 46-7.

체의 특권 계층 바깥에 있는 사람들 가운데 극심한 분노를 야기했다. 그 결과 많은 불만을 품은 사람들과 직업을 얻지 못한 대학 졸업자 신학자들이 있었다. 그들은 자신을 새로운 '지적 무산계급'의 일원으로 여겼고, 도시와 종교적 지배층을 공격할 준비를 하였다. 사회적으로 소외된, 신학적으로 능숙한, 반-지배층(anti-establishment) 평신도 지식인들의 출현은 1830년대 독일의 사회 역사에서 매우 중요한 결과들 중 하나이다.

앞서 나는 바르네스와 블루어의 격언에 기초하여, 태도와 믿음의 타당성의 기초를 세우는 중요성에 주목하였다.

> 모든 믿음은 그 신뢰성의 원인과 관련하여 다른 것과 같은 수준이다. 모든 믿음이 동등하게 참이거나 동등하게 거짓이라는 것이 아니다. 단지 진리나 거짓에 관계없이 그들의 신뢰성의 사실은 동등하게 문제가 있는 것으로 보아야 한다는 것이다. … 이것은 어떤 사회학자가 어떤 믿음을 참이나 합리적인 것으로, 혹은 거짓이나 비합리적으로 평가하는 것과 상관없이, 그는 그 신뢰성의 원인을 탐구해야 한다는 것이다. 예를 들면, 그는 모든 경우에, 믿음이 세대에서 세대로 전달되어온 일상적인 인식적 그리고 기술적 능력의 부분인지를 질문할 것이다. 그것이 사회의 권위들에 의해 명령되는가? 설립된 사회화 기관들에 의해 전달되거나 수용된 사회적 조절 대리자들에 의해 지지되었는가? 기득권의 관심 패턴에 매여 있는가?[189]

과거에 대한 두 가지 일반적 태도를, 우리는 18세기와 19세기 초반 독일에서 확인하였다. 이 태도들은 둘 다 사회학적 기초에 대한 설명에 민감하다.[190] 그들의 타당성의 근거는 그들의 사회적 기능과 그들의 전파에 있어 기

---

[189] Barnes Bloor, 'Relativism, Rationalism and the Sociology of Knowledge', 23.
[190] 한번 더, 엘스터(Elster)의 경고성의 격언은 염두에 두어야 한다. (Elster, 'Belief, Bias and Ideology',

득권의 관심들을 가진 기관들과 대행자들과 그들이 연관된 방식과 연결된다. 과거에 대한 확언적 태도의 신뢰성은 급진적 변화로 인해 어떤 사회적 집단들에서 기존의 관심들에 놓인 위협을 인식하는 것과 연결된다. 즉 과거를 향한 부정적 태도의 인식은 사회적 소외의 양상들의 군집과 연결되며, 사회적으로 소외된 특정 집단들의 기존의 관심들은 앙시앙 레짐(ancien régime)과의 완전한 단절로 가장 헌신한 인식으로 끝이 난다. 두 가지 태도들은 그들 각자의 사회적 집단들 내에서, 그들의 기존의 관심들의 양상에 기여하는 가운데 (종교적 수준을 포함하여, 다양한 수준에서) 조성되고, 전승되었다.

과거에 대한 보수적인 태도가 기존의 사회적 관심을 반영한다는 주장은 진부한 것이 된 반면, 과거에 대한 계몽주의의 태도에 대한 이념적 측면에는 과도하게 관심이 없었다. 후자의 태도는 이념적으로 조건 지어졌다고 주장함으로써, 나는 그것을 간단히(tout court) 묵살하려고 의도하지 않는다. 사상적으로 조건지우는 것은 사상사의 영원한 특징이다. 그리고 최소한 계몽주의가 더 보수적인 태도를 취하는 것보다 과거에 대해 가진 태도의 신빙성을 떨어뜨린다. 오히려 나는 이른바 계몽주의의 '객관적'(objective) 프로그램들이 사상적 조건 지우음의 공통 방식에 영향받지 않고, 합리성과 사회 구조들의 양상의 정당화에 영향을 받는다고 주장한다. 그것은 믿음, 가정, 가치의 통합된 시스템을 반영한다. 이는 필연적으로 참이나 거짓이 아니라, 특정 사회 집단 혹은 계급의 필요와 관심을 역사의 특정 시기에 반영한다. 그것은 끊임없이 특정한 사회적 집단들의 구조에 의해 강화된다는 의미에서만 '객관적'이다.[191] 그것이 계몽주의의 관심사와 선행하는 전제에서 독립적이고 떨어져 있다는 점에서

---

143): '어떤 관심들에 도움이 되는 믿음들은 또한 그 관심들에 의해 설명되어야 한다고 가정해야 할 어떤 이유도 없다.' 여기에서 확인된 사회적 요소들은 보수적 관점과 진보적 관점 모두의 경우에 타당성을 향한 경향을 가리킨다. 그러나 어떤 관점도 가능한 증거에 기초하여 이 사회적 요소들에 의해 발생되었다고 말할 수 없다.

191) 이 주제에 대하여, 참고. Berger and Luckmann, *Social Construction of Reality*.

는 객관적이 아니다.

여기에서 타당성의 더한 발전은 사회학적으로 의미 있는 전문적 주제이다. 계몽주의 시대의 대학 성장은 무엇보다 학문적 분과들의 전문화를 이끌었다. 예를 들면, 역사학의 학문적 발전은 (즉, 역사적 저술, 연구, 사고의 성격과 실행에 대한 논의는) 1750년에서 1900년의 시대에 독일 대학들에서 이 사회적 발전을 반영한 것으로 보일 수 있다.[192] 마치 20세기의 학문적 철학의 발전이 러셀(Russell)과 후설(Husserl)의 영향 하에서 보일 수 있는 것과 같다.[193] 이 발전의 결과 지적 추구는 전체로써 공동체 내에서 그 원래 맥락에서 분리되었고, 특정 기관들 내에, 특히 대학 안에 자리 잡았다. 철학과 신학은, 한때 공동체 내에 모든 곳에 열려 있는 활동으로 여겨졌지만, (르네상스의 지성에 대한 개념에 영향을 받은 전제로), 점차 공동체들로부터 고립되었다. 그들이 더 좁은 학문적 공동체와 그와 관련된 기관들에 집중하게 된 것과 마찬가지이다.

부분적으로 이 발전은 이러한 학문적 분과들의 사회적 소외(social marginalization)를 향하는 인지 가능한 동향의 근저에 있는 것으로 판단될 수 있다. 학문적 전문가의 지위는 점차 비-학문적(non-academic) 기관들과 (신학의 예에서는 교회와) 관계를 통한 절충에 열려있어야 했다. 학문적 신학의 전문화는 대학의 신학자들이 자신을 교회의 생활과 거리를 두려는 경향이 증가하는 가운데 영향 받는다. 그들의 전문적 지위가 위태롭게 되는 것을 생각하지 않기 위해서였다. 비슷한 전문화는 교회 구조 내에서 분명하며, (아마도 진부한 구분을 적용하자면) '학문'(academy)과 '교회'는 다른 전문적 집단화를 상대적으로 적은 공통점을 가지고 정의했다는 인식이 증가하도록 이끌었다. 신앙 공동체와 학문적 신학 사이의 이 불화의 기원은 1750년 이래 학문과 교회의 높아지는 전문성으로 추적될 수 있고, 이는 특별히 신학보다는, 일반적인 학

---

192) Blanke et al., 'German Tradition of Historik, 1750-1900'.
193) Rorty, *Consequence of Pragmatism*, 60-71.

문적 삶에 영향을 끼친 그 시기의 의미 있는 일반적, 사회적 발전을 반영한다. '전문가'(profession)의 사회학적 개념은 (아마도 미셸 푸코(Michel Foucault)의 '분과'(discipline) 개념의 노선을 따라) 수정을 요구하는 반면,194) 내가 주장하고 싶은 요점은 학문적 신학과 교회적 방향의 전문화를 위한 근대의 커져가는 흐름은, 대학들과 신앙 공동체들 사이에 근본적으로 있는 사회적 요인 때문에, 커져가는 공백의 발생을 이끌었다. (특히 근대의 신약 학자들 가운데 분명하다.)195)

계몽주의 시대에 과거의 권위에 대한 주제에서 학문적인 작가들과 기독교적인 독실한 작가들의 태도를 직접적 비교하는 것은 그래서 단순하게, 한편으로는 학문적으로 중립적이고 잘 아는 견해를 대표하고, 다른 한편으로 내재적이고 눈먼 보수주의를 대표한다고 주장될 수 없다. 마치 전자가 완전히 기존의 관심과 편향에서 자유로운 것처럼 말이다. 두 파당의 세계관은 그들 각자의 이념들에 의해, 그들의 구분되는 사회적 뿌리내림과 기존의 관심들에 의해, 그리고 학문과 교회 둘 다와 관계된 (그리고 어느 정도 이용하는) 다른 (그리고 점차 전문화된) 사회적 기능들에 의해 조건 지어진다. 과거에 대한 급진적이거나 보수적인 태도는 사회학적 기초에서 '설명될' 수 있을 것이다. 사상과 신학 둘 다 그들의 특이한 사회 구조들에 의해 끊임없이 강화된다. 역사가들이 다양한 형태로 계몽주의(Aufklärung)의 진보적인 사상의 발흥을 기록하는 것은 지극히 적합하다. 이는 그 운동의 종교적 요소의 발흥을 그 정치적, 사회적, 과학적, 도덕적 상대들과 상호 연결시키고 있다.196) 이 과정은 자주 학문적 신학과 일반적인 지적 역사, 그 자체로 중요한 결론의 발전 사이에서 긴밀한 관계를 표현한다. 그러나 교리의 본성과 과거의 권위에 대한 질문은 학문적 집단에서 논쟁될 뿐 아니라, 일반적으로 교회들 사이에 널리 확산된 관심으

---

194) Goldstein, 'Foucault among the Sociologists'.
195) 발전은 다음에서 기록되고, 분석되고, 평가되었다. Morgan, *Biblical Interpretation*.
196) 예를 들면, Hirsch, *Geschichte der neuern evangelischen Theologie*; Blumenberg, *Legitimät der Neuzeit*.

로 보일 수 있다. 그리고 특별히 교회들에서 지도적인 사상가들로 보일 수 있다. 공동체에 방향을 맞추는 교리 공식화들의 성격은 우리에게 이것들이 무시될 수 없다고 주장하게끔 요구한다.

이와 같은 고려들은 우리에게 역사적 신학을 저술하는 전통적 양식에 대한 상당한 망설임을 갖도록 이끈다.[197] 예를 들면, 1750년에서 1850년의 기간을 다루면서, 계몽주의 신학자들에 초점을 맞추는 것은 관례적이며, 슐라이에르마허와 헤겔이 따르는 바이다. 그들 각자의 신학적 항성들의 (다양한 편심성[eccentricity]의 궤도들 안에서) 궤도를 도는 바우어(Baur), 슈트라우스(Strauss) 그리고 포이에르바흐(Feuerbach)와 같은 사람들도 마찬가지이다. 이것을 시행하는 가운데, 한 사람은 두드러지게 학문적 운동이 무엇인지를 한 시기에 독일 대학들을 중점으로 기록하고 있다. 그 시기에는 그 기관들이 상당히 정해진 사회적 역할을 담당한다고 보았다. 이 사회적 역할은 결국 (한 순간 인과관계의 질문을 배제하기 위해) 그들의 종교적 사상과 방법 가운데 반영되었다. 사회에서 한 가지 이념적 흐름에 집중하는 것은 어느 정도는 그 시기의 인정되는 양상들을 미리 결정하는 사회학적 선택성을 행사하는 것일 수 있다. 현대의 저자가 정확하게 '전체 역사'(histoire totale) 개념의 결핍을 인지할지라도, (제라르 부샤르[Gerard Bouchard]와 같은) 연대기 편찬자들(Annalistes)에게 (역사가를 흥미롭게 하거나, 미리 정해진 계획에 맞추는 것보다는) 현상의 전체성에 대한 포괄적인 분석이 필요하다는 주장은 교리의 역사와 교리적 발전의 흐름들을 평가하고, 과거의 교리적 유산의 현대적 사용에 대하여 기술하는 데 중요한 결과를 가졌다.

그래서 (한 가지 예를 들면) 1830년대에서 1860년대의 복원신학(Repristinationstheologie, 19세기와 20세기 초반의 현대 신학 혹은 자유주의 신학에 반대하여 발생한 보수주의 신학운동이다. 20세기 말에 이 용어는 근본주의로 대체된다.-역자주)은 동시대의 옥스퍼드

---

[197] 내가 *The Making of Modern German Christology*와 근대를 다루는 *Iustitia Dei*의 부분을 저술하는 동안 따랐던 것처럼.

운동(19세기 영국 국교회의 고교회 운동이다.-역자주)과 호소, 전제, 방법과 대략 유사한데, 독일 대학들과 직접적으로 관계가 없는 요소들에 의해 발생하였다. 이는 킬(Kiel)의 목사 클라우스 하름(Claus Harm)에 의해 촉발되었고, 1830년 아우그스부르크 신앙고백(the Augsburg Confession)의 기념일과 루터 저작들의 에어랑엔(Erlangen) 편집본의 출판을 통해 더 많은 추진력을 얻었다. 이 운동은 루터주의의 과거 유산의 회복과 (일반적 흐름과 상당히 반대인) 현재 과거의 권위에 대한 재주장과 관계되었다. 그러나 학문적 맥락의 외부에서 기원한 이 운동은 대체로 보수적인 이념이 반영된 교회 집단에서만 영향력이 있었다. 그리고 뚜렷하게 학문적 신학의 흐름에서 갈라져 나온 후에, 대체적으로 19세기의 종교적 사고 때문에 간소화되었다. 특히 기독교 사고의 역사를 균일하게 진화적 요소로 묘사하려는 관심을 가진 사람들이 그렇다.

복원신학(Repristinationstheologie)은 그래서 진보적 사상의 반대 흐름으로 볼 수 없고, 오히려 더 오래되고, 더 보수적인 이념의 재주장으로 볼 수 있다. 비슷한 언급들이 잉글랜드의 옥스퍼드 운동(the Oxford Movement)에 적용된다. 그러나 왜 이 후자의 사상은 우리의 주제들과 관련하여 중요시되어야 하지 않는가? 그것이 학문적 영역에서 지배적이지 않다는 것은 사실이다. 그러나 그럼에도 불구하고, 그것은 상당히 큰 영향을 교회의 집단들에게 행사한다. 교리 공식화들의 역사와 과거의 권위에 대한 태도들에 대한 전체적인 설명은 (이는 이 책의 범위를 훨씬 넘어서는 것인데) 어떤 한 가지 사상이나 (학문적 신학과 같은) 한 사회적 집단에 제한되지 않을 것이다. 오히려 한편으로는 대중 종교로부터, 다른 한편으로는 학문적 신학에까지, 기독교 견해의 전체 범위를 가로질러, 이 질문들에 대한 태도를 문서화하려 시도할 것이다. 그러한 '전체 역사'(histoire totale)를 기술하는 것은 과거의 미래에 대한 지적 토론을 위한 필수적인 선제조건이다. 동일하게 '교리의 발전'(development of doctrine) 이론은 (이에 대해 나는 나중의 저작에서 다룰 계획이다) 사상적 변화에 대한 기독교적 기술의 모든 수준에서(at every level of Christian articulation) 교리 발전의 관계에 대한 미묘한 설명을 완전하게 해야 할 것이다. 그리고 하르낙이나 오베르벡(Overbeck)이나 베르너(Werner)의 부족한 사회학적 설명들에서 볼 수 있는 것보다, 더 진지하고, 일관된 사회적 역사와의 관계를 보여야 한다.

교리의 그런 '전체 역사'(histoire totale)는 무엇처럼 보일까? 가능한 충분한 양적인 분석에 기초하여, 20세기를 마감하는 10년 동안의 미국 상황에 대한 대략적 그림은 아마도 대부분의 그리스도인들이 과거의 교리적 유산을 사용하는 데, 아무런 어려움을 갖지 않는다는 것을 드러낼 것이다. 많은 사람들은 심지어 신약의 기독교 공동체를 현대 미국에 다시 만든다고 해도 (혹은 그들의 용어를 사용하면, 회복한다고 해도) 별다른 곤란을 겪지 않을 것이다. 학문적 신학자들에 의해 학문(academy)과 교회에 대하여 다루어진 적절한 질문들은 그들의 청중들을 주로 점차 고립되는 학문적 신학 공동체 자체 내에서만 찾는다. (지금은 일반적으로 대부분의 그리스도인들에 의해, 그리고 대부분의 다른 대학 분과들에 의해, 중요하지 않은 것으로 간주되었다.) 19세기와 20세기 교리사들(Dogmengeschichte)의 특징인 가치 판단적인 평가는 그것이 학문적 신학자들의 견해들이지, '교리의 역사'의 적합한 주체인 기독교 공동체들 내의 일반적 개인들의 견해가 아니라는 평가에 대한 것이다. 이 평가는 양적 분석에 그런 질적 판단을 부과하기를 거절하는 '전체 역사'(histoire totale)에 의해 반박된다.[198] 근대 사회사가 (시작부터 많은 교리사들의 특징이었던) '위로부터의 역사'(history from above)의 방법과 가정들을 반대를 뚫고 들어가지 못했다.

아마도 이 연구 내에서 발전된 사상들을 비난하려는 사람들이 있을 수 있다. 그 사상들이 신학에서 '보수적인' 취지를 지지하는 것처럼 보이기 때문이

---

[198] 사회사 분야 내의 최근 발전들은—Charles Tilly, 'Vecchio e nuovo nella storia sociale'에서 기록된 것들처럼—이 주장을 약화하지 않고, 강화한다.

다.199) 한 입장은 소위 보수적인 입장들을 비판하는데, 그 이유는 바로 그들이 보수적이기 때문이다. 나는 그런 미리 정해진(precommitted) 입장의 가치에 대하여 다소 회의적이라고 고백할 수밖에 없다.200) 만약 이 연구에서 발전된 사상들이 보수적이라면, 그 사상들은 그런 접근의 잠재적 취약성에 경계를 게을리하지 않는, 단련된 보수주의를 가리킨다. 어쨌든 '보수'과 '급진' 혹은 '자유'(liberal)의 굳어진 범주들은 지금 현대 신학적 논쟁의 요구에 매우 부적절한 것처럼 보인다. 현대 논쟁들은 이미 구식이 된 양극성들의 체계의 투박한 재진술(restatement)이 아니라 신학적 문제의 재작성(reformulation)을 요구한다. 과거에 권위를 부여하자고 주장하는 사람들이 단지 '보수적인' 신학자들은 결코 아니다. 마치 미래를 세우기 위해 과거를 비판하자는 요구를 결코 '급진적'이라고 제한할 수 없는 것과 마찬가지이다.

그러나 결국 이 비판이 어떤 특별한 가치가 있는가를 묻는 것은 적절한 것이다. 사상적 수준에서 볼 때, 교리에 대한 보수적인 접근은 분명히 자유주의(liberalism)의 가치와 합리성과 양립할 수 없다. 그러나 이것은 그런 보수적인 접근이 정당하지 않거나 정당할 수 없다고 주장하는 것은 아니다. 더구나 그렇게 결론 내리는 것은 아니다. 이는 단지 그들은 가치의 네트워크와 자유주의(liberalism)의 전제된 입장(precommitment)을 부정하고 뒤집는 것임을 지적하는 것이다. 자유주의적 사상가들이 그들의 이론과 실재가 결국 '모든 다른 경쟁하는 전통들과 싸우는 가운데 좀 더 우발적으로 세워진 전통의 이론과 실재'라고 여기는 의도가 커져간다는 점에서,201) 자유주의의 가치와 합리성의 모

---

199) 그 비판들 가운데 하나는 린드벡의 *Nature of Doctrine*을 그 '경험적-표현주의' 반대자들로 반대한다. 참고. 린드벡의 책에 대한 David Ford의 논평. *Journal of Theological Studies* 37 (1986), 277–82; 281.
200) '보수적'이라는 용어는 보통 더 명백하게 논쟁적 성격을 가진 신학적 논쟁에서 간과되는 의미의 깊이를 가진다. 비교. Mannheim, 'Das konservative Denken'; Thielicke, *Der evangelische Glaube*, 1.20–2.
201) MacIntyre, *Whose Justice? Which Rationality?*, 346.

순과 전복이 과거의 권위를 보수적으로 이해하는 것에 반대하여 나아간 논지들 가운데 셀 수 없을 만큼 많이 있다고 주장하는 것은 공정해 보인다.

동일하게, 종교에 대한 보수적 접근은 그들이 '가치 판단적'(value-laden)이거나, '전통에 얽매이거나'(tradition-bound), '전제적 입장'을 정한 것이라는 사실 때문에 묵살될 수 없다. 그것들이 이 방식으로 전제적인 입장을 정하는 논쟁을 넘어선 것이다. 그러나 그 의미는 (자유주의와 같은) 대안들이 아니고, 선호되어야 한다는 것 같다. 그것은 맥킨타이어의 Whose Justice? Which Rationality?의 많은 효과들 중 하나이다. 그것은 우리로 하여금 자유주의가 다른 교리나 종교적 전통을 평가할 수 있는 특권적이며 객관적인 이점을 대변한다는 생각을 교정한다. 오히려 자유주의는 자유주의적 가치와 합리성들에 대한 전제적 입장을 수반하고 있다. 그것은 그 평가에 있어 가치 판단적이며 전제적으로 입장을 정한 것이다. 그리고 그 접근에 있어, 자신의 보수적 경쟁자들처럼 전통에 매이고 있다.[202] '다른 전통들처럼, 자유주의는 내적으로 자신의 합리적 정당함의 기준을 가지고 있다. 다른 전통들처럼, 자유주의는 자신의 권위적 본문들과 그 본문들의 해석에 대한 논쟁들을 가지고 있다. 다른 전통들처럼, 자유주의는 사회적으로 자기 자신을 위계질서의 한 특정한 종류를 통해 표현한다.'[203] 부분적으로 교리에 대한 보수적 접근에 대한 자유주의적 불신은 그 실질적인 결론에 대해 내재하는 불신과, 자신을 위해 계속되는 논쟁에 대한 전제적 입장에서 야기된다.[204] 교리적 진술들은 그 성격상, 영구적으로 열려있다고 선언되어야 할 논의들을 비정상으로 빨리 가져가버리는 것으로 보였다. 기독교 교리의 잠정적이며 파편적인 성격에 대한 보수적인 강조는, 자유주의자들의 눈에, 그 권위적이며 정체성을 부여하는 성격

---

202) 같은 책, 326-48. 203.
203) 같은 책, 345.
204) 같은 책, 344.

에 수반되는 강조 때문에 무효가 된다. 이를 어떤 자유주의자들은 권위주의에 버금가는 것으로 본다. 교리에 대한 보수적 접근은 정적이며 융통성이 없는 것으로, 심각하게 자유주의적 가치의 노선을 벗어난 것으로 묵살된다. 그럼에도 불구하고 이것은 자유주의 가치의 정당화 같은 것이 아니며, 또한 보수적 접근의 비판 같은 것도 아니다. 보수적 접근과 자유주의적 접근 둘 다 '믿음, 전제, 가치의 통합된 시스템으로, 필연적으로 참이나 거짓이 아니며, 역사 가운데 특정 시기에 한 집단이나 계급의 필요와 관심을 반영하는 것으로' 다루어질 수 있다.

사상적 변화 가운데 기독교 교회 내에서 과거에 대한 미래적 입장의 큰 이론들이 다소 위험하다고 예견하는 것은 사실상 불가능하다. 결국 신학자는 통찰력 있는 사람이 아니다. 그러나 들을 수 있는 것은 이 질문에 대한 과거 입장에 대한 연구가 (교회이든 신학 분과이든) 보수적 사상이 이미 주도적이거나, 주도적이 되고 있는 사회적 집단들은 과거가 지속적으로 현재를 형성하는 것으로 간주할 것이라고 주장하게끔 이끈다는 것이다. 반면 진보적 혹은 근대주의적 입장이 주도하는 집단들은 현재의 경험과 사회적으로 정당화된 합리성의 체계들을 따른 고찰에 우선성을 부여할 것이다. 개인들은 이념적 고려로 인해 그런 태도를 갖는 경향이 있고, 자주 무의식적으로 이론적인 단계에 앞서(pre-theoretical level) 흡수된다.

그러므로 과거에 대한 이 신학적 입장들의 비판과 평가는 현실적으로 그들이 반영하는 문화 시스템으로부터 분리된 채 이행될 수 없고, 비판을 하고 있는 문화 시스템과도 분리될 수 없다. '이중 해석학'은 지지자와 반대자의 사상들이 논쟁의 발생을 유사하게 조건 지운다는 것에 내포되었다. 신학적 논란들이 단지 사상들의 충돌을 대변할 뿐이라는 주장은 아무 근거가 없다. 그럼에도 불구하고 이 분쟁은 의심의 여지없이 서유럽과 북아메리카의 최근 수많은 종교 논쟁들의 인정을 받지 못하는 주요 요소이다. 이 대부분의 논쟁들의 불임성은 부분적으로 그들이 과거를 향한 현대의 문화적 입장에 대한 토론과 고립될 수 없다는 것을 인식하는 데 실패한 것에서 나온다.

만약 이 분석이 옳다면, 과거의 교리적 유산은 지속적으로, 다양한 방식과 다양한 정도로, 기독교 교회 내에서, 세계 도처에서 보수 신학이 여전히 사회에서 주도적으로, 권위 있는 것으로 간주되는 것이 예측될 수 있다. 만약 자유주의 사상에서 현재의 급속한 축소가 1960년대의 정점에서 지속된다면, 과거를 매우 존경하며 다루는 기독교 공동체의 비율은 그에 맞춰 증가할 것으로 기대할 수 있다. 신학자는 그것이 정확한 이론적 분석이 아니라, 과거를 지배하려는 그러나 다만 이론 이전의 방식으로 하려는 사상적 고려라는 사실로 절망하게 될 것이다. 그럼에도 불구하고 입장을 형성하고, 세계관을 조건 지우는 사상의 중요함은 거의 무시될 수 없다. 특히 문화 시스템으로써 종교 개념을 믿는 이들에게 그렇다.

과거의 새로운 측면은 그들에게 '과거의 권위' 개념이 일으키는 난제들과 관계되면서 보수적 이념에 대한 동정을 베풀지 않는다. 사실, 이번 장에서 제시되는 내용은 이 저작의 나머지를 위한 의제를 설정하는 것으로 간주될 수 있다. 계몽주의와 그 계승자들에 의해 제기된 문제들은 결코 무시될 수 없기 때문이다. 이 측면에서, 과거에 대한 계몽주의의 비판이 부분적으로 보수적 사상을 의도적이며 조직적으로 불신하려는 시도로부터 일어났다거나, 그 비판이 오늘날 다시 만들어질 수 없는 특정한 사회-역사적 상황에 뿌리 내린다는 것이 결정적인 결과는 아니다. 제기된 반대와 언급된 난제들은 학문적 장점을 가지고, 최소한 잠정적인 대답을 요구한다. 한 사람의 과거에 대한 태도는 문화적 고려사항에 의해 조건 지어질 수 있다. 그러나 이 입장의 생존력은 그것이 일으키는 비판적 질문과 관계없이 유지될 수 없다. 사상적으로 조건 지어진 과거에 대한 태도는 (그것이 긍정적이든 부정적이든) 사상적 전제들이 의심받게 되는 거대한 경험적 그리고 이론적 난제들에 직면하여 유지될 수 없다.

나는 이미 기독교 교리의 성격 때문에, 과거에 대한 호소는 필연적이라고 주장해왔다. 기독교 교리의 생성 사건의 기억은 현재의 교리적 고찰을 넘어선다. 나는 또한 보수적 이념을 향하여 커져가는 경향이 이 관찰에 더한 무게를 부여한다고 주장해왔다. 그러나 과거가 사실은 죽었다는 주장은 반대를 받는다. '과거의 지나감'(pastness of the past)은 분명히 알려져야 한다고 주장될 수 있다. 이 점에 대한 잠정적인 대답은 분명한 현상학적 부정확성에 관심을 끄는 것을 포함할 것이다. 과거의 기억은 사람의 경험의 많은 영역에서, 특히 문화적 영역에서 근본적으로 중요하기 때문이다. 그러나 더 중요한 것은 그 반대의 이론적 측면이다. 어떤 방식으로 과거를 기억하고 (평가하는) 분명한 문화적 경향에 철학적 신뢰성을 부여하는 이론적 체계가 세워질 수 있는가?

과거의 기억(recollection): 이론적 모델

'복잡성'(complexity)은 과거의 교리적 유산이 실제로 현재에 의해 평가되고 재사용되는 방식을 평가할 때 필연적으로 반복되는 단어이다. 기독교 교리의 발전에 대한 비판적 역사적 분석은 반사실적(counterfactual) 표현의 기록에 의해 생물학적으로 영감 받은 깔끔한 교리의 진화 이론을 방해한다. 칼 뢰비트(Karl Löwith)는 어떻게 신적 섭리에 대한 믿음이 19세기에 점차 사람의 진보에 대한 믿음으로 대체되는지를 기록하였다. 둘은 그들이 현상학적으로 부족한 만큼이나 그들의 지지자들에게 매력적이었다. 그리고 둘의 지지자들에게 섭리나 진보에 대한 그들의 믿음과 일치하는 자료에 대해 선택적으로 접근하도록 유도했다. 그러나 교리는 직선적 진보로 진화하지 않는다. 자료를 선정하도록 미리 선택하였어도, 그런 패턴은 이 패러다임을 전제로 정한 신학자들에 의해 역사적 현상에 부과될 것이다. 사실 어떤 단일 패러다임도 '교리의 전체 역사'(total history of doctrine)가 맞닥뜨리는 현상의 적절한 설명으로 인정될 수 없다. 르네상스는 고대에 호소한다. 1510년대 루터는 어거스틴에게 매혹되었다. 1830년대 옥스퍼드 운동은 17세기 잉글랜드 성공회주의에 새로운 관심을 가졌다. 바르트는 개혁파 정통주의 시대에 사로잡혔다. 위르겐 몰트만(Jürgen Moltmann)과 에베르하르트 윙엘(Eberhart Jüngel)은 1970년대 루터의 '십자가 신학'을 재사용하였다. 이 모든 것들은 교리 역사의 반복되는 주제를 보여준다. 과거의 사상적 유산에 대한 끊임없는 관심과 비판적 재사용이다. 합리성의 한 체계 내에서, 혹은 개념적 계획 내에서 자신의 자리를 찾는 사상은 원래 다른 사상에 옮겨질 수 있고,[205] 받아들여질 수 있다고 여겨지는 의미의 변화를 가진다. 다른 것들은 (심지어 재사용된 사상들과 긴밀하게 연결된 것들이라도) 순전히 고대적 관심으로 포기될 수 있다. 사상가들의 두 집단은, 심지어 같은 문화적 상황을 공유한다고 하더라도, 과거에 대해 매우 상반된 태도를 가질 수 있다. 그리고 특히 교리 공식화들의 권위에 대해서 그렇다. 과거는 어떤 사람들에게 신학적 자료를 위한 채석장처럼 다뤄질 수 있다. 반면 다른 사람에게 과거는, 지금은 더 이상 쓸모 없는 사상의 지적 납골당으로 다루어질 수 있다. 무엇보다 과거에 대한 지배적인 세속적 태도는 (긍정적이든 부정적이든, 학문적이든, 정치적이든, 문화적이든) 자주 무의식적으로, 그 태도들에 동정적인 사람들에 의해 신학적 확언들로 뒤바뀐다. 그 결과 '보수적' 그리고 '자유주의적'과 같은 표가 (원래 특정한 정치적 태도를 칭하는 것인데) 그 근간에 있는 태도들, 사상들과 연관된 것으로 인식되어 신학자들에게 적용되었다. 우리는 이 주제에 대한 더 상세한 설명을 다음 장에서 다룰 것이다. 그러나 우리의 관심은 교리가 직선적 방식으로 발전하지 않는다는 관찰에 이론적 기초를 제공할 필요에

---

205) 데이빗슨(Davidson)의 급진적으로 함께 어울릴 수 없는 개념적 체계들의 개념의 비일관성은 여기에서 언급되어야 한다. Davidson, 'On the Very Idea of a Conceptual Scheme'. 데이빗슨에 따르면, 개념적 계획은 최소한 어느 정도 어울리는 것이다.

있다. 우리가 이 관찰을 어떻게 설명할 수 있을까?

다행히도, 그런 이론적 체계는 발터 벤야민(Walter Benjamin, 1892-1940)의 역사의 개념에 대한 논제들(Theses on the Concept of History)에 제기된다. (아마 그는 마르크스 전통에서 가장 중요한 문화적 이론가일 것이다.) 이는 1939년 나찌-소비에트 조약(Nazi-Soviet Pact)의 충격적 경험의 결과로 역사적 발전의 마르크스 개념에 대한 환상이 깨졌음을 드러냈다. 마르크스의 역사에 대한 관점의 근저에는 (예를 들면 마르크스의 정치적 경제 비판의 공헌(A Contribution to the Critique of Political Economy)의 서문에서) 역사 안에 발전의 개념이 있다. 이는 사회주의의 필연성으로 끝마치며, 그런 요소들의 기초 위에서 생산력의 향상으로 설명된다.[206] 그래서 사회-경제적 진화는 (내가 여기에서 비-마르크스적 의미에서 사용한 용어로) 사상적 그리고 정치적 구조 모두에 반영된 힘으로 인식된다. 그래서 역사는 눈먼 무질서의 과정이 아니고, 진화적 발전이며, 역사적 유물론에 의해 설명되어 펼쳐진다.[207] 스페인의 '1898 세대'(generation of 1898, 스페인-미국 전쟁 [1898] 시기에 스페엔에서 활동했던 문학가들과 철학가들의 집단이다. 이들은 문화적 미적 갱신을 위해 노력하였고, 근대주의와 관계되었다.-역자주)의 매우 중요한 작가들 중 한 명인, 호세 오르테가 이 가세트(José Ortega y Gasset)의 사고에 대하여 한 근대학자는 이렇게 논평하고 있다.[208] ''역사적 위기'는 '문화의 패턴에 근거하는 첫 번째 원리들이 서서히 집단의 양심의 깊은 곳에서 죽어가는 기간이다. 경험에 대한 끊임없는 비판은 점차 그들이 생명의 문제에 만족스럽게 대처하기에 적합하지 않음을 드러낸다. 그들 위에 지어진 세계는 그 사슬의 끝에 있다.'[209] 1940년대 나치 독일의 발흥은 '1898 세대'가 품었던 근대 세계에서 스페인

---

206) 상세한 해설은 Cohen, *Marx's Theory of History*,를 참고하라.
207) 참고. Shaw, *Marx's Theory of History*. 역사적 유물론은 역사의 상세한 세부사항들을 설명할 수 없고, 역사적 결정주의의 형태를 구성할 수 있다고 말할 수 없다는 점은 강조되어야 한다.
208) 비교. Ramsden, *The 1898 Movement*.
209) Walgrave, *Unfolding Revelation*, 31.

의 역할에 대한 의심보다 상당히 큰 중요성을 가진 '역사적 위기'를 촉발시키는 것으로 간주될 수 있었다. 어느 한 단계에서, 벤야민의 '역사 철학의 논제들'(Theses on the Philosophy of History)은 역사의 경험적 자료를 설명하면서 역사적 유물론의 분명한 실패에 직면하였고, 이는 20세기를 막 내리는 10년 간 마르크스주의 내에서 더 큰 규모의 근심들을 미리 보여주고 있다. 그래서 그의 논제들은 절망의 부르짖음으로 간주될 수 있다. 사회주의의 역사적 필연성에 대한 전통적 마르크스주의의 주장은 어떤 사람들에게 팡로스 박사(Dr Pangloss)가 이것이 온 세상에서 최고였다고 주장한 것만큼 믿을 만한 것 같았다. (팡로스 박사는 소설의 가상적 인물로, 헬라어로 모든 언어를 뜻한다.-역자주) 특히 과거에 대한 전통적 마르크스주의 접근의 부적절함은[210] 1936년에서 1939년의 나치 독일의 사건들의 빠른 속도로 인한 전통의 쇠퇴를 통해 암시되었다. 과거의 문화적, 미학적 중요성을 주장함에 있어, 벤야민의 핵심 관심은 지적 활동 내에서 '기억'(remembrance)의 지속성을 설명하는 것이다. 비록 이론적으로 진화적 발전이 이 현상을 엄밀하게 불가능하게 한다고 예측한다 해도 그렇다.[211]

벤야민은 문화적 역사가 (딜타이[Dilthey]와 랑케[Ranke]에 의해 설명된 것처럼) 은밀하게 '역사'를 '승리자의 관점에서 쓰인 역사'로써 정의한다고 말한다. 그래서 진보의 개념을 지배와 억압의 양상이라는 개념으로 비하한다. 벤야민의 지금(Jetztzeit)의 이론은 과거와 특정한 관계를 세우기 위해 '진보'의 이 개념을 깨트리려 시도한다. 그 안에서 구원받은 생명의 그림은 (la promesse de bonheur[행복의 약속]의 용어로 설명되며) 연속체인 역사로부터 걸러지고, 그래서 그들의 완전히 역사를 가로지르는(trans-historical) 의미를 가정한다. 역사 내에서 어떤 순간들

---

210) 통찰력있는 분석을 위해 참고하라. Lenhardt, 'Anamnetic Solidarity'.
211) 논제(Theses)의 본문은 Benjamin, *Gesammelte Schriften* 2.691-704. 를 참고하라. 18개의 논제들이 있고, 부록 'A'와 'B'가 있다. 현재 연구로는 Greffrath, *Metaphorischer Materialismus*; Habermas, 'Exkurs zu Benjamins Geschichtsphilosophischen Thesen'; Neuhaus, *Traszendentale Erfahrung als Geschichtsverlust?*, 277-333; Zons, 'Walter Benjamins "Thesen über den Begriff der Geschichte"'. 를 참고하라.

은 정말 역사를 가로지르는 중요성이 있고, 후일 역사적 흐름에 영향을 줄 수 있다. 비록 억압적인 현재에 의해 그들의 기억을 억누르는 시도가 있다 하더라도 그렇다. 분명히 벤야민은 이 점에서 제 3제국(1933년부터 1945년까지 히틀러가 통치했던 나치 독일을 가리킨다.-역자주)의 문화적 프로그램을 마음에 두고 있다.

특별히 우리의 관심을 끄는 것은 바로 14번째 논제이다. 벤야민에게 과거가 보편적으로 죽은 것이 아니라는 것은, 또한 상관없는 것이 아니라는 것은 간단한 역사적 사실이요, 문화사에 익숙한 사람들에게 분명한 것이다. 벤야민의 간결한 산문이 이 점의 완전한 역사적 설명을 가로막는다 하더라도, 그가 제공하는 몇 가지 예들은 무척 중요하다. 그는 로베스피에르(Robespierre)가 고대 로마에 대해 자기 자신의 시대를 위한 현재적 중요성으로 가득 찬 것으로 여겼다고 지적한다. 그리고 이 이유 때문에 그것을 연속적인 역사에서 두드러지도록 했다. 유사하게 그는 프랑스 혁명이 이러한 측면에서 스스로 고대 로마로 돌아간다고 보았음을 지적한다.[212] 고대에 호소하는 르네상스는 정확하게 같은 점을 보여준다고 간주할 수 있다. 비록 벤야민이 이를 이용하지 않음에도 그렇다. 벤야민이 인정한 기본 원리는 현재 순간(Jetztzeit)이 과거와 현재가 뒤섞이는 것을 포함한다는 것이다. 특히 미학적 수준에서 그렇다. 과거는 만약 다른 사람들에 의해 무시되지 않는다면, 특정한 다음 시기에 재사용되는 역사적 연속에 자극을 부여한다. 현재는 호랑이처럼 과거로 뛰어오른다. 만약 다른 사람들에 의해 무시된다면, 마르크스가 말한 것처럼, 우리의 새로운 역사가 만들어져야 한다는 것은 우리의 역사 바깥에 대한 것이다. 역사적 연속은 과거를 현재에 중재한다. 그래서 후자는 전자를 재사용할 수 있다. 그러나 선택적으로 한다.

---

212) 평가에 대하여 참고하라. Habermas, 'Exkurs', 20-1.

미셸 푸코의 '잃어버린 시간을 찾아서'(A la recherche du temps perdu)의 영향이 과거가 자신을 현재 안에 두는 방식에 대한 벤야민의 고찰 배후에 있다는 주장은 부당한 것이 아니다.213) 벤야민의 '역사적 개념에 대한 논제'(Theses on the Concept of History)에는 지속적으로 회상(recollection)의 개념이 발견된다. 이는 때로, 시간의 분리된 개념을 향하는 경향이 있다. 과거가 연대기적으로 흘러가 버렸다는 의미에서 과거는 죽었다. 그러나 현재 순간은 최소한 과거 유산의 일부를 지킬 수 있고, 흡수할 수 있다. 과거와 결속의 의미가 있다. 위르겐 하버르마스(Jürgen Habermas)가 지적한 것처럼, 필연적으로 기억의 과정은 미학적으로 차별적이지 않다. 그 과정이 문화만큼이나 야만주의의 재사용으로 이끌 수 있기 때문이다.214) 그럼에도 불구하고, 벤야민의 지적은 일차적으로 (하지만 미학적으로 의문시될 수 있는) 호랑이와 같이, 과거로 뛰어드는 현재의 능력에 대한 것이다.

벤야민의 '역사의 개념에 대한 논제'는 그래서 과거를 '기억해 냄'(recollect)에 대한 ('기억하다'[remember]와 '다시 얻다'[pick up again]의 이중의 의미로) 지배적이고, 관찰 가능한 현재의 경향을 가지고, 역사적 발전의 개념을 포함하는 한 모델을 제공한다. (이는 현재가 과거의 순간과 일치하지 않는다는 분명한 인식을 포함한다.) 현재는 과거로 후진하여 도달할 수 있고, 거기에서 그것이 발견하는 것을 (그러나 선택적으로) 재사용할 수 있다. 과거는 죽은 것으로 간주되지 않는다. 오히려 과거는 창조적 자극의 원천으로 보이고, 역사의 연속과 나란히 달린다. 역사는 자신을 그 연속 위에 내세운다. 때로 벤야민은 과거를 재사용하는 가운데 현재를 능동적으로 예상하는 것 같다. 다른 사람들의 경우, 현재를 넘어서 과거를 능동적으로 간주하는 것 같다. 그런 불명확함에도 과거의 유산이 현재와 섞이는 방식에 대한 벤야민의 이론적 설명은 '과거로써 역사'(Historie)

---

213) 예를 들면, 참고. Greffrath, *Metaphorischer Materialismus*, 65-71.
214) Habermas, 'Exkurs', 23-4.

가 Geschichte(존재적 의미가 있고, 개인적으로 사용된 역사)가 되도록 한다.[215] 역사적 연속의 진화는 영원 뒤로 과거를 버려두는 것을 의미하지 않는다. 과거는 (혹은 그 일부는) 현재의 부분으로 남아있고, (벤야민의 모델을 사용하여) 때로 현재로 끼어드는, 마치 유사한 존재를 소유한 것처럼 남아있다. '지금까지 일어난 일은 어떤 것도 역사에 잃은 것으로 간주되지 않는다'(3번째 논제). 달리 말하면, '지나감'의 사상은 잊는 것도, 잃는 것도 의미하지 않는다. 오히려 기억함과 재사용의 가능성을 의미한다. 우리가 지금 듣는 목소리는 과거의 목소리들의 울림이고, 지금은 침묵된 것이다(2번째 논제). 그러나 어떤 의미에서 여전히 현재적이고 사용가능하다. 현재는 historisch(과거인 역사)를 geschichtlich(존재론적 역사)로써 기억할 능력을 가진다. 그리고 현재적 가능성들을 비추고 밝히기 위해 '지나감'의 연관성을 제쳐둔다. 이것은 되어서는 안 된다(ought not)는, 사실 될 수 없다(cannot)는 계몽주의의 주장은 명백히 그것이 행해진다는 경험적 관찰과 모순되는 것으로 제쳐두어야 한다. 그래서 명시적으로 역사적 모순은 존재하지 않는다고 주장하는 벤야민의 모델은 교리의 진화가 최소한 부분적으로, 과거의 교리적 유산에 대한 창조적이며 비판적인 재사용에 의해 발전한다는 주장과 관련되었다. 이 유산은 죽은 것으로 경험되지 않는 것이 아니라, 잠재적인 생명력을 가진 것으로, 신학적 호랑이처럼 그것을 되찾기 위해 도약해야 한다.

그러나 우리의 목적을 위한 특별한 관심사는 벤야민의 역사에 대한 은밀한 메시아적 이해이다. 이는 역사의 본성을 이해하는 구약의 중요한 흐름들을 반영한다.[216] 특히 9번째 논제는 예언적 이미지와 기대들을 그린다. 벤야민은 '역사의 천사'의 그림에 초점을 맞춘다.[217] (1921년 벤야민은 파울 클레[Paul Klee]

---

215) 그 차이에 대하여, 참고하라. McGrath, *Making of Modern German Christology*, 76-8.
216) 벤야민이 마르크스의 역사에 대한 접근은, 특히 계급 투쟁의 결과물은, 본질적으로 메시아적 기대의 세속화라고 주장하는 것을 언급하는 것은 흥미롭다. *Werke* 3.1231.
217) 형상화에 대하여 참고하라. Scholem, 'Walter Benjamin und sein Engel'.

의 Angelus Novus의 사본을 얻었다.) 이로 그의 일하는 삶의 기억자를 위한 묵상의 대상으로 그를 도왔다.) 천사의 비행은 역사의 연속 내에서, 처음부터 끝까지, 한편으로 연속성의 형상으로 돕고, 다른 한편으로 과거에 대한 기억의 가능성의 형상으로 도왔다.[218] 벤야민은 낙원의 성경적 이미지를 사용하여 역사의 연속 안에 나중에 '기억될'(recollected) 역사 안의 원시적 자극들로 표기하였다.

벤야민의 모델은 벤야민이 낙원에 부과한 기능을 가정하며 나사렛 예수의 역사와 함께 기독론적으로 재사용되는 능력이 있다. 나사렛 예수의 기억은 어떤 특정한 역사적 형식과 전통들에 구현되었고, 역사적 연속에 스며들고, 역사 내내 '회상'(recollected)되거나 혹은 '기억'(remembered)되는 능력이 있다. 이는 신앙 공동체의 역사를 생성하는 사건이다. 대체로 같은 방식으로 벤야민은 낙원과 '행복'(happiness, Glück)의 그림을 일반적인 인간 역사의 근본적인 자극을 지칭하는 데 사용한다. 그러므로 교리의 역사는 기억의 과정으로, 기독교 신앙과 공동적 고찰의 근본적 자극을 기억해내는 과정으로 접근될 것이다. 어떻게 그 역사와 중재하는 전통들이 재사용될 것인가는 역사의 연속 안에서 그 위치에 따라 다양할 것이다. 그럼에도 불구하고 교리적 고찰에 대한 근본적 자극과 충동은 역사의 생성적 사건으로 남아있다. 벤야민의 모델에 기초하여 예수의 기억이 현대의 교리적 고찰의 근본적 자극이라는 주장이 발생시키는 근본적 난제는 없다.

벤야민의 '역사의 개념에 대한 논제'의 중요성은 (이상화된 추상적 개념들보다) 그들이 역사에 기초한 해석적 전통 내에서 유래한다는 사실에 놓여있다. 벤야민은 역사 발전의 관찰 가능한 현상들의 이론적 설명을 주는데, 특히 문화적 측면에 관심이 있다. 그의 역사에 대한 접근이 마르크스 해석의 주요 흐름과 부분적 분열을 보여준다 하더라도, 그가 역사와 관계하는 진지함은 이 전

---

218) 벤야민은 게르하르트 숄렘의 'Gruß vom Angelus'에서 다음 구절을 사용하여 9번째 논제의 주제구로 삼았다. 'Mein Flügel ist zum Schwung bereit/*ich kehrte gern zurück*' (강조는 벤야민의 것)

통의 힘을 반영하고, 그 주제에 대한 계몽주의의 천박함을 드러낸다. 현재가 과거와 무엇을 할 수 있을지를 제국주의적으로 규정하는 것과는 반대로, 벤야민은, 미래가 상상컨대 취할 수 있는 형식을 보여주는 관점을 가지고, 현재가 과거와 무엇을 하는지에 대한 이론적 실체를 주고자 시도한다. 벤야민이 1930년대 주도적인 마르크스주의의 이론가로서 이 논제들을 쓰고 있다는 사실에서 볼 때, 그는 분명 역사주의적 세계관에 친숙하다. 그가 '근대 이전' 혹은 그의 관점에서 역사적 존재의 실재들에 대해 무감각하다는 주장을 진지하게 받아들이는 것은 어렵다.

과거와 현재의 상호작용에 대한 벤야민의 이론적 설명의 큰 영향력은 아직 영어권 세계 내에서 인정받지 못했다. 그럼에도 불구하고, 이 상호작용의 본성에 대한 그의 고찰들이, 특별히 '역사의 개념에 대한 논제'에서 표현된 것처럼, 과거의 교리적 유산에 대한 현대적 재사용의 주제에서 상당히 중요하다. 그리고 기독교 신앙에서 생성적 사건의 중요성에 대한 고찰이 중요하다. 계몽주의는 과거를 죽은 것으로, 지나간 것으로 묵살한다. 벤야민의 분석에 따르면, 이는 현상학적 수준 그리고 이론적 수준, 둘 다에서 심각하게 부적절하다. 만약 벤야민의 이론이 타당하다면, 과거의 교리적 유산이 그리고 특별히 생산적이며 조절하는 사건이 계속하여 현재에 영향을 주고, 기억된다고 주장될 수 있다. 심지어 이는 본성상 호랑이가 아닌 사람들에 의해서 일어난다.

The Genesis of Doctrine

6장
전통: 정체성을 부여하는 과거에 대한 접근

Tradition:
Access to the Identity-Giving Past

이 저작의 핵심 주제는 기독교 교리를 생성하는 사건이 나사렛 예수의 역사라는 것이다. 기독교 교리를 기술하려는 어떤 시도에 앞서, 나사렛 예수의 역사는 공동체를 생성하고, 정체성을 부여한다. 기독교 교리는 그 역사에 의해 생겨난 공동체의 반응이다. 공동체는 그 역사의 빛 가운데 자신의 자기-이해를 기술하였다. 교리의 궁극적인 외부적 요인이 무엇이든, 가장 가까운 것은 이 역사이다. 그러나 그것은 단순히 예수에 대한 사실이 아니다. 오히려 actus tradendi(전해져야 하는 행위)에서 전해진 예수 자신이다.[1] "…전파되는 것은 그리스도니 이로써 나는 기뻐하고 또 기뻐하리라"(빌 1:18). 나사렛 예수의 삶과 죽음과 부활을 통해 알려진 것과 가능하게 된 것은 우리에게 모방할 것을 요구하는 어떤 것이 아니라, 가능하게 하는 선물로써 후대에 전달되었다. 전승 행위는, 나사렛 예수와의 만남으로 인해 분명히 밝혀진 심판과 회

---

1) 다음의 중요한 분석을 참고하라. Ebeling, *Wort Gottes und Tradition*, 25-6; 99; 142. 이 분석에서 그는 전통의 주제는 기독론적으로 전체 복음이 나사렛 예수의 이름에 요약될 수 있다는 점에 초점을 맞춘다. 관계된 논지들은 다음에서 찾을 수 있다. Macquarrie, 'Tradition, Truth and Christology'.

심의 양상들을 현재의 수용자들의 편에서 재생산할 수 있을 정도까지, 권위가 있다.

그러나 어떻게 기독교 신앙과 교리를 근본적으로 생산하고, 정당화하는 자원이 얻어지도록 접근할 것인가? '예수'라는 바로 그 단어는 한 역사적 개인을 지칭한다. 그리고 과거의 근거를 의미하고, 더 이상 직접 접근할 수 없는 역사적 한 순간에 대한 호소이다. 역사적 그리고 신학적 분석이 동의하는 바는, 예수의 중요성이 후대에게 전승될 수 있는 한, 전승의 과정은 필연적으로 선포(kerygma)와 공동체와 이야기와 전통을[2] (나사렛 예수의 의의가 공동체에 의해 사람의 상황에 선포되고 보유되며 전승되는 과정을) 포함한다. 헨리 스콧 홀랜드(Henry Scott Holland)는 이 상황을 놀랍도록 명료하게 요약하였다. "우리는 지금 사실상, 우리의 믿음이 성경과 신조들을 포함한다는 것을 알지 못하고는 그리스도를 믿을 수 없다."[3]

'성경'과 '전통' 사이에 양극성이나 긴장이 존재한다는 주장은 (예를 들면, 둘을 독립된 계시의 원천으로 해석한 것처럼 보이는 트렌트 공의회의 법령[the Decree of the Council of Trent]에서 분명한 주장은)[4] 사실상 다소 최근의 발전이다. 교부 시대는 일반적으로 성경과 전통의 일치를 주장하는 것으로 특징지어진다. 그리고 성경 외적 계시의 사상을 영지주의와 마찬가지로 분명히 거절한다.[5] 전통은 성경에 포함된 선포를 보충하는 어떤 것이 아니다. 오히려 그 선포를 신앙 공동체 내에서 물려주는 것이다. 중세의 전통 개념에 대한 최근 연구들은 성경과 전통

---

[2] 예를 들면 MacIntyre, *After Virtue*; Root, 'Narrative Structure of Soteriology'; Jones, 'Narrative, Community and the Moral Life'; Macquarrie, 'Tradition, Truth and Christology'.를 참고하라.
[3] Scott Holland, 'Faith', 46. 비교 Morgan, 'Faith'. 그는 Scott Holland의 논의를 분석하고 확정한다.
[4] 그러나 다음의 중요한 논의를 참고하라. Geiselmann, 'Trient über das Verhältnis der Heiligen Schrift und der nicht geschriebenen Traditionen'.
[5] 예를 들면, 참고. van Leer, *Tradition and Scripture in the Early Church*; van den Brink, 'Traditio im theologische Sinne'; Cullmann, 'Scripture and Tradition'.

의 상호 내재성을 강조한다.[6] 전통은 성경에 추가되는 계시의 원천이라기보다는, 성경을 해석하고, 그것을 포함하는 선포를 전달하는 방식이다. 이런 전통의 이해는 관료적 종교개혁의 전통에 있는 신학자들에게 어떤 어려움도 불러일으키지 않는다. 루터파이든 개혁파이든 그렇다.[7] 사실, 역사의 문제에서 '전통'은 일차적으로 '믿어야하는 것'(credenda)이라기보다는 '행해야 하는 것'(facienda)을, 즉 믿음보다는 실천을 지칭한다.

그렇다면, 어떻게 전통이 신학적 원천으로 기능할까?[8] 이 질문을 다룰 차례에서 우리는 나사렛 예수의 역사가 신앙 공동체를 위한 원천으로써 기능하는 방식을 살피고, 이 역사에 대한 접근이 어떻게 가능한지를 좀 더 면밀하게 고려해 보려고 한다.

과거의 불가피성

역사적 기독교 전통의 특징은 안디옥의 이그나티우스(Ignatius of Antioch)의 유명한 표현 가운데, '하나님은 자신을 그의 아들 예수 그리스도를 통하여 계시하셨다'(Magn. 8,2)에서 볼 수 있다. 이 주장의 근저에는 중요한 믿음들이 있다. 하나님이 계신다. 이 하나님은 자신을 드러내신다. 이 자기-드러냄은 예수 그리스도에 초점을 맞춘다. 이 모든 믿음들은 물론 기독교 전통 내에서 그리고 바깥에서 진지한 비판적 검토의 주제이다.[9] 예를 들면, 우리가 살펴 본

---

6) 예를 들면, de Vooght, *Les sources de la doctrine chrétienne*; Schüssler, *Der Primät der Heiligen Schrift*; McGrath, *Intellectual Origins of the European Tradition*, 140-51.
7) 뛰어난 분석을 위해 비교. Lengsfeld, *Überlieferung: Tradition und Schrift*. 좀 더 최근의 논의에 대하여 참고하라. Brosseder, 'Überlieferung'.
8) 논지의 한 노선에 대한 참고. Kaspar, 'Tradition als theologisches Erkenntnisprinzip'.
9) 논의에 대한 참고. Dulles, *Models of Revelation*. 특히 다음의 논지를 주목하라(13쪽). '하나님에 대한 유대교와 기독교의 관점은, 세상과 인생이 하나님은 자유롭고, 인격적이며, 그는 그가 사랑하는 사람들을 위하여 일하시며, 그의 일하심은, 이미 역사 안에서, 그의 본성과 속성과 태도와 의도들의 부분적 드

것처럼, 레싱은 "역사의 우발적 진리들은 결코 이성의 필연적 진리들의 증거가 될 수 없다"고 주장했다.10) 그래서 그는 나사렛 예수의 역사에서 인식적 의미를 제거한다. 그러나 이 주장은 본질적으로 스피노자의 진리 개념에 선행하는 가정을 근거로 한 것이다.11) 이는 18세기 후반에 경험주의(empiricism)의 발흥을 통해, 더 최근에는 마르크스주의와 같은 역사의 해석과 철학적 발흥을 통해,12) 그리고 무엇보다 합리성의 양상들의 사회적 뿌리내림의 인식을 통해 의문이 제기되었다. 하나님께서 자기 백성에게 역사 가운데 자기 행동을 통해 자신을 알게 하시며, 이는 나사렛 예수의 역사 가운데 정점에 이르렀다는 믿음 또한 의문시되어 왔다. 신약은 '계시'(revelation)의 개념을 알지 못한다는 주장이 있다.13) 그러나 판넨베르크가 통찰력 있게 지적한 것처럼, 그런 비판들은 궁극적으로 구약과 신약 둘 다의 계시적 언어 위에, 계시에 대한 근대적 개념을 부적절하게 도입한 것에 기초한 것처럼 보인다.14)

계시의 개념은 사람의 반응보다 앞서고, 그 반응을 가능하게 하고, 요구하는 신적 주도권의 지배적인 기독교적 의미를 기술하고, 실체를 부여하려고 시도한다. 우리는 말하기에 앞서, 불러지거나 다루어지는 것을 인식한다. 구원론적 수준에서 하나님에게 놓인 주도권의 의미는 어거스틴의 선행 은총의 개념에서 표현된다.15) 인식론적 수준에서 이 의미는 계시의 개념에서 발견된다. 나사렛 예수의 역사는 우리의 것이 아닌 주도권을 나타내고 (사실, 이는 우

러남을 포함한다는 확신과 분리할 수 없게 얽혀 있다는 것이다. 계시의 수용은 그러므로 기독교 신앙에서 근본적으로 중요하다.'

10) 레싱의 관점에 대하여 참고하라. McGrath, *Making of Modern German Christology*, 11–13; Michalson, 'Faith and History'.
11) 이에 대해 다음을 더욱 참고하라. Schwarz, 'Lessings "Spinozismus"'.
12) Shaw, *Marx's Theory of History*.
13) Downing, *Has Christianity a Revelation?*; Barr, 'Revelation through History'; Barr, *Old and New in Interpretation*, 65–102.
14) Pannenberg, 'Revelation in Early Christianity'.
15) McGrath, *Iustitia Dei*, vol. 1, 23–36; 71–4.

리에게서 벗어난 주도권이며), 우리로 우리 자신이 만들지 않은 개념적 세계로 들어가도록 초청한다. 하르트(R. L. Hart)가 멋지게 주장한 것처럼,[16] 계시의 바로 그 사상은 불가분하게 '해석학적 나선형'(hermeneutical spiral)을 야기하는 생성적 사건의 기억과 밀접하게 관련된다. 만약 생성적 사건이, 일차적으로 기독교 신학의 explicandum(설명되어야 하는 것)이 나사렛 예수라면, 우리가 우리의 정신적 지평을 고치도록, 그리고 하나님과 사람의 본성에 대한 선이해들을 나사렛 예수의 이야기의 빛 가운데 다시 생각하도록 초대되는 것이 뒤따른다. 나사렛 예수의 역사는 개념적 경계들과 정신적 지평들을 다시 그리도록 과거에 강제했고, 지금도 강제하면서, 우리가 하나님과 사람의 본성과 운명과 같은 문제들의 이해를 다시 생각하고 다시 만들도록 요구한다.

그러나 이미 만들어진 하나님에 대한 사상들을 (그 지적 계보가 무엇이든) 예수의 인격에 가져오고, 그를 그 사상들에 적응시키고자 하는 자연 발생적인 유혹이 존재한다. 성육신 사상을 '철학적 불가능성' 때문에 무비판적으로 거절하는 것은(칼 야스퍼스, Karl Jaspers)[17] 그것이 (그리고 그것을 반영하는 하나님에 대한 관점이) 하나님의 본성에 대해 사전에 형성된 어떤 다른 사상과 일치하지 않는다는 최고의 '선험적'(a priori) 주장으로 간주된다. 그 주장이 인정받지 못하는 것은 단지 신성 개념의 충돌 때문만이 아니라 (이 충돌은 합리성의 지적 계보와 체계들 그리고 연관된 개념성의 경험적 정당화에 대한 연구와 해결을 요구한다.) 합리성의 체계들이 생성되고, 전승되는 방식을 명확히 할 필요 때문이다. 야스퍼스의 주장은 합리성의 특권적 양식의 가정 위에, 다른 것들에 대한 일시적 평가가 가능하다는 가정에 기초한다. 그러나 역사적인 탐구는 야스퍼스의 전제들이 역사적으로 조건 지어진 것임을 가리키고, 그의 비평은 더 적절하게 다음과 같이 다시 진술될 수 있을 것이다. '성육신 사상은 나의 특정한 역사적 위치를 반영하는

---

16) Hart, *Unfinished Man and the Imagination*, 83–105.
17) Jaspers, *Philosophical Faith*, 145.

믿음의 틀과 관련된 신성의 개념과 일치하지 않는다. 이는 은밀하게 사상적인 선제적 신념들(precommitments)에 의해 궁극적으로 규정할 수 없는 정도로 조건 지어진 것이다.'

그러나 만약 계시의 사상이 진지하게 받아들여진다면, 우리는 하나님에 대한 그런 선제적 사상들을 수정하거나 심지어 포기할 것을 준비해야 한다. 그리고 그 사상들을 나사렛 예수가 누구인지, 또 무엇으로 인정되는지에 대한 빛 가운데 다시 만들 준비를 해야 한다. 야스퍼스의 성육신 사상에 대한 무비판적 거절에 내포된 개념성들의 분쟁은, 우리가 하나님에 대한 어떤 것을 어떻게 아는가를 명확하게 하는 관점을 가지고 분명하게 만들어져야 한다. 동일하게, 그가 합리성의 양상들에 부여하는 우선성은 첫째, 그런 양상들이 어떻게 생성되는가, 그리고 둘째, 그런 양상들이 어떻게 평가되어야 하는가의 질문을 불러일으킨다. 역사적 과정 가운데 살아가는 사람들과 공통적으로, 야스퍼스는 하나님이 무엇과 같을 수 있는지, 무엇과 같을 수 없는지에 대하여 이런 방식으로 거만하게 말하도록 허락받은, 하나님에 대한 특권적 접근권을 가지지 않는다. 기독론은 그래서 신성의 개념들에 영원히 거슬리는 것으로, 하나님의 본성과 정체성에 대한 우리의 가장 신뢰하는 주장들에게조차 의문 부호를 붙이도록 만드는 신학적 교정으로 간주될 수 있다. 데카르트의 의심의 원리는 기독론적 수준에서 작동할 수 있다. 우리는 기독론적 자격들과 관련된 하나님에 대한 각각의 모든 개념을 질문하기 때문이다. 기독교는 '하나님'(God)이 기독론적으로 정의된다고, 즉 우리는 우리의 '하나님'에 대한 사고에서 나사렛 예수의 전승된 역사에 의해 제약된다고 주장하는 경향을 특징으로 가진다. 예수의 기억은 체제를 뒤집으며, 하나님에 대하여 우리가 확신하는 a priori(선험적) 주장들을 약화시킨다.

그 다음으로, 과거가 핵심 원천으로 간주되는 과거 사건에 초점을 맞추며, 과거에 대한 반응 가운데 일어났던 역사적 공동체 내의 연속되는 고찰과 탐구의 노선들을 촉발했다는 점에서, 과거는 생성적이다.[18] 기독교 공동체 내의 이해에 따르면, '진리'는 사건(event)에 대한 언급을 포함한다. 특히, '그리스도-사건'(Christ-event)이다.[19] 진리는 발생한 어떤 것이다.[20] 요한 공동체의 특징적인 시각을 주목하면, 예수는 진리이다(요 14:6).[21] 신앙 공동체는 역사의 문제로 그 사회적 그리고 지적 뿌리들이 과거의 생성적 사건까지 거슬러 올라가야 함을, 또 그렇게 올라갈 수 있음을 인식한다.

유사한 상황은 구약에서도 발견된다. 이스라엘은 자신을 두 가지 의미에서 출애굽으로 세워진 것으로 간주했다. 역사적 수준에서 이스라엘의 기원은 이 생성적 사건에까지 추적될 수 있다. 반면 이념적 수준에서, 이스라엘의 사회적, 종교적 구조들은 (우리는 이에 사상과 제도, 둘 다를 포함하기로 한다) 그 경험에 기초하고, 그 경험으로 형성되었다.[22] 출애굽 이야기 속에는 상당히 제한된 삶의 모습의 특정한 형태가 있다. 이는 자신의 역사적 존재를 그 생성적 사건에까지 추적해 가야 하는 공동체를 위해 적절한 것이다. 나사렛 예수의 역사는 신약을 통해 이야기의 형식으로 우리에게 중재되었다. 이는 역사적 요소와 이념적 요소를 모두 가지고 있으며, 그 이야기에서 생성되는 공동체의 삶을 위한 믿음과 행동의 어떤 양식들을 주장하고 있다. 이 계시는 추상적이거나 개념적인 형식으로 발생하지 않는다. 예를 들면, '하나님은 의로우시다'는 특징적 주장은, 그 추상적 용어 '의로우시다'(just)의 내용이 입증될 수 없다면,

---

18) 어떻게 신약이 같은 헬라어 동사(paradidonai)를 아버지께서 아들에게 '넘겨주는 것'과 또한 그래서 생성된 공동체의 전통에 '넘겨주는 것' 둘 다와 관계하여 사용한다는 점을 주목하는 것은 중요하다. 참고. Barth, *CD* II/2, 484; Popkes, *Christus Traditus*. 이 주제에 대한 Popkes의 발전으로써 몰트만의 사용에 대하여 참고하라. McGrath, *Making of Modern German Christology*, 188-91. Christus traditus에 대한 신약의 주제의 전체적 중요성은 자주 영어권 신학자들에게 간과된다. '배신'의 주제가 신학적으로 더 중요한 '넘겨주는 것'의 모티브를 무색하게 하는 경향이 있다.
19) Macquarrie, 'Tradition, Truth and Christology', 40-2.
20) Brunner, *Wahrheit als Begegnung*.
21) 이 진술의 완전한 설명을 위해, 참고하라. de la Potterie, *La verité dans saint Jean*.
22) 이 주제에 대한 중요한 (그리고 논쟁적) 논의는 다음에서 찾을 수 있다. Gottwald, *Tribes of Yahweh*.

의미 없는 것이다.²³⁾ '정의'(Justice)의 개념이 인간 사회들 내에서 논쟁이 된다는 점에서,²⁴⁾ 하나님에 대한 잠정적으로 의미 없는 진술이 만들어지고 있다. 그러나 기독교 전통 내에서, '하나님은 의로우시다'는 주장은 매우 분명한 행동과 기대의 양식과 관계되며, 구약의 이야기에 의해 드러나고, 나사렛 예수의 역사에 구현되며, 신약의 윤리적 저작들에서 공명한다. 만약 인류가 역사 안에 살고 생각하도록 만들어진다면 (그것이 부여하는 모든 제한들과 함께) 그렇다면 하나님은 최소한 자신을 우리의 능력에 적응하시어 (칼빈의 인상깊은 구절을 사용하여)²⁵⁾ 자신을 역사 안에서 그리고 역사적 형식 안에서 계시하신다. 칼 바르트가 주장한 것처럼, 계시는 역사적 서술어를 필요로 한다.²⁶⁾

역사로의 호소, 과거로의 호소는 그래서 불가피하다. (제한되지만, 역사적 요구의 중요한 가능성의 정도로) 이 믿음을 불신하든지 확인하든지 그렇다. 기독교 교리는 나사렛 예수의 역사와 관계시키려는 시도를 통해 발생한다. 그래서 역사의 지평을 우리 자신의 역사에 결합시킨다. '사람은 자신의 유한성을 무엇보다 한 전통이나 전통들 내에서 자신을 발견한다는 사실에서 발견한다.'²⁷⁾ 신학자는 유한성을 비슷하게 역사성을 통해 발견한다. 역사성은 상상과 논의의 방식을 제한한다. 장 폴 사르트르(Jean-Paul Sartre)가 통찰력 있게 자신의 죽음을 앞둔 마지막 인터뷰에서 강조한 것처럼, 그의 역사성은 그의 지적 선택들을 제한시켰다.²⁸⁾ 우리는 우리가 생각하는 방식을 제약하는 동시에, 다른 사람들에게 거절된 통찰을 가능하게 하는, 개념들의 체계와 논의의 방식들을 물려받았다.

---

23) 비교. McGrath, *Iustitia Dei*, 1.67-70.
24) 참고. Rawls, *Theory of Justice*, 5.
25) Battles, 'God was Accomodating Himself to Human Capacity'.
26) 참고. McGrath, *Making of Modern German Christology*, 112-13.
27) Ricoeur, 'Ethics and Culture', 157.
28) 'C'est ça ma tradition, je n'en ai pas d'autre. Ni la tradition orientale, ni la tradition juive. Elles me manquent par mon historicité.' *Le Nouvel Observateur*, 10 March 1980, 93에서 전해졌다.

역사성이 지적 선택들을 제한한다는 주장은 계몽주의와 합리주의에 많은 난제들을 낳았다. 우리의 목적에 중요한 특별한 강조점은 개인들이 (신학자든, 철학자든, 자연과학자든)29) 그들의 지식에 대한 요구를, 마치 그들이 사회와 역사에서 고립된 것처럼, de novo(처음부터) 시작하지 않는다는 것이다. 계몽주의는 데카르트에게서 유래하는, 개인 비판적 고찰을 통해 얻어진 지식을 강조한다.30) 이 강조는 지식의 공동적 토대에 대한 무비판적 거절 때문에 최근에 상당한 비판의 주제가 되었다.31) 초기 계몽주의 사상가들의 특정한 역사적 상황은 우리로 하여금 이 거절을 이해하게끔 할 수 있다. 그리고 심지어 그 특정한 시점에 사상적 근거들 위에서 이를 정당화할 수도 있다. 그러나 지식의 공동적 기반에 대한 이 비판의 상황에 매인(standortsgebunden) 특징은 오늘날의 중요성을 (아마 심지어 무효화하는 점까지) 감소시킨다. 공동체의 공동적 기억은 (과학적이든, 철학적이든, 종교적이든) 세상을 보는 방식들, 질문하고 생각하는 방식들을 넘어, 각 세대로 넘어간다. 각각의 후속 세대는 수용된 관점과 방법들을 자유롭게 비판하고, 새롭게 한 것을 그들의 후손들에게 넘긴다. 그러나 그들은 de novo(처음부터) 시작하지 않는다. 오히려 수용된 전통에서 시작한다.

여기에서 중요한 것은 마르크스주의 역사가인 레세크 코와코프스키(Leszek Kolakowski)에 의해 강조되었다. 그는 전통과 비판적 관계는 창조적 사고의 필수 요소라고 지적한다. 비록 코와코프스키가 일차적으로 정치 이론과 실천에 관심이 있었지만, 그의 지적은 대부분의 지적 분야에 적절하다. '전통의 숭배와 전통에 반대하는 반응은 동일하게 사회적 존재에 없어서는 안 되는 것이

---

29) 세 번째 사상가 범주를 포함하는 것에 놀라는 독자들을 다음의 고찰에 초대한다. Ziman, *Public Knowledge*.
30) 개인주의(Individualism)는 데카르트의 합리주의와 로크의 경험주의 둘 다의 특징적인 특징이다. 스쿨스(Schouls)는 설득력 있게 이 고찰이 방법론적 가정들을 공유한다고 주장한다. Schouls, *Imposition of Method*, 5-25. 현실의 보증인으로 하나님이라는 버클레이(Berkeley)의 사상과 외적 세상의 존재에 대한 증거와 관련한 흄(Hume)의 회의주의는 경험주의 전통의 개인주의의 직접적인 결과로 간주될 수 있다.
31) 예를 들면, Gurvitch, *Social Frameworks of Knowledge*. 그리고 4장의 논의 비교.

다. 전통의 숭배가 전능(all-powerful)하게 되는 사회는 정체된다. 전통을 반대하여 혁명이 보편화된 사회는 소멸된다.'32)

그래서 기독교 신앙이 개념적 진공 상태에서 만들어지지 않고, 공동의 전통에서 (신앙 공동체의 선포로) 생성되고, 알려진다는 것을 관찰하기 위해, 기독교 신학의 지위에 대한 어떤 특별한 호소도 포함되지 않는다. 기독교 합리성의 사상, 주장, 상징과 구조는 무작위적이거나 확률적인 방식으로 전해지지 않는다. 그것들은 많든 적든 조직된 방식으로, 기독교 교회들의 역사적 기관들을 통해 보내지고, 보호되고, 향해진다.33) 기독교 전통이 하나님 자신 말고는 신앙의 궁극적인 원인이 없다고 강조하는 경향이 있지만, 좀 더 직접적인 원인은 신앙 공동체의 선포이다. 사실 '나는 그리스도를 믿는다'는 확언의 근저에는 잠재적으로 '나는 교회를 믿는다'는 것이 발견될 수 있다. 전통의 내용 전달은 제한적이지만 매우 중요하게, 그 전통의 전달자의 충실함에 의존한다.

한 전통이34) 나사렛 예수의 역사의 중요성과 관련하여 이 공동체 내에서 전승된다. 예수는 기독교 공동체의 정체성을 위한 초점을 제공한다고 단언된다. 이 공동체는 그 정체성을 다름 아닌, 오직 나사렛 예수와 관계해서만 파악하기 때문이다. 이 공동체는 역사 가운데 하나님의 위대한 구원 사역의 이야기를 다시 말하면서, 나사렛 예수의 역사에서 정점에 이른다. 이 역사적 공동체는 십자가에 못 박힌 그리스도의 기억을 떠올려주고, 예배와 경배 가운데 이에 응답한다. 이 공동체는 구속된 생명의 전형적 모양이 오직 나사렛 예수 안에서만 파악될 수 있다고 주장한다.35) 이 공동체는 성경(the Bible)이 기독

---

32) Kolakowski, 'Anspruch auf die selbstverschuldete Unmündigkeit', 1.
33) Bowker, 'Religions as Systems'. 자연과학의 전통에서 같은 과정에 대하여 참고하라. Barnes, *Scientific Knowledge and Sociological Theory*, 66-7.
34) '전통'(tradition)이란 용어는 이 단계에서 엄밀하지 않게 사용된다. '전통들의 범위'는 경험적 상황의 좀 더 적절한 지칭이 될 수 있다는 것을 완전히 인정한다.
35) 참고. McGrath, 'Geschichte, Überlieferung und Erzählung'.

교 신앙을 형성하고 정체성을 부여하는 전통들을 세운다고 인식하였다. 그리고 그런 문서(scripture)는 보호되고, 읽히고, 예배 가운데 해설되어야 한다고 주장하였다.36) 이 공동체는 예수의 존재적 의미를 선포하여, 직접적으로 혹은 간접적으로 역사적 경계 바깥에 있는 사람들이 신앙의 요구에 직면하도록 이끌었고, 이어 그 신앙의 내용을 알렸다. fides qua creditur(믿음으로 믿어진다. 즉, 즉, 주관적 믿음을 가리킨다. 우리가 개인적으로 믿음을 통해 얻게 되는 실체를 붙잡게 되는 것을 가리킨다. 이 믿음은 구원을 위해 꼭 필요하다.-역자주)와 fides quae creditur(믿음은 믿어진다, 객관적 믿음을 가리킨다 우리 믿음의 외적인 객체인 하나님의 계시는 교회를 통해 우리에게 전달되고, 우리의 공식화된 신조들을 통해 표현된다.-역자주)와 같은 발생은 역사적으로 신앙의 공동체와 연결되어 있고, 나사렛 예수와 관련된 전통의 수용과 해석과 전승과 관계된다. 기독교 신앙은 신앙 공동체를 통하여 전승되고, 전파된, 그리고 그 공동체가 예배하고 기도하는 방식으로 형성된 역사적 전통을 통하여 우리에게도 사용 가능하게 되었다.

그러므로 교리의 기원을 수반하는 질문들을 다루면서, 우리는 공동으로 전승된 과거의 권위를 다루어야 하고, 그 정점인 나사렛 예수의 역사를 다루어야 하고, 그 과거에 대해 우리의 지식이 발생하는 방식을 다루어야 한다.37) 교리의 기원의 주제와 과거의 권위는 줄거리와 부차적 줄거리로서 상호작용한다. 만약 예수가 사실 기독교 신앙에 대한 일차적인 explicandum(설명되어야 하는 것)이고, 신앙 공동체의 근본적 정당화의 원천이라면, 우리가 그에 대해 어떻게 그리고 무엇을 아는가에 대한 질문은 신중한 고려를 요구한다. 자연과학의 방법론이 강조하는 것처럼, 지식이 유래되는 방식은 결정적으로 그 지식 자체의 본성에 영향을 끼치기 때문이다.38) 달리 말하면, 어떤 것이 알려

---

36) 이 점은 다음에서 강조된다. Sykes, *Identity of Christianity*, 276-86. 또한 Wainwright, *Doxology*.
37) 참고. McGrath, 'Geschichte, Überlieferung und Erzählung'.
38) 비교. Torrance, *Theological Science*, 9-11; Carnes, *Axiomatics and Dogmatics*, 10-16; 51-3.

지는 방식은 그것에 대해 무엇이 알려질 것인가를 결정한다. 우리가 예수에 대하여 아는 방식은 우리가 그에 대하여 무엇을 아는가에 결정적인 영향력을 갖는다. 그래서 우리로 하여금 그를 해석하는 방식으로 제한하게 한다. 기독교 교리가 나사렛 예수와 관련된 전통과 다툼을 통해 발생한다는 점에서, 교리와 역사는 분리할 수 없다.

그러나 '전통'에 대한 바로 그 사상은 근대에 상당한 비판의 주제가 되었다. 계몽주의의 반-전통적 수사법 때문이다. 이제 우리는 이를 살펴볼 것이다.

전통에 반대하는 계몽주의의 편견

앞서 지적한 것처럼, 계몽주의 전통에 대한 태도는 그 기저에 있는 사상을 (과거와의 전략적 단절과 개인적 경험과 이성에 대한 오늘날의 자원에 대한 전략적 호소를) 반영한다. 원칙에 따라, 인식론적으로 전통은 결핍된 것으로 선언되며, 지식의 해방이라기보다는 지적인 노예화의 원천이다.[39] 제프리 스타우트(Jeffrey Stout)는 그래서 이 근대적 '권위로부터 탈출'을 다음과 같이 요약한다. "근대적 사고는 권위의 위기 가운데 태어났고, 권위로부터 탈출이란 형태를 갖추었고, 시작부터 무엇이든 간에 모든 전통적 영향으로부터 자율성을 열망하였다."[40] 마이클 폴라니(Michael Polanyi)는 전통을 향한 이 부정적 태도에 대해 간단하지만 훌륭한 요약을 다음과 같이 제공한다.

우리는 증명되지 않은 믿음의 숙주가 가장 어린 시기부터 우리 안에 주입되었

---

39) Stout, *Flight from Authority*, 2-3.
40) 참고. Aner, *Theologie der Lessingszeit*; Cassirer, *Philosophy of the Enlightenment*; Hazard, *La pensée européenne*; McGrath, 'Reformation to Enlightenment', 199-299; Wolf, *Weltanschauung der deutschen Aufklärung*.

다고 경고 받았다. 종교적 도그마, 고대의 권위, 학교의 가르침, 보육기관의 원리들, 이 모든 것들은, 단지 이 믿음들이 이전에, 우리가 우리의 차례에 그것들을 포용하기를 원했던 다른 사람들에 의해 지켜졌기 때문에, 우리가 받아들고자 했던 전통의 덩어리에 합쳐졌다. 우리는 이 전통적 교화의 압력을, 철학적 의심의 원리를 가지고 그것에 대항하여 싸우고, 저항하도록 촉구되었다.[41]

한 사람이 신앙이나 도덕에 대한 기존의 양상들을 수용하여 수동적이라기보다, 스스로 생각해야 한다는 개념은 분명히 크게 칭송할 만한 것이다. 그러나 계몽주의가 가진 반-전통의 수사학 곳곳에는 선택하는(choosing) 믿음과 세우는(constructing) 믿음 사이의 중대한 구분을 모호하게 하고, 자기 자신의 것을 믿게 하는 것과 자기 자신의 믿음을 만드는 것의 중대한 구분을 모호하게 만드는 경향이 암시된다.[42] '전통에 반대하는 선입견'은 그 방어적 형식에서, 전통이 비판적으로 평가되어야 한다고 요구한다. 그러나 수사의 내용은 현실을 능가한다. 전통적 믿음은 단지 전통에 의해 중재되는 힘으로는 지지될 수 없다고 주장된다. (혹은 이렇게 이해하게 한다) 네 가지 주요한 비판들이 일반적인 계몽주의의 '전통에 반대하는 선입견'에 반대한다.

첫째, 이 견해는 사회학적으로 순진한 것이다. 내가 앞서 강조한 것처럼, 합리성의 체계들은 사회적으로 조건 지어지고, 역사적으로 위치한 것이다. 수용된 후에, 이 시각은 '개인의 합리성'에 대한 계몽주의의 개념에 의문을 제기한다. 합리성의 체계들은 사회적 구성물이다. 이것이 명확하게 인정되든

---

41) Poanyi, *Personal Knowledge*, 269. 근대의 다양한 반-권위적 입장에 대한 요약을 위해 참고하라. Simon, *General Theory of Authority*, 13-20; 157-61. 전체적 윤리적 그리고 영적 자율성의 수사학의 현대적 진술을 위해 참고하라. Cupitt, *Taking Leave of God*.

42) 예를 들면, Cupitt, *Taking Leave of God*, 9. '근대 사람들은 … 자신의 삶을 살기를 원한다. 이는 자신의 규범을 만들고, 자신의 선택의 삶을 통해 경로를 조종하는 것을 의미한다.' 비교. Williams, 'Religious Realism', 5-7.

아니든 그렇다. 사람의 마음은 고립되지 않고, 사회적 삶의 과정을 통해 형성되고, 합리성의 공동 개념들을 공유한다.[43] 공동체의 공동 기억은 세계를 사고하고 그것에 관해 질문하는 방법을 전달한다. 그 안에서 지식은 성장하고 공동의 수준과 개인의 수준 모두에서 비판의 대상이 되는 조건과 틀을 규정한다.[44] 제프리 스타우트는 근대의 '자율성에 대한 요구는 또한 전통에 영향을 받은 역사적 현실을 부정하려는 시도이다'라고 했다.[45] 그의 관찰에 따르면, 그런 요구는 그래서 실패하게 되어 있었다. 바로 받아들일 수 없는 비-역사적 전제 때문이다. 마틴 하이데거(Martin Heidegger)가 강조한 것처럼, 우리는 우리를 특정 해석에 약하게 만드는 상황에 던져졌다. 심지어 한 개인이 의식적으로 본문을 해석하거나, 한 사건의 의미를 파악하기 전에, 그는 이미 그것을 어떤 맥락(Vorhabe) 안에 두었고, 그것을 어떤 관점에서 (Vorsicht) 접근하였고, 그것을 어떤 방식(Vorgriff)으로 인식하였다.[46] 그 개인은 자신의 역사성으로 인해 제한된다. 역사성은 주어진 합리성의 체계와 수용된 방법론들을 형성함으로 지적 선택권을 제한한다. 당신은 난로에 올라가는 것으로 역사에서 탈출할 수 없다. 심지어 이 과정이 '철학적 의심의 원리'의 묘사로 위엄 있게 보인다 할지라도 그렇다. 당신이 할 수 있다는 주장은 역사적 계몽주의의 로빈슨 크루소(Robinson Crusoe)의 꿈 같은 것이다. 하나의 인공적인 섬에 대한 소설과 같다. 크루소 자신이 소위 일차적 현상에 있어 '오직 자기 자신'(solus ipse)의 인공적인 것과 마찬가지이다.[47]

---

43) 그래서 Cupitt의 개인의 도덕적, 영적 자율성에 대한 요구는 보아하니 역사와 사회의 바깥에서 발생하고, 다소 그 잠재적 중요성을 감소시킨다.
44) 예를 들면, 참고. Berger and Luckmann, *Social Construction of Reality*; Barnes, *Interests and the Growth of Knowledge*.
45) Stout, *Flight from Authority*, 3.
46) Gadamer, *Truth, and Method*, 239-40. 가다머 자신은 '지평'(horizon)의 개념으로 주관을 투영하는 하이데거의 개념, *Vorgriff*를 발전시킨 것으로 간주된다. 비교. Bleicher, *Contemporary Hermeneutics*, 111-13.
47) Gadamer, *Truth, and Method*, 271. 비슷한 점이 1931년 부크하린(Bukharin)에게 발견된다. 그는 비트

개인의 이성은 그래서 처음부터(de novo) 사색을 시작할 수 없다. 오히려 수용된 전통과 어쩔 수 없이 (비판적인) 대화로 들어가야만 한다. 사실, 개인의 이성은 문제들을 이미 미리 결정했다. 엄밀하게 말하면, 그것은 방법과 합리성과 지식의 의식하지 못한 선-이해에 기초하여 작용하기 때문이다. 가다머의 유명한 격언이 바로 이 시각을 보여준다. '전통 안에서 우리에게 말하는 언어에 귀가 들리지 않도록 만드는 숨겨진 편견들의 독재가 그것이다.'[48] 모든 이해가 미리 결정된 것을 포함한다는 인식은, 그것이 어떤 학문에서 이해나 해석과 관련된 것처럼, 과거의 권위에 대하여 책임 있는 기독교인의 태도에 핵심적으로 중요하다.

자연과학은 이 규칙에 분명한 예외를 보여준다고 가정된다. 그러나 이는 그 경우가 아니다. 토마스 쿤(Thomas Kuhn)과 마이클 폴라니(Michael Polanyi)와 같은 이론학자들이 강조한 것처럼, 지식의 진보와 비판은, 과학적(scientific)[49] 공동체에 의해 물려받은 경험과 지식의 성장하는 체계 내에서 발생한다. 예를 들면, 폴라니는 과거의 방법들과 가정들에 의해 형성된 연구의 공동적 전통을 고수하는 중요성을 강조한다.[50] 자연과학자들은 한 전통 안에 서 있다. 그들은 이 전통을 수용하는 동시에 비판한다. 자연과학이 문제들을 보고, 문제를 제기하며, 조사를 진행하는 방식은 공동의 전통에 의해 조건 지어진다. 그러나 역동적 전통은, 그 탐구 방법이 비록 과거의 공동적 경험에 기초해 있지만, 그것이 현실을 드러내는 방식의 빛 가운데 비판과 발전의 대상이 된다. 전통은 정적이지 않다. 전통이 문제를 바라보거나, 그것을 연구하는 데 있어

젠슈타인의 *Tractus Logico-Philosophicus*(1921)을 진짜 주제인 '사회적 그리고 역사적 사람'을 다루는 데 실패한 것으로 비판한다. Bukharin, 'Theory and Practice', 1-7. (부크하린은 1938년 스탈린의 숙청 중 제거되었다.)

48) Gadamer, *Truth and Method*, 239.
49) 이 저작을 읽는 독일의 독자들은 영어 단어인 'scientific'을 이 맥락에서는 wissenschaftlich(학문적)보다는 naturwissenschaftlich(자연과학적)으로 이해하는 것이 적절함을 주의할 필요가 있다.
50) 이 논의에 대하여, 참고하라. Thomson, *Tradition and Authority in Science*, 1-35.

영구적인 방식에 몰두하지 않기 때문이다. 전통은, 결국 여기에서부터 나아가 공동의 전통을 정의하는, 경험의 빛 가운데 자기-교정에 열려있다. '급진적 변화' 혹은 '새로운 출발'은 사실상 전통에 대한 교정이다. 이는 전통과 연속성을 유지하는 새롭고 기대하지 못했던 방안들을 허락하고 제안한다.

쿤(Kuhn)은 '패러다임'(paradigm)[51]의 필요를 지적한다. 혹은 과학적 공동체의 공동 전통인 세계를 예상하고 연구하는 방법의 필요를 지적한다. 과학적 공동체 내에서 경험과 지식의 축적은 자연적 세계로의 접근 방식을, 즉 해결할 필요가 있는 문제들이 확인되는 방식, 질문이 요청되는 방식, 해결책이 찾아진 방식에 영향을 주는 기준틀을 정의한다. 때로는 이 전의 기준틀의 부적절함이 지식의 축적을 통해 드러났을 때, '패러다임-전환'(paradigm-shift)이 발생한다.[52] 쿤이 한 패러다임을 철학적 방식[세계관(Weltanschauung)]이 아니라, 사회학적 방식으로 (과학적 습관의 세트로써) 그리는 것을 인정하는 것은 중요하다. 그것은 구체적이며 선-이론적인 어떤 것으로, 퍼즐을 풀어가는 도구가 된다.

전통에 대한 폴라니와 쿤의 관점과 관련하여 특히 중요한 것은 공동의 지식과 개인의 지식이 상호작용한다고 이해하는 것이다. 지식의 축적 현상의 불가피한 결과는 전통이다. 둘은 과학적 공동체의 공동 체계나 패러다임이 개인에 의해 도전받을 수 있다고 강조한다. 개인의 연구는 (예를 들면, 갈릴레오나, 뉴턴이나, 아인슈타인의 연구는) 전체 패러다임에 의문을 제기할 수 있다. 그러나 대체로 (바로 그 이유 때문에 과학적 공동체 밖으로 대체로 알려지지 않은 채 남을 운명이기 때문에) 다른 사람들의 작업은 기존의 패러다임의 신뢰성을 확증할 것이다. 그래서 자신의 유효성을 확인하거나 수정을 위한 자신의 필요를 표현하는 데

---

[51] 쿤의 '패러다임' 개념에 대한 비판적 평가에 대하여 참고하라. Mastermann, 'Natur of a Paradigm'.
[52] 이 논의에 대하여, 참고하라. Kuhn, *Structure of Scientific Revolutions*. 그러나 툴민(Toulmin)이 과학적 발전과 관련하여 '혁명'(revolution)이란 정치적 비유보다는 '진화'라는 생물학적 비유를 선호한다는 점은 언급될 수 있다. Toulmin, *Human Understanding*.

도움이 되는 패러다임에 대하여, 전통적 체계에 대하여 지속적인 의문들이 존재한다. 전통은 개인을 한 명의 억압자로서 만나지 않는다. 오히려 출발점을 제공하는 어떤 촉매자로서, 앞길을 제시하는 세계를 그리고 조사하는 잠정적인 방법으로써 만나면서, 자체적인 변화를 낳는 탐구의 과정을 가능하게 한다.

둘째, 전통에 대한 계몽주의 비판의 현상학적 정확성은 바뀌어야 한다. 가다머는 '선입견'(prejudice, Vorurteil)과 전통이 자신의 요점을 설명하기 위해 후설(Husserl)의 현상학에 기반하여 이해에 대한 인간 현상의 통합적이고 본질적인 부분이다.[53] 후설에게 있어, 한 객체에 대한 어떤 이해는, 엄격하게 그 인식 자체 안에 포함될 수 없는 인식에 대한 의미를 투영하는 어떤 것으로의 객체에 대한 이해를 포함한다.[54] 인식의 과정 내에서 예상하는 인식과 예비적 의미의 투영에 대한 후설의 현상학적 분석을 가다머는 상당한 해석학적 통찰을 가진다고 보았다. 이 '예상하는 인식'은 사용 가능한 증거를 넘어가는 것이다. 그럼에도 불구하고, 한 객체에 대한 어떤 예비적 이해를 얻기 위해, 나는 이것에 대한 초기적 판단을 만들어야 한다. 이 판단은 순전히 예비적이다. 그리고 이해의 과정이 진행될 때, 변경도 가능하다. 예를 들면, 나는 도널드 코간(Donald Coggan)이란 사람의 『유죄』(Convictions)라는 제목이 붙은 한 책을 만났고, 그것이 그의 감옥생활에 대한 기록에 관련된 것이라는 예비적 가정을 만들었다. 내 생각에, 이 예비적 가정은 내가 그 책을 읽을 때에 교정될 것이다.

그래서 가다머는 '선입견'은 단순히 증거가 전체적으로 평가되기 이전에 만들어진 예비적 판단(Vor-Urteil)임을 강조한다. 그러므로 그것은 즉각 묵살될 수 없다. '편견'은 단지 시작점이고, 정적이지 않고, 동적인 의미의 기대이다.

---

53) Bradley, 'Gadamer's "Truth and Method"'. 이는 이 요점에 대한 유용한 안내문이다.
54) 이어지는 내용을 참고하라. Warnke, *Gadamer*, 75-7. 전통과 권위와 이성에 대한 가다머의 접근을 더 자세하게 분석한 것은 다음에서 찾을 수 있다. Thiselton, *Two Horizons*, 293-326. 뉴먼(Newman)과 가다머의 중요한 유사점에 대하여 참고하라. Louth, 'Nature of Theological Understanding'.

전통은 질문을 미리 판단할 수 있다. 그러나 이것은 단지 지식의 진보에 필수적인, 개인과 공동의 인식의 역동적 상호작용을 설명하는 것이다. 전통은 공동의 예상하는 인식을 '예비적 판단'으로써 물려주어, 개인이 평가하도록 한다. 달리 말하면, 그것은 개인적 판단과 분별의 실행을 (부정한다기보다) 요구한다. 개인은 다른 사람의 판단들을 평가하도록 요청된다. 그 판단들이 그에게 거절되지 않는다면, 혹은 고려 없이 묵살되지만 않는다면, 공동의 지식과 이해의 전승을 위한 체계는 필수적이다. 개인은 공동의 지식과 상호작용 해야 한다. 후자는 정적이지 않고, 역동적이며, 비판과 발전에 열려있다. 위에 언급되었던 과학적 전통 내의 정확히 같은 상호작용이 다른 분야들에서도 일어나고, 기독교 신학도 예외는 아니다.

이 시각을 발전시키면서, 가다머는 권위와 (혹은 공동으로 기초한 지식, 전통에 의해 중재된 지식과) 이성 (혹은 개인적 고찰) 사이에 필연적인 반명제가 존재하지 않음을 주장한다.[55] 만약 계몽주의가 고립된 반역사적인 개인으로서, 역사와 사회에 의해 형성되지 않은 개인으로서, 사상가의 모델을 가지고 작동하였다면, 가다머는 우리로 하여금 이미 자신의 세계의 지적 내용의 일부 지식과 이해의 수용자, 전달자, 평가자로서 사상가를 생각하도록 초대한다. 가다머는 '영향력의 역사'(Wirkungsgeschichte)의 중요성을 강조한다. 그 안에서 그것에 의해 조건 지어진 채 남아있는 사람들을 넘어서, 그들이 받아들이든 거절하든 상관없이, 전통의 작동하는 힘을 강조한다.

세 번째 난제는 전통에 대한 계몽주의의 태도가 이념적으로 조건 지어진 것처럼 보인다는 관찰을 통해 생겨난다. 지도적 계몽주의 사상가들의 특징인 '전통에 반대하는 선입견'은 특정한 사회-정치적 그리고 문화적 시스템 속에 있는 그들의 특정 역사적 세대 내의 특정한 사회적 집단에 특별한 세상의 경

---

55) Gadamer, *Truth and Method*, 235-53.

험과, 그 세상의 관점과 일치한다. 전통이 그렇지 않았다면 접근이 부정될 중요한 정보를 전달할 수 있다는 주장은 사실상, 그 파괴적인 영향 때문에, 원리의 문제로 배제했다.

앞서 나는, 지식 사회학에 의해 놓인 사상 역사가들의 핵심 과제는 믿음의 타당성을 설명하는 것임을 지적하였다. 어떤 사회-정치적 이유 때문에 주어진 믿음이 타당성을 얻었는가? 전통에 대한 계몽주의의 부정적인 태도는 공동의 지식 개념과 관련된 엄청난 난제들 덕분에 타당성을 가진 것이 아니라, 이에 연결된 것으로 여겨지는 사회와 정치에 대한 보수적인 태도 덕분에 타당성을 가지게 되었다. 전통에 대한 계몽주의의 태도는 하나의 전체적인 사상적 모음 중 한 부분이나 덩어리이며, 18세기 유럽의, 특히 독일의 사회-정치적 상황을 반영한다. 그 타당성은 일차적으로, 공동으로 전달된 지식의 사상이 가진 난제에서 유래한 것이 아니라, 이 사상의 사회적 그리고 정치적 영향들에 대한 두려움에서 유래한 것이다. 이는 전통에 대한 계몽주의 태도가, 하나의 전체적 사회 구조로써, 계몽주의 사상가들이 속한 사회 집단들의 기득권적 필요와 관심들을 돕는 것이라며, 묵살될 수 있다고 말하는 것이 아니다. 오히려 이 태도가 공동으로 전달된 지식 자체의 사상과 관련된 난제들로부터, 혹은 그 안의 불일치들로부터 발생한 것이 아니라는 점이다.

네 번째 난점은 기독교가 (특징적이고 사회적으로 순진한 자연신론[Deist]의 구절을 사용하면) '자연 종교의 복제판'(republication of natural religion)이 아니고,[56] 나사렛 예수의 역사에 의해 형성된 사상과 관점을 가진 현상이라는 주장으로 제기된다. '계시'라는 용어의 사용은 우리 자신이나 하나님에 대한 우리의 이해의 자율성 혹은 자기-결정의 주장에 이의를 제기한다. 그리고 기독교의 우리가 소유하지 않은 주도권 사상을 특징적으로 표현한다. 에베르하르트 윙엘

---

56) 참고. McGrath, 'Reformation to Enlightenment', 199-203.

(Eberhard Jüngel)은 이렇게 기록한다. "기독교 전통을 말하는 방식은 우리가 하나님의 말씀에 대하여 무엇을 생각해야 하는지 우리가 들어야 한다고 주장한다."[57]

이런 종류의 제안은 계몽주의에게 받아들일 수 없는 것이다. 계몽주의는 그 안에서 미신과 (그 용어의 경멸적인 의미에서) 권위에 대한 비이성적 호소를 보았다. 그러나 내가 앞 장에서 그 경우에 대하여 논의한 것처럼, 만약 특징적으로 기독교의 개념과 가치가 어떤 의미에서 결정된다면, 혹은 심지어 나사렛 예수의 역사에 의해 영향을 받았다면, 어떻게 우리가 그의 역사에 대한 접근을 얻을 수 있는가의 질문은 상당히 중요하게 된다. 왜냐하면 이 역사는 구두 전승의 핵심을 구현하는 신약을 통해 중재되었기 때문이다. 나사렛 예수에게 권위를 부여하는 것, 우리가 어떤 의미에서 그의 개인적 역사 가운데 하나님에 대한 우리의 이야기를 기반을 두는 데 권위가 있다고 암시하는 것,[58] 이것은 우리의 정신적 지평들을 형성하는 가운데 전통의 중요성을 인정하는 것이다. 예수에 대한 정보는 우주 도처에 무작위적으로 흩어지지 않고, 어떤 정해진 사회적, 문학적 경로들을 통해 전달된다. 우리가 신약에서 가지고 있는 기독교 공동체들을 형성하는 전통들은, 그 공동체들이 전달하는 것이 중요하다고 느끼는 나사렛 예수에 대한 정보를 전달하고, 보호한다. 그래서 신학적 실용주의의 문제로써, 예수에 대한 우리의 지식과 첫 기독교 공동체들을 위한 그의 인정된 의미들은 전통에 의해 우리에게 전달된다.

그리고 나서 전통은 매우 한정적인 역사적 기관들과 사회적 통로들을 통해, 나사렛 예수의 의미에 대한, 원리상으로, 입증과 위증에 열려 있는 해석들의 전달로써 간주된다. 전통에 대한 계몽주의 비판은, 그 권위성과 신뢰성에 긴밀하게 연관된 이 전통을 질문할 필요에 대해, 우리를 상기시킬 만큼 유

---

57) Jüngel, *God as the Mystery of the World*, 13.
58) 다음에서 한 주제가 창의적으로 탐구되었다. Williams, 'Trinity and Revelation'.

효하다. 원리상, 전통은 다른 수단들로 도달할 수 없는 중요한 종교적 정보를 전달할 수 없다는 계몽주의의 주장은 그러나 취약한 것으로 간주되어야 한다.

그러나 어떻게 그 전통이 믿을 만한가? 신앙 공동체들에 의해 전달된 예수에 대한 기억에 얼마나 역사적 무게를 부여할 수 있는가? 사람의 기억에 대한 심리학을 이 점에서 고려하는 것이 적절한 맥락에서 제공하는 중요한 통찰들을 가진다.

과거의 기억

신약은 사회적 실체들이며, 삶에 대한 관점의 보유자이기도 한 공동체들의 생성적 사건들에 관련된 기독교 공동체들의 형성에 중요한 전통들을 포함한다. 상당한 사색의 주제가 되었던 다양한 초기 기독교 공동체들의 필요와 열망들과 함께, 많은 관심이 전달 가능한 사회적 통로들에 맞추어졌었다.[59] 그러나 과거가 기억되어온 방식에 (이 전통의 전승 기저에 있는 사람의 기억 과정들에) 부적절한 관심이 맞추어졌었다. 사회적 통로와 공동체가 예수의 기억 전달에 있어 상당히 중요하다는 것은 의심할 수 없는 진리이다. 그 기억이 표현된 형식은 전통의 역사적 유효성과 관련하여 특히 흥미롭다. 인간 기억의 심리학은, 기억 과정과 관련하여 근간이 되는 예수의 전통을 전달하는 상당한 통찰력을 가진다. 그리고 예수와 관련된 전통의 역사적 신뢰성에 빛을 주는 데 통찰력이 있다. 결국, 그 전통의 타당성은 불가분하게 그 보존과 전승에 관련된 기억 과정의 신뢰성과 연결된다. 세 가지 요점이 특별히 중요한 것으로 뽑힐 수 있다.

---

59) 예를 들면, Meeks, 'The Stranger from Heaven in Johannine Sectarianism'; Elliott, *A Home for the Homeless*.

첫째, 나사렛 예수와 관련된 생성적 이야기 전통들은 기억화된 자료라기보다는, 개인적 기억들의 심리학적 상태와 기능을 갖는 것으로 간주되어야 한다. 펄롱(Furlong)은 기억과 회상 사이에 구분이 있다고 주장한다.[60] 회상은 자신의 주요한 고유 특징들 중 하나로써 시간과 공간의 맥락에 대한 근거를 그 동반하는 형상과 함께 포함한다. 비슷하게, 레이프(Reiff)와 쉬어러(Scheerer)는 기억의 두 가지 일차적 형태들 사이를 구분한다. 자서전적 색인을 가진 기억과 그렇지 않은 기억이다. 전자는 항상 시간을 통한 개인적 연속성의 경험을 동반한다. 후자는 그것이 없다.[61] 관련된 구분이 툴빙(Tulving)의 '삽화적'(episodic) 기억과 '의미적'(semantic) 기억의 개념들의 근간이 된다.[62] 삽화적 기억은 기억자의 과거에 날짜화된 독특하고, 구체적인 개인 경험과 관계된다. 의미적 기억은 다른 사람들과 공유된 개인의 추상적이고 비시간적인 세상에 대한 지식과 관계된다. 이 구분은 우리로 하여금 개인적 근거를 가진 자료의 강화된 기억화를 (나사렛 예수와 관련된 이야기와 같은 것들을) 이해하도록 한다.

둘째, 이 정보는 이야기의 형태로 전승된다. 사실상, 이것은 구조적으로 시간과 역사를 표현할 수 있는 유일한 문학적 형식이다. 신약의 형성적 전통들 가운데 구현된 개인적 회상들은 이야기 형태의 표현을 요구한다. 그러나 최근에 심리학자들에 의해 이야기적 구조와 관련된 기억화의 기능에 대한 관심이 발생하였다. 일리아드(Iliad)와 같은 서사시적 이야기들이 고대 세계에서 암기되었던 기능들은 잘 알려져 있다. 더욱 최근에, 바우어(Bower)와 클락(Clark)은 자료를 암기하고 이어 그것을 다시 기억해내는 데 있어 이야기적 구조들의 특별한 가치를 지적하였다. 심지어 관계없는 품목의 목록들도 만약 한 이야기 안에 요소들로써 연결되어 있다면, 강화된 기능을 가지고 기억될

---

[60] Furlong, *Study in Memory*, 6.
[61] Reiff and Scheerer, *Memory and Hypnotic Age Regression*, 25.
[62] Tulving, *Elements of Episodic Memory*, 17–120.

수 있다.[63] 그래서 이야기는 기억 유지를 위한 고양된 가능성들을 가진 문학 형식을 대표한다. 심지어 상관없는 사건들의 기억도 가능하다. 공관복음서들의 이야기 구조와 (갈 3:1-4:11와 같은) 어떤 핵심적인 바울서신 구절들의 이야기적 하부구조들은 그래서 가장 신뢰할 만한 기억화 과정의 형식이 무엇인지에 달려있다.

셋째, 신약의 형성적 전통들의 구성 요소들이 반복의 과정으로 전해졌다는 것은 분명하다. 한 번 더, 심리학자들에 의해 사람에게 독특한 기억 과정으로서 복잡한 자료의 기억화를 위한 예행연습의 전략의 중요성에 관심이 발생하였다.[64] 구두 전승에 의한 공동의 전달 과정에 필수적인 자료의 예행연습은 개인의 짧은 기간 기억에서 긴 기간 기억으로 전이를 가능하게 한다. 그리고 이런 이유로 공동체의 기억도 전이 가능하게 한다. 이 전략의 심리학적 그리고 생리학적 기초는 이해되지 않는다. 그러나 그 효과는 논란이 없다.[65] 예수에 대한 기억을 보존하기 위한 이 전략의 종교적 의미는 특히, 나사렛 예수의 이야기의 정점에 대한, 즉 그의 죽음과 부활에서, 심지어 가장 원시적인 성찬 형식들에서(예를 들면, 고전 11:23-26) 분명한 공적 회상들(anamnesis)에 부과된 중요성을 통해 고양된다.[66]

이 세 가지 고려사항은 예수와 관련된 전통들의 역사적 신뢰성에 대한 과장된 결론들이 그려지도록 허용하지는 않는다. 그러나 이 고려들은 그런 전통들이 최적의 조건들 아래에서 생성되고 기억되었고, 그 즈음에 사람의 기억화 과정에 가능하게 되었다는 점을 지적한다. 그러나 기독교 공동체의 형성적 전통들의 생성에 대한 주제는 그 자체로 상당히 흥미롭게 남아있다. 이는 특히 이 연결점에서 우리와 관계된 전통들의 기능이다.

---

63) Bower and Clark, 'Narrative Stories as Mediators for Serial Learning'.
64) Gruneberg, 'Memory Processes Unique to Humans', 253-9.
65) 참고. Rundus, 'Analysis of Rehearsal Processes in Free Recall'.
66) 참고. McGrath, 'Geschichte, Überlieferung und Erzählung'; Wainwright, *Doxology*.

공동체 전통의 해석학적 중요성

지성사의 연구가 의미 있는 현상을 드러내었다는 것은 이미 지적되어왔다. 현재는 과거를 강조할 수 있고, 심지어 선택적으로 과거를 전용할 수 있다. 르네상스의 플로렌스가 고전적 로마 문화를 사용한 것은 이 점을 보여준다. 19세기 이탈리아 작가들이 영감과 본보기를 위해 르네상스로 향했던 방식과 같다.[67] 독일의 신고전주의(Neoclassical)는 고전적 아테네의 미학들을 강조하는 데 있어 놀랍게도 거의 어려움이 없었다.[68] 근대의 기독교 교회는 상대적으로 신약의 사상과 언어를 재사용하는 데 거의 어려움이 없다는 사실은 이 공통적 양상과 일치한다. 이 경우들은 과거의 재전용에서 핵심적으로 중요한 공동 요인을 드러낸다. 과거와 공동의 연속성이다. 과거는 전통을 만들어냈고, 현재는 그 계승자이다. 그 전통은 논의의 양식, 세상을 생각하는 방식 등을 포함한다. 이 방식은 세상에 각인되고, 분명한 역사적 형식으로 영구화되며, 기관뿐만 아니라 개인을 통해서도 중재된다. 한 공동체는 이 전통의 소유자로서 발생한다. 그래서 장기간에 걸친 연속성을 세워간다. 이 전통 내에 서 있는 사람들은 가치와 언어와 개념이 과거와 공명을 이룸을 발견한다. 그러나 일반적인 과거가 이 상태를 가정하지 않는다. 오히려 특정한 사건들이 해석자가 서 있는 전통 안에서 그 전통을 촉발시키는 것이다.

내가 아프리카의 아잔데(Azande) 부족이나 딩카(Dinka) 부족을 (그들은 나의 시대에 존재하고 있다.) 이해하는 것이 그렇게 어려운 가장 중요한 이유들 중 하나는

---

67) 예를 들면, 참고하라. de Sanctis, *Lezioni zurighesi sul Petrarca; Lezioni e saggi sul Dante*. 비교. Marti, 'De Sanctis e il realismo dantesco'; Bonara, 'L'interpretazione del Petrarca e la poetica del realismo in De Sanctis'; Tateo, 'Il realismo critico desanctisiano e gli studi rinascimentali'. 좀 더 일반적으로 참고하라. Biscione, *Neoumanesimo e Rinascimento*; Landucci, *Cultura e ideologia in Francesco De Sanctis*; Mirri, *Francesco De Sanctis politico e storico della civiltà moderna*.
68) 다음에서 한 요점이 강조된다. Butler, *Tyranny of Greece over Germany*; Hatfield, *Aesthetic Paganism in German Literature*.

그들의 사상과 가치들이 나에게 형성적이거나 정체성을 부여하는 것으로 중재된 적이 없다는 것이다. 나는 나 자신을 그들이 촉발시킨 전통 내에 서 있다고 생각하지 않는다. 그리고 나는 그들과 내가 공동의 근본적 전통을 공유한다고 생각하지도 않는다. 많은 근대 서방 사람들에게 소위 예수의 낯설음은 부분적으로 그들이 그에게 방향을 맞춘 한 공동체 전통 내에 서 있지 않다는 사실에 기인한 것이다. 그리고 그들의 문화의 세속화에 기인한 것이다. 원리상 공격적으로 세속적인 문화의 목표와 대상에 공감하는 개인들은 기독교 전통의 바깥에 서 있거나, 그 전통을 경시하는 경향이 있다. 그 전통의 내용과 언어는 그런 개인들에게 이상하거나 상관없는 것처럼 들린다. 이는 단순하게 기독교 전통 자체 안에 있는 어떤 결핍이나 결점의 증거로 받아들여질 수 없다.

아프리카와 인도 아대륙의 기독교 선교 역사가 주장하는 것처럼, 기독교 신앙의 근본적 사건들에 초점을 맞춘 한 전통의 생성은, 그리고 그 언어와 개념성들을 적절히 사용하고, 공감할 수 있는 전통의 생성은 한 문화에 복음이 파고 들어가는 데 있어 핵심적으로 중요하다. 그런 전통이 생성되었고, 과거와 연속성이 확증되었을 때, 견고화와 확장의 과정이 시작할 것이다. 그런 공동체와 전통의 기초에 대한 문화적 저항은 상당하다. 그럼에도 불구하고 기독교 선교의 역사는 (잉글랜드 앵글로 색슨에게든 혹은 19세기 동아프리카에게든) 그것이 시행될 수 있고, 시행되어 왔다는 것을 가리킨다. 한 공동체가 생성되고, 과거에 대한 기초로 형성된 세계관이 생성되었다. 이 공동체에 참여하는 다른 사람들은 그 세계관을 받아들이고, 그 세계관의 전통이 그들의 세계를 만들어 가도록 허용한다. (보편적 가능성으로써 선포되는) 기독교 공동체의 회원은 그 전통들을 지배하는 역할의 수용을 수반하는 것으로 인정된다. 개인의 정체성은 공동체의 역사와 이야기에 연결된다.[69] 그러므로 공동의 전통이 종교적

---

69) 비교. MacIntyre, *After Virtue*, 220-1; Jones, 'MacIntyre on Narrative'.

인식론에 핵심이라고 주장하는 것은 특히 과거의 중요성에 대한 질문과 관련하여 합리적이다.70) 칸트의 사상화된 가상적 '주체를 아는 것'(knowing subject)은 배제될 수 있고, 한 공동적 전통 내에 서 있는 것을 인식한 개인에 의해 그 자리는 취해질 수 있다. 후자는 사상화된 허구가 아니라, 실제 역사적 존재이다.

그래서 과거의 특별한 순간은 중요성을 가정한다. 이는 그것이 한 공동체를 위한 역사적, 사상적 중요성이 유지되기 위해 발생했기 때문이다. 그 순간의 역사적 중요성은 그 공동체의 존재가 시작되었을 그 순간으로부터 파생될 수 있다. 그래서 이 순간은 그 집단의 공동적 의식의 부분이 남아있음을 보장한다. 그 사상적 중요성은 이 근본적 사건이 그 공동체의 현재 인식을 형성하고 조건 짓는 가능성에서 파생된다.

기독교 신앙의 경우, 나사렛 예수의 역사는 신앙 공동체를 세우고 또한 삶과 정신적 지평에 대한 세계관을 형성하는 것으로 간주된다. 그 역사는 발생하는 공동체의 지적 윤곽을 촉발하고 형성한다. 존재의 양상은 드러났고, 그 공동체 내에 현재적 가능성이 있음이 선포된다. 츠빙글리는 스위스 연방의 근본적 사건의 집단적 기억과 기독교 공동체의 기억 사이에서 중요한 동형이상을 인식했다. 둘 다 그들을 존재하게 만든 근본적 사건을 기념하였다. 그리고 둘 다 그들의 집단적 정체성을, 어느 정도, 그 사건에 의해 형성된 것으로 여긴다.71) 기독교 공동체의 경우, 그 사건의 기억(anamnesis)은 성찬 예식에서 영구화된다. 이 예식은 근본적 사건의 오늘날의 중요성을 생각나게 하고, 선포한다. 그 사건과 선포된 의미의 낯설음(strangeness)은 친숙함의 과정을 통하여 사라지게 된다. 그 공동체에 새로 온 사람이 공동체의 관용구를 배우는 것과 마찬가지이다. 어떤 공동체의 한 구성원이 되는 것은 (비둘기 사육자나 소프트

---

70) 비교. MacIntyre, 'Epistemological Crises'.
71) McGrath, *Reformation Thought*, 122-5.

웨어 제작자나 커피 혼합가의 구성원이든) 그 관용구와 논의 방식을 그 작업과 지평들에 적합한 관용구를 배우는 것이다. 그러나 만약 처음에는 낯설게 보일지라도, 그 관용구는 그 다음, 그 공동체의 상황에 파고든 것으로 발견된다. 그리고 자신의 필요와 목적을 위해 조정되는 것으로 발견된다.

우리는 역사 안에 살도록 처해졌다. 그러나 그 구속은 고독한 갇힘의 형태가 아니다. 우리는 공동의 전통들 안에 존재한다. 특별한 사회적 집단의 역사적 삶들 안에 존재한다. 신앙 공동체의 구성원인 것 혹은 되는 것은 그 집단의 역사적 존재의 부분이 되는 것이다. 이 공동체가 그 가치와 논의 방식들을 나사렛 예수의 역사로 초점을 맞춘다는 점에서 이 과거 순간은 현재의 부분으로 인식된다. 그 이야기와 언어와 믿음의 상징들의 낯설음은 노출과 친밀화의 과정을 통해 사라진다. 만약 나사렛 예수의 역사가 기독교 존재의 형상을 가능하게 하고 또한 드러낸다면,[72] 만약 기독교 존재가 (최소한 몇몇에 의해) 좋은 것이라고 생각된다면, 나사렛 예수의 신앙 공동체에 대한 지속적인 중요성은 보장된다.

알래스데어 매킨타이어(Alasdair MacIntyre)는 데카르트의 근본주의는 실증주의의 인식론을 위하여 배제되어야 한다고 설득력 있게 주장하였다.[73] 다른 전통들이 합리성의 체계들에 대하여, 증거의 본성에 대하여, 진리-주장이 결정적으로 증명되었다고 간주될 수 있는 조건들에 대하여 불일치하기 때문이다. 역사적 사건의 의미 해석은 (카이사르가 루비콘 강을 건넌 것이든 혹은 나사렛 예수의 십자가 못 박힘과 부활이든) 그 역사적 맥락에 의해 결정된다.

명백하게 그런 문맥적 체계는 구약의 이야기 전통에 의해 제공된다. 그리고 이것이 나사렛 예수의 역사와 서로 맞물리는 것으로 인정되는 방식에 의

---

72) 이것은 '모형론'(exemplarism)이나, '모방'(imitation)에 대한 계몽주의의 개념을 암시하는 것이 아니다. 오히려 신앙을 통하여 그리스도를 따르게 되는 과정을 가리킨다. McGrath, 'Christian Ethics'.
73) MacIntyre, *After Virtue*, 461.

해 제공된다. 나사렛 예수의 역사를 해석하는 데 적용된 합리성의 체계는 이미 팔레스타인의 문화적 환경에서 현재하고, 역사 안에서 이것이 낳는 기대들 안에서 하나님의 활동에 대한 구약 이야기에 의해 형성된다. 유대주의와 기독교의 역사적 연속성은 추론과 증거의 방식의 연속성으로 서로 맞는다. 이는 결국 그 운동의 역사적 그리고 사회적 분기점을 만들 수밖에 없도록 공모하였다. 이 공동의 전통은 역사의 해석에 적용되는 적절한 추론 방식과 개념성 체계를 정의했다.[74] 이 공동의 전통 내에서 예수의 역사는 지금 신약에서 발견되는 의미의 범위를 가진 것으로 인정된다. 그리고 계몽주의(Aufklärung)와 관계된 다른 합리성의 체계가 적용된 것이라면, 예수의 정체성과 의미에 대한 다른 이해가 결과로 나올 수 있다. 그럼에도 불구하고, 예수를 구세주, 하나님의 아들 등으로 확인한 역사적 공동체가, 신약의 신앙 공동체에 의해 영속화되었고, 그 공동체가 기초한 역사적 사건에 의해 강화된 구약에 기초한 합리성의 체계를 적용하였다는 사실은 그대로 남아있다. 이 공동체에 의해 적용된 변수들 내에서, 그리고 오직 이 변수들 안에서 그리고 이 공동체 안에서만 예수는 정체성과 의미를 가지는 것으로 인정된다.

아마도, '예수의 생애' 운동의 발흥과 몰락이 우리에게 기억나게 하는 것처럼, 나사렛 예수의 역사의 의미가 합리성의 대안적 체계 내에서 (특히 계몽주의의 체계에서) 무엇일 수 있는지를 탐구하는 경우가 항상 존재할 것이다. 그러나 그 대안적 체계들은 어떻게 정당화될 수 있을까? 그리고 특히 그런 기독론적 맥락에서 사용되기 위한 정당화가 있을까? 근대 세계를 형성하는 데 있어 계몽주의의 가장 중요한 공헌들 중 하나는, 어떤 믿음과 행위의 과정들에 의해 삶의 모든 영역에서 평가될 수 있는, 시공간의 역사적 우발성들과 상관없이

---

[74] 이 질문은 여기에서 자세히 연구하기에 너무 거대하다. 예수를 확인하는 데 도움을 주는 합리성의 종말론적 체계라는 최근의 영향력 있는 관점에 대하여, 참고하라. Pannenberg, *Jesus-God and Man*. 다른 관점들은 다음에 기록되어 있다. McGrath, *Making of Modern German Christology*.

합리적 정당화의 기준과 방법을 제공하려는 열망을 가져왔던 것이다. 이 기준과 방법들은 그래서 다른 사건이나 사상만큼 나사렛 예수의 역사에 적용될 수 있다. 그러나 알래스데어 매킨타이어가 우리로 하여금 다시 기억하게 하는 것처럼, 귀찮은 역사의 우발성들과 상관없이, 합리성의 보편적 체계에 대한 요구는 좌절감을 느낄 정도로, 풀리지 않은 그대로 남아있다.

> 계몽주의 사상가들뿐만 아니라 그들의 계승자들 모두, 모든 이성적 사람들에 의해 부인할 수 없게끔 발견되는 원리들이 정확하게 무엇인지에 대하여 동의할 수 없음을 증명하였다. 한 대답이 '백과사전'(Encyclopédie)의 저자들에 의해 주어졌다. 두 번째는 루소(Rousseau)에 의해, 세 번째는 벤담(Béntham)에 의해, 네 번째는 칸트(Kant)에 의해, 다섯째는 스코틀랜드의 상식철학자들과 그들의 프랑스와 미국 제자들에 의해 주어졌다. 이어지는 역사도 그런 불일치의 정도를 해소하지 못했다. 결과적으로 계몽주의의 유산은 획득하는 것이 불가능하다고 증명된 합리적 정당화의 한 사상을 제공하였다.[75]

그러므로 기독교 전통의 시각들의 정당화를 위한 적법한 요구는 난제들에 직면한 것 같다. 어떤 기준들이 적절하게 채용되었는가에 대한 동의가 분명히 부족하다는 점이 그것이다. 이것은 논쟁의 요점을 피하는 것이 아니다. 오히려 합리성의 모든 체계들의 잠재성과 역사적 우발성을 강조하는 것이다. 기독교 전통들의 평가 가능한 논지나 이성의 전통에는 독립적인 기준들은 존재하지 않는다. 모든 요구는 어떤 특정한 사회적, 지적 과거에서 시작한다. (계몽주의 것이든, 신약의 것이든) 과거에 우리는 사고나 탐구의 한 전통으로 연관되어 있다.[76] 이 부분에 대하여 피상적으로 읽는다면, 우리가, 이성적 비

---

75) MacIntyre, *Whose Justice? Which Rationality?*, 6.
76) 이 주장은 '신앙'(faith)을 정의하는 잠재적으로 중요한 기능주의 방식들을 열어준다. 예를 들면, 한 공동

판과 기독교 신앙의 지적 정당화는 원리상 부적절한 선언인 '신앙주의'(fideism)에 의존하고 있음을 주장하는 것이라 볼 수 있다. 그러나 좀 더 신중하게 읽는다면, 우리가, 그런 비판과 정당화가 전제하는 특권적인 '보편적 합리성' 개념의 타당성에 대한 지적인 망설임을 제기하고 있음을 보여줄 것이다. 전통들의 '합리성'(rationality)을 평가하기에 좋은 보편적이며, 전통에서 독립적인 지점이 존재한다는 계몽주의의 믿음은 계몽주의가 이 입장을 차지하게 되었다는 가정과 마찬가지로 미미할 뿐 아니라, 변호될 수도 없다. 이 유리한 지점은 단지 현재적으로 거주하지 않는다는 것이 아니다. 그것은 본질적으로 거주할 수 없다는 것이다. 그것이 사람의 역사와 사회적 존재의 흐름 바깥에 서 있다는 점에서 그렇다. 기독교 전통은 사실 또 다른 역사로 우발적인 전통의 기준들에 의해 평가될 수 있다. 그러나 (아마 발견되었으면 하는) 보편적 합리성에 의해 평가되고, 역사의 우발성이 정화될 수 있다는 개념은 역사적 시각의 발전에 앞서, 명백하게 역사에 위치한 개념으로 보인다.

이와 같은 고려들은 교리 비평 분야가 신앙 공동체 안에서, 그것이 중요하다고 인정하는 기준들에 기초하여 적절한 영역을 갖는다고 주장하는 경향이 있다. 교리는 기독교 신앙의 고립된 측면으로 간주될 수 없다. 마치 신앙 공동체로부터 분리될 수 있는 것처럼, 순전히 관념적 현상으로 다루어질 수 있는 것처럼 간주될 수 없다. 기독교 교리는 다양한 요소들 안에서 불가분하게 짜여 있는 기독교 전통 안에 속해 있다. 교리와, 상징과, 가치와, 삶의 양식과, 공동체에 정체성을 부여하는 이야기들 사이의 긴밀한 상호작용은 외부인의 관점들이 본질적으로 교리를 평가하는 데 필연적인 판단점을 만들 수 없음을 보여준다. 그러나 이것은 기독교 교리의 현상이 외부 비판과 평가로부터 영향을 받지 않음을 주장하는 것이 아니다. 이는 비판과 평가가 채용되는

체에 대한 집착과 그 사고의 특정한 방식과 같다.

기준에 대한 동의가 가정된다는 점을 지적하는 것이다.

모든 기준은 역사를 갖는다. 그러나 기독교에게 역사 자체는 하나의 기준이다. 이 저작을 통해 쭉 논의해 온 것처럼, 기독교 교리는 나사렛 예수의 역사에 대한 응답이다. 그 성취와 성공, 그 실패와 약함은 모두 그 역사에 근거하여 판단되어야 한다. 그 역사는 한 전통을 통해 중재되고, 사회적으로 전통에 초점을 맞춘 한 공동체 내에서 구현되었다. 그 공동체를 근본적으로 정당화하는 사건에 대한 추억(anamnesis)은 정체성과, 헌신과 목적의 의미를 형성한다. 교리의 비평은 자신의 본성적 맥락을 그 공동체 내에서 찾는다. 신앙 공동체 외부에서 나사렛 예수는 진리와 이성에 대한 경쟁 이론들에 따라 계속하여 해석될 것이다. 그러나 신앙 공동체 내에서 나사렛 예수는 예배와 경배와 경이의 핵심 객체로 남아있다. 그리고 그 경이의 의미 안에 교리의 기원이 놓여 있다.

교리의 미래

이 저작 내내, 이는 단지 개별적 기독교 교리가 아니라, 역사적 발전과 분석이 허용되는 기독교 교리 자체의 현상임이 강조되었다. 교리의 생성으로 이끄는 역사적 환경과 압력은, 합리적 한계 내에서 교리의 역사적 발전 과정에 공헌한 것으로 확인될 수 있다. 교리 공식화가 존재하게 되고, 이어 발전한 조건들이 자연스럽게 이해될 수 있다는 사실은 의미 있는 한 질문을 던진다. 우리가 교리의 기원과 역사에 대하여 아는 것, 혹은 우리가 합리적으로 추론하는 것을 고려한다면, 교리의 미래는 무엇일까?

'교리사'(history of doctrine)의 근저에서 발견되는 더욱 중요한 가정들 중 하나는 교리 공식화의 역사적 위치와 관련된다. 한 현상으로써 교리는 일차적으로 과거에 위치한다. 교리는 원리상 '성숙한 세상'(world come of age)에서 시대에 뒤떨어진 것으로 간주될 수 있으며, 근대가 제공하는 사고의 초기 방식의 흔적으로 간주될 수 있다.[77]

'도그마 없는 기독교'(Christianity without dogma)의 환상은, 최소한 어느 정도, 교리사(Dogmengeschichte) 분과를 뒷받침했다. 특히 이는 하르낙에게서 정점을 이루었다. 이 개념은 오늘까지 지속되었다. 부분적으로 자유주의 가치를 전제한 사람들에게, 그리고 잠재적인 사회적 분열에 대해 망설이는 사람들에게, 그리고 기독교 교리 공식화들 안에 내포된 독특함에 대해 분명히 반발하는 사람들에게 매력이 있기 때문이다.

자유주의 신학에 동조하는 저자들과 관련된 운동들은 역사적 발전의 과정이 이제는, 교리 현상이 시대에 뒤떨어지고, 대체된 것으로 간주하는 그 지점에 도달하였다는 주장 가운데, 현재와 좀 더 가까운 과거를 묘사하는 것만큼이나 미래를 예측해야 한다. 예측을 위해서는 과거 교리사가 예측을 만들어내기 위해 해석되었던 것에 의해, 발전의 모델들이 가정되어야 한다. 일반적으로는 교리 발전의 미래적 과정을 예측하고, 특별히 기독교 교리의 운명을 예측하려는 좀 더 최근의 시도에 어느 정도 영향을 주는 모델들은 생명 과학에서 파생된 것이라는 지적은 흥미로운 일이다.[78]

생물학적 진화의 모델은 특히 19세기 후반과 20세기 초반의 잉글랜드 작가들에 영향을 주었던 것으로 보인다.[79] 여기에서 교리는 사람의 종교적 의

---

77) 예를 들면, 참고. Dewart, *Future of Belief*, 50-1. 응답으로 참고. Lonergan, 'Dehellenization of Dogma'.
78) 바우어(F. C. Bauer)는 이 경우가 아니다. 여기에서 교리 발전의 현상을 뒷받침하는 것처럼 보이는 헤겔의 모델은 기독교 교리가 (성육신과 같은 그런 것은) 본질적으로 순수한 개념들(Begriffe)의 종교적인 표현(Vorstellungen)이다. 교리의 발전은 그래서 사고의 좀 더 개념적 방식들을 향한 이동과 연결될 수 있다. 비교. Rosen, *Hegel's Dialectic*, 55-121.
79) 예를 들면, Rashdall, *Idea of Atonement*. 진화 이론은 19세기 마지막 십년 동안 교리 발전을 잡아먹은 것처럼 보인다. 참고. Illingworth, 'Incarnation in Relation to Development', 181-2. 문사와 전기들에 대하여 참고. Moore, 'Evolution of Protestant Liberals'; Peacocke, 'Biological Evolution and Christian Theology'.

식의 진화의 원시적 단계로 그려지는 것 같다. 교리가 과거에는 사람의 종교적 가치를 표현하는 적절한 방식이었지만, 이제는 종교적 상징주의와 다른 좀 더 진전된 형식에 의해 추월당했다.[80] 그래서 이 모델은 예측하기를, 교리가 다른 적합하지 않은 개체들처럼, 사라질 것이고, 더 발전된 사고 형식들이 그 자리를 차지할 것이라고 한다.

좀 더 사변적인 모델로는 장 피아제(Jean Piaget)의 어린이의 심리학적 발전에 대한 설명이 있다.[81] 피아제의 관점의 중요성이 도덕적 발전과 관련해서 주목되어 왔지만,[82] 그 신학적 의미는 아직 집중적으로 연구되지 않았다.[83]

피아제는 어린이의 인지적 의식과 능력의 발달을 네 단계로 구분한다. 감각운동적(sensorimotor) 단계(출생에서 약 2세까지), 작동 이전(pre-operational) 단계(2세부터 7세까지, 이 시기에 어린이는 언어와 풍부한 개념적 구조를 획득한다), 구체적 사고(concrete thought) 단계(7세부터 11세까지, 이 시기에 귀납적, 연역적 논리가 구체적인 상황들에 적용될 수 있다), 형식적 작동(formal operational) 단계(11세부터, 이 시기에 젊은이는 사고 자체에 대하여 생각할 수 있다). 이 네 단계들은 각 단계들 안에서 계층적으로 이전 단계를 포함하며, 그것을 강화하고, 수정한다.

인식 발전에 대한 피아제의 모델은 생물학적 진화보다 교리 비평 분야에 매우 더 적절하다. 이 발전이 특별히 인식적 능력과 방법의 획득과 관련되기 때문이다. 반면 생물학적 진화는 일차적으로 (사고의 발전보다는) 종의 존재를 설명하기 위한 것과 관련된다. 만약 이 모델이 교리를 제거하는 것에 동조하는 사람들에 의해 적용된다면, 아마 교리는 작동 이전 단계 혹은 구체적 사고

---

80) 한 수준에서, 이는 교리학을 도덕 진술로 바꾸는 형식을 갖게 되었다. 20세기 초반의 이 발전에 대한 설명과 비판에 대하여 참고하라. Forsyth, *Cruciality of the Cross*, 특히 175-218; Forsyth, *Person and Place of Jesus Christ*, 213-57.
81) Piaget, *Child's Construction of Reality*.
82) 예를 들면, Kohlberg의 관점은 다음에서 요약되었다. Duska und Whelan, *Moral Development*.
83) 지금까지 내가 알기에 피아제에 정보에 입각한 방식으로 관심을 가진 유일한 작품은 다음과 같다. Fowler, *Stage of Faith*, 이 작품은 그러나 우리가 염두에 두는 주제를 건드리지 않는다.

단계를 표현한 것이고, 그 단계는 이제 형식적 작동 단계에서 좀 더 진전된 종교적 표현과 상징화의 형식들로 대체될 것이라고 주장될 것이다.

그러나 생물학적 혹은 심리학적 어떤 유사함도 사람의 사상에 특정한 근거를 가지고 발전하지 않았다. 생물학적 종의 발전 혹은 어린이의 인지적 발달과 인류 사상의 역사의 전반 사이에 직접적인 유사점이 있다는 개념은 매력적이고, 어느 정도 직관적인 타당성을 가지고 있다. 그럼에도 불구하고 유추의 유효성은 입증되어야 한다. 내가 강조한 것처럼 생물학적 진화 과정 혹은 발달 과정의 단일 방향성의 성격은 필연적으로 사상의 세계에서 병행적이지 않다.

사상의 세계는 과거의 재료들을, 비판적으로 그리고 선택적으로 전용하는 능력과 경향을 보여준다. 발터 벤야민(Walter Benjamin)의 역사 논제(Geschichtsthesen)는 과거와 현재의 기억 촉진적 결속(anamnetic solidarity)의 인식에 놓여있다. 과거를 재사용할 수 없다고 주장하는 이론적 분석은, 생물학적 단일 방향적 과정의 발달 모델이 사람의 지적, 문화적 발전의 관찰 가능한 복잡성을 이해하는 데 부적절하다고 주장하는 역사적 현상에 의해 뒤집어진다.

사실, 교리는 기독교 공동체 내에서 예측 가능한 미래에 지속적인 중요성의 한 현상으로 남아있을 것 같다고 주장될 수 있다. 이 주장은 내가 처음에 교리의 기원으로 이끄는 것이라고 밝혔던 그 압력이 여전히 근대 세계 내에서도 인식될 수 있다는 관찰에 기초한다. 만약 그런 압력이 부재한다면, 상상컨대, 교리의 현상은 불필요한 과거의 현재로의 침입이라고 주장될 수 있었을 것이다. 그러나 나는 기독교 교리의 현상이 단순하게 과거에 대한 숭배 때문에 유지되는 것이 아니라, (비록 그런 존중의 실재와 신학적 중요성이 무시될 수 없음에도 불구하고) 오히려 부분적으로 교리 공식화의 발생 근저에 있다고 주장되는 유형의 지속되는 압력을 통하여 유지된다고 주장하고 싶다. 교리의 본성에 대한 우리의 논의의 본질과 전통의 역할은 교리가 지속적으로 존재할 것이라 주장한다.

왜냐하면 교리는 신앙 공동체의 지각된 필요에 부합하기 때문이다. 예측할 수 있는 미래가 교리를 위한 지속적인 자리를 유지한다는 것은 현대의 중요한 두 사상에 의해서도 주장된다.

첫째, 사방의 공격적인 세속 문화의 발흥은 신앙 공동체로 하여금 자신을 지배적 세속 질서로부터 구분하여, 흡수되지 않도록 했다. 이 수준에서 기독교 공동체는 세속 질서와 다르다. 다른 수준에서 그들은 한 가지를 다른 것들로부터 구분한다.

교리는 그들의 정체성을 부여하는 믿음의 공적인 묘사를 하려는 공동체들의 시도를 표현한다. '교회'와 '사회'가 주로 같은 개체를 지칭한다는 가정은 (만약 다른 각도에서 본다면) 중세 시대 서유럽의 특징이었다. 그래서 교리의 사회적 필요성을 제거하였다.

그러나 이것은 더 이상 이론과 관찰 사이의 심각한 괴리 없이 유지될 수 없다. 중세 서유럽과 관계된 역사적 우발성은 근대 세상에서 줄곧 기독교 공동체를 지배하는 신학적으로 필연적인 전제가 되도록 허용될 수 없다. 근대 서방의 많은 기독교 공동체들의 상황은 중세 유럽인들, 기독교 교회들보다 전-콘스탄티누스 이전의 사람들과 더욱 유사함을 보이고 있다. 그래서 지속적인 사회적 압력은 새로운 교리 공식화들의 생성으로 이끈다. 혹은 이는 기존의 교리 공식화들의 중요성을 강조한다. 공동체는 무정형의 사회적, 관념적 개체로 퇴보하는 것에 반대하여 자신을 보호하는 공적 진술을 허용할 수 있는 독특한 믿음 없이 생존할 수 없다.[84]

둘째, 기독교 전통은 역사적으로 신학적으로, 나사렛 예수의 역사에 대한 관계에 의해 제한된다. (특히 보편적으로 유효한 합리성의 개념을 발전시키는 계몽주의 전

---

84) 이 점은 다음에서 강조된다. Lindbeck, *Nature of Doctrine*, 74.

통과 관련하여) 사고는 나사렛 예수의 역사와 같은 역사적 우발성들로 순화될 수 있다는 주장은 어떤 사람들로 하여금, 나사렛 예수가 더 이상 기독교 공동체를 위한 논의의 근거적 혹은 정당화적 기능을 가정할 필요가 없다고 주장하게 한다.

그러므로 이성과 사고의 보편적으로 타당한 양식은 사회와 연결된 그리고 전통으로 중재된 교리들을 대체한다. 무엇이 그런 사고와 이성의 양식들인지를 명확하게 밝히는 데 계몽주의는 분명하게 실패하였다. 이 실패는 이 접근의 신뢰성에 대한 강한 의문을 제기해왔고, 전통의 역할에 대한 창조적인 재-탐구로 이끌었다.

이 발전의 빛 가운데, 최근에 기독교 전통이 그 자체를 (성경으로 중재된 그리고 전통으로 중재된 나사렛 예수에 대한 그런 이야기와 같은) 역사적 이야기를 향한 방향에 맞춘다는 사상에 공감이 커져가고 있다. 그리고 그 결과 기독교 전통이 구별되는 시각들을 기술하고, 존재의 가능성들을 열고, 그리고 그렇지 않으면 가능하지 않을 사고의 패턴들을 열고 있다는 사상은 많이 동조받고 있다. 그런 주장은 특히 기독교 전통을 향한 어떤 특별한 호소를 포함하지 않는다. 그것은 일반적으로 전통에 관련된 관찰들을 그 특정 전통에 적용하는 것이다.

교리는 그래서 살아있는 전통의 지적인 자기-표현으로 간주될 수 있다. 이 전통은 자신의 회상이 나사렛 예수와 결속됨을 인식한다. 기독교 교리는 직접적으로 신성 혹은 인성의 보편적 개념들과 상관된다. 그러나 신앙 공동체 내에서 이는 나사렛 예수의 인정된 의미를 대표한다. 그와 같이 교리는 공동체의 다른 정체성을 부여하는 기능들과 (예배와 영성과 기도와 같은 것들과) 일치해야 한다.[85]

---

[85] 예배에 대하여, 참고하라. Kavanagh, *On Liturgical Theology*; Taft, 'Liturgy as Theology'; Wainwright, *Doxology*; 기도에 대하여 참고하라. Sauter, 'Das Gebet als Wurzeln des Redens von Gott'; 그리고 그 안에 참고문헌들.

교리 공식화들은 신앙 공동체의 살아있는 경험의 생산물이다. 그리고 생명의 모든 수준에서 (예식과 기도와 영성의 패턴에서, 목회적 실천에서, 그리고 신학적 사색에서) 반영된다. 그 의미와 능력은 그것들이 맥락 가운데 설정될 때에만 제대로 인식될 수 있다. 나사렛 예수에 대한 이야기에서 새로운 관심은 합리성의 보편적 체계들의 개념에 의문을 제기하는 증가하는 경향과 연결되었고, 그래서 예측할 수 있는 미래에 기독교 교리의 지속적인 존재를 가리킨다.

이 저작에서 개요적으로 서술한 것과 같은 사고들의 누적된 기초 위에서, 나는 조심스럽게 교리가 기독교 신앙 공동체에 의해 시대에 뒤떨어진 것으로, 구식으로 버려질 가능성이 낮다고 주장한다. 오히려 앞으로 여러 해 동안 공동체들의 정체성과 목적, 목표와 열망에 대한 열쇠를 쥐는 것으로 다시 사용될 것처럼 보인다.

그러나 결국, 그것은 살아있는 역사이지, 교리가 무엇인지를 가리키려는 순전한 이론적 고려들이 아니다. 그럼에도 불구하고 나는 교리 비평의 분야가, 지성사의 박물관에서 나온 전시물로써가 아니라, 신앙 공동체 내에서 살아있는 현실로써 교리에 지속적으로 관계될 것이라고 보는 관점을 쓰는 것이 정당하다고 느낀다. 현 저작이 미래의 교리 비평을 위한 서문으로 역할하기 위해 의도되었다는 점에서, 이 점의 현재적 중요성은 논의되었지만, 분명할 것이다.

결론

이 저작은 이어지는 교리 비평의 분야와 관련된 주제들을 다루는 전주곡으로써, 기독교 교리와 관련된 질문들에 집중하였다. 그러나 기독교 교리 전통이 현대 세속 세상에 난제들을 제기한다고 느끼는 사람들은 기독교 교리 전통의 큰 범위들을 당황스럽게 제거해버린다. 이는 역사적 우발성들의 특정한 설정에 대한 반응으로 부당한 움직임이다. 내가 이것을 확신하고 있음이 분명해질 것이다. 자유주의적 중재 전략들은 신앙 공동체와 세속 사회 사이의 간격을 메우려고 시도했다. 이 전략은 적은 보상을 얻기 위해 너무 많은 것을 제거해 버린 것 같다. 나는 신학적 복원의 과정의 진행이 기독교 전통의 교리적 유산의 비판적 평가와 재사용을 통해 이루어진다고 주장하고 싶다. 어려운 사상을 쉽게 만들거나 제거하라는 자유주의적 개혁 제안은 의도에 있어 그 자체로 칭찬받을 만하다. 그러나 그 제안은 어두운 측면을 가지고 있는 것이 드러났고, 지금 기독교 종교의 독특한 정체성에 필수적인 것을 많이 버리고 있다. 교리에 대한 조급함은 지금 기독교 자체에 대한 더욱 근본적인 초조함을 드러내는 것 같다.

이 연구에서 제시된 분석은 복음이 기독교 교회의 생존과 행복을 위해 중요한 미래적 중요성을 가진다고 주장한다. 개인들이 기독교의 가치와 열망을 (그리고 그 교리들을) 완전히 이해할 것은, 오직 기독교 전통 내에 서고자 하는 개인들을 통해만 이루어지기 때문이다. '당신이 믿지 않는다면, 당신은 결코 이해하지 못할 것이다'(Unless you believe, you will never understand, Augustine). 외부자의 관점들은 잠재적인 의식 가운데, 교리가 이해하고 전달하려는 '측량할 수 없는 그리스도의 풍성함'(엡 3:8)을 엄격하게 제한하였다. 우리가 기독교 사상들을 세속 세계에서 받을 만한 것으로 만들어 기독교를 방어한다는 자유주의의 주장은 판정을 받았다. 우리는 지금 그리스도를 통한 기독교의 심판과 회개의 선포를, 하나의 대체적인 전략으로 기독교 전통 안에 서라는 초대와 함께 권해야 한다. 그래서 복음은 단지 변증학이 아니다. 변증학이 자신을 서방 문화 내의 현재 상황에서 전략적 중요함을 권한다. 제대로 이해된다면, 기독교 교리는 단지 무엇이 기독교인지에 대한 공적 묘사일 뿐 아니라, 새로운 공동체와 그와 관련된 개념적 그리고 경험적 세계로 들어오라는 초대를 나타낸다.

비록 제한적이지만, 기독교 공동체의 가치와 열망의 이해가 그 공동체 외부에서 필연적이어야 함은 인정되어야 한다. 만약 그 공동체 안으로 돌이킴(conversion)이 가능해야 한다면 말이다. 공동체 외부에 있는 사람들이 그 경계 안으로 이동하게 할 수 있는 어떤 다리는, 최소한 헌신(commitment)이 의미할 수 있는 것이 부분적으로 잠깐 보임을 통해서라도, 필연적이다. 신앙 공동체 바깥에서 이끌어진 청중에게 기독교 사상들을 설명하기 위해 이해 가능한 변증학은 분명 넓은 복음적 전략의 부분으로써 지속적인 중요성을 가진다. 그럼에도 불구하고, 변증학이 전통적으로 이성과 사고의 보편적으로 유효한 패턴의 고전적 개념에 기초한 기독교 믿음의 '합리성' 혹은 '타당성'(reasonableness)을 정당화하기 위한 한 시도로 이해되어 왔다는 점은 제시되어야 한다. 이 저작에서 논의되었던 실증주의적 그리고 사회학적 시각들은 그 전제와 목적에서 엄격히 제한된 가치에 대한 전통적 변증학들에 상당한 의문을 제기하였다. 기독교와 계몽주의적 합리주의와 같은 두 개의 경쟁하는 전통들이 각각 자신과 관계된 합리성들을 가지고 서로를 '이해'(understand)한다고 정말로 말할 수 있는지 의심스럽다. 더구나, 서로를 객관적으로 '평가' 혹은 '정당화'할 수 있다는 것은 더욱 아니다.[86] 변증학은 사실 경쟁하는 두 전통들 사이에 어느 정도의 겹치는 것을 보여주고, 아마 이용할 수도 있을 것이다. 그럼에도 불구하고 이 저작에서 전개된 논지들은 기독교의 상징들과 교리들의 완전한 깊이와 의미들이, 오직 기독교 전통 안에 서는 것으로 이해될 수 있음을 주장한다. (아마도 변증학을 포함하여) 복음을 전략의 전재로 이해하여, 이 복음을 통해 개인들은 신앙 공동체 내로 부름을 받는다. 그래서 복음은 인식론적 엄격함과 문화적 현실주의와 사회적 실용주의의 장점을 연결하는 것처럼 보인다.

마지막으로 '전통'은 넘겨받은 만큼이나 넘겨주는 어떤 것을 의미한다는 점

---

[86] 비교. Tilley, 'Incommensurability, Intratextuality, and Fideism'.

에서 지적될 수 있다. 이는 과거가 마치 우리가 원하지 않는 가족의 유산과 같이 우리의 품에 맡겨졌다는 것이 아니다. 즉 우리는 미래를 위해 기독론에 초점을 둔 과거의 유산을 수용하고, 평가하고, 전승하는 책임(responsibility)을 받았다는 것이다. 선포(kerygma)의 상황화(contextualization)와 전승에 대한 책임은 과거에서 현재로 옮겨졌다. 우리는 선포를 과거의 제한하는 조건들로부터 옮기고, 그것을 우리가 지금 우리 자신을 발견하는 역사적 상황에 위치시킬 책임을 받았다. 과거의 교리적 유산은 그래서 선물이면서 과제이기도 하고, 유산이면서 책임이기도 하다. 기독교 신앙 안에서 우리의 선조들이 우리에게 물려준 것은 사용되어야 한다. 그로 인해 우리는 우리 자신의 상황 내에서 그것과 씨름할 수 있게 된다. 그 후에 아직 자신의 날이 밝지 않은 사람들에게 그것을 전달해야 한다.[87]

---

87) 비교. Goethe, *Faustus*, 1. Theil, 'Nacht', 682-3. 'Was du ererbt von deinen Vätern hast/Erwirb es, um es zu besitzen.'

참고 문헌

Achtemeier, P. J., 'An Imperfect Union: Reflections on Gerd Theissen, *Urchristliche Wundergeschichten*', Seineia 11 (1978), 49–68.

Alberigo, G., *I vescovi italiani al concilio di Trento* (Florence, 1959).

Allen, R. O., and Spilka, B., 'Committed and Consensual Religion', *Journal for the Scientific Study of Religion* 6 (1967), 191–206.

D'Amico, R., *Historicism and Knowledge* (New York, 1989).

Andresen, C. (ed.), *Handbuch der Dogmen-und Theologiegeschichte* (3 vols: Göttingen, 1980–4).

Aner, K., *Die Theologie der Lessingszeit* (Halle, 1929).

Ankwick-Kleehoven, H., *Der Wiener Humanist Johannes Cuspinian, Gelehrter und Diplomat zur Zeit Kaiser Maximilians* (Graz, 1959).

Antal, F., *Florentine Painting and its Social Background* (London, 1947).

Armstrong, A. H., 'The Self-Definition of Christianity in Relation to Platonism', in E. P. Sanders (ed.), *Jewish and Christian Self-Definition* (3 vols: London, 1980–2), 1.74–99.

Aulén, G., *Christus Victor: An Historical Study of the Three Main Types of the Idea of Atonement* (London, 1931).

Austin, J. L., 'The Meaning of a Word', in *Philosophical Papers*, (Oxford, 2nd edn, 1970), 23–43.

_____, 'Performative Utterances', in *Philosophical Papers*, 232–52.

Avis, P. D. L., *Ecumenical Theology and the Elusiveness of Doctrine* (London, 1986).

Ayconberry, P. and Droz, J., 'Structures sociales et courants ideologiques dans l'Allemagne prérévolutionaire, 1835–1847', *Annali Feltrinelli* 6 (1963), 164–236.

Ayer, A. J., *Language, Truth and Logic* (London, 1936).

_____, *Logical Positivism* (London, 1959).

Bainton, R. H., *Erasmus of Christendom* (London, 1969).

Bandt, H., *Luthers Lehre vom verborgenen Gott* (Berlin, 1958).

Barfield, O., *Poetic Diction* (London, new edn, 1952).

_____, 'The Meaning of "Literal"', in *The Rediscovery of Meaning* (Middletown, Conn., 1977), 32–43.

Barnes, B., *Interests and the Growth of Knowledge* (London, 1977).

_____, *Scientific knowledge and Sociological Theory* (London, 1980).

_____, and Bloor, D., 'Relativism, Rationalism and the Sociology of Knowledge', in M. Hollis and S. Lukes (eds), Rationality and Relativism (Oxford, 1985), 21–47.

Baron, H., *The Crisis of the Early Italian Renaissance* (Princeton, rev. edn, 1966).

Barr, J., Semantics of Biblical Language (Oxford, 1961).

_____, 'Revelation through History in the Old Testament and in Modern Theology', *Interpretation* 17 (1963), 193–205.

_____, *Old and New in Interpretation* (London, 1966).

Barth, K., *Church Dogmatics* (13 vols: Edinburgh, 1956–75).

_____, *The Theology of Schleiermacher* (Edinburgh, 1982).

Barton, J., 'Reflections on Cultural Relativism', *Theology* 82 (1979), 103–9; 191–9.

Battles, F. L., 'God was Accommodating Himself to Human Capacities', *Interpretation* 31 (1977), 19–38.

Baum, G., *Faith and Doctrine: A Contemporary View* (New York, 1969).

Baur, F. C., *Die christliche Lehre von der Versöhnung in ihrer geschichtlichen Entwicklung* (Tübingen, 1838).

_____, *Lehrbuch der christlichen Dogmengeschichte* (Tübingen, 3rd edn, 1867).

Bec, C., *Cultura e società a Firenze nell'età della Rinascenza* (Rome, 1981).

Beckmann, K.-M., *Der Begriff der Häresie bei Schleiermacher* (Munich, 1959).

Behler, E., *Friedrich Schlegel* (Hamburg, 1966).

Beisser, F., *Schleiermachers Lehre von Gott* (Göttingen, 1970).

Bell, D., *The End of Ideology* (New York, 1960).

Bellah, R., *Habits of the Heart: Individualism and Commitment in American Life* (Berkeley, 1985).

Benjamin, W., *Gesammelte Schriften* (3 vols: 1972–80).

Bennett, J., *Locke, Berkeley, Hume: Central Themes* (Oxford, 1977).

Bentley, J. H., 'Erasmus' Annotationes in Novum Testamentum and the Textual Criticism of the Gospels', *ARG* 67 (1976), 33–53.

Berger, P., *A Rumour of Angels: Modern Society and the Rediscovery of the Supernatural* (Harmondsworth, 1970).

_____, and Luckmann, T., *The Social Construction of Reality: A Treatise in the Sociology of Knowledg* (Harmondsworth, 1984).

Berkhout, C. T., and Russell, J. B., *Medieval Heresies: A Bibliography 1960-1979* (Toronto, 1981).

Bertaux, P. *Hölderlin und die französische Revolution* (Frankfurt, 1969).

Bertola, E., 'La *Glossa Ordinaria* biblica ed i suoi problemi', *RTHAM* 45 (1978), 34–78.

Beumer, J., 'Die Regula Fidei Catholicae des Ph. N. Chrisman, O.F.M. und ihre Kritik durch J. Kleutgen, S. J.', *Franziskanische Studien* 46 (1964), 321–34.

Bévenot, M., 'Primacy and Development', *HeyJ* 9 (1968), 400–13.

Bhaskar, R., *Dialectic, Materialism and Human Emancipation* (London, 1983).

Biscione, M., *Neo-umanesimo e Rinascimento* (Rome, 1962).

Blackburn, S., 'How to refer to Private Experience', *Proceedings of the Aristotelian Society* 75 (1974), 201–14.

Blanke, H. W., Fleischer, D., and Rusen, J., 'Theory of History in Historical Lectures: The German Tradition of *Historik*, 1750–1900', *History and Theory* 23 (1984), 331–56.

Bleicher, J., *Contemporary Hermeneutics: Hermeneutics as Method, Philosophy and Critique* (London, 1980).

Bloch, M., *Land and Work in Medieval Europe* (London, 1967).

Blondel, H., *Letter on Apologetics and History, and Dogma* (London, 1964).

Blumenberg, H., *Die Legitimät der Neuzeit* (Frankfurt, 1966).

Boers, H., 'Sisyphus and His Rock: Concerning Gerd Theissen, *Urchristliche Wundergeschichten*', *Semeia* 11 (1978), 1–48.

Bonara, E., 'L'interpretazione del Petrarca e la poetica del realismo in De Sanctis', in G. Cuomo (ed.), *De Sanctis e il realismo* (2 vols: Naples, 1978), 1.377–98.

Bonorand, C., 'Die Bedeutung der Universität Wien für Humanismus und Reformation, insbesondere in der Ostschweiz', *Zwingliana* 12 (1964–8), 162–80.

_____, *Aus Vadians Freundes-und Schülerkreis in Wien* (St Gallen, 1965).

Boorstin, D. J., *The Lost World of Thomas Jefferson* (Boston, 1960).

Bornkamm, H., *Luther im Spiegel der deutschen Geschichte* (Heidelberg, 1955).

Bottomore, T. B., *The Frankfurt School* (London, 1984).

Bower, G. H. and Clark, M. C., 'Narrative Stories as Mediators for Serial Learning', *Psychonomic Science* 14 (1969), 181–2.

Bowker, J., "Religions as Systems", in *Believing in the Church* (London, 1981), 159–89.

Bradley, J., 'Gadamer's "Truth and Method"', *HeyJ* 18 (1977), 420–35.

Braithwaite, R. B., *An Empiricist's View of the Nature of Religious Belief* (Cambridge, 1955).

Branca, V., 'Realismo desanctisiano e tradizione narrativa', in G. Cuomo (ed.), *De Sanctis e il realismo* (2 vols: Naples, 1978), 1.1–19.

Braudel, F., *The Mediterranean and the Mediterranean World in the Age of Philip II* (2 vols: London, 1972–3).

van den Brink, J. N. B., 'Traditio im theologische Sinne', *Vigiliae Christianae* 13 (1959), 65–86.

Brosseder, J., 'Überlieferung–ihre Bedeutung im Sachzusammenhang von "Schrift und Tradition"', in K. Kertelge (ed.), *Die Autorität der Schrift im ökumenischen Gesprach* (Frankfurt, 1985), 53–63.

Brucker, G., *The Civic World of Early Renaissance Florence* (Princeton, 1977).

Brunner, E., *Wahrheit als Begegnung: Sechs Vorlesungen über das christliche Wahrheitsverständnis* (Zurich, 2nd edn, 1963).

Brunner, P., *Vom Werke des heiligen Geistes* (Tübingen, 1935).

Brunschwig, H., *La crise de l'état prussien à la fin du XVIIIe siècle et la genèse de la mentalité romantique* (Paris, 1947).

Bukharin, N. I., 'Theory and Practice from the Standpoint of Dialectical Materialism', in *Science al the Cross-Roads* (London, 1931), 1–23.

Burke, K., *Grammar of Motives* (Berkeley, 1962).

Burke, P., *The Renaissance Sense of the Past* (London, 1969).

———, *The Italian Renaissance: Culture and Society in Italy* (Oxford, rev. edn, 1987).

Burkert, W., *Greek Religion: Archaic and Classical* (Cambridge, Mass., 1985).

Burrow, J. W., *Evolution and Society* (Cambridge, 1966).

Busch, A., *Die Geschichte der Privatdozenten: eine soziologische studie zur grossbetrieblichen Entwicklung der deutschen Universitäten* (Stuttgart, 1959).

Butler, E. M., *The Tyranny of Greece over Germany* (Cambridge, 1935).

Campbell, C., *Towards a Sociology of Irreligion* (London, 1971).

Carnes, J. R., *Axiomatics and Dogmatics* (Belfast, 1982).

Cassirer, E., *Philosophy of the Enlightenment* (Boston, 1951).

Chadwick, H., *Early Christian Thought and the Classical Tradition* (Oxford, 1966).

Chadwick, O., *From Bossuet to Newman: The Idea of Doctrinal Development* (Cambridge,

1957).

Chomorat, J., 'Les Annotations de Valla, celles d'Erasme et la grammaire', in O. Fatio and P. Fraenkel (eds), *Etudes de l'exégèse au XVI siècle* (Geneva, 1978), 202–28.

Christian, W. A., *Doctrines of Religious Communities* (New Haven/London, 1987).

Cipolla, C.-M., 'Economic Depression of the Renaissance?', *Journal of Economic History* 16 (1964), 519–24.

_____, *Clocks and Culture* (London, 1967).

Clark, M., *Logic and System: A Study of the Transition from Vorstellung to Thought in the Philosophy of Hegel* (The Hague, 1970).

Clerck, D. E. de, 'Droits du démon et nécessité de la rédemption', *RThAM* 14 (1947), 32–64.

Coakley, S., 'Theology and Cultural Relativism: What is the Problem?', *NZSTh* 21 (1979), 223–43.

Cohen, G. A., *Karl Marx's Theory of History: A Defence* (Oxford, 1978).

Cole, M., et. al., *The Cultural Context of Learning and Thinking* (New York, 1969).

Collinson, P., *The Birthpangs of Protestant England: Religious and Cultural Change in the Sixteenth and Seventeenth Centuries* (Basingstoke, 1988).

Conrad, J., *The German Universities for the Last Fifty Years* (Glasgow, 1885).

Cooper, D. E., *Metaphor* (Oxford, 1986).

Cottignoli, A., 'I "Promessi Sposi" nella storia del realismo desancrisiano', in G. Cuomo (ed.), *De Sanctis e il realismo* (2 vols: Naples, 1978), 1.455–70.

Courth, F., *Das Wesen des Christentums in der liberalen Theologie* (Frankfurt, 1977).

Cragg, G. R., *The Church and the Age of Reason* (London, 1976).

Cullmann, O., *Die ersten christliche Glaubensbekenntnisse* (Zurich, 2nd edn, 1949).

_____, 'Scripture and Tradition', in D. J. Callahan, H. A. Oberman and D. J. O'Hanlon (eds), *Christianity Divided* (London/New York, 1962), 7–33.

Cumming, R. D., *Human Nature and History* (Chicago, 1969).

Cupitt, D., *Taking Leave of God* (London, 1980).

Curtis, J. E., and Petras, J. W., *The Sociology of Knowledge* (London, 1970).

Dahl, N. A., 'Eschatologie und Geschichte im Lichte der Qumrantexte', in E. Dinkler (ed.), *Zeit und Geschichte* (Tübingen, 1964), 3–18.

Danto, A. C., *Analytical Philosophy of History* (Cambridge, 1965).

_____, 'The Problem of Other Periods', *JPh* 63 (1966), 566–77.

_____, 'Historical Language and Historical Reality', *Review of Metaphysics* 27 (1973), 219–59.

Davidson, D., 'On the very idea of a conceptual scheme', *Proceedings and Addresses of the American Philosophical Association* 47 (1974), 5–20.

Davis, D. B., *The Problem of Slavery in an Age of Revolution 1770–1823* (Ithaca/London, 1967).

Dawkins, R., *The Blind Watchmaker* (London, 1985).

Deneffe, A., 'Dogma: Wort und Begriff', *Scholastik* 6 (1931), 381–400; 505–38.

De Sanctis, F., *Teoria e storia della letteratura* (2 vols: Bari, 1926).

———, *Lezioni zurighesi sul Petrarca* (Padua, 1955).

———, *Lezioni e saggi sul Dante* (Turin, 1955).

Dewart, L., *The Future of Belief: Theism in a World Come of Age* (New York, 1966).

Dickens, A. G., and Tonkin, J. M., *The Reformation in Historical Thought* (Cambridge, Mass., 1985).

Dicterici, W., *Geschichtliche und statistische Nachrichten über die Universitäten im preussischen Staat* (Berlin, 1836).

Dillenberger, J., *God Hidden and Revealed: The Interpretation of Luther's Deus Absconditus* (Philadelphia, 1953).

Dillon, J. M., 'Self-Definition in Later Platonism', in E. P. Sanders (ed.), *Jewish and Christian Self-Definition* (3 vols: London, 1980–2), 3.60–75.

Dodd, C. H., *The Interpretation of the Fourth Gospel* (Cambridge, 1953).

Dörrie, H., 'Was ist "spätantiker Platonismus"? Überlegungen zur Grenzzichung zwischen Platonismus and Christentum', *Theologische Rundschau* 36 (1971), 285–302.

Douglas, M., *Implicit Meaning: Essays in Anthropology* (London, 1975).

Dowey, E. A., *The Knowledge of God in Calvin's Theology* (New York, 1952).

Downing, F. G., *Has Christianity a Revelation?* (Philadelphia, 1964).

Draper, J., 'The Jesus Tradition in the Didache', in D. Wenham (ed.), *The Jesus Tradition outside the Gospels* (Sheffield, 1984), 269–87.

Dray, W. H., 'The Historical Explanation of Actions Reconsidered', in S. Hook (ed.), *Philosophy and History* (New York, 1963), 105–35.

Driver, T. F., *Patterns of Grace: Human Experience as Word of God* (San Francisco, 1977).

Dülman, R. van, *Reformation als Revolution: Soziale Bewegung und apokalyprische Visionen im Zeitalter der Reformation* (Göttigen, 1979).

Dulles, A., 'The Hermencutics of Dogmatic Statements', in *The Survival of Dogma* (New York, 1973), 176–91.

———, *Models of Revelation* (Dublin, 1983).

Dummett, M., *Truth and Other Enigmas* (London, 1978).

Dunn, J. D. G., *Unity and Diversity in the New Testament* (Philadelphia, 1977).

Dupré, L., 'Experience and Interpretation: A Philosophical Reflection on Schille beeckx' Jesus and Christ, *Theological Studies* 43 (1982), 30–51.

Duska, R., and Whelan, M., *Moral Development* (Dublin, 1977).

Dyson, A. O., 'Theological Legacies of the Enlightenment: England and Germany', in S. W. Sykes (ed.), *England and Germany: Studies in Theological Diplomacy* (Frankfurt, 1982), 45–62.

Ebeling, G., 'The Significance of the Critical Historical Method for Church and Theology in Protestantism', in *Word and Faith* (London, 1963), 17–61.

_____, 'The Significance of Doctrinal Differences for the Division of the Churches', in *Word and Faith*, 162–90.

_____, *Das Wort Gottes und Tradition: Studien zu einer Hermeneutik der Konfessionen* (Göttingen, 1964).

_____, 'Die Notwendigkeit des christlichen Gottesdienstes', *ZThK* 67 (1970), 232–49.

_____, 'Die Anfänge von Luthers Hermeneutik', in *Lutherstudien I* (Tübingen, 1971), 1–68

_____, 'Die Klage über das Erfahrungsdefizit in der Theologie als Frage nach ihrer Sache', in *Wort und Glaube III* (Tübingen, 1975), 3–28.

Edwards, R. B., 'The Pagan Doctrine of the Absolute Unchangeableness of God', *Religious Studies* 14 (1978), 305–13.

Elert, W., *Der Ausgang der alikirchlichen Christologie* (Berlin, 1957).

Elliott, J. H., *A Home for the Homeless: A Sociological Exegesis of I Peter, its Situation and Strategy* (Philadelphia, 1981).

Elster, J., 'Belief, Bias and Ideology', in M. Hollis and S. Lukes, (eds), *Rationality and Relativism* (Oxford, 1985), 123–48.

Elze, M., 'Der Begriff des Dogmas in der Alten Kirche', *ZThK* 61 (1964), 421–38.

Emerson, R. W., 'Phi Beta Kappa Address', in B. Atkinson (ed.), *The Complete Essays and Other Writings of Ralph Waldo Emerson*, (New York, 1940), 45–63.

Epstein, K., *The Genesis of German Conservatism* (Princeton, 1966).

Evans, G. R., *Old Arts and New Theology: The Beginnings of Theology as an Academic Discipline* (Oxford, 1980).

_____, *Alan of Lille: The Frontiers of Theology in the Later Twelfth Century* (Cambridge, 1983).

Evans–Pritchard, E. E., *Witchcraft, Oracles and Magic among the Azande* (Oxford, 1937).

_____, *Theories of Primitive Religion* (Oxford, 1965).

_____, 'Religion and the Anthropologists', *Practical Anthropology* 19 (1972), 193–206.

Faber, K.-G., 'Ausprägungen des Historismus', *Historische Zeitschrift* 228 (1979), 1–22.

Fackenheim, E. L., 'Kant and Radical Evil', *University of Toronto Quarterly* 23 (1953), 339–52.

Farner, A., *Huldrych Zwingli* (4 vols: Zurich, 1943–60).

Farrer, A., *A Rebirth of Images* (London, 1944).

Federer, K., *Liturgie und Glaube: eine theologiegeschichtliche Untersuching* (Freiburg, 1950).

Fenn, R., 'The Sociology of Religion: A Critical Survey', in T. Bottomore et al. (eds), *Sociology: The State of the Art* (London, 1982), 101–27.

Ferré, F., *Language, Logic and God* (London, 1962).

Ferreira, M. J., *Scepticism and Reasonable Doubt* (Oxford, 1986).

Feyerabend, P., *Science in a Free Society* (London, 1978).

Flückiger, F., *Der Ursprung des christlichen Dogmas: Eine Auseinandersetzung mit Albert Schweitzer und Martin Werner* (Zurich, 1955).

_____, *Existenz und Glaube: Kritische Beobachtungen zur existentialen Interpretation* (Wuppertal, 1966).

Ford, D. F., 'Barth's Interpretation of the Bible', in S. W. Sykes (ed.), *Karl Barth: Studies of His Theological Method* (Oxford, 1979), 55–87.

Forsyth, P. T., *The Cruciality of the Cross* (London, 1909).

_____, *The Person and Place of Jesus Christ* (London, 4th edn, 1930).

Fortes, M., *Oedipus and Job in West African Religion* (Cambridge, 1959).

Foucault, M., *The Order of Things* (London, 1970).

_____, *Language, Counter-Memory, Practice* (London, 1977).

_____, *Politics, Philosophy and Culture* (London, 1988).

de Fourny, P., 'Histoire et éloquence d'après Ciceron', *Etudes Classiques* 21 (1953), 156–66.

Fowler, J. W., *Stages of Faith* (New York, 1981).

Fraenkel, P., *Testimonia Patrum: The Function of the Patristic Argument in the Theology of Philip Melanchthon* (Geneva, 1961).

Francastel, P., 'Valeurs socio–psychologiques et de l'espace–temps figuratif de la Renaissance', *Année Sociologique* (1965), 3–68.

_____, *La figure et le lieu: l'ordre visuel du quattrocento* (Paris, 1967).

François, G., *Le polythéisme et l'emploi au singulier des mots THEOS, DAIMON* (Paris, 1957).

Frankfort, H. et al., *Before Philosophy: The Intellectual Adventure of Ancient Man* (Harmondsworth, 1968).

Fredriksen, P., 'Paul and Augustine: Conversion, Narratives, Orthodox Traditions and the Retrospective Self', *JThS* 37 (1986), 3–34.

Frei, H. W., *The Eclipse of Biblical Narrative* (New Haven/London, 1974).

Frend, W. H. C., 'Heresy and Schism as Social and National Movements', *Studies in Church History* 9 (1972), 37–56.

Friedensburg, W., *Geschichte der Universität Wittenberg* (Halle, 1917).

Frye, N., *The Great Code: The Bible and Literature* (London, 1982).

Fumaroli, M., *L'âge de l'éloquence* (Geneva, 1980).

Furlong, M., *A Study in Memory* (London, 1951).

Gadamer, H.-G., *Truth and Method* (London, 1975).

_____, *Philosophical Hermeneutics* (Berkeley/Los Angeles, 1976).

Gager, J. G., *Kingdom and Community: The Social World of Early Christianity* (Englewood Cliffs, NJ, 1975).

Galot, J., *Dieu souffre-t-il?* (Paris, 1976).

Gaventa, B., 'Galatians 1 and 2: Autobiography as Paradigm', *Novum Testamentum* 28 (1986), 309–26.

Geertz, C., 'Religion as a Cultural System', in D. R. Cutler (ed.), *The Religious Situation* (Boston, 1968), 639–88.

Geiger, T., *Ideologie und Wahrheit* (Stuttgart, 1953).

Geiger, W., *Spekulation und Kritik: Die Geschichtstheologie Ferdinand Christian Baurs* (Munich, 1964).

Geisselmann, J. R., 'Das Konzil von Trient über das Verhältnis der Heiligen Schrift und der nicht geschriebenen Traditionen', in *Die mündliche Überlieferung* (Munich, 1957), 125–206.

Gellner, E., *Words and Things* (London, 1963).

Gerrish, B. A., 'The Nature of Doctrine', *JR* 68 (1988), 87–92.

Gerth, H., *Die sozialgeschichtliche Lage der bürgerlichen Intelligenz um die Wende des 18. Jahrhunderts* (Frankfurt, 1935).

Giddens, A., *New Rules of Sociological Method* (London, 1976).

Gilbert, F., 'Florentine Political Assumptions in the Period of Savonarola and Soderini', *Journal of the Warburg and Courtauld Institutes* 20 (1957), 187–214.

Gilkey, L., *Message and Existence: An Introduction to Christian Theology* (New York, 1979).

Girardin, B., *Rhétorique et théologique. Calvin: le commentaire de l'épître aux Romains* (Paris, 1979).

Glymour, C., *Theory and Evidence* (Princeton, 1980).

Godin, A., *The Psychological Dynamics of Religious Experience* (Birmingham, Ala., 1985).

Goeters, J. F. G., 'Zwinglis Werdegang als Erasmianer', in M. Greschat and J. F. G. Goeters (eds), *Reformation und Humanismus* (Witten, 1969), 255–71.

Goldstein, J., 'Foucault among the Sociologists: The "Disciplines" and the History of the Professions', *History and Theor* 23 (1982), 170–92.

Goldthwaite, R. A., *The Building of Renaissance Florence* (London, 1980).

Gottwald, N. K., *The Tribes of Yahweh: A Sociology of the Religion of Liberated Israel, 1250-1050 B.C.E.* (Maryknoll, N.Y., 1979).

Gouwens, D. J., 'Kierkegaard's Understanding of Doctrine', *MTh* 5 (1988), 12–22.

Gramsci, A., *The Modern Prince* (London, 1957).

Gray, H. H., 'Renaissance Humanism: The Pursuit of Eloquence', in P. O. Kristeller, and P. P. Wiener, *Renaissance Essays* (New York, 1968), 199 216.

Green, G., 'The Sociology of Dogmatics: Niklas Luhmann's Challenge to Theology', *JAAR* 50 (1982), 19–33.

Greenacre, R., 'Two Aspects of Reception', in G. R. Evans (ed.), *Christian Authority* (Oxford, 1988), 40–58.

Greene, T., *The Light in Troy: Imitation and Discovery in Renaissance Poetry* (New Haven, 1982).

Greenslade, S. L., 'Heresy and Schism in the Later Roman Empire', in D. Baker (ed.), *Studies in Church History 9* (Oxford, 1972), 1–20.

Greffrath, K. R., *Metaphorischer Materialismus; Untersuchungen zum Geschichtsbegriff Walter Benjamins* (Munich, 1981).

Grillmeier, A., 'Hellenisierung–Judaisierung des Christentums als Deutsprinzipien der Geschichte des kirchlichen Dogmas', *Scholastik* 33 (1958), 321–55; 528–55.

Grossmann, M., *Humanism in Wittenberg 1485–1517* (Nieuwkoop, 1975).

Gruneberg, M., 'Memory Processes Unique to Hunians', in A. Mayes (ed.), *Memory in Animals and Humans* (Wokingham, 1983), 253–81.

Gunton, C., '*Christus Victor* Revisited: A Study in Metaphor and the Transformation of Meaning', *JThS* 36 (1985), 129–45.

Gurvitch, G., *The Social Frameworks of Knowledge* (Oxford, 1971).

Habermas, J., *Knowledge and Human Interests* (Boston, 1971).

____, *Legitimation Crisis* (Boston, 1975).

____, 'Exkurs zu Benjamins Geschichtsphilosophischen Thesen', in *Der philosophische Diskurs der Moderne* (Frankfurt, 1985), 16–21.

Hacking, I., *Why does Language matter to Philosophy?* (Cambridge, 1975).

____, *The Emergence of Probability* (Cambridge, 1975).

____, 'Spekulation, Berechnung und die Erschaffung von Phänomen', in P. Duerr (ed.), *Versuchungen: Aufsätze zur Philosophie Paul Feyerabends* (Frankfurt, 1981), 126–58.

Hahn, F., *Christologische Hoheitstitel: Ihre Geschichte im frühen Christentum* (Göttingen, 1963).

Hamlyn, D. W., 'Aristotle's God', in G. J. Hughes (ed.), *The Philosophical Assessment of Theology* (Washington DC, 1987), 15–33.

Hamnett, I., 'Sociology of Religion and Sociology of Error', *Religion* 3 (1973), 1–12.

_____, 'A Mistake about Error', *New Blackfriars* 67 (1986), 69–78.

Hanson, F. A., and Martin, R., 'The Problem of Other Cultures', *Philosophy of the Social Sciences* 3 (1973), 191–208.

_____, *Meaning in Culture* (London, 1975).

Hanson, R. A., *Patterns of Discovery* (Cambridge, 1958).

_____, *The Concept of the Positron: A Theoretical Analysis* (Cambridge, 1963).

_____, *Perception and Discovery: An Introduction to Scientific Inquiry* (San Francisco, 1969).

_____, *Observation and Explanation: A Guide to the Philosophy of Science* (New York, 1971).

von Harnack, A., *Lehrbuch der Dogmengeschichte* (3 vols: Tübingen, 3rd edn, 1894–7).

_____, *Das Wesen des Christentums* (Leipzig, 1906).

Harned, D., *Creed and Personal Identity* (Edinburgh, 1981).

Harris, M. J., 'References to Jesus in Early Classical Authors', in D. Wenham (ed.), *The Jesus Tradition outside the Gospels* (Sheffield, 1984) 343–68.

Hart, R. L., *Unfinished Man and the Imagination: Toward an Ontology and Rhetoric of Revelation* (New York, 1968).

Harvey, A. E., 'Attending to Scripture', in *Believing in the Church: The Corporate Nature of Faith* (London, 1981), 25–44.

_____, 'Christian Propositions and Christian Stories', in A. E. Harvey (ed.), *God Incarnate: Story and Belief* (London, 1981), 1–13.

Harvey, J. H., and Weary, C., *Perspectives on Attributional Processes* (Iowa, 1981).

Harvey, V. A., *The Historian and the Believer* (London, 1967).

Hasselhorn, M., *Der altwürttembergische Pfarrstand im 18. Jahrhundert* (Stuttgart, 1958).

Hatfield, H., *Aesthetic Paganism in German Literature* (Cambridge, Mass., 1964).

Hay, D., 'Flavio Biondo and the Middle Ages', *Proceedings of the British Academy* 45 (1958), 97–108.

Hay, D., *Exploring Inner Space: Scientists and Religious Experience* (Harmondsworth, 1982).

Haym, R., *Wilhelm von Humboldt: Lebensbild und Charakteristik* (Berlin, 1856).

Hays, R. B., *The Faith of Jesus Christ: An Investigation of the Narrative Substructure of Galatians 3:1-4:11* (Chico, 1983).

Hazard, P., *La pensée européenne au XVIIIe siècle* (3 vols: Paris, 1946).

Heckel, M., 'Reichsrecht und "Zweite Reformation": Theologisch–juristische Probleme der reformierten Konfessionalisierung', in H. Schilling (ed.), *Die reformierte Konfessionalisierung in Deutschland-Das Problem der 'Zweiten Reformation* (Gütersloh, 1986), 11–43.

Hegel, G. W. F., *Werke* (18 vols: Berlin, 1832–45).

Heidegger, M., *Platons Lehre von der Wahrheit* (Berne, 1947).

_____, *Sein und Zeit* (Tübingen, 8th edn, 1957).

Heiler, F., 'The History of Religion as a Preparation for the Cooperation of Religions', in M. Eliade and J. Kitagawa (eds), *The History of Religions* (Chicago, 1959), 142–53.

Hempel, C. G., 'Empiricist Criteria of Cognitive Significance', in C. G. Hempel, *Aspects of Scientific Explanation* (New York, 1965), 101–33.

Hempelmann, H., ' "···keine ewige Wahrheiten, als unaufhörlich zeitliche···" Hamanns Kontroverse mit Kant über Sprache und Vernunft', *Theologische Beiträge* 18 (1987), 5–33.

Hengel, M., *Judaism and Hellenism* (London, 1974).

Hermann, R., 'Zu Lessings religionsphilosophischer und theologischer Problema tik', *Zeitschrift für systematische Theologie* 22 (1953), 127–48.

Hesse, M., *Revolutions and Reconstructions in the Philosophy of Science* (Brighton, 1980).

Hick, J. (ed.), *The Myth of God Incarnate* (London, 1977).

Hirsch, E., *Geschichte der neuern evangelischen Theologie* (5 vols: Gütersloh, 1949–54).

Hodgson, L., 'The Doctrine of the Church as held and taught in the Church of England', in Flew, R. N. (ed.), *The Nature of the Church* (London, 1952), 121–46.

Hodgson, P. C., *The Formation of Historical Theology: A Study of Ferdinand Christian Baur* (New York, 1966).

Holmer, P. L., 'Kierkegaard and Religious Propositions', *JR* 35 (1955), 135–46.

Horton, R., 'Tradition and Modernity Revisited', in M. Hollis and S. Lukes, (eds), *Rationality and Relativism* (Oxford, 1985), 201–60.

Illingworth, J. R., 'The Incarnation in Relation to Development', in C. Gore (ed.), *Lux Mundi: A Series of Studies in the Religion of the Incarnation* (London, 10th edn, 1890), 179–214.

Jaspers, K., *Philosophical Faith and Revelation* (New York, 1967).

Jennings, T. W., *Beyond Theism: A Grammar of God-Language* (New York/Oxford, 1985).

Jenson, R. W., *The Triune Identity: God According to the Gospel* (Philadelphia, 1982).

Johnson, E. A., 'Marian Devotion in the Western Church', in J. Raitt (ed.), *Christian Spirituality: High Ages and Reformation* (New York, 1987), 392–414.

Jones, L. G., 'Alasdair MacIntyre on Narrative, Community, and the Moral Life', *MTh* 4 (1987), 53–69.

Jüngel, E., *God as the Mystery of the World* (Edinburgh, 1983).

Kain, P. J., 'History, Knowledge and Essence in the Early Marx', Studies in *Soviet Thought* 25 (1983), 261–83.

Kant, I., *Kant's Political Writings*, ed. Hans Reiss (Cambridge, 1970).

Kantzenbach, F. W., *Evangelium und Dogma: Die Bewältigung des theologischen Problems der Dogmengeschichte im Protestantismus* (Stuttgart, 1959).

Kaspar, W., *Dogma unter dem Wort Gottes* (Mainz, 1965).

_____, 'Tradition als theologisches Erkenntnisprinzip', in W. Löser, K. Lehmann and M. Lutz–Bachmann (eds), *Dogmengeschichte und katholische Theologie* (Würzburg, 1985), 376–403.

Kavanagh, A., *On Liturgical Theology* (New York, 1984).

Keck, L. E., 'On the Ethos of Early Christians', *JAAR* 42 (1974), 435–52.

Kee, H. C., *Jesus in History: An Approach to the Study of the Gospels* (New York, 2nd end, 1977).

Kellenberger, J., *Religious Discovery, Faith and Knowledge* (Englewood Cliffs, N. J., 1972).

_____, *The Cognitivity of Religion: Three Perspectives* (London, 1985).

Kelley, D. R., *The Foundations of Modern Historical Scholarship* (New York, 1970).

_____, *The Beginning of Ideology: Consciousness and Formation in the French Reformation* (Cambridge, 1981).

Kelsen, H., *Aufsätze zur Ideologiekritik* (Neuwied, 1964).

Kennedy, E., *A Philosophe of the Age of Reason: Destutt de Tracy and the Origins of Ideology* (Philadelphia, 1978).

Kenny, A., *The Five Ways* (London, 1969).

Kent, D. V., *The Rise of the Medici: Faction in Florence, 1426-1434* (Oxford, 1978).

Kermode, F., *The Classic: Literary Images of Permanence and Change* (New York, 1975).

Kern, W., 'Atheismus–Christentum–emanzipierte Gesellschaft', *Zeitschrift für katholische Theologie* 91 (1969), 289–321.

Kerr, F., *Theology after Wittgenstein* (Oxford/New York, 1986).

Kierkegaard, S., *Unscientific Postscript* (Princeton, 1941).

Kisch, G., *Humanismus und Jurisprudenz: Der Kampf zwischen mos italicus and mos italicus an der Universität Basel* (Basic, 1955).

Klemm, D. E., 'Toward a Rhetoric of Postmodern Theology: Through Barth and Heidegger', *JAAR* 56 (1988), 443–69.

Koehler, R., 'Der *Deus absconditus* in Philosophie und Theologie', *Zeitschrift für Religions-und Geistesgeschichte* 7 (1955), 46–58.

Koehler, W., *Dogmengeschichte als Geschichte des christliche Selbstbewusstseins* (2 vols:

Zurich, 1938–51).

Kolakowski, L., 'Karl Marx and the Classical Definition of Truth', in *Marxism and Beyond* (London, 1969), 59–87.

_____, 'Der Anspruch auf die selbstverschuldete Unmündigkeit', in *Vom Sinn der Tradition* (Munich, 1970), 1–15.

_____, *Positivist Philosophy: From Hume to the Vienna Circle* (Harmondsworth, 1972).

Kolfhaus, W., *Christusgemeinschaft bei Johannes Calvin* (Neukirchen, 1939).

Krieger, L., *The German Idea of Freedom: History of a Political Tradition* (Boston, 1957).

Krusche, W., *Das Wirken des heiligen Geistes nach Calvin* (Göttingen, 1957).

Küng, H., *The Incarnation of God* (Edinburgh, 1987).

Kuhn, T. S., *The Structure of Scientific Revolutions* (Chicago, 2nd edn, 1970).

_____, 'Reflections on my Critics', in I. Lakatos and A. Musgrave (eds), *Criticism and the Growth of Knowledge* (Cambridge, 1979), 231–78.

Laeuchli, S., 'Das "Vierte Jahrhundert" in Karl Barths Prolegomena', in W. Dantine and K. Lüthi (eds), *Theologie zwischen Gestern und Morgen* (Munich, 1968), 217–34.

Lakoff, G., and Johnson, M., *Metaphors we live by* (Chicago, 1980).

Landucci, S., *Cultura e ideologia in Francesco De Sanctis* (Milan, 1964).

Lang, A., 'Der Bedeutungswandel der Begriffe "fides" und "haeresis" von Vienne und Trient', *Münchener theologische Zeitschrift* 4 (1953), 133–46.

Lange, D., *Erfahrung und die Glaubwürdigkeit des Glaubens* (Tübingen, 1984).

Lash, N., *Change in Focus: A Study of Doctrinal Change and Continuity* (London, 1973).

_____, *A Matter of Hope: A Theologian's Reflections on the Thought of Karl Marx* (London, 1981).

_____, *Easter in Ordinary* (London, 1989).

Laube, A., 'Radicalism as a Research Problem in the History of Early Reformation', in Hillerbrand, H. J. (ed.), *Radical Tendencies is the Reformation* (Kirksville, MO, 1988), 9–24.

Laudan, L., *Progress and Its Problems* (Berkeley, 1977).

Leer, E. F. van, T*radition and Scripture in the Early Church* (Assen, 1953).

Leff, G., *Heresy in the Later Middle Ages* (2 vols: Manchester, 1967).

Lehmann, H., *Pietismus und weltliche Ordnung in Württemberg vom 17. bis zum 20. Jahrhundert* (Stuttgart, 1969).

Lengsfeld, P., *Überlieferung: Tradition und Schrift in der evangelischen und katholischen Theologie der Gegenwar* (Paderborn, 1960).

Lenhardt, C., 'Anamnetic Solidarity: The Proletariat and its Manes', *Telos* 25 (1975), 133–54.

Lessing, G. E., *Gesammelte Werke*, ed. P. Rilla (10 vols: Berlin, 1954-8).

Lewis, C. S., 'The Weight of Glory', in *Screwtape Proposes a Toast* (London, 1974), 94-110.

―――, 'The Language of Religion', in *Christian Reflections* (London, 1981), 164-79.

von Leyden, W., 'Antiquity and Authority: A Paradox in the Renaissance Theory of History', *JHI* 19 1958), 473-92.

Lindbeck, G., *The Nature of Doctrine: Religion and Theology in a Post-Liberal Age* (Philadelphia, 1984).

Locher, G. W., 'Von Bern nach Genf: Die Ursachen der Spannung zwischen zwinglischer und calvinistischer Reformation', in W. Balke, C. Graafland and H. Harkema (eds), *Wegen en Gestalten in het Gereformeerd Protestantisme* (Amsterdam, 1976), 75-87.

Loewenich, W. von, *Luther's Theology of the Cross* (Minneapolis, 1976).

Lohff, W., 'Legitimate Limits of Doctrinal Pluralism according to the Formula of Concord', in *The Formula of Concord: Quadricentennial Essays* (Kirksville, Mo., 1977), 23-38.

Lohse, B., 'Was verstehen wir unter Dogmengeschichte innerhalb der evangelischen Theologie?', *KuD* 8 (1962), 27-45.

―――, 'Theorien der Dogmengeschichte im evangelische Raum heute', in W. Löser, K. Lehmann and M. Lutz-Bachmann (eds), *Dogmengeschichte und katholische Theologie* (Würzburg, 1985), 97-109.

Lonergan, B. J. F., 'The Dehellenization of Dogma', *Theological Studies* 28 (1967), 336-51.

―――, *Philosophy of God and Theology* (London, 1973).

―――, *Method in Theology* (London, 2nd edn, 1975).

Loofs, F., *Leitfaden zum Studium der Dogmengeschichte* (Halle, 4th edn, 1906).

Lopez, R. S., 'Quattrocento genovese', *Rivista storica Italiana* 75 (1963), 709-27.

Louth, A., 'The Nature of Theological Understanding: Some Parallels between Newman and Gadamer', in Rowell, D. (ed.), *Tradition Renewed* (London, 1986), 98-109.

Lowenthal, D., *The Past is a Foreign Country* (Cambridge, 1985).

Lucas, J. R., 'True', *Philosophy* 44 (1969), 175-86.

Luhmann, N., *Vertrauen: Ein Mechanismus der Reduktion sozialer Komplexität* (Stuttgart, 1974).

―――, *Soziologische Aufklärung* (2 vols: Opladen, 4th edn, 1974).

―――, *Funktion der Religion* (Frankfurt, 1977).

Lukács, G., *Geschichte und Klassenbewusstsein* (Berlin, 1923).

Lukes, S., 'Some Problems about Rationality', in B. R. Wilson (ed.), *Rationality* (Oxford, 1970), 194-213.

―――, 'Relativism: Cognitive and Moral', *Supplementary Proceedings of the Aristotelian So-*

ciety 68 (1974), 165–89.

____, 'Relativism in Its Place', in Hollis, M., and Lukes S., (eds), *Rationality and Relativism* (Oxford, 1985), 261–305.

Lutz–Bachmann, M., 'Das philosophische Problem der Geschichte und Theologie', in W. Löser, K. Lehmann and M. Lutz–Bachmann (eds), *Doginengeschichte und katholische Theologie* (Würzburg, 1985), 1936.

McCarthy, T., *The Critical Theory of Jürgen Habermas* (Cambridge, 1984).

McFague, S., *Metaphorical Theology: Models of God in Religious Language* (Philadelphia, 1985).

McGrath, A. E., '"The Righteousness of God" from Augustine to Luther', *Studia Theologica* 36 (1982), 63–78.

____, *Luther's Theology of the Cross* (Oxford/New York, 1985).

____, *The Making of Modern German Christology* (Oxford/New York, 1986).

____, *Iustitia Dei: A History of the Christian Doctrine of Justification* (2 vols: Cambridge, 1986).

____, 'Geschichte, Überlieferung und Erzählung: Überlegungen zur Identität und Aufgabe christlicher Theologie', *KuD* 32 (1986), 234–53.

____, 'Reformation to Enlightenment', in P. D. L. Avis (ed.), *The Science of Theology* (History of Christian Theology 1: Grand Rapids, 1986), 105–229.

____, 'The Article by which the Church stands or falls', *Evangelical Quarterly* 58 (1986), 207–28.

____, *The Intellectual Origins of the European Reformation* (Oxford/New York, 1987).

____, *The Enigma of the Cross* (London, 1987); American edition published as *The Mystery of the Cross* (Grand Rapids, 1988).

____, *Reformation Thought* (Oxford/New York, 1988).

____, 'Christian Ethics', in R. Morgan (ed.), *The Religion of the incarnation: Anglican Essays in Commemoration of Lux Mundi* (Bristol, 1989), 189–204.

MacIntyre, A., and Ricocur, P., *The Religious Significance of Atheism* (New York, 1969).

____, 'Epistemological Crises, Dramatic Narrative and the Philosophy of Science', *The Monist* 61 (1977), 453–72.

____, *After Virtue* (Notre Dame, 2nd edn, 1984).

____, *Whose Justice? Which Rationality* (Notre Dame, 1988).

Macquarrie, J., *God-Talk: An Examination of the Language and Logic of Theology* (London, 1967).

____, *Principles of Christian Theology* (London, 1966).

____, 'The Concept of a Christ–Event', in A. E. Harvey (ed.), *God Incarnate: Story and*

Belief (London, 1981), 69-80.

_____, 'Tradition, Truth and Christology', in *Theology, Church and Ministry* (London, 1986), 34-47.

MacRae, G. W., 'Why the Church rejected Gnosticism', in E. P. Sanders (ed.), *Jewish and Christian Self-Definition* (3 vols: London, 1980-2), 1.126-33.

McSorley, H. J., *Luther-Right or Wrong? An Ecumenical-Theological Study of Luther's Major Work, The Bondage of the Will* (Minneapolis, 1969).

Malantschuk, G., *Kierkegaard's Thought* (Princeton, 1971).

Malinowski, B., *The Sexual Life of Savages in North-Western Melanesia* (New York, 1932).

Mannheim, K., 'Das konservative Denken. Soziologische Beiträge zum Werden des politisch-historischen Denkens in Deutschland', *Archiv für Sozialwissenschaft und Sozialpolitik* 57 (1927), 470-95.

_____, *The Sociology of Culture* (New York, 1956).

Manzoni, A., *I promessi sposi: storia milanese del secolo XVII* (Milan, 1950).

Marias, J., *Reason and Life: The Introduction to Philosophy* (London, 1956).

Markus, R. A., 'The Problem of Self-Definition: From Sect to Church', in E. P. Sanders (ed.), *Jewish and Christian Self-Definition* (3 vols: London, 1980-2), 1.1-15.

Marshall, I. H., 'Incarnational Christology in the New Testament', in Rowdon, H. H. (ed.), *Christ the Lord* (Leicester, 1982), 1-16.

Marti, M., 'De Sanctis e il realismo dantesco', in G. Cuomo (ed.), *De Sanctis e il realismo* (2 vols: Naples, 1978), 1.293-318.

Martin, R., 'Sociology and Theology', in D. E. H. Whiteley and R. Martin (eds), *Sociology, Theology and Conflict* (Oxford, 1969), 14-37.

Martines, L., *The Social World of the Florentine Humanists* (London, 1963).

_____, *Power and Imagination: City-States in Renaissance Italy* (New York, 1979).

Mascall, E. L., *Existence and Analogy* (London, 1949).

Massey, M. C., 'The Literature of Young Germany and D. F. Strauss's *Life of Jesus*', *JR* 59 (1979), 298-323.

Mastermann, M., 'The Nature of a Paradigm', in I. Lakatos and A. Musgrave (eds), *Criticism and the Growth of Knowledge* (Cambridge, 1979), 59-89.

Meeks, W. A., 'The Stranger from Heaven in Johannine Sectarianism', *JBL* 91 (1972), 44-72.

_____, *The First Urban Christians: The Social World of the Apostle Paul* (New Haven/London, 1983).

Ménard, J. E., 'Normative Self-Definition in Gnosticism', in E. P. Sanders (ed.), *Jewish and Christian Self-Definition* (3 vols: London, 1980-2), 1.134-50.

Meijering, E. P., *Orthodoxy and Platonism in Athanasius* (Leiden, 1976).

_____, *Theologische Unteile über die Dogmengeschichte: Ritschls Einfluß auf von Harnack* (Leiden, 1978).

_____, *Melanchthon and Patristic Thought: The Doctrines of Christ and Grace, the Trinity and the Creation* (Leiden, 1983).

_____, *Der 'ganze' und der 'wahre' Luther: Hintergrund und Bedeutung der Lutherinterpretation A. von Harnacks* (Amsterdam, 1983).

_____, *Die Hellenisierung des Christentums im Urteil Adolf von Hamack* (Amsterdam, 1985).

Meissner, W. W., *Psychoanalysis and Religious Experience* (New Haven/London, 1984).

Michalson, G. E., 'Pannenberg on the Resurrection and Historical Method', *SjTh* 33 (1980), 345–59.

_____, 'Faith and History: The Shape of the Problem', *MTh* 1 (1985), 277–90.

_____, *Lessing's 'Ugly Ditch': A Study of Theology and History* (University Park/ London, 1985).

_____, 'The Response to Lindbeck', *MTh* 4 (1988), 107–20.

Michel, D., 'Amät: Untersuchung über Wahrheit im Hebräische', *Archiv für Begriffsgeschichte* 12 (1968), 30–57.

Miller, P. D., 'Faith and Ideology in the Old Testament', in F. M. Cross (ed.), *Magnalia Dei: The Mighty Acts of God* (Garden City, N.Y., 1976), 464–70.

Mirri, M., *Francesco De Sanctis politico e storico della civiltà moderna* (Messina/Florence, 1961).

Mitchell, B., 'Doctrinal Disagreements', *The Independent*, 5 November 1988, 13.

Moeller, B., 'Die deutschen Humanisten und die Anfänge der Reformation', *Zeitschrift für Kirchengeschichte* 70 (1959), 46–61.

_____, *Reichstadt und Reformation* (Gütersloh, 1962).

Monzel, N., *Die Überlieferung: Phänomenologische und religionssoziologische Untersuchungen über den Traditionalismus der christlicher Lehre* (Bonn, 1950).

Moore, J., 'Herbert Spencer's Henchmen: The Evolution of Protestant Liberals in Late Nineteenth Century America', in J. Durant (ed.), *Darwinism and Divinity* (Oxford/New York, 1985), 76–100.

Morgan, R., with Barton, J., *Biblical Interpretation* (Oxford, 1988).

_____, 'Faith', in R. Morgan (ed.), *The Religion of the Incarnation: Anglican Essays in Commemoration of Lux Mundi* (Bristol, 1989), 1–32.

Moule, C. F. D., *The Origin of Christology* (Cambridge, 1977).

Murdoch, I., *The Sovereignty of the Good* (London, 1970).

Nabrings, A., 'Historismus als Paralyse der Geschichte', *AKuG* 65 (1983), 157–212.

Neill, S. C., *Anglicanism* (Harmondsworth, 1958).

Nelson, W., *Fact or Fiction: The Dilemma of the Renaissance Storyteller* (Cambridge, Mass., 1973).

Neufeld, K. H., *Adolf von Harnack: Theologie als Suche nach der Kirche* (Paderborn, 1977).

____, 'Gebundenheit und Freiheit: Liberal Dogmengeschichtserforschung in der evangelischen Theologie', in W. Löser, K. Lehmann and M. Lutz-Bachmann (eds), *Dogmengeschichte und katholische Theologie* (Würzburg, 1985), 78-96.

Neuhaus, G., *Transzendentale Erfahrung als Geschichtsverlust?* (Düsseldorf, 1982).

Neuser, W. H., *Die reformatorische Wende bei Zwingli* (Neukirchen, 1977).

Neusner, J., Green, W. S., and Smith, J. Z. (eds), *Judaisms and their Messiahs at the Turn of the Christian Era* (Cambridge, 1988).

Newald, R., *Nachleben des antiken Geistes im Abendland bis zum Beginn des Humanismus* (Tübingen, 1960).

Newman, A. J., 'Aesthetic Sensitizing and Moral Education', *Journal of Aesthetic Education* 14 (1980), 93-101.

Niebuhr, R. R., *Schleiermacher on Christ and Religion* (London, 1965).

Nielsen, K., 'Wittgensteinian Fideism', *Philosophy* 42 (1967), 191-209.

Nineham, D. E., *The Use and Abuse of the Bible* (London, 1976).

Oberman, H. A., 'Reformation: Epoche oder Episode?', *ARG* 68 (1977), 56-111.

____, *Werden und Wertung der Reformation* (Tübingen, 1977).

O'Cleirigh, P. M., 'The Meaning of Dogma in Origen', in E. P. Sanders (ed.), *Jewish and Christian Self-Definition* (3 vols: London, 1980-2), 1.201-16.

Oexle, O. G., 'Die Geschichtswissenschaft im Zeichen des Historismus: Bemerkungen zum Standort der Geschichtforschung', *Historische Zeitschrift* 238 (1984), 17-55.

Offermann, D., *Schleiermachers Einleitung in die Glaubenslehre* (Berlin, 1969).

Ogden, S., *Christ without Myth* (New York, 1961).

____, *The Reality of God* (New York, 1966).

Olsen, M. E., *The Process of Social Organization* (New York, 1968).

Ommen, T. B., *The Hermeneutic of Dogma* (Missoula, Mont., 1975).

Pannenberg, W., 'The Appropriation of the Philosophical Concept of God as a Dogmatic Problem of Early Christian Theology', in *Basic Questions in Theology II* (London, 1971), 119-83.

____, 'What is Truth?', in B*asic Questions in Theology II*, 1-27.

____, *Jesus-God and Man* (Philadelphia, 1978).

____, 'Religion in der säkularen Gesellschaft: Niklas Luhmanns Religionssoziologie', *Evangelische Kommentare* 11 (1978), 99-103.

_____, 'Revelation in Early Christianity', in G. R. Evans (ed.), *Christian Authority* (Oxford, 1988), 76–86.

Parent, J. M., 'La notion de dogme au XIIIe siècle', in *Eude d'histoire litteraire et doctrinaire du XIIIe siècle* (Paris, 1932), 141–63.

Pascal, B., *Pensées* (Paris, 1962).

Peacocke, A., 'Biological Evolution and Christian Theology—Yesterday and Today', in J. Durant (ed.), *Darwinism and Divinity: Essays on Evolution and Religious Belief* (Oxford/New York, 1985), 101–30.

Pelikan, J., *Development of Christian Doctrine: Some Historical Prolegomena* (New Haven/London, 1969).

_____, *Historical Theology: Change and Continuity in Christian Doctrine* (New Haven/London, 1971).

_____, *Jesus through the Centuries: His Place in the History of Culture* (New Haven/London, 1985).

Penelhum, T., *God and Scepticism: A Study in Scepticism and Fideism* (Dordrecht, 1983).

Peters, A., *Glaube und Werk: Luthers Rechtfertigungslehre im Lichte der heiligen Schrift* (Berlin/Hamburg, 2nd edn, 1967).

Phillips, D. Z., *Death and Immortality* (London, 1970).

_____, 'Lindbeck's Audience', *MTh* 4 (1988), 133–54.

Piaget, J., *The Child's Construction of Reality* (London, 1955).

Pieper, J., *Über den Begriff der Tradition* (Cologne/Opladen, 1958).

_____, *Über die platonischen Mythen* (Munich, 1965).

Plaisance, M., 'Culture et politique à Florence de 1542 à 1551', in A. Rochon (ed.), *Les écrivains et le pouvoir en Italie à l'époque de la Renaissance* (Paris, 1974), 149–228.

Plekhanov, G. V., *Fundamental Problems of Marxism* (London, 1969).

Polanyi, M., *Personal Knowledge* (London, 1958).

Pollard, T. E., 'The Impassibility of God', *SJTh* 8 (1955), 353–64.

_____, *Johannine Christology and the Early Church* (Cambridge, 1970).

Popkes, W., *Christus Traditus: Eine Untersuchung zum Begriff der Dahingabe im Neuen Testament* (Zurich, 1967).

Porter, R., and Teich, M. (eds), *The Enlightenment in National Context* (Cambridge, 1981).

de la Potterie, I., *La verité dans saint Jean* (2 vols: Rome, 1977).

Powicke, F. M., *The Reformation in England* (London, 1941).

Prickett, S., *Words and The Word: Language, Poetics and Biblical Interpretation* (Cambridge, 1986).

Puntel, L. B., *Wahrheitstheorien in der neueren Philosophie* (Darmstadt, 1978).

Radcliffe, T., 'Relativising the Relativisers: A Theologian's Assessment of the Role of Sociological Explanation of Religious Phenomena and Theology Today', in D. Martin, J. O. Milles and J. S. F. Pickering (eds), *Sociology and Theology: Alliance and Conflict* (Brighton, 1980), 151–62.

Rahner, K., and Lehmann, K., 'Kórygme et dolgme', in *Mysterium Salutis: dogmatique de l'histoire du salut* 1/3 (Paris, 1969), 183–280.

_____, 'What is a Dogmatic Statement?', *Theological Investigations* 5 (New York, 1975), 42–66.

Ramsden, H., *The 1898 Movement in Spain* (Manchester, 1974).

Ramsey, I. T., *Religious Language: An Empirical Placing of Theological Phrases* (London, 1957).

_____, *Models and Mystery* (Oxford, 1964).

_____, *Christian Discourse* (Oxford, 1965).

Rawls, J., *A Theory of Justice* (Cambridge, Mass., 1972).

Reiff, R., and Scheerer, M., *Memory and Hypnotic Age Regression* (New York, 1959).

Reilly, R. J., *Romantic Religion: A Study of Barfield, Lewis, Williams and Tolkien* (Athens, Ga., 1971).

Reventloh, H. G., *The Authority of the Bible and the Rise of the Modern World* (London, 1984).

Richards, I. A., *The Philosophy of Rhetoric* (Oxford, 1971).

Richardson, A., *History Sacred and Profane* (London, 1964).

Ricken, F., 'Nikaia als Krisis des altchristlichen Platonismus', *Theologie und Philosophie* 44 (1969), 321–51.

Ricoeur, P., 'Ethics and Culture: Habermas and Gadamer in Dialogue', *Philosophy Today* 17 (1973), 153–65.

_____, *Le temps raconté* (Paris, 1985).

Riehl, W. H., *Die bürgerliche Gesellschaft* (Stuttgart, 1851).

Ringer, F. K., *The Decline of the German Mandarins: The German Academic Community, 1890-1933* (Cambridge, Mass., 1969).

Rist, G., 'La modernité de la méthode théologique de Calvin', *Revue de théologie et philosophie* 1 (1968), 19–33.

Ritter, A. M., *Das Konzil von Konstantinopel und sein Symbol* (Göttingen, 1965).

Ritter, J., 'Aristoteles und die Vorsokratiker', in *Metaphysik und Politik: Studien zu Aristoteles und Hegel* (Frankfurt, 1969), 34–56.

Ritter, W. H., 'Theologie und Erfahrung', Luther 53 (1982), 23–37.

Robinson, J. A. T., *Honest to God* (London, 1963).

Rogge, J., 'Zur Frage katholischer und evangelischer Dogmenhermeneutik. Ein paraphrasierender Literaturbericht', *Theologische Literaturzeitung* 98 (1973), 641–55.

Root, M., 'The Narrative Structure of Soteriology', *MTh* 2 (1986), 145–58.

Rorty, R., *Philosophy and the Mirror of Nature* (Princeton, 1980).

─── , *The Consequences of Pragmatism* (Brighton, 1982).

Rosen, M., *Hegel's Dialectic and Its Criticism* (Cambridge, 1984).

Rosenkranz, K., *Das Zentrum der Spekulation: Eine Komödie* (Königsberg, 1840).

Rotermund, H.-M., *Orthodoxie und Pietismus: Valentin Ernst Löschers 'Timotheus Verinus' in der Auseinandersetzung mit der Schule August Hermann Frankes* (Berlin, 1960).

Rundus, O., 'Analysis of Rehearsal Processes in Free Recall', *Journal of Experimental Psychology* 89 (1971), 63–77.

Russell, B., *The Principles of Mathematics* (London, 1903).

Salutati, C., *Epistolario*, ed. F. Novati (4 vols: Rome, 1891–1911).

─── , *De laboribus Herculis*, ed. B. L. Ullman (2 vols: Zurich, 1951).

Samuel, R., *Die poetische Staats-und Geschichtsauffassung Friedrich von Hardenbergs* (Frankfurt, 1925).

Sauter, G., 'Dogma–ein eschatologischer Begriff', in *Erwartung und Erfahrung: Predigten, Vorträge und Aufsätze* (Munich, 1972), 16–46.

─── , 'Das Gebet als Wurzel des Redens von Gott', *Glaube und Lernen* 1 (1986), 21–37.

Schaeffler, R., *Fähigkeit zur Erfahrung* (Freiburg, 1982).

Scheld, S., *Die Christologie Emil Brunners: Beitrag zur Überwindung liberaler Jesulogie und dialektisch-doketischer Christologie im Zuge geschichtlich-dialogischen Denkens* (Wiesbaden, 1981).

Schillebeeckx, E., *Christ-The Experience of Jesus as Lord* (New York, 1980).

Schilling, H., 'Die "Zweite Reformation" als Kategorie der Geschichtswissenschaft', in H. Schilling (ed.), *Die reformierte Konfessionalisierung in Deutschland-Das Problem der 'Zweiten Reformation'* (Gütersloh, 1986), 387–437.

Schleiermacher, F. D. E., *The Christian Faith* (Edinburgh, 1960).

─── , *Brief Outline of the Study of Theology* (Richmond, Va., 1966).

Schlier, H., 'Kerygma und Sophia: Zur neutestamentlichen Grundlegung des Dogmas', in *Die Zeit der Kirche* (Freiburg, 1958), 206–32.

─── , 'Die Anfänge der christologischen Credo', in B. Welte (ed.), *Zur Frühgeschichte der Christologie* (Freiburg/Vienna/Basle, 1970), 109–34.

Schlingensiepen-Pogge, A., *Das Sozialethos der lutherischen Aufklärungstheologie am Vorabend der industriellen Revolution* (Göttingen, 1967).

Schlink, E., 'Die Struktur der dogmatischen Aussagen als ökumenisches Problem', *KuD* 3

(1957), 251-306.

Schmidlin, S., *Frumm byderb lüt: Ästhetische Form und politische Perspektive im schweizer Schauspiel der Reformationszeit* (Frankfurt/Berne, 1981).

Schmitt, A., 'Zur Wiederbelebung der Antike im Trecento: Petrarcas Rom-Idee in ihrer Wirkung auf die Paduaner Malerei', *Mitteilungen des Kunsthistorischen Instituts in Florenz* 18 (1974), 167-218.

Schmitz, H.-J., *Frühkatholizismus bei Adolf von Harnack, Rudolph Sohm und Ernst Käsemann* (Düsseldorf, 1977).

Scholem, G., 'Walter Benjamin und sein Engel', in S. Unseld (ed.), *Zur Aktualität Walter Benjamins* (Frankfurt, 1972), 87-138.

Schouls, P. A., *The Imposition of Method: A Study of Descartes and Locke* (Oxford, 1980).

Schüssler, H., *Der Primät der Heiligen Schrift als theologisches und kanonistisches Problem im Spätmittelalter* (Wiesbaden, 1977).

Schwarz, R., 'Lessings "Spinozismus"', *ZTh* 65 (1968), 271-90.

_____, *Die apokalyptische Theologie Thomas Müntzers und der Taboriten* (Tübingen, 1977).

Schweitzer, A., *The Quest of the Historical Jesus* (London, 3rd edn, 1954).

Scipioni, L. I., *Nestorio e il concilio di Efeso* (Milan, 1974).

Scott Holland, H., 'Faith', in C. Gore (ed.), *Lux Mundi: A Series of Studies in the Religion of the Incarnation* (London, 10th edn, 1890), 3-54.

Scribner, R. W., 'Civic Unity and the Reformation in Erfurt', *Past and Present* 66 (1975), 29.60.

_____, and Benecke, G., *The German Peasant War, 1525: New Viewpoints* (London, 1979).

Scroggs, R., 'The Earliest Christian Communities as Sectarian Movements', in J. Neusner (ed.), *Christianity, Judaism and Other Greco-Roman Cults* (2 vols: Leiden, 1975), 1-23.

_____, 'The Sociological Interpretation of the New Testament: The Present State of Research', *New Testament Studies* 26 (1980), 164-79.

Seigel, J., '"Civic Humanism" or Ciceronian Rhetoric? The Culture of Petrarch and Bruni', *Past and Present* 34 (1966), 3.48.

Shalit, A., 'A Clash of Ideologies: Palestine under the Seleucids and Romans', in A. Toynbee (ed.), *The Crucible of Christianity* (New York, 1969), 47-76.

Shapiro, B., *Probability and Certainty in Seventeenth Century England* (Princeton, 1983).

Shaw, W. H., *Marx's Theory of History* (Stanford, 1978).

Shelton, R. C., *The Young Hölderlin* (Berne/Frankfurt, 1973).

Simon, Y., *A General Theory of Authority* (Notre Dame, 1980).

Simone, F., 'il contributo degli umanisti veneti al prima sviluppo dell'umanesimo francese', in

V. Branca (ed.), *Umanesimo europeo e umanesimo veneziano* (Venice, 1963), 295-316.

Skorupski, J., *Symbol and Theory* (Cambridge, 1976).

Smalley, B., 'Gilbertus Universalis, Bishop of London (1128-34) and the Problem of the Glossa Ordinaria', *RThAM* 7 (1935), 235-62; 8 (1936), 24-46.

_____, 'La Glossa Ordinaria, quelques prédécesseurs d'Anselme de Laon', *RThAM* 9 (1937), 365-400.

_____, *English Friars and Antiquity in the Early Fourteenth Century* (Oxford, 1960).

_____, 'Les commentaires bibliques de l'époque romane: glose ordinaire et gloses périmées', *Cahiers de Civilisation Médiévale* 4 (1961), 23-46.

Soden, H. von, *Was ist Wahrheit? Vom geschichtlichen Begriff der Wahrheit* (Marburg, 1927).

Soskice, J. M., *Metaphor and Religious Language* (Oxford, 1985).

Sperber, D., 'Is Symbolic Thought Prerational?', in M. L. Foster and S. M. Brandes (eds), *Symbol and Sense: New Approaches to the Analysis of Meaning* (New York, 1980), 25-44.

_____, 'Apparently Irrational Beliefs', in M. Hollis and S. Lukes (eds), *Rationality and Relativism* (Oxford, 1985), 149-80.

Spiegler, G., *The Eternal Covenant: Schleiermacher's Experiment in Cultural Theology* (New York, 1967).

Spilka, B., Hood, R. W., and Gorsuch, R. L., *The Psychology of Religion: An Empirical Approach* (Englewood Cliffs, N.J., 1985).

Spitz, L. W., *The Renaissance and Reformation Movements* (2 vols: St Louis, rev. edn, 1987).

Staples, P., 'Towards an Explanation of Ecumenism', *MTh* 5 (1988), 23-44.

Stark, W., *The Sociology of Knowledge* (London, 1958).

Stasiewski, B., 'Ursprung und Entfaltung des Christentums in sowjetischer Sicht', *Saeculum* 11 (1960), 157-79.

Stauffer, R., 'Einfluß und Kritik des Humanismus in Zwinglis "Commentarius de vera et falsa religione"', *Zwingliana* 16 (1983), 97-110.

Stayer, J. M., 'Christianity in One City: Anabaptist Münster, 1534-35', in H. J. Hillerbrand (ed.), *Radical Tendencies is the Reformation* (Kirksville, Mo., 1988), 117-34.

Steck, K. G., 'Dogma und Dogmengeschichte in der Theologie des 19. Jahrhunderts', in W. Schneemelcher (ed.), *Das Erbe des 19. Jahrhunderts* (Berlin, 1960), 21-66.

Steinbart, G. S., *System der reinen Philosophie oder Glückseligkeitslehre* (Züllichau, 1778).

Steiner, G., *After Babel: Aspects of Language and Translation* (Oxford, 1975).

Steinmetz, M., *Deutschland von 1476 bis 164* (Berlin, 1967).

_____, (ed.), *Der deutsche Bauernkrieg und Thomas Müntzer* (Leipzig, 1976).

Stephens, J. N., *The Fall of the Florentine Republic, 1512–30* (Oxford, 1983).

Stockman, N., *Antipositivist Theories of the Sciences: Critical Rationalism, Critical Theory and Scientific Realism* (Dordrecht, 1983).

Stout, J., *The Flight from Authority: Religion, Morality and the Quest for Autonomy* (Notre Dame, Ind., 1981).

Struever, N. L., *The Language of History in the Renaissance* (Princcton, 1970).

Suppe, F., 'The Search for Philosophic Understanding of Scientific Theories', in F. Suppe (ed.), *The Structure of Scientific Theories* (Chicago, 2nd edn, 1977), 3–232.

Surin, K., 'The Impassibility of God and the Problem of Evil', *SJTh* 35 (1982), 97–117.

Swanson, G. E., *The Birth of the Gods* (Ann Arbor, Mich., 1964).

Sykes, S. W., 'Ernst Troeltsch and Christianity's Essence', in J. P. Clayton (ed.), *Emst Troeltsch and the Future of Theology* (Cambridge, 1976), 139–71.

_____, *The Integrity of Anglicanism* (London, 1979).

_____, *The Identity of Christianity* (London, 1984).

_____, 'Anglicanism and the Anglican Doctrine of the Church', *Anglican Theological Review* Supplementary Series 10: Essays on the Centenary of the Chicago–Lambeth Quadrilateral (1988), 156–77.

Taft, R. J., 'Liturgy as Theology', *Worship* 56 (1982), 113–17.

Tateo, F., 'Il realismo critico desanctisiano e gli studi rinascimentali', in G. Cuomo (ed.), *De Sanctis e il realismo* (2 vols: Naples, 1978), 1.399–427.

Taylor, C., 'Interpretation and the Sciences of Man', *Review of Metaphysic* 25 (1971), 3–51.

Temple, W., 'Theology Today', *Theology* 39 (1939), 326–33.

Theissen, G., *Urchristliche Wundergeschichten: Ein Beitrag zur formgeschichtlichen Erforschung der synoptischen Evangelien* (Gütersloh, 1974).

_____, *Sociology of Early Palestinian Christianity* (Philadelphia, 1978); published in UK as *The First Followers of Jesus* (London, 1978).

_____, *On Having a Critical Faith* (London, 1979).

_____, *The Social Setting of Pauline Christianity* (Philadelphia, 1982).

Thielicke, H., *Der evangelische Glaube: Grundzüge der Dogmatik* (3 vols: Tübingen, 1968–78).

Thiselton, A. C., *The Two Horizons: New Testament Hermeneutics and Philosophical Description* (Exeter, 1980).

_____, 'Academic Freedom, Religious Tradition, and the Morality of Christian Scholarship', in M. Santer (ed.), *Their Lord and Ours* (London, 1982), 20–45.

Thompson, J. B., *Studies in the Theory of Ideology* (Cambridge, 1984).

Thomson, A., *Tradition and Authority in Science and Theology* (Edinburgh, 1987).

Tillard, J. M. R., 'La réception de Vatican II par les non-catholiques', in G. R. Evans (ed.), *Christian Authority* (Oxford, 1988), 20-39.

Tilley, T. W., 'Incommensurability, Intratextuality, and Fideism', MTh 5 (1989), 87-111.

Tilly, C., 'Vecchio e nuovo nella storia sociale', Passato e Presente (1982), 31-54.

Timpanaro, S., *The Freudian Slip* (London, 1976).

Toews, J. E., *Hegelianism: The Path towards Dialectical Humanism, 1805-41* (cambridge, 1985).

Toinet, P., *Le problème de la vérité dogmatique: orthodoxie et héterodoxie* (Paris, 1975).

Topitsch, E., *Vom Ursprung und Ende der Metaphysik* (Vienna, 1958).

Torrance, T. F., *Theological Science* (New York, 1969).

_____, *The Trinitarian Faith* (Edinburgh, 1988).

Toulmin, S. E., *Human Understanding* (Oxford, 1972).

Tracy, D., *Blessed Rage for Order: The New Pluralism in Theology* (New York, 1975).

_____, 'Lindbeck's New Program for Theology: A Reflection', *The Thomist* 49 (1985), 460-72.

Trigg, R., *Reason and Commitment* (Cambridge, 1973).

Trinkaus, C., *In Our Image and Likeness: Humanity and Divinity in Italian Humanist Thought* (2 vols: Chicago, 1970).

Trocmé, E., *Jésus de Nazareth vu par les témoins de sa vie* (Neuchâtel, 1971).

Troeltsch, E., 'Geschichte und Metaphysik', ZThK 7 (1898), 1-69.

Tulving, E., *Elements of Episodic Memory* (Oxford, 1985).

Valjavec, F., *Die Entstehung der politischen Strömungen in Deutschland, 1770-1815* (Munich, 1951).

Vallée, G., 'Theological and Non-Theological Motives in Irenaeus' Refutation of the Gnostics', in E. P. Sanders (ed.), *Jewish and Christian Self-Definition* (3 vols: London, 1980-2), 1.174-85.

Vass, G., 'On the Historical Structure of Christian Truth', HeyJ 9 (1968), 129-42; 274-89.

Vermes, G., *Jesus the Jew* (London, 1973).

Vico, G., *The New Science of Giambattista Vico* (Ithaca, N.Y., 1968).

de Vooght, P., *Les sources de la doctrine chrétienne d'après les théologiens du XIVe siècle et du début du XVe* (Paris, 1954).

Voss, J., *Das Mittelalter im historischen Denken Frankreichs* (Munich, 1972).

Wainwright, G., *Doxology: The Praise of God in Worship, Doctrine and Life* (New York, 1980).

Walgrave, J.-H., *Unfolding Revelation: The Nature of Doctrinal Development* (London,

1972).

Walker, M., *German Home Towns: Community, State and General Estate, 1648-1871* (Ithaca, N.Y., 1971).

Walsh, W. H., *An Introduction to Philosophy of History* (London, 3rd edn, 1967).

Wand, J. W. C., *Anglicanism in History and Today* (London, 1961).

Warnke, G., *Gadamer: Hermeneutics, Tradition and Reason* (Cambridge, 1987).

Warfield, B. B., *Calvin and Augustine* (Philadelphia, 1956).

Watson, F., *Paul, Judaism and the Gentiles: A Sociological Approach* (Cambridge, 1986).

Watson, J. R., *Wordsworth's Vital Soul: The Sacred and Profane in Wordsworth's Poetry* (London, 1982).

Watts, T., and Williams, M., *The Psychology of Religious Knowing* (Cambridge, 1988).

Waugh, E., *Brideshead Revisited* (London, 1983).

Weisinger, H., 'The English Origins of the Sociological Interpretation of the Renaissance', *JHI* 11 (1950), 321–38.

Weiss, R., *The Renaissance Discovery of Classical Antiquity* (Oxford/New York, 1988).

Werner, M., *The Formation of Christian Dogma* (London, 1957).

White, H., *Metahistory: The Historical Imagination in Nineteenth-Century Europe* (Baltimore, 1975).

____, *Topics of Discourse: Essays in Cultural Criticism* (Baltimore, 1978).

Wilder, A. M., *Early Christian Rhetoric: The Language of the Gospel* (London, 1964).

Wiles, M. F., *The Making of Christian Doctrine* (Cambridge, 1967).

____, *The Remaking of Christian Doctrine* (London, 1974).

____, 'Looking into the Sun', in *Working Papers in Doctrine* (London, 1976), 148–63.

Wilken, R. L., *The Myth of Christian Beginnings* (London, 1971).

Williams, B. A. O., 'The Truth in Relativism', *Proceedings of the Aristotelian Society* 75 (1974–5), 215–28.

Williams, R., 'Base and Superstructure in Marxist Cultural Theory', *New Left Review* 82 (1973), 3–16.

Williams, R., '"Religious Realism": On not quite agreeing with Don Cupitt', *MTh* 1 (1984), 3–24.

____, 'Trinity and Revelation', MTh 2 (1986), 197–212.

____, *Arius: Heresy and Tradition* (London, 1987).

____, 'The Incarnation as the Basis of Dogma', in R. Morgan (ed.), *The Religion of the Incarnaion: Anglican Essays in Commemoration of Lux Mundi* (Bristol, 1989), 85–98.

Williams, S., 'Lindbeck's Regulative Christology', *MTh* 4 (1988), 173 86.

Willis, G. G., *Saint Augustine and the Donatist Controversy* (London, 1950).

Wilson, B. R., *Sects and Society* (Berkeley, 1961).

_____, *Religious Sects: A Sociological Study* (London, 1970).

Winch, P., *The Idea of a Social Science and Its Relation to Philosophy* (London, 1964).

_____, 'Understanding a Primitive Society', *American Philosophical Quarterly* 1 (1965), 307−24.

Wiredu, K., *Philosophy and an African Culture* (Cambridge, 1980).

Wisan, W. L., 'Galileo and the Emergence of a New Scientific Style', in J. Hintikka et al. (eds), *Theory Change, Ancient Axiomatics and Galileo's Methodology* (Dordrecht, 1981), 311−39.

Wisdom, J., *Paradox and Discovery* (Oxford, 1965).

Wittgenstein, L., *Philosophical Investigations* (Oxford, 1953).

Wolf, E., 'Die Rechtfertigungslehre als Mitte und Grenze reformatorischer Theologie', in *Peregrinatio II: Studien zur reformatorische Theologie, zum Kirchenrecht und zur Sozialethik* (Munich, 1965), 11−21.

_____, '"Kerygma und Dogma"? Prolegomena zum Problem und zur Problematik der Dogmengeschichte', in *Peregrinatio II*, 318−48.

Wolff, H. M., *Weltanschauung der deutschen Aufklärung* (Berne, 1949).

Woolman, J., *The Journal of John Woolman* (New York, 1922).

Woods, G. F., 'Doctrinal Criticism', in F. G. Healey (ed.), *Prospect for Theology* (London, 1966), 73−92.

Wordsworth, P., *William Wordsworth: The Borders of Vision* (Oxford, 1984).

Wright, J. R., 'Anglicanism, Ecclesia Anglicana, and Anglican: An Essay on Terminology', in S. Sykes and J. Booty (eds), *The Study of Anglicanism* (London, 1988), 424−9.

Wrzecionko, P., *Die philosophische Wurzeln der Theologie Albrecht Ritschls* (Berlin, 1964).

Yolton, J., Porter, R., Rogers, P., and Stafford, B. (eds), *The Blackwell Companion to the Enlightenment* (Oxford/New York, 1990).

Ziegler, E., 'Zur Reformation als Reformation des Lebens und der Sitten', *Rorschacher Neujahrsblatt* (1984), 53−71.

Ziman, J., *Public Knowledge: The Social Dimension of Science* (Cambridge, 1968).

Zons, R., 'Walter Benjamins "Thesen über den Begriff der Geschichte." Ein Kommentar', *Zeitschrift für philosophische Forschung* 34 (1980), 361−83.

사명선언문

너희가 흠이 없고 순전하여……세상에서 그들 가운데 빛들로
나타내며 생명의 말씀을 밝혀 _ 빌 2:15-16

1. 생명을 담겠습니다
만드는 책에 주님 주신 생명을 담겠습니다.
그 책으로 복음을 선포하겠습니다.

2. 말씀을 밝히겠습니다
생명의 근본은 말씀입니다.
말씀을 밝혀 성도와 교회의 성장을 돕겠습니다.

3. 빛이 되겠습니다
시대와 영혼의 어두움을 밝혀 주님 앞으로 이끄는
빛이 되는 책을 만들겠습니다.

4. 순전히 행하겠습니다
책을 만들고 전하는 일과 경영하는 일에 부끄러움이 없는
정직함으로 행하겠습니다.

5. 끝까지 전파하겠습니다
모든 사람에게, 땅 끝까지, 주님 오시는 그날까지
복음을 전하는 사명을 다하겠습니다.

서점 안내

광화문점 서울시 종로구 새문안로 69 구세군회관 1층
02)737-2288 / 02)737-4623(F)

강남점 서울시 서초구 신반포로 177 반포쇼핑타운 3동 2층
02)595-1211 / 02)595-3549(F)

구로점 서울시 동작구 시흥대로 602, 3층 302호
02)858-8744 / 02)838-0653(F)

노원점 서울시 노원구 동일로 1366 삼봉빌딩 지하 1층
02)938-7979 / 02)3391-6169(F)

분당점 경기도 성남시 분당구 황새울로 315 대현빌딩 3층
031)707-5566 / 031)707-4999(F)

일산점 경기도 고양시 일산서구 중앙로 1391 레이크타운 지하 1층
031)916-8787 / 031)916-8788(F)

의정부점 경기도 의정부시 청사로47번길 12 성산타워 3층
031)845-0600 / 031)852-6930(F)

인터넷서점 www.lifebook.co.kr